Friedrich H. Tenbruck

**Die unbewältigten Sozialwissenschaften
oder
Die Abschaffung des Menschen**

Herkunft und Zukunft 2

Herausgegeben von Friedrich H. Tenbruck,
Nikolaus Lobkowicz, Hermann Lübbe,
Thomas Nipperdey und Matthias Schramm

Friedrich H. Tenbruck

Die unbewältigten Sozialwissenschaften
oder
Die Abschaffung des Menschen

Verlag Styria Graz Wien Köln

CIP-Kurztitelaufnahme der Deutschen Bibliothek
Tenbruck, Friedrich H.:
Die unbewältigten Sozialwissenschaften
oder Die Abschaffung des Menschen
Friedrich H. Tenbruck. –
Graz; Wien; Köln : Styria, 1984.
  (Herkunft und Zukunft; 2)
  ISBN 3-222-11453-6
NE: GT

1984 Verlag Styria Graz Wien Köln
Alle Rechte vorbehalten
Printed in Austria
Umschlaggestaltung: Walter Rottenberger, Graz
Gesamtherstellung: Druck- und Verlagshaus Styria, Graz
ISBN 3-222-11453-6

Inhalt

Vorwort .. 6
Inhaltsgliederung .. 9
Einführung .. 14

1. Die Bewältigung der Sozialwissenschaften als Lebensfrage .. 21

2. Die Glaubensgeschichte der Moderne .. 52

3. Der Aufstieg der Soziologie .. 101

4. Vom Geist der Soziologie .. 182

5. Das Dilemma der Sozialwissenschaften .. 264

6. Welche Wissenschaft von der Gesellschaft? .. 301

Bibliographischer Schlüssel .. 315
Namensregister .. 326

Vorwort

Dieses Buch behandelt keine Fachfragen, es macht ein Fach zum Problem: die Soziologie nebst den zugehörigen Sozialwissenschaften.

Dennoch ist das Buch aus einer langen Beschäftigung mit den Fachfragen entstanden. Denn ich habe den Aufstieg der Soziologie noch miterlebt und ihre Entwicklung, zuerst aus eigenem Interesse, bald auch aus beruflicher Pflicht, mitverfolgt: die Entfaltung ihrer Methoden und Begriffe, den Ausbau und Wandel ihrer Theorien, den Durchbruch zur akademischen Schlüsselwissenschaft und den Einbau in die Gesellschaft. Die ursprünglichen Hoffnungen aber wurden von Zweifeln abgelöst, als immer klarer wurde, daß die Soziologie das Versprechen, mit dem sie angetreten war, in keiner Weise einzulösen vermochte. Sie wollte die säkulare Orientierungskrise durch „Positivierung" des Wissens stillegen, aber sie hat eine noch schlimmere Orientierungsleere geschaffen. Sie wollte eine strenge empirische Wissenschaft werden, aber sie ist zum Träger eines Weltbildes geworden, das Macht über jedermanns Denken und Handeln gewonnen hat. Unter diesen Umständen verloren die Fachfragen ihren Sinn, weil sie doch nur das Weltbild am Leben erhielten, das allen Sozialwissenschaften versteckt zugrunde liegt. Umgekehrt wurde es nun zur Pflicht, die Soziologie selbst zum Problem zu machen. Das Buch ist das Ergebnis dieser Studien auf oft unbetretenen Pfaden anhand der Frage, wie die Soziologie unbemerkt zum herrschenden Weltbild werden konnte.

Insofern rechnet das Buch auf den Leser, der Klarheit über die dumpfen Zwänge und Verwirrungen dieser Lage sucht. Dazu bedarf es keiner fachlichen Kenntnisse, wohl aber der Bereitschaft, den Aufstieg der Soziologie als das Resultat der modernen Konstellation von Religion, Wissenschaft, Gesellschaft und Politik zu verstehen. Denn aus der säkularen Orientierungskrise mit ihren ideologischen Kämpfen einerseits, aus der modernen Gesellschaftsformation durch Interessenvertretung andererseits ist die Soziologie als siegreiches Weltbild hervorgegangen.

Freilich kann über die Zukunft der Sozialwissenschaften letztlich nur die Wissenschaft entscheiden. An sie zusamt der Kulturintelligenz wendet sich dieses Buch insbesondere, doch keineswegs nur an die Fachgenossen. So oder so spielen hier die Geisteswissenschaften (in der alten, umfassenden Breite des Ausdrucks) eine entscheidende Rolle. Vom Aufstieg der Soziologie überrascht, haben sie sich kaum der grundsätzlichen Herausforderung gestellt, die mit dem Anspruch der neuen Schlüsselwissenschaft anstand: ob der Mensch nur als Gesellschaftswesen zu begreifen, seine Wirklichkeit rein als „Gesellschaft" zu erklären ist. So nahmen sie teils eilig das neue Weltbild an, wichen teils auf gefahrlose Fakten aus und wurden, wo nicht vereinnahmt, so doch verdrängt und verunsichert. Die Zukunft der Sozialwissenschaften hängt nicht zuletzt davon ab, ob die Geisteswissenschaften noch einmal die Kraft aufbringen, ihren Anteil an der Erfassung der menschlichen Wirklichkeit überzeugend zu deklarieren. Das Buch dient der Klärung dieser Fragen, indem es zeigt, warum das Verständnis für Eigenart und Eigenrecht der Geisteswissenschaften weitgehend verlorenging.

Bei alledem konnte und durfte es nicht meine Absicht sein, den vielfältigen Positionen und Richtungen innerhalb der Sozialwissenschaften gerecht zu werden, die auch dort noch im Bann des gemeinsamen Weltbildes bleiben, wo sie gegenläufige Einschüsse enthalten. Dieses Weltbild liegt im Konzept der Soziologie, entspricht also nicht notwendig auch der persönlichen Absicht der Soziologen, weil es ihr auch gar nicht entspringt. Wie in anderen Wissenschaften arbeitet man in der eingeschulten Tradition eines Konzeptes, ohne deshalb auch schon die geistigen Implikationen, die menschlichen Folgen und die geschichtlichen Wirkungen des Programms zu kennen.

So darf ich mich denn auch trotz meiner radikalen Kritik am Konzept der Soziologie im Grunde mit vielen Kollegen in Deutschland, in den USA und anderswo einig wissen, die, ohne von diesem Konzept zu lassen, doch auf ihre Weise ähnliche Grenzen markiert oder respektiert haben, sei es praktisch in ihrer Forschung, sei es sonst durch Kritik an bestimmten Entwicklungen. Im übrigen aber – und damit wende ich mich an die Fachgenossen – rechnet dieses Buch auf jene Sozialwissenschaftler, bei denen die professionelle Routine noch nicht über den Ernst der Frage gesiegt hat, wie die gesellschaftliche Wirklichkeit wissenschaftlich begriffen werden kann. Es wird sich zeigen müssen, ob die von der akuten Krise der Soziologie ausgelöste Bereitschaft zur Selbstbesinnung wirklich vor der Prüfung des Konzepts haltmacht, das, weil es bereits den Kern des Weltbildes enthält, praktisch so offensichtlich gescheitert ist.

Einen praktischen Hinweis erfordert der *Bibliographische Schlüssel,* der trotz seiner unvermeidlichen Beschränkungen dem interessierten Leser abschließende Hilfe für eigene Studien bietet, dem Kenner der Geistesgeschichte aber auch als kurze Einführung dienen kann. Als Übersicht über die Topographie der Problematik markiert er Maßstäbe der Urteilsfähigkeit.

Zitate werden absichtlich ohne Seitenangabe angeführt, weil sie hier nicht als bislang übersehene Lehrmeinungen von Soziologen fungieren, sondern eher als gelegentliche Illustrationen aus einem unerschöpflichen Schatz ähnlicher Belege, die keinen Kenner überraschen werden und von ihm auch leicht zu lozieren sind.

Ich habe schließlich für viele freundschaftliche Hilfen und Zwänge zu danken, ohne die das Buch vielleicht doch nie geschrieben worden wäre.

Friedrich H. Tenbruck

Inhaltsgliederung

Einführung

1. Die Bewältigung der Sozialwissenschaften als Lebensfrage

Der Einbruch der Sozialwissenschaften in das Leben
Der beispiellos schnelle und durchdringende Aufstieg der Sozialwissenschaften (S. 22) – Die Blindheit gegenüber deren Macht (S. 25) – Infolge dieser Blindheit besitzen die Sozialwissenschaften Gewalt über unser Leben (S. 26)

Die Wirkungsweisen der Sozialwissenschaften
Die Sozialwissenschaften befinden sich bereits im „technischen" Stadium (S. 26) – Ihre besondere Einwirkung auf unser „inneres" Selbstverständnis (S. 29)

Die Sozialwissenschaften als Mißweisung
Als Daseinsverständnis prägen die Sozialwissenschaften auch die Daseinsverhältnisse (S. 30) – Daraus entstandene Schwierigkeiten werden erneut sozialwissenschaftlich angegangen (S. 32) – Private und öffentliche Mißweisungen von existentieller Tragweite sind die Folgen (S. 33)

Über das Vertrauen in die Sozialwissenschaften
Die Fortschrittskrise tangiert nur den Glauben an die Naturwissenschaften (S. 36) – Die Sozialwissenschaften als Erben und neue Träger des Fortschrittsglaubens (S. 40)

Die Soziologie als Postulat
Der Glaube an die Idee einer Wissenschaft von der Gesellschaft (S. 42) – Widerspruch dieser Idee zu den wirklichen Leistungen (S. 44) – Gegen Mißerfolg immunisiert das Vertrauen auf künftige Leistungen (S. 45) – Die Sozialwissenschaften als Glaubensangelegenheit (S. 46)

Die Soziologie als Weltbild
Die Verschränkung von Tatsachenerkenntnis und Weltbild (S. 48) – Der Mensch im Weltbild der Soziologie (S. 49) – Aufgabe, das in den Sozialwissenschaften versteckte Weltbild zu erkennen (S. 50)

2. Die Glaubensgeschichte der Moderne

Weltbild und Wissenschaft
Weltbilder als anthropologisch notwendige Orientierung des Handelns (S. 53) – Vermeintliche Abschaffung der Weltbilder durch die Aufklärung (S. 55) – Die säkularen Weltbilder der Moderne als Erben der Aufklärung (S. 57) – Konkurrenz der säkularen Weltbilder als geistiger und politischer Kampf (S. 58)

Der Aufbruch der modernen Wissenschaft
Die Hoffnung auf Vergewisserung über die Ordnung der Welt als Triebkraft der modernen Naturwissenschaften (S. 63) – Übergang dieser enttäuschten Hoffnungen auf die Weltanschauungen des 19. Jahrhunderts (S. 65)

Wissenschaft als Weltanschauung
Die revolutionären Bewegungen (S. 67) – Der Kampf von Weltanschauungsgruppen als Formierung der „offenen" Gesellschaft (S. 71) – Neue Verunsicherungen als Folge dieser Lage (S. 72) – Das besondere Verhältnis der Geistes- und Sozialwissenschaften zu „ihrem" Publikum, namentlich zu politischen Gruppierungen (S. 73)

Geschichte als Weltbild
Die anthropologische Bedeutung der Geschichte (S. 76) – Die Geschichte als Zentrum der modernen Weltbilder (S. 79) – Nationale Unterschiede dieser Entwicklung (S. 81) – Weltanschauliche Orientierungssuche der Geisteswissenschaften und ihr Scheitern (S. 85)

Die Soziologie: ein Weltbild durch Reduktion
Wissenschaft ist Auswahl von Tatsachen, nicht Abbild der Wirklichkeit (S. 93) – Die Auswahl hängt davon ab, was wir für wissenswert erachten (S. 97) – Das Verschweigen ihres Auswahlprinzips macht die Soziologie zum geheimen Weltbild (S. 99)

3. Der Aufstieg der Soziologie

Die hagiographische Legende vom Aufstieg der Soziologie kraft Erkenntnisfortschritt (S. 101) – Unterstützung dieser Legende durch die Wissenschaftstheorie (S. 104) – Notwendigkeit einer anderen Erklärung dieses Aufstiegs (S. 107)

Träger, Interessen und Umstände
Über Aufstieg und Durchsetzung von Weltbildern (S. 108) – Die Bedeutung des akademischen Außenseitertums der frühen Träger säkularer Weltbilder (S. 110)

Über die Geschichte der Soziologie
Notwendigkeit eines geschichtlichen Selbstverständnisses bei den Sozialwissenschaften (S. 113) – Beginn der Soziologie bei Comte, Spencer und Durkheim (S. 115) – Die Eigenlagen Deutschlands und Amerikas (S. 117) –

Abhängigkeit der soziologischen Konzepte von jeweiligen religiösen, politischen, kulturellen und gesellschaftlichen Lagen (S. 120) – Religiöse Biographie der Gründer (S. 123) – Gemeindebildung und Selbstvergottung als Muster (S. 125) – Vom Habitus der neuen Zu-Ende-Denker (S. 129) – Das Gegenmodell der deutschen Soziologie (S. 133) – Warum es in der Glaubensgeschichte der Moderne nicht zum Zug kommen konnte (S. 135).

Die Weltgeschichte der Aufklärung

Die Geschichte der Ausbreitung der Weltreligionen ist letztlich bekannt (S. 138) – Demgegenüber auffallende Blindheit für die geschichtliche Ausbreitung der Aufklärung über die Erde (S. 141 f.) – Differentielle Ausgangsbedingungen dieser Ausbreitung (S. 142) – Brasilien und Rußland als Beispiele (S. 144) – Verschränktheit der Aufklärungsbewegungen mit religiösen und politischen Mächten (S. 148 f.) – Ihre Formierung durch Gemeindebildung und Mission (S. 150)

Die Weltgeschichte der Soziologie

Soziologie und Marxismus als siegreiche Erben der Aufklärung (S. 152) – Ausbreitung und politische Durchsetzung des Marxismus (S. 154) – Die Globalisierung der amerikanischen Soziologie nach 1945 als politisches Geschehen (S. 155) – Die Eigenart dieser Soziologie (S. 157) – Talcott Parsons und das Programm einer „Social Science" (S. 158) – Wahlverwandtschaft dieses Programms mit dem Selbstverständnis der amerikanischen Verfassung und Kultur (S. 163) – Die Sozialwissenschaften als Garanten einer neuen Weltordnung (S. 168)

Die Herrschaft der Soziologie

Säkulare Orientierungsbedürfnisse als Ausgangspunkt (S. 172) – Die gesellschaftliche und geschichtliche Bedingtheit dieser Bedürfnisse erklärt die nationalen Färbungen der europäischen Soziologie (S. 173) – Abbruch dieser Traditionen wegen globaler Durchsetzung der amerikanischen Sonderform der Soziologie (S. 176) – Der akademische und staatliche Aufstieg der Sozialwissenschaften als Ergebnis dieses Vorgangs (S. 177 f.) – Resumée: Die herrschende Soziologie erweist sich auch deshalb als Weltbild, weil sie das zufällige Ergebnis geschichtlicher Konstellationen ist (S. 180)

4. Vom Geist der Soziologie

Das Weltbild der Soziologie: „die Gesellschaft" als gesetzmäßiger Sachzusammenhang äußerer Regelmäßigkeiten (S. 182) – Die Bedeutungslosigkeit der „Innenseite" der Tatsachen (S. 185) – Die Ausschaltung von Kultur und Geschichte (S. 188) – Die Ausschaltung des handelnden Menschen durch eine versteckte Anthropologie (S. 190) – Die Soziologie ist auf geistig unselbständige Menschen zugeschnitten (S. 193)

Die Erfindung der Gesellschaft
„Gesellschaft" als Schlüsselbegriff der Moderne (S. 195) – Das Ergebnis der Dekorporierung: die „offene" Gesellschaft (S. 196) – Sie ist Anlaß für die Entstehung der Soziologie (S. 198) – Die Geburt der Gesellschaft aus dem Geist der Soziologie (S. 199)

Die Sozialforschung als Ideologie
Die Allgegenwart der Sozialforschung (S. 203) – Die Sozialforschung produziert eine künstliche Wirklichkeit (S. 204 f.) – Die paradoxale Verfassung der Sozialwissenschaften wird durch die Sozialforschung radikalisiert (S. 210) – Der Grundsatz der Publizität aller gesellschaftlichen Tatsachen (S. 212) – Die Sozialforschung dringt in den Privatraum ein (S. 213) – Sie verkümmert den Menschen zum Sozialwesen (S. 215) – Über die Bedeutung sozialer Schranken (S. 216) – Ihre Aufhebung durch die Sozialforschung (S. 216) – Die erste Folge: die Ausschaltung der persönlichen Erfahrung und Stellungnahme (S. 219 f.) – Die zweite Folge: die Zerstörung der persönlichen Beziehungen (S. 222) – Die dritte Folge: die Verfremdung der Wirklichkeit durch künstliche Indikatoren (S. 225) – Man muß der Sozialforschung mit einem grundsätzlichen Mißtrauen gegenübertreten (S. 227 f.)

Über die Abschaffung des Menschen
Die Abschaffung des Menschen als Person ist im Konzept der Soziologie angelegt (S. 230) – Die Ausschaltung des menschlichen Wollens (S. 233 f.) – Die Eliminierung der Individualität (S. 235) – Die Ausschaltung sittlicher Fragen (S. 236) – Die Eliminierung der Kultur (S. 237) – Die Entpersönlichung der Geschichte (S. 238) – Die erste Folge: der Verlust des Zutrauens zur eigenverantwortlichen Lebensführung (S. 240) – Die zweite Folge: der Verlust kultureller und geschichtlicher Zugehörigkeiten (S. 241) – Die Sozialwissenschaften als Kulturrevolution (S. 242) – Exkurs über Immunisierungsstrategien (S. 243)

Vom Geist der Zeit
Die Sozialwissenschaften entmündigen unser freies Erkenntnisinteresse (S. 255) – Die Sozialwissenschaften berauben den Menschen seiner Freiheit (S. 257) – Die Aufgaben einer verantwortlichen Soziologie (S. 258) – Die Sozialwissenschaften sind die spezifische Wissensform der Massendemokratie (S. 260)

5. Das Dilemma der Sozialwissenschaften

Die „Gesellschaft" als Vorgriff auf die Ordnung der Wirklichkeit (S. 264) – Die außerwissenschaftlichen Vorannahmen dieses Vorgriffs (S. 266)

Zur Anatomie der Wissenschaft
Alle Wissenschaft beruht auf Auswahl und Vorannahmen (S. 267) – Der Auswahl liegen Interessen (Wertungen) zugrunde (S. 270 f.) – Jeder Wissenschaft liegt eine Idee von etwas Wissenswertem zugrunde (S. 272) – Jede Wissenschaft greift auf die Struktur ihres Gegenstandes vor (S. 274) – Alle

Wissenschaft beruht auf anthropologischen Vorannahmen (S. 274 f.) – Alle Erkenntnis verlangt die Abschätzung ihrer Bedeutung (S. 275 f.) – Die Wissenschaft kann nicht entscheiden, was wissenswert ist (S. 277) – Die vergessenen Vorgriffe und Vorannahmen der Soziologie (S. 277 f.)

Die Paradoxien der Soziologie

Die Wissenschaften vom Menschen werfen Sonderfragen auf, weil ihre Objekte Subjekte sind (S. 281) – Nur die Naturwissenschaften haben unabhängige Objekte (S. 286) – Die Objektivität der historischen Wissenschaften aufgrund der Vergangenheit ihrer Objekte (S. 287) – Die Sozialwissenschaften haben kein unabhängiges Objekt (S. 288) – Sie verwickeln sich durch ihre Verbreitung zunehmend in Paradoxien (S. 292) – Die Idee der Soziologie als einer „Theorie der Gesellschaft" ist unhaltbar (S. 296) – Exkurs zur Dogmatik säkularer Weltbilder (S. 297)

6. Welche Wissenschaft von der Gesellschaft?

Die Bewältigung der Sozialwissenschaften ist eine Angelegenheit aller (S. 301) – Der erste Schritt der Bewältigung: Der Verzicht auf die „Theorie der Gesellschaft" (S. 304 f.) – Diese hat die Bevormundung der Menschen durch die Wissenschaft zur Folge (S. 306) – Eine verantwortliche Soziologie muß Wirklichkeitswissenschaft sein (S. 310 f.)

Einführung

Die Soziologie versteht sich als eine Wissenschaft, die die gesellschaftliche Wirklichkeit aus der Distanz des objektiven Beobachters analysiert, um eine systematische Theorie von den gesellschaftlichen Vorgängen, Zusammenhängen und Entwicklungen zu gewinnen, die es ihr erlaubt, künftige Veränderungen vorherzusagen. In der Absicht, der Gesellschaft zu dienen und das Handeln anzuleiten, will die Soziologie die Zukunft berechenbar machen, damit die Daseinsverhältnisse, anstatt weiterhin den Zufällen einer bedrückend ungewissen Geschichte überlassen zu bleiben, absichtsvoll eingerichtet werden können.

Mit diesem Programm vor 150 Jahren angetreten, hat die Soziologie eine erstaunliche und eindrucksvolle Karriere gemacht. Ursprünglich das Werk von Dilettanten und Einzelgängern wie Auguste Comte, Karl Marx und Herbert Spencer, die ohne einen Platz in der Wissenschaft und an der Universität durch persönliche Gemeindebildung, organisierte Anhängerschaft oder freies Lesepublikum wirkten, hat die Soziologie zuerst durch die akademische Legitimation Einzug in Universität und Wissenschaft gehalten, alsdann eine wachsende Schar von Sozialwissenschaften als Tochterdisziplinen in ihren Bann gezogen und schließlich die Einrichtungen der Bildung und Meinungsbildung so wirksam durchsetzt, daß sie nunmehr als die Schlüsselwissenschaft unserer Zeit gelten muß.

Im Lauf dieser Entwicklung haben die von der Soziologie angeführten Sozialwissenschaften unmerklich eine ebenso ungewöhnliche wie undurchschaute Macht über unser privates und öffentliches Dasein gewonnen, weil sie – auf vielfältigen, verschlungenen und versteckten Wegen – zu den Autoritäten geworden sind, die uns die gesellschaftliche und geschichtliche Wirklichkeit, in die wir uns hineingestellt finden, auslegen. Sie formieren unser Verständnis von Selbst und Welt kraft ihres Anspruchs, die unserer eigenen Erfahrung verborgenen Kräfte zu benennen, welche über unsere Herkunft und Zukunft bestimmen. Auf diese Weise die Lose unserer Geschicke deutend, stellen sie für die Daseinsorientierung jenen allgemeinen Rahmen bereit, in dem unsere Nöte, Konflikte und Aufgaben öffentlich formulierbar werden. Damit leiten sie auch die persönliche Lebensorientierung und Daseinsdeutung an, weil sie uns jene Vorstellungen und Denkweisen anerziehen, die dann unseren Hoffnungen Inhalt und Richtung geben, unsere Schwierigkeiten erläutern und unsere Leiden erklären. So ist unser Denken und Handeln heute, privat wie öffentlich, durchgängig von dem Verständnis des Menschen in seiner Wirklichkeit angeleitet und beherrscht, das die von den Sozialwissenschaften unterstützte Soziologie als zuständige Autorität überall erzeugt und verbreitet.

Damit tritt der Selbstwiderspruch ans Licht, in den die Soziologie verstrickt ist und von Anfang an verstrickt war. Sie wollte die Gesellschaft nur beobachten, aber sie hat sie auch geschaffen und gestaltet. Auguste Comte, der der Soziologie mit dem Namen auch ihr Programm gab, und Karl Marx, der eine eigene Soziologie begründete, wollten beide nur die objektiven Gesetzmäßigkeiten der gesellschaftlichen Entwicklung aufzeigen, die sich aus eigener Notwendigkeit über die Köpfe der Menschen hinweg durchsetzen sollten. Aber beide hielten es für nötig, im Namen ihrer Soziologie säkulare Weltkirchen zu gründen, um jenen ehernen Geschichtsgesetzen auf die Sprünge zu helfen, die sich doch rein aus den gesellschaftlichen Gegebenheiten ergeben sollten. Die Gesetzmäßigkeiten, die sie ermittelten und vorhersagten, haben sich nicht bewahrheitet; doch die Bewegungen, die sie mit ihrer Soziologie ins Leben riefen, haben in Gestalt der Weltkirchen des Positivismus und des Marxismus Weltgeschichte gemacht. Und so ist es, wie sehr sich Inhalte und Formen wandelten, geblieben. Überall wollte die Soziologie die gesellschaftliche Wirklichkeit nur feststellen, erkennen und vorhersagen; doch, wo immer sie auftrat, hat sie selbst diese Wirklichkeit geformt und gestaltet. Wer Mut und Mühe nicht scheut, die es kostet, hinter das Selbstverständnis zu blicken, das die Soziologie sich und uns aufdrängt, wenn sie sich als objektive Beobachtung und Analyse der Gesellschaft präsentiert, der wird Schritt um Schritt zu der Erkenntnis gelangen, daß sie selbst zu den großen Geschichtsmächten gehört, die unsere moderne Gesellschaft gestaltet haben.

Es ist dieser Widerspruch, der die Bewältigung der Soziologie – und mit ihr der Sozialwissenschaften – als eine private und öffentliche Aufgabe großer Dringlichkeit sichtbar macht. Denn wir leben in einer durch und durch verkehrten Welt, solange wir nicht die Unwahrhaftigkeit der Doppelrolle durchschauen, in der die Sozialwissenschaften öffentlich als die wissenschaftliche Autorität für die objektive Feststellung der gesellschaftlichen Realität auftreten, während sie insgeheim und unvermerkt diese Wirklichkeit durch ihre Erkenntnisse modeln und lenken. Nur Paradoxien können sich ergeben, solange die Soziologie in der ahnungslosen Pose des unbeteiligten Betrachters fortfährt, uns die gesellschaftlichen Ursachen jener Tatsachen aufzureden, an deren Zustandekommen sie doch selbst beteiligt war. Hier müssen gesellschaftliche Schwierigkeiten chronisch werden, weil die gesellschaftlichen Erklärungen, die die Soziologie liefert, geistig in die Irre führen und mit ihren praktischen Lösungen erfolglos bleiben müssen; so werden durch die Soziologie künstlich unlösbare Aufgaben erzeugt und sinnlose Erwartungen erregt, die, weil sie von keiner Politik eingelöst werden können, die Politik in Verwirrung bringen. Eben solche Verwirrung muß auch in der persönlichen Lebensführung entstehen, ja die heutige Verwirrung in der Lebensorientierung ist nicht zuletzt von einer fehlenden Bewältigung der Sozialwissenschaften gekennzeichnet, deren gängige Vorgaben für die Deutung der eigenen Daseinslagen unvermeidlich auf rein gesellschaftliche Erklärungen und Ursachen führen, die zu ändern nicht in der Hand des einzelnen liegt, der damit in die Passivität eines Wesens gestoßen wird, das, zum schieren Produkt seiner äußeren Umstände erklärt, im Kern seines

Selbstseins gelähmt ist: unfähig, seine Selbstverwirklichung als Aufgabe der eigenen Lebensführung, ja sich selbst als handelndes Wesen zu begreifen.

In dieser Weise hat die Soziologie uns zu Opfern von Verwirrungen gemacht, die sich zwangsläufig als Folgen jenes Doppelspiels ergeben, das sie sich selbst ebenso verbirgt wie der Gesellschaft, über die sie als Autorität gesetzt ist. Indem sie nichtsahnend die Wirklichkeit schaffen hilft, als deren reine Feststellung sie sich ausgibt, setzt sie einen undurchschaubaren Trug in Gang, der in einen Irrgarten unlösbarer Probleme führt. Im Kleinen wie im Großen werden wir denn auch immer wieder sehen, wie die Sozialwissenschaften in jeder Phase ihrer Geschichte und mit jedem Schritt ihrer Entfaltung zwar mit dem Anspruch antraten, Klarheit in unsere Angelegenheiten zu bringen, die sie im Effekt unentwirrbar kompliziert und problematisiert haben. Nicht Aufklärung durch die Sozialwissenschaften brauchen wir, sondern Aufklärung über die Sozialwissenschaften. Ihre Bewältigung ist ein individuelles, gesellschaftliches und geschichtliches Erfordernis geworden, an dessen Anfang die Erkenntnis der rätselhaften Macht stehen muß, die diese Wissenschaften über uns alle, über die Gesellschaft und über die Geschichte nur deshalb und nur so lange auszuüben vermögen, wie sie hinter dem Blendwerk der reinen Beobachterrolle versteckt bleibt.

Es ist klar, daß diese Aufgabe etwas ganz anderes erfordert als fachmännische Erörterungen, die stets auf die Idee einer Soziologie zugeschnitten bleiben, welche die Wirklichkeit nur feststellen soll. So geht auch alle Kritik der Methoden und Theorien der Soziologie, weil sie wiederum nur auf deren Verbesserung zielt, an der Frage nach ihrer Macht und Wirkung völlig vorbei. Im Bann jener Idee konnte das Unbehagen an der Soziologie immer nur partikulare Gestalt annehmen; man verwirft bestimmte Theorien oder Methoden, richtet sich gegen sogenannte Auswüchse und Verirrungen oder zielt auf gewisse Richtungen wie die marxistische Soziologie, die sich mit ihrer Kritik an der „bürgerlichen" Soziologie revanchiert. Mit dem Gegner im Visier, scheint jeder über die gesellschaftliche Rolle und geschichtliche Macht der anderen Soziologie Bescheid zu wissen, ohne der eigenen Herrschaft ansichtig zu werden. Auch die Selbstbesinnung, welche mit der durch die Rebellion der Studenten zum öffentlichen Drama erhobenen „Krise der Soziologie" einsetzte, hat nur die Inhalte und Methoden der Sozialwissenschaften kritisiert, um gerade an ihrem reinen Beobachterstatus festhalten zu können (vgl. „Bibliographischer Schlüssel"). Nur der Soziologe Helmut Schelsky hat mit seiner Aufsehen erregenden „Anti-Soziologie" („Die Arbeit tun die anderen", 1975) und weiteren Arbeiten (wie „Rückblicke eines Anti-Soziologen", 1981) unmißverständlich von einer „Klassenherrschaft der Sinn-Vermittler" und von der Soziologie als der neuen „Bewußtseinsführungswissenschaft" gesprochen. So nötig und wirksam dieser Angriff war, blieben ihm doch Grenzen gezogen durch die bewußt aktuell gehaltene Fragestellung.

Denn die Herrschaft der Soziologie, auch wenn uns zunächst ihre heutigen Formen und Folgen interessieren, ist nicht von heute und findet auch nicht nur hier statt, wo sie uns unmittelbar betrifft. Die Soziologie hat von vornherein Macht beansprucht, ausgeübt und entfaltet, sei es in Form der Weltkirchen des Positivismus und Marxismus, sei es durch die intellektuelle Faszination, die von ihrem Programm einer Wissenschaft von der Gesellschaft ausging. Im Verlauf von 150 Jahren hat sie alle sonstigen Instanzen der Daseinsauslegung verdrängt, um weltweit die öffentliche Autorität für die Auslegung der gesellschaftlichen und folglich auch der persönlichen Wirklichkeit zu werden, so daß die Welt heute aufgeteilt ist in den Herrschaftsbereich der westlichen und der östlichen Soziologie, die trotz unterschiedlicher Inhalte und Mittel in ähnlichem Bereich ebenso herrschen, wie sie um die Herrschaft in den noch schwankenden Ländern streiten. Unsere Lage ist in diesen langen Prozeß hineinverwoben, in dem die Soziologie in doppelter Gestalt zur geistigen Weltmacht aufgestiegen ist. Wir können die Sozialwissenschaften nur bewältigen, wenn wir diesen Vorgang im ganzen sehen, verstehen und erklären. Die Macht der Sozialwissenschaften durchschauen heißt die Frage stellen und beantworten, wie und warum die Soziologie in und mit der Genese der Moderne zur geistigen Autorität der Moderne werden konnte und mußte.

So wächst uns aus der Aufgabe der Bewältigung der Sozialwissenschaften wieder diejenige Frage zu, um deren Abschaffung willen die Soziologie geradezu entstanden ist: die Frage nach den geistigen Grundlagen und nach der geistigen Problematik unserer modernen Kultur. Denn es zeigt sich, daß die Soziologie – ihre Idee und Entwicklung, ihre Durchsetzung und Verbreitung, ihre Herrschaft und Vervielfältigung – unlösbar in die Entstehung der Moderne verwoben ist. Als die Soziologie den Menschen eingeredet hatte, daß alle gesellschaftliche Entwicklung sich anonym und zwanghaft aus den gesellschaftlichen Gegebenheiten vollziehe, da hatte sie bereits erfolgreich die Spuren ihres eigenen Wirkens verwischt. Denn nun war ja auch die Moderne das bloße Produkt wirtschaftlicher, technischer, sozialer und politischer Veränderungen, die sich in einem „Modernisierungsprozeß" aus sich selbst heraus vollzogen, ohne daß irgendwelche „Ideen", geschweige denn die Idee der Soziologie, irgendeinen Einfluß darauf gehabt haben könnten.

Aber ganz anderes lehren die Tatsachen. Die Moderne hat sich nicht einfach anonym als das Produkt aus Technik, Wirtschaft und Gesellschaft ergeben; sie hat sich im Namen einer neuen Idee von der Gesellschaft entfaltet, die von der Soziologie geboren, entwickelt und – im Verein mit bestimmten Trägern und Interessen – gesellschaftlich und geschichtlich durchgesetzt wurde. So viel Ernst und Scharfsinn, Wissen und Methode auf die Entwicklung der Soziologie verwendet worden sind und so eindrücklich manche ihrer Leistungen bleiben, war sie im ganzen nicht das Ergebnis des sachlichen Erkenntnisfortschritts, sondern die Artikulation des Weltbilds der Moderne. Ihre Geschichte ist die Glaubensgeschichte der Moderne, die sich aus Geistesgeschichte, Wissenschaftsgeschichte, Sozialgeschichte und der politischen Geschichte unmerklich, aber wirkmächtig zusammengewoben hat.

Diese unbekannte Geschichte der Soziologie, die nicht eine Geschichte ihrer Theorien, sondern die Geschichte des Weltbildes ist, das die Soziologie als Erbin der Glaubensgeschichte der Moderne entworfen, ausgebaut, systematisiert, verbreitet und durchgesetzt hat, werden wir in diesem Buch in geduldigen Schritten und ohne den illusorischen Anspruch auf Vollständigkeit freilegen.

Wir fassen dabei grundsätzlich die beiden großen Ausformungen ins Auge, die sich im Westen Europas gebildet haben und durch geschichtliche Umstände heute als „westliche" und „östliche" Soziologie, als „bürgerliche" und „marxistische" Soziologie in jeweiligen Machtblöcken und Gesellschaftsformen vorherrschen. Ungeachtet dessen wird die „westliche" Soziologie meist kurzerhand als „Soziologie" bezeichnet. Um das Bewußtsein dafür wach zu halten, daß die Soziologie ihre Wirkungen vielfach durch den Anhang der Sozialwissenschaften erzielt, werden wir diese Ausdrücke oftmals als austauschbar benutzen. Die Frage, wie die Sozialwissenschaften abzugrenzen sind, läßt sich – ohne die sonst nötigen diffizilen begriffsgeschichtlichen und wissenschaftsgeschichtlichen Erörterungen – für diesen Zweck einfach beantworten: Alle Wissenschaften rechnen zu den Sozialwissenschaften, die sich (oder insoweit sie sich) an der Soziologie als dem Muster für die Auslegung der Wirklichkeit des Menschen orientieren, also auch alle jene Fächer, die sich durch ihre Soziologisierung aus Geisteswissenschaften in Sozialwissenschaften verwandelt haben, wofür die Entwicklung der „Pädagogik" zur „Erziehungswissenschaft" das bekannteste Beispiel abgibt.

1. Die Bewältigung der Sozialwissenschaften als Lebensfrage

Mit der Forderung nach einer Bewältigung der Sozialwissenschaften erheben sich ungewohnte Probleme, über die wir uns in diesem Kapitel nur eine erste Übersicht verschaffen wollen.

Die Sozialwissenschaften zu bewältigen ist zu einer dringenden Aufgabe geworden, die kaum weniger wichtig ist als die offensichtlich so nötige Bewältigung der Technik. Denn so wie diese unsere natürliche Umwelt bestimmt, so formen jene unsere gesellschaftliche Umwelt, die ja am Ende sogar noch darüber mitentscheiden wird, ob und wie es uns gelingt, die ökologischen, ökonomischen und technischen Daseinsverhältnisse zu sichern. In beiden Fällen wird eine künstliche Wirklichkeit geschaffen; in beiden Fällen führt das zu weitreichenden Folgen von geschichtlichem Ausmaß; in beiden Fällen haben wir es mit höchst wirksamen Mächten in dem ganz einfachen Sinn zu tun, daß von ihren Erkenntnissen – offengelassen wie – Wirkungen ausgehen, die unsere Daseinswirklichkeit in einer gewissen Richtung verändern, so daß diese Wissenschaften als gesellschaftliche und geschichtliche Mächte angesprochen werden dürfen und müssen.

In dem einen Fall können wir die Wirkungen sehen, weil uns die Macht der Naturwissenschaften in ihrem Gebrauch faßlich vor Augen tritt, ja sogar mit ihren Apparaten, Techniken, Produkten und Gestaltungen förmlich als eine eigene künstliche Wirklichkeit auf den Leib rückt. Hingegen verlieren sich die Wirkungen der Sozialwissenschaften unfaßlich in den menschlichen Handlungen und gesellschaftlichen Einrichtungen, ohne sichtbar eine eigene künstliche Wirklichkeit zu bilden.

Diese schlichte Tatsache mag für jetzt genügen, um klarzumachen, daß wir die Wirkungen der Sozialwissenschaften wegen ihrer Ungreifbarkeit gar nicht wahrzunehmen pflegen und deshalb mit den Sozialwissenschaften als einer gesellschaftlichen Macht und geschichtlichen Kraft gar nicht zu rechnen wissen. Damit wird aber eine Situation sichtbar, welche offenbar eine Lebensfrage unserer Kultur darstellen muß. Denn jede Kultur, und zumal eine moderne Gesellschaft, muß doch mit den Kräften zu rechnen wissen, von denen ihre Geschicke, sei es hinsichtlich der Natur oder der Gesellschaft, abhängen. Eine Macht von geschichtlicher Kraft zu übersehen, muß eine gefährliche Täuschung heraufbeschwören. In eben dieser Lage befinden wir uns. Die Wirkungen der Sozialwissenschaften verkennend, verschätzen wir ahnungslos unsere gesellschaftlichen Zustände und Lagen, verkennen ihre Ursachen und verfehlen ihre Forderungen. Ein falsches Bild von der Gesellschaft aber muß im persönlichen Leben verwirrende, im öffentlichen gefährliche Mißweisungen hervorrufen.

Eines ist dabei vorgreifend sogleich herauszuheben und fortan stets im Auge zu behalten: Die Sozialwissenschaften sprechen, wie die Soziologie nur von der Gesellschaft, so die übrigen Fächer von ihren besonderen Bereichen der Gesellschaft, nie vom Menschen. Und eben hier liegt nun die gröbste und folgenreichste Mißweisung. Denn das Bild, das die Soziologie von Geschichte und Gesellschaft entrollt, läuft, kaum anders als im Marxismus, auf die Abschaffung des Menschen hinaus, von dem allenfalls seine Interessen an äußeren Daseinsverhältnissen übrigbleiben. Infolgedessen wird es den Menschen unmöglich, mit sich selbst fertig zu werden, ja auch nur zu begreifen, daß das Leben, wie immer die äußeren Verhältnisse, stets eine innere Aufgabe gewesen ist und bleiben wird. Nichtsahnend produziert die Soziologie jenen gesichtslosen Menschen, der trostlos über den Mangel an Identität klagt, die er nach Lehre der Soziologie als Gabe der Gesellschaft ansehen muß, oder sich kaltblütig an dem Spiel der Gesellschaft beteiligt, dessen blinde Interessenmechanismen er längst durchschaut hat. Hier, in dieser völligen Entleerung des Daseins, liegt die schlimmste Folge der Sozialwissenschaften, eine beispiellos neue Form der Inhumanisierung, die den Menschen vom Kulturwesen zum bloßen Sozialwesen zurückstuft, ja erstmals dazu erklärt.

Es ist deshalb ebenso schwierig wie nötig, die ungewohnte Frage nach der Bewältigung der Sozialwissenschaften zu stellen; schwierig, weil diese Frage in ungewohnte Bereiche führt; nötig, weil praktisch lebenswichtige Fragen von persönlichem wie öffentlichem Interesse dringend nach Klärung verlangen.

Der Einbruch der Sozialwissenschaften in das Leben

Um dieses ungewohnte Problem als eine dringliche Aufgabe Schritt für Schritt sichtbar zu machen, sei zuerst daran erinnert, daß hier jeder in der Sache persönlich betroffen ist, sind doch die Sozialwissenschaften in wenigen Jahrzehnten, ob wir wollten oder nicht, in unser aller Leben getreten. Wie immer wir das erlebt haben, es war Bestandteil eines staunenswerten Vorgangs von geschichtlichem Ausmaß. Denn von der Soziologie geführt sind ja die Sozialwissenschaften wie ein Naturereignis über die Welt gekommen. Ausgehend von Amerika haben sie in kürzester Zeit die Welt erobert und eigentlich nur deshalb an den Grenzen der kommunistischen Staatsreligionen haltgemacht, weil diese ihre eigenen Sozialwissenschaften besitzen. Schon in seinen Ausmaßen sucht der Vorgang in seinem Tempo und in seiner Erstreckung seinesgleichen. Keine Religion hat sich jemals auch nur annähernd so schnell und so weit verbreitet, aber auch keine Wissenschaft – haben sich doch jedenfalls die Naturwissenschaften, als sie in der Neuzeit auftraten, nicht einmal Westeuropa so schnell erobern können, wie sich die Soziologie mit ihrem Anhang in kaum zwei Jahrzehnten über die Welt verbreitet hat, im Wettlauf mit der Konkurrenz des Marxismus, der sich mit gleicher Rapidität verbreitete.

Ihresgleichen sucht aber auch die dominierende Stellung, welche die Sozialwissenschaften auf Anhieb im Reich des

Geistes erreicht haben, indem sie den älteren Wissenschaften sogleich den Rang abliefen und kometengleich zur neuen Schlüsselwissenschaft aufstiegen. Auch das ist, wie später zu zeigen sein wird, ein Vorgang von geschichtlicher Bedeutung gewesen, weil dadurch alle überlieferten Wissensbestände der Kultur ein- und umgeschmolzen wurden. Von keiner anderen Wissenschaft ist jemals so schnell eine so radikale Überholung aller Kulturüberlieferung bewerkstelligt worden wie durch diese Soziologisierung der Wissensbestände, der sich ja fast alle Fächer, von der Pädagogik bis hin zur Theologie, durch Übernahme der soziologischen Betrachtungsweise anschlossen. Denn hierdurch wurde ja die Bedeutung aller Kulturgüter und Daseinsinhalte fundamental verändert, weil nun allemalen die Gesellschaft als dasjenige in den Mittelpunkt rückte, worum es im Staat, in der Geschichte, in der Literatur, in der Sprache, in der Religion oder wo auch sonst eigentlich ginge – eine radikale Veränderung unserer Daseinswirklichkeit.

Dabei ist der Aufstieg der Sozialwissenschaften kein bloß akademisches Ereignis gewesen. Das neue Wissen drängte hinaus in die Köpfe der Menschen, in die gesellschaftlichen Einrichtungen, in den geistigen Haushalt der Nation, sogar in die Straßen und Betriebe; es durchdrang den Alltag, die Familie, die Geselligkeit und die Öffentlichkeit und hielt Einzug in die Politik, in die Parteien, Verbände und Kirchen. Am eigenen Leib hat jedermann erlebt, wie diese Wissenschaften unaufhaltsam in unser Leben vordrangen, in Schule und Erziehung, Bildung und Universität, Literatur und Theater, Sprache und Kultur, Alltag und Beruf, Politik und Öffentlichkeit, Religion und Kirche. In kaum zwei Jahrzehnten haben diese Wissenschaften die Welt durch eine Kulturrevolution verändert, die noch immer neue Bewegungen und Gruppen, Fraglichkeiten und Streitigkeiten aus sich entläßt. Welche Stellung soll dieses neue Wissen in Schule und Bildung, in Familie und Erziehung, in Politik und Öffentlichkeit, überhaupt im Leben der Nation einnehmen? Wie ein roter Faden hat sich diese Frage durch alle politischen und geistigen Auseinandersetzungen der letzten Jahrzehnte hindurchgezogen und taucht fast mit jedem neuen Gesetz und jeder neuen Verordnung wieder auf, ja sie ist den meisten geistigen, kulturellen, politischen und religiösen Parteiungen beigemischt. Das Gemeinwesen war und ist über diesen Fragen gespalten. Wie die Sozialwissenschaften in tausend Formen in alle Bereiche des privaten und öffentlichen Lebens bald eingebrochen, bald eingesickert sind, das haben die einen stolz mit missionarischem Eifer betrieben oder begrüßt, die anderen dumpf oder ohnmächtig wie ein unerkläliches Naturereignis erlebt. Dem Vorgang ausgesetzt, mußte jeder entscheiden, welchen Platz er selbst in seinem Leben diesem neuen Wissen einräumen wollte, wie er damit fertig werden, kurzum, wie er in seinem Leben die Sozialwissenschaften bewältigen wollte.

Nirgends jedoch hat sich diese lebenspraktische Auseinandersetzung mit den Sozialwissenschaften zu einem ausdrücklichen Bewußtsein von ihrer gesellschaftlichen Macht und geschichtlichen Rolle erhoben – glauben doch wohl gar die meisten Zeitgenossen, diesen Wissenschaften, weil diese sich in Studierstuben und Instituten abspielen, noch nie begegnet zu sein, derweil sie deren Herrschaft bereits verfallen sind. Im Einzelfall werden ungeliebte Aussagen der Fachvertreter von jener Wissenschaft, die man hinter den Mauern der Universität vermutet, der Person, aber nicht der Wissenschaft zugerechnet. Kritik an den Sozialwissenschaften hat sich denn auch stets gegen bestimmte Richtungen, etwa gegen den Marxismus, gewendet und ist eben deshalb von den Sozialwissenschaften zurückgewiesen worden, so daß Helmut Schelsky fast der einzige gewesen ist, der seinen Angriff gegen die ganze Soziologie zu führen schien, ohne noch zwischen einer guten und einer bösen zu unterscheiden. Die Sozialwissenschaften selbst sind sogar von ihrer eigenen Machtlosigkeit überzeugt – klagen ihre Vertreter doch ständig über Einflußlosigkeit und Unwirksamkeit. Daran ist soviel richtig, daß die Macht der Sozialwissenschaften (wie sie hier zur Rede steht) nicht etwas ist, was die Sozialwissenschaftler nach ihrem Willen einsetzen oder auch nur erstreben. Die nötige Bewältigung der Sozialwissenschaften darf durchaus nicht mißverstanden werden als ein Aufruf, um irgendeinen geheimen Anschlag der Sozialwissenschaftler zu entlarven und abzuwehren. Es gilt vielmehr, das Geheimnis der selbst ihren Vertretern verborgenen Macht der Sozialwissenschaften zu entschleiern, um geistig wieder frei atmen und den Daseinsfragen gefaßt und entschieden aus innerer Festigkeit und Klarheit entgegentreten zu können.

Denn eben dazu bedarf es der Kraft und des Vermögens, mit den Mächten zu rechnen, die, weil sie in unserem Leben mitspielen, Gewalt über uns besitzen. Zu bewältigen eben sind Mächte, wenn und weil sie Gewalt über uns gewonnen haben. Die Sozialwissenschaften sind eine solche Macht, weil sie unser Denken und Handeln vielfältig beherrschen, überdies unsere Gesellschaft und Politik mannigfach bestimmen, ja sogar, wie sich zeigen wird, am heutigen Zustand der Welt mitgewoben haben und über den Lauf unserer Geschichte weiterhin mitbestimmen werden.

Wir erkennen Mächte, wenn sie uns mit offenen Forderungen entgegentreten. Solche Mächte lassen uns innerlich frei, selbst wenn sie über unser äußeres Schicksal bestimmen. Allein es gibt auch jene anderen Mächte, die unvermerkt und undurchschaut Gewalt über uns gewinnen; sie fügen dann dem äußeren Schicksal das innere hinzu – die Qual und Verwirrung dessen, der sich und die Welt nicht mehr versteht, weil er die Mächte, die hier und dort mitspielen, nicht benennen kann, von ihrem Dasein nichts weiß.

Die Wirkungsweisen der Sozialwissenschaften

Für die Aufgabe ihrer Bewältigung gilt es vorweg erst einmal grundsätzlich klarzumachen, auf welche Weise denn die Sozialwissenschaften ihre Wirkungen erzielen und welcher Art diese Wirkungen sind. Zu einem Teil wirken sie wie die Naturwissenschaften, durch die technische Umsetzung ihres Wissens, die hier zuerst behandelt werden soll, obschon die entscheidende Macht der Sozialwissenschaften bei einer ganz anderen Wirkungsweise liegt, welche die Naturwissenschaften gar nicht kennen.

Zu ihrer technischen Umsetzung bedarf jede Wissenschaft irgendwelcher sozialer Agenturen, die gewissermaßen aus wissenschaftlichen Theorien allgemeine Lebenswirklichkeiten machen. Die modernen Naturwissenschaften haben fast 200 Jahre warten müssen, ehe sich die Wirtschaft zu jener Agentur entwickelte, die ihr Wissen hauptsächlich und stetig umzusetzen vermochte und dadurch rückwirkend zum stetigen Ausbau der Naturwissenschaften beitrug. Die viel später entstandenen Sozialwissenschaften sind ungleich schneller in ihr technisches Stadium eingetreten. Die technische Umsetzung ihres Wissens erfolgte aber, jedenfalls bisher, hauptsächlich über die verschiedensten Einrichtungen des Staates und unterliegt deshalb und insoweit auch nicht den Gesetzen der Konkurrenz und Auslese des Marktes – eine natürlich fundamentale und hier völlig wertfrei erwähnte Tatsache. So wie sich für die technische Umsetzung der Naturwissenschaften nur solche Abnehmer interessieren, die im weiteren Sinn auf irgendeine Weise mit der Bearbeitung der Natur zwecks Herstellung irgendwelcher Güter befaßt sind, so sind an der technischen Umsetzung der Sozialwissenschaften eben nur solche Abnehmer interessiert, die mit der Einrichtung und Regelung der eigentlichen gesellschaftlichen Verhältnisse befaßt sind, also vor allem doch der Staat mit allen seinen Ämtern, Behörden und Stellen, daneben dann aber auch alle Parteien, Verbände oder auch Kirchen, die sonstwie auf die Gesellschaft im Großen einwirken wollen oder schließlich sonstwie in ihrer Arbeit von der Gesellschaft im Großen oder jedenfalls von den gesellschaftlichen Verhältnissen in ihrem Unternehmen abhängen. Stets bringt es die Eigenart dieser potentiellen Abnehmer mit sich, daß die technische Umsetzung der Sozialwissenschaften durch irgendwelche Gesetze, Verordnungen, Maßnahmen, Einrichtungen nebst entsprechenden Planungen erfolgt, welche irgendwelche Veränderungen im Handeln anderer Menschen erzielen sollen, so daß die Wirkungen der Umsetzung sozusagen unterschiedslos in dem gesellschaftlichen Handeln und in den gesellschaftlichen Einrichtungen verschwinden.

Es ist deshalb ganz übersehen worden, daß die Sozialwissenschaften bereits in ihr technisches Stadium eingetreten sind. Denn wenn Regierungen, Behörden, Parlamente, Parteien und Verbände in gesellschaftlichen Fragen kaum noch einen Schritt ohne die Ratschläge und Gutachten sozialwissenschaftlicher Experten tun, dann läuft das eben auf eine technische Umsetzung ihres Wissens hinaus, selbst wenn im einzelnen den Empfehlungen sowenig gefolgt werden muß, wie in der Wirtschaft dem Rat naturwissenschaftlicher Experten. Technisch umgesetzt wird ihr Wissen aber auch laufend in den ungezählten Stellen in den Stäben und Bürokratien der genannten Gruppen und Einrichtungen, sofern deren Inhaber sich, offiziell oder inoffiziell, für ihre Tätigkeit durch eine sozialwissenschaftliche Ausbildung, sei diese förmlich oder auch nicht, qualifizieren und ihr Wissen in dieser Tätigkeit anwenden; man darf denn auch davon ausgehen, daß alle Abteilungen, von den lokalen Einheiten bis zu den Zentralen, die mit spezifisch sozialen Angelegenheiten – wie Jugend, Alter, Familie, Ehe, Arbeit, Freizeit, Stadtplanung, Berufsgruppen u. ä. – befaßt sind, stetig sozialwissenschaftliches Wissen benutzen und anwenden. Schließlich ist noch davon Notiz zu nehmen, daß die Sozialwissenschaften auch durch freiberufliche Tätigkeit umgesetzt werden, wie etwa von Meinungsforschungsinstituten.

Man sieht, was die Produkte der technischen Umsetzung der Sozialwissenschaften sind, nämlich Gesetze, Maßnahmen, Ämter, Stellen, Einrichtungen und Dienste, die es ohne die Sozialwissenschaften entweder gar nicht oder doch nicht so geben könnte. Schon aus diesem Grunde ist vor der Naivität zu warnen, hier nur allgemein von einer Verwissenschaftlichung der Politik zu sprechen, während es doch darum geht, welche neue Lage denn dadurch entstanden ist, daß der Politik und Praxis nun erstmals eine Wissenschaft von der Gesellschaft, also diesbezüglich ein technisches Wissen zur Verfügung steht, das – auch vor dieser Naivität ist dringlich zu warnen – nicht nur Mittel bereitstellt, sondern unvermeidlich die Handlungsmöglichkeiten und die Ziele in Richtung einer zunehmenden technischen Beherrschung und Gestaltung des Gegenstandes, also der Gesellschaft, erweitert und verändert. Es wird heute der

Technik vorgeworfen, sie habe nie der Versuchung, ihr Wissen anzuwenden, widerstehen können und dadurch ahnungslos jene technische Umwelt geschaffen, an der wir heute leiden. Aber man müßte doch blind sein, um zu verkennen, daß ein technisches Wissen der Sozialwissenschaften nicht ebenfalls zur Anwendung dränge und von der Politik außer Anschlag gelassen werden könnte. Nicht auf einzelne Produkte der technischen Umsetzung kommt es an, sondern darauf, was denn bei der kontinuierlichen Benutzung der Sozialwissenschaften am Ende herauskommen wird, welche Art von Gesellschaft und Dasein das Ergebnis der unablässigen Einführung eines selbst wieder unablässig vermehrten technischen Wissens von der Gesellschaft sein wird. Es kann ja auch kein Zweifel darüber bestehen, daß bereits jetzt die Politik wie die Gesellschaft durch die Sozialwissenschaften verändert worden ist. Die Politik im Zeitalter der Meinungsforschungsinstitute – um es an diesem Beispiel zu illustrieren – ist anders als vorher, und die Gesellschaft im Zeitalter professionalisierter Sozialdienste ist es ebenfalls. Auf die damit angedeuteten Fragen kann hier zunächst nicht weiter eingegangen werden. Es wird sich aber noch die Frage stellen, ob wir uns nicht im Bann der Sozialwissenschaften nach dem nun so oft beklagten Versuch, mit Hilfe der Naturwissenschaften die Herrschaft über die Natur zu erreichen, ahnungslos auf das vielleicht noch gefährlichere Experiment eingelassen haben, die Gesellschaft mit Hilfe der Sozialwissenschaften unter Kontrolle zu bringen, das am Ende in der sozialwissenschaftlich durchgeregelten, kontrollierten und betreuten Gesellschaft enden müßte.

Die Sozialwissenschaften wirken noch auf eine zweite, den Naturwissenschaften nicht gegebene Weise. Beide gestalten durch technische Umsetzung ihres Wissens unsere Umwelt, schaffen also die für unser Leben so fundamentalen äußeren Daseinsumstände und Daseinsbedingungen, die auf uns von außen einwirken und auf die wir wieder nach außen zurückwirken. Aber die Sozialwissenschaften können die Menschen selbst, von innen, verwandeln. Anstatt nur äußerlich gesellschaftliche Einrichtungen zu schaffen, haben sie sogar Gewalt über unsere Gedanken gewonnen, sehen wir uns selbst und die Welt doch bereits mit den Augen dieser Wissenschaften. Politik und Öffentlichkeit lassen sich die gesellschaftlichen Vorgänge und Verhältnisse von den Sozialwissenschaften erklären, und die einzelnen deuten sogar ihre persönlichen Lagen und Schicksale nach den Erklärungsmustern dieser Wissenschaften. Zur Instanz erhoben, haben sie unvermerkt Macht über unser Denken und Handeln gewonnen, weil sie zur Autorität der persönlichen und öffentlichen Daseinsauslegung geworden sind, die angibt, worum es im Leben geht und worauf es im Leben ankommt.

Kraft dieser Macht haben die Sozialwissenschaften die Welt im Ablauf einer Generation zu ihrem Glauben bekehrt, daß die Gesellschaft – um es vorab auf eine Formel zu bringen – die eigentliche Wirklichkeit, alles andere, wie Geschichte, Kultur, Sittlichkeit oder Religion, nur Anhängsel sei, Produkt von der Gesellschaft und für die Gesellschaft. Damit war der Mensch zu einem ganz von den gesellschaftlichen Verhältnissen bedingten Sozialwesen erklärt, dem es, bei Licht besehen, auch nur um seine gesellschaftlichen Verhältnisse gehen konnte. Als ein solches Wesen nimmt heute die Politik den Menschen, und genau so versteht dieser sich selbst. Es sind die Sozialwissenschaften, welche dieser, zumindest geschichtlich doch neuartigen Daseinsauffassung recht eigentlich zur Herrschaft verholfen haben.

Die Sozialwissenschaften als Mißweisung

Jedes neue Daseinsverständnis zeitigt unvermeidlich die weitreichendsten Folgen und umfassendsten Wirkungen. Denn stets gilt, wie schon die Alten wußten, daß unser Handeln nicht von den Tatsachen bestimmt wird und auch gar nicht bestimmt werden kann, sondern von unseren Meinungen über die Tatsachen – kennen wir diese doch nur durch unsere Vorstellungen von jenen. Ein Umsturz im Weltbild der Gesellschaft ist vielleicht weniger merklich, doch nicht weniger wirksam als ein

Umsturz im Weltbild der Natur. Wer erklären darf, was und wie die Gesellschaft wirklich ist, der revidiert die Ziele und Maßstäbe des Handelns. Als den Sozialwissenschaften die Aufgabe zufiel, uns über das eigentliche Wesen und Funktionieren der Gesellschaft aufzuklären, da beeinflußten sie auch unser Handeln und Denken. Immer weniger konnte nun das Verhalten aus dem eigenen Erlebnis und aus der selbständigen Erfahrung der gesellschaftlichen Verhältnisse hervorgehen, immer mehr mußte es zu einem bereits durch die sozialwissenschaftliche Auslegung dieser Verhältnisse vermittelten Verhalten werden. In dem Maße, in dem die Sozialwissenschaften in die Erklärung und Deutung der Gesellschaft eingeschaltet wurden, mußten sie also selbst zu einer gesellschaftlichen Macht werden, welche die Gesellschaft nicht länger nur von außen beobachtete und analysierte, sondern von innen an ihrer Entwicklung und Verwandlung beteiligt war.

In der Tat ist die Gesellschaft, wie sie heute existiert, ist die Art, wie wir nunmehr denken und handeln, nicht zuletzt auch das Werk der Sozialwissenschaften, die teils die Tatsachen geschaffen, teils die Möglichkeiten formuliert, teils Tendenzen legitimiert und so den formlosen und unsicheren Kräften, die in der Realität schlummerten, erst Ausdruck und Bewußtsein verliehen haben. Das gilt gerade auch für die ungeheuren Veränderungen und Verwandlungen der Lebenseinstellungen und Lebensformen, die wir in den letzten Jahrzehnten miterlebt haben. Insbesondere ist auch die Kulturrevolution, die alle westlichen Länder so tief und jäh verändert hat, auf dem Boden der Sozialwissenschaften gewachsen. In allen heutigen Nöten und Schwierigkeiten, wo immer wir sie, je nach Generationslage oder geistiger Haltung, auch zu suchen pflegen, stecken die Sozialwissenschaften schon auf die eine oder andere Weise darin. Wir werden deshalb mit den persönlichen Nöten und gesellschaftlichen Schwierigkeiten nur dann fertig werden, wenn wir uns über die Macht klarwerden, welche die Sozialwissenschaften über unser eigenes Handeln und Denken wie über die gesellschaftlichen Zustände und Vorgänge ausüben. Es gilt, den Anteil zu ermitteln, den die Sozialwissenschaften an der

Entstehung und Verfassung der heutigen Daseinsverhältnisse und Daseinslagen haben.

Blind für diese Aufgabe verfahren wir jedoch tatsächlich ganz anders. Denn wo immer Nöte und Schwierigkeiten auftauchen, versucht man sie gemäß dem sozialwissenschaftlichen Wirklichkeitsverständnis stets erneut aus gesellschaftlichen Umständen zu erklären und durch eine Veränderung dieser Umstände zu beheben, wobei der Streit darüber, welche Umstände jeweils verantwortlich sind, nur die Einigkeit im Grundsatz bestätigt, daß gesellschaftliche Umstände und nur diese verantwortlich seien. In der Gesellschaft suchen wir die Ursachen für alle die Klagen und Nöte, für alle die Forderungen und Proteste, für alle die Entfremdungen und Zerklüftungen. Aus der Gesellschaft erklärt man es sich, daß die Protest- und Alternativszene seit zwei Jahrzehnten unerschöpflich die verschiedenartigsten Bewegungen produziert, von den terroristischen, anarchistischen und revolutionären Gruppen über die Kulte der Auffälligkeiten und Abartigkeiten bis zu dem Ausstieg aus Staat und Gesellschaft oder bis zum Rückzug in die Kommunen und Gruppenszenen. Auf alle solche Fragen lautet die Antwort, das Handeln sei aus gesellschaftlichen Umständen zu erklären, die Not mittels Veränderung dieser Umstände zu wenden. Und so erbittert darüber gestritten wird, welche gesellschaftlichen Umstände verantwortlich sind, glaubt man doch fast unterschiedslos, daß gesellschaftliche Umstände, und nur diese, verantwortlich seien. So erklären die einzelnen ihre Lebensnöte; so begründen die einen ihre Herausforderung von Staat und Gesellschaft; so erklären sich aber Staat und Gesellschaft auf ihre Weise auch wieder diese Herausforderungen. Alles Handeln scheint nur noch ein Produkt von Umständen zu sein, alle Lösungen können nur noch auf die Veränderung der äußeren Daseinsumstände zielen. Nach diesem Grundsatz verfahren mit nur unwesentlichen Unterschieden die Parteien trotz des Streites darüber, wo die gesellschaftlichen Ursachen und Lösungen liegen. Nach diesem Grundsatz verfahren aber meist auch die einzelnen in dem Versuch, ihre Lebensschwierigkeiten zu deuten und zu lösen. So also herrscht der Grundsatz, nach dem die Sozialwissenschaften die Wirklichkeit auslegen: Es ist alles aus gesellschaftlichen Verhältnissen zu erklären. Er ist über alle Lager hinweg zur unbefragten Selbstverständlichkeit geworden, und darauf beruht letztlich die Herrschaft der Sozialwissenschaften. Im ständigen Hinstarren auf die Gesellschaft wuchern die Debatten über die Gesellschaft, überschwemmen das individuelle und das öffentliche Bewußtsein und veranlassen zu unausgesetzten Anstrengungen, um denkend und handelnd mit der Gesellschaft fertig zu werden.

Doch gerade das ist nun kaum noch möglich. Wir leiden wegen unserer dauernden Befassung mit der Gesellschaft in unserem privaten wie im öffentlichen Leben an einer Verwirrung unserer geistigen Buchführung und können deshalb über unsere Lage keine rechte Klarheit gewinnen, für unsere Schwierigkeiten keine wirksamen Lösungen finden und unseren Nöten nicht mit Entschiedenheit ins Auge schauen. In unserer geistigen Buchführung steckt ein grundsätzlicher Fehler, der beharrliche Mißweisungen in unsere Anstrengungen hineinbringt, das Leben persönlich zu meistern und gesellschaftliche Nöte zu beheben. Deshalb wollen die persönlichen und öffentlichen Rechnungen kaum noch aufgehen.

Sie können auch so lange nicht aufgehen, wie wir an dem Wirklichkeitsmodell der Sozialwissenschaften festhalten. Denn „die Gesellschaft", von der sie reden, ist ein Konstrukt der Soziologie und nicht die Wirklichkeit unseres gesellschaftlichen Lebens. Dieses Konstrukt verkürzt die Gesellschaft auf die äußeren Daseinsverhältnisse und Daseinsmöglichkeiten und reduziert den Menschen zu einem Sozialwesen, dessen Handeln durch äußere Tatsachen bestimmt wird und sich wiederum auf äußere Tatsachen richtet. Von allen menschlichen Lebensformen und von allen gesellschaftlichen Einrichtungen bleiben alsdann nur die leeren Gehäuse übrig, die Interessen der Vorteile und Annehmlichkeiten, die Verteilung der Macht und der Zwänge, die Fragen der Gleichheit und Unabhängigkeit; nirgends können Bedeutung und Gehalt unserer persönlichen oder gesellschaftlichen Daseinsformen in Rechnung gestellt werden; nirgends wird der Überlegung Raum gegeben, daß dem Menschen sein Handeln etwas bedeutet. Konsequent müssen dann auch alle sonstigen Mächte aus dem Spiel gehalten werden, so daß etwa die Geschichte zu einem Differenzierungsprozeß, die Kultur zu einem Reflex, die Religion zu einer Funktion der Gesellschaft wird, während alle geistigen Mächte und Ideen sowieso zu gesellschaftlichen Ideologien herabsinken. Unter diesen Umständen kann es nicht wundernehmen, daß Menschen, die mit dieser Daseinsauslegung groß geworden sind, mit ihrem Dasein so schwer zurechtkommen, da sie die Lebensaufgaben und Lebensmächte nicht sehen können und hilflos ihre Lagen als gesellschaftliche Fügung hinnehmen müssen.

Und wie im Privaten geht es auch im Öffentlichen, wo nun bei auftauchenden Schwierigkeiten stets mit der Suche nach den gesellschaftlichen Ursachen und Verschreibungen reagiert werden muß. Die unentwegten politischen Anstrengungen zur Verbesserung der Gesellschaft sind nicht zufällig in dem Maße zu Ketten des objektiven Mißerfolgs und der subjektiven Verwirrung geworden, wie jene Anstrengungen von sozialwissenschaftlichen Konzepten inspiriert waren. War die Aussicht auf Erfolg, weil man nur auf gesellschaftliche Verhältnisse rechnete, schon beim ersten Lösungsversuch gering, so mußte nun mit jedem weiteren Versuch die Mißweisung wachsen, weil die jeweils neu entstehenden Schwierigkeiten auf vielfältige Weise und in steigendem Anteil von den Sozialwissenschaften mitverursacht waren, jedoch stets wieder auf gesellschaftliche Verhältnisse zurückgeführt und mit neuen gesellschaftlichen Verschreibungen kuriert werden mußten. Man sieht, wie die gestörte geistige Buchführung in ebenso absurde wie gefährliche Lagen hineinführen muß. Absurd ist es nämlich, wenn die gesellschaftlichen Nöte und Schwierigkeiten bei stets steigenden Anstrengungen zu ihrer Behebung ständig anwachsen. Absurd ist es, daß die gesellschaftlichen Schwierigkeiten, zu deren Behebung die Sozialwissenschaften einst angetreten waren, bequem mit den immer wachsenden Anstrengungen und Anwendungen dieser Sozialwissenschaften Schritt zu halten wissen und sich vor unseren Augen im Takt mit dem Einsatz der Sozialwissenschaften vermehren und radikalisieren. Gefährlich ist es, daß mit dieser Absurdität auch die Bereitschaft wachsen muß, sich mit den wachsenden Schwierigkeiten wie mit unabänderlichen Übeln resignativ abzufinden und die Maßstäbe der Normalität ständig herabzusetzen, so daß die Anstrengungen zwar fortlaufen, aber mit hohlen Erwartungen und halben Überzeugungen.

Dies alles sind – hier nur in allgemeiner Form vorangestellt – Folgen der systematischen Mißweisung, die auftreten mußte, als die Gesellschaft zur eigentlichen Wirklichkeit erklärt wurde. Aber all dies läuft zugleich an unserem Bewußtsein vorbei, eben weil uns von den Sozialwissenschaften noch immer erläutert wird, die Übel seien rein in den äußeren Daseinsverhältnissen und Daseinsmöglichkeiten der Gesellschaft zu suchen. Auf diese Weise sind die Sozialwissenschaften zu dem Problem geworden, für dessen Lösung sie sich selbst halten.

Man gebe sich keinen Illusionen über den Ernst dieser Lage hin. Die ebenso platte wie gefährliche Meinung, es käme doch nur auf die Realitäten an, gehört zu der ebenso gefährlichen wie unausrottbaren Naivität, die nie verstehen kann, daß uns die Tatsachen stets nur in unseren Vorstellungen gegeben sein können und unser Umgang mit der Wirklichkeit sich stets nach den Vorstellungen richtet, die wir uns von den Tatsachen machen. Wenn die geistige Buchführung nicht stimmt, kann das Leben der einzelnen wie der Kulturen nicht aufgehen.

Jeder versteht den Normalfall der Geschichte, wo eine Gesellschaft an harten objektiven Tatsachen zerbricht, die ihre Möglichkeiten, Kräfte oder Mittel auf die eine oder andere Weise übersteigen. Es hieße angesichts der durch den technischen Fortschritt entstandenen Gefahren unverantwortlich in den Tag leben, wollten wir uns verheimlichen, daß dieses Schicksal auf unsere Kultur warten mag. Hier allerdings geht es um die andere, schwerer verständliche Lehre der Geschichte, daß eine Gesellschaft auch an ihrer Unfähigkeit zerbrechen kann, ihre wirklichen Schwierigkeiten zu erkennen. Eine Gesellschaft, die nicht mehr mit den Mächten zu rechnen weiß, die auf sie wirken, gerät in diese gefährliche Lage, wo sie es nicht mehr nur mit ihren realen und objektiven Schwierigkeiten, sondern mit ihrer eigenen Unfähigkeit zu tun hat, ihre Schwierigkeiten korrekt zu erfassen. Sie sucht sie an den falschen Stellen, erklärt sie aus falschen Ursachen, beantwortet sie mit falschen Lösungen und weiß ihre Lage nicht in richtige Ziele und Aufgaben umzusetzen. Sie vermag sich nicht mehr geistig Rechenschaft über die Kräfte abzulegen, welche hinter ihren Zuständen und Entwicklungen stehen. Sie kennt die Mächte nicht mehr, die sie lenken und bestimmen.

Alsdann aber kann auch leicht die Situation heraufziehen, wo allen Anstrengungen, weil diese auf falschen Lageeinschätzungen, untauglichen Lösungsversuchen und willkürlichen Zielvorstellungen beruhen, der Erfolg versagt bleibt. Ja, die Mühen zur Behebung akuter Nöte müßten nun die Schwierigkeiten zu Dauerzuständen werden lassen und durch die Beharrlichkeit ungeeigneter Maßnahmen nur verfestigen und vervielfältigen, bis schließlich die Hoffnung schwinden könnte, die Daseinslagen zu verstehen und zu beherrschen. Dann aber ist in der Geschichte der Punkt erreicht, wo die Menschen sich mangels Einsichtigkeit der gegebenen Ordnungen aus diesen zurückzuziehen beginnen. Und nun treten fast regelmäßig neue Kräfte in Erscheinung, die von der überlieferten Ordnung her nur als irrational bezeichnet werden können, während sie doch in diesen Fällen nur anzeigen, daß eine Kultur sich über ihren Zustand keine Rechenschaft mehr zu geben weiß.

Über das Vertrauen in die Sozialwissenschaften

Ist soweit begründet, warum die Bewältigung der Sozialwissenschaften eine Lebensfrage ist, so stellen sich der Ausführung dieser Aufgabe besondere Hemmnisse und Hindernisse in den Weg. Zum modernen Bewußtsein gehört nämlich ein Muster von mehreren verwandten Denkfiguren, die, teils aus der Aufklärung stammend, teils im vorigen Jahrhundert ausgebildet und durch Überlieferung zum selbstverständlichen Gemeinbesitz geworden, jede Wissenschaft, und insbesondere die

Sozialwissenschaften, effektiv gegen den Gedanken, sie bedürften einer Bewältigung, immunisieren, ja jede Wissenschaft vor dem Verdacht schützen, daß sie selbst eine Macht sei.

Es ist wohlgemerkt auch nicht so, daß man die Wirkung der Sozialwissenschaften bisher bloß übersehen hat, ist man doch prinzipiell von ihrer Machtlosigkeit fest überzeugt. Der freie Blick auf ihre Rolle ist auch nicht durch einzelne Irrtümer verstellt, die sich in direkter Argumentation beheben ließen. Die Hemmnisse liegen außerhalb des intellektuellen Sehfelds, in dem heute Fragen sachlich und logisch ins Visier genommen werden können. Der direkte Zugang auf die Sache zeitigt nur flüchtigen Erfolg, weil sich, wie in einem Vexierbild, die Raster eingewöhnter Vorstellungen bald wieder über die Sache schieben.

Unter diesen Umständen steht eben die Frage nach der Macht und Bewältigung der Sozialwissenschaften für eine direkte sachliche Erörterung nicht offen. Jene Vorstellungen und Überzeugungen, die als Grundbestandteile des modernen Weltbildes zu Grundlagen des modernen Bewußtseins geworden sind, sperren sich gegen die Tatsachen. Es sind stille Annahmen und Erwartungen über die Natur und Rolle der Wissenschaft, auf die eben die Moderne ihr Selbstverständnis gegründet hat, das sich nun dagegen wehrt – oder jedenfalls nicht dazu in der Lage ist –, die Frage nach der Rolle der Wissenschaft neu zu stellen. Die Bewältigung der Sozialwissenschaften ist deshalb so lange unmöglich, wie nicht die Schleier gelüftet werden können, die die Wissenschaft gegen die Frage nach ihrer gesellschaftlichen und geschichtlichen Rolle abschirmen, um eigentlich nur jenen Glauben an die Wissenschaft zu sichern, in dessen Namen die Moderne begann. Die Aufgabe, die Sozialwissenschaften zu bewältigen, ist also ihrerseits nur so zu bewältigen, daß die stillen Grundannahmen des Bewußtseins und Weltbilds der Moderne durch die Aufdeckung der Logik ihrer geschichtlichen Entstehung bewußtgemacht werden, um ihre Stichhaltigkeit zu prüfen. So wird die Arbeit, das muß gleich hier festgestellt werden, um der Sache willen tief in die Wissenschafts- und Glaubensgeschichte der Moderne hinein-

und damit auch zu einer gewissen Revision der gängigen Vorstellungen über Ursprung, Eigenart und Entwicklung, über Herkunft und Zukunft der modernen Zivilisation führen. Sie verlangt insbesondere auch eine Revision der üblichen Vorstellungen über die Rolle, welche die Wissenschaft für das Werden und Gewordensein, ja für die Eigenart und Problematik der säkularen modernen Gesellschaft gespielt hat und spielt.

Welches sind nun die wesentlichsten Vorgegebenheiten, die der Aufgabe einer Bewältigung der Sozialwissenschaften im Wege stehen? Fangen wir mit einer sehr einfachen Tatsache an.

Die Aufgabe, eine Wissenschaft zu bewältigen, kommt im geistigen Repertoire unserer Zivilisation nicht vor, und es ist leicht zu verstehen, warum das so ist. Zu bewältigen sind ja nur Mächte, die gegen unsere Absicht Gewalt über uns gewinnen. Die Moderne ist aber von der Aufklärung auf den Glauben gegründet worden, daß die Wissenschaft diejenige Macht sei, welche uns erst zu unserer Absicht verhülfe, sei es, daß sie uns über unsere wahren Ziele belehrt, sei es, daß sie uns die Mittel zu ihrer Verwirklichung liefert. Die Wissenschaft sollte vielmehr die Mächte vertreiben, welche bislang über den Menschen geherrscht hatten: Unwissenheit, Vorurteile, Traditionen. Sie sollte Licht, sie sollte Aufklärung bringen, den Menschen äußerlich und innerlich zu sich selbst führen – dieser Glaube gehört zum Erbe unserer modernen Kultur. Alsdann wäre es absurd gewesen, von einer Bewältigung der Wissenschaft zu sprechen. Für diese Aufgabe konnte in unserer Kulturüberlieferung kein Platz vorgesehen sein.

Allerdings hat nun die Fortschrittskrise mit ihren Schreckensvisionen der Bedrohung unserer physischen Existenz und der Gefährdung unserer äußeren Daseinsverhältnisse das grenzenlose Vertrauen in die geschichtliche Rolle der Wissenschaft, und damit doch auch in sie selbst, erschüttert. Sie hat jedenfalls jedem, der es noch nicht wußte, die schicksalhafte Macht vor Augen geführt, die von den Naturwissenschaften, nebst Technik und Medizin, ausgegangen ist und weiter ausgehen wird. Plötzlich war klar, daß die Wissenschaft eine eigene Macht und nicht bloß die willfährige Magd des Menschen ist. Plötzlich wurde deutlich, daß die Wissenschaft, indem sie die Wirklichkeit rational übersichtlich und beherrschbar machen will, selbst neue Unübersichtlichkeiten und Unberechenbarkeiten ins Spiel bringt.

Selten wird bedacht, daß der Vorgang ein gewisses Lehrstück bietet, zeigt er doch, wie eine auf Wissenschaft gegründete Zivilisation lange Zeit in einem so krassen Irrglauben befangen sein kann, daß die Frage nach den Folgen des technischen Fortschritts nicht einmal ernsthaft und realistisch gestellt werden konnte, ja jedes diesbezügliche Unbehagen, wo immer es sich äußerte, bekanntlich eilends als romantische Modernitätsverweigerung abgetan oder gar als reaktionärer Interessenstandpunkt gebrandmarkt wurde. Eindringlich zeigt der Fall, wie die Erkenntnisse einer Wissenschaft stets von Annahmen über die geschichtliche Rolle dieser Erkenntnisse überlagert zu sein pflegen, die zwar ohne sachliche Berechtigung sind, aber doch als selbstverständlich gelten. Nicht die Erkenntnisse der Naturwissenschaften waren ja falsch. Falsch waren nur die auch unterschiedslos von den Naturwissenschaftlern selbst gehegten Erwartungen über die geschichtliche Bedeutung dieser Erkenntnis, die man als durch diese Erkenntnis verbürgt nahm. Es bleibt denkwürdig, daß die Naturwissenschaften selbst über ein Jahrhundert lang nicht in der Lage waren, diesen Fehlschluß zu durchschauen und deshalb Apostel eines Fortschrittsglaubens blieben, dessen logische Gewagtheit erst durch die widrigen Tatsachen ans Licht kam. Wir werden denn auch immer wieder sehen, daß die Wissenschaft nicht nur ein System von Erkenntnissen ist, sondern stets auch, und dies unvermeidlich, ein System von Erwartungen über ihre geschichtliche Rolle erzeugt.

So war ein Zeitalter felsenfest von einem Auftrag der Wissenschaft überzeugt, der sich nun als reiner Aberglaube entpuppt. Hätte man ihn rechtzeitig durchschaut, dann wären wir kaum so blind in die jetzigen Nöte und Schwierigkeiten hineingelaufen. Nun gilt es, die äußeren Bedrohungen und Gefährdungen abzuwenden, aber auch mit der Unberechenbarkeit des Fortschritts leben zu lernen. Insofern ist die Fortschrittskrise auch eine geistige Kulturkrise. Weil sie die Fraglichkeit der Grundannahmen enthüllt, auf denen unsere Kultur beruhte, ist nun auch der Glaube an die Wissenschaft als Führerin durch das Leben erschüttert. Die äußeren Gefahren schlagen nach innen, weil sie kein Ergebnis von äußeren Zufällen und Umständen, vielmehr die Resultante derjenigen Kräfte sind, die wir selbst absichtsvoll und eifrig ins Leben gerufen und denen wir rückhaltlos vertraut haben. So stehen wir plötzlich vor einer völlig neuen Aufgabe, für die in unserem Weltbild kein Platz vorgesehen war: die Wissenschaft als Macht des Fortschritts zu bewältigen. Nachdem der Mythos des Fortschritts entlarvt ist, bleibt seine Realität technisch und geistig zu bewältigen.

Nirgends jedoch hat die Erschütterung des Glaubens an die Naturwissenschaften, oder mindestens an ihre geschichtliche Rolle, auf die Sozialwissenschaften übergegriffen. Ganz im Gegenteil ist das Vertrauen auf diese neue Fächergruppe, die sich jüngst unter der Führung der Soziologie etabliert hat, unerschüttert. Ja es ist das Vertrauen, daß die Wissenschaft unsere Nöte lösen werde, von den kompromittierten Naturwissenschaften auf die Sozialwissenschaften übertragen worden, die nun von der Abwertung der Naturwissenschaften profitieren. Denn die Sozialwissenschaften wurden ja nicht zuletzt zu Hilfe gerufen in der Hoffnung, daß sie mittels Gesellschaftsplanung zumindest die sozialen Folgen des technischen Fortschritts abzufangen vermögen. Der technische Fortschritt wird zum Anlaß für den stetigen Ausbau und die steigende Inanspruchnahme der Sozialwissenschaften, die die Mittel zur Bewältigung der durch den technischen Fortschritt verursachten gesellschaftlichen Schwierigkeiten liefern sollen. So wie bislang die Naturwissenschaften, was ihre geschichtliche Rolle betraf, in den Nebel eines ahnungslosen Fortschrittsglaubens eingehüllt waren, der mit der wachsenden Herrschaft über die Natur das Glück einer stets besseren Bedürfnisbefriedigung versprach, so sind heute die Sozialwissenschaften – und vornehmlich ihre Führungsmacht, die Soziologie – von dem Mythos umkleidet, das Mittel zur Bewältigung der gesellschaftlichen Schwierigkeiten und Nöte zu sein. Derweil nun nach einer Bewältigung der

Technik, sogar der Naturwissenschaften gerufen wird, erscheint es als absurd, nach einer Bewältigung derjenigen Wissenschaften zu rufen, die uns zur Bewältigung der gesellschaftlichen Nöte berufen zu sein scheinen.

Mögen die Sozialwissenschaften – und genauer: bestimmte Richtungen derselben – von den einen als lästige Störung bei der Erledigung praktischer Aufgaben, von den anderen als hilfreiche Informanten bei eben diesem Geschäft angesehen werden, so werden sie doch von niemandem für das gehalten, was sie sind: eine reale gesellschaftliche und geschichtliche Macht, welche die Geschicke unserer Gesellschaft nicht weniger lenkt und beeinflußt, als es die Naturwissenschaften schon immer getan haben. Unter diesen Umständen muß die Forderung nach einer Bewältigung der Sozialwissenschaften auf Verständnislosigkeit stoßen.

In der Tat ist das Vertrauen in die Sozialwissenschaften unerschüttert. Derweil jeder nunmehr begriffen hat, daß die Natur des Schutzes vor technischen Eingriffen bedarf, würde die Forderung, daß auch die Natur der Gesellschaft vor sozialwissenschaftlichen Experimenten zu schützen sei, nur einen Aufschrei der Empörung über ein so reaktionäres Ansinnen hervorrufen (vgl. in Kap. 4 „Die Sozialforschung als Ideologie"). Das Vertrauen wird auch durch die gegenwärtige Enttäuschung über die Leistung der Sozialwissenschaften nur bekräftigt, nährt diese sich doch keineswegs aus einem Ruf nach der Bewältigung der Sozialwissenschaften, sondern umgekehrt aus dem Bedauern, daß diese bislang vor der versprochenen Bewältigung der gesellschaftlichen Probleme versagt haben, die man also doch von ihnen zumindest grundsätzlich weiterhin erhofft. Nicht anders läuft die merkliche Besinnung innerhalb der Sozialwissenschaften nur auf Überlegungen hinaus, wie man durch Verbesserung der Methoden und Theorien zuverlässige Lösungen der gesellschaftlichen Probleme finden könnte. Ihre jüngste Selbstkritik entspringt dem Bedauern, daß die Umwandlung der Diagnosen in Therapien noch nicht gelungen ist, hält aber völlig an der Idee fest, daß die Sozialwissenschaften zu jener Therapie berufen sind, deren die Gesellschaft bedarf. So wird nach mehr und besserer Sozialwissenschaft gerufen in der Überzeugung, daß die gesellschaftlichen Probleme nur auf diese Weise wirklich bewältigt werden könnten. Nirgends gelten die Sozialwissenschaften als eigene geschichtliche Macht, stets nur als die nötigen Diener und Retter.

Soziologie als Postulat

Dieses unerschütterliche Vertrauen beruht allein auf der Erwartung, daß es eine Wissenschaft geben müsse, die die Gesellschaft so zu durchschauen in der Lage sei, daß die Politik zu einer rationalen Angelegenheit werde. Schon Auguste Comte gab der Soziologie mit ihrem Namen den Auftrag, die Politik zum Rang einer Erfahrungswissenschaft zu erheben, weil die Gesellschaft andernfalls an ihren ungelösten Problemen zugrunde gehen werde. Mit der gleichen Denkfigur wird seit 150 Jahren unverwandt der Untergang der Gesellschaft ohne Soziologie, ihre Errettung durch diese beschworen, wobei nur die Nuancen wechseln. Wenn sich namhafte Soziologen heute über die Bedeutung ihrer Wissenschaft äußern, dann wiederholen sie nur die Behauptung Comtes: "The complexity of social problems in a technological and urbanized world makes the effective application of sociological knowledge to our social problems the crucial determinant of our society's future" (The Relevance of Sociology, edited by Jack D. Douglas, 1970). Jeder kennt diese Botschaft und findet täglich ebenso ihr Echo in den Massenmedien wie ihre wirksame Übersetzung in der Wissenschaftspolitik oder in den Parteiprogrammen. Jeder findet die Botschaft einleuchtend und selbstverständlich, ohne zu fragen, ob es eine Wissenschaft für die Lösung sozialer Probleme geben könne und ob es eine hierzu befähigte Wissenschaft auch wirklich gibt.

Das Vertrauen in die nach dem Vorbild der Soziologie gemodelten Sozialwissenschaften beruht bei näherem Hinschauen einzig und allein auf dem Glauben an die Idee einer Wissenschaft, die eine bestimmte Leistung erbringen soll: das

Zusammenleben rational durchschaubar und mittels dieses Wissens technisch beherrschbar zu machen. Aus dem Bedürfnis, dem blinden Zufall der Geschichte zu entkommen, ist die Soziologie als jene Wissenschaft konzipiert worden, die, unterstützt von Tochterdisziplinen, dies leisten soll. Anstatt auf ihrer Leistung beruht das Vertrauen auf sie jedoch allein auf dem durch ihr Konzept definierten Auftrag – ja sie selbst verschafft sich Gehör durch Berufung auf ihre bloß durch das Konzept definierte Zuständigkeit für diesen Auftrag. Alle ihre Legitimationen arbeiten postulativ: An den tiefsitzenden Wunsch appellierend, in einer berechenbaren und beherrschbaren Wirklichkeit zu leben, setzen sie voraus, daß es ein besonderes Wissen geben müsse, mittels dessen die Gesellschaft berechenbar und beherrschbar werde. Aus der Definition – „die Soziologie ist die Wissenschaft von der Gesellschaft" – folgt alsdann mit der Zuständigkeit auch die Autorität, die Bürger zu belehren, die gesellschaftliche Wirklichkeit zu durchschauen, und für die Politiker, sie zu beherrschen. An die Stelle überzeugender Leistungen tritt die rhetorische Anstrengung, der Öffentlichkeit die Zuständigkeit der Soziologie einzureden. Es wird die gleiche rhetorische Grundfigur endlos variiert, um an den allgemeinen Expertenglauben zu appellieren, einen Zweifel daran als nicht erwägenswerte Unaufgeklärtheit und Rückständigkeit zu disqualifizieren und dadurch der Soziologie das Autoritätsmonopol zu verschaffen. Man muß ein typisches Beispiel dieser Rechtfertigungsfigur mit offenen Augen lesen, um sich zu fragen, welche Voraussetzungen gegeben sein müssen, wenn diese Mischung aus unverhülltem Machtanspruch und geschichtlichem Sendungsbewußtsein das Vertrauen der Öffentlichkeit in die Soziologie befestigt: „As in all human affairs, there is a choice and it is certainly possible that in the end the members of our society will recoil from this reliance upon experts and demand a return to the simple answers that worked so well in the simple world of the past. But this insistence upon simplicity in a complex world will surely bring social disaster in the end. It seems apparent that most members of our society, especially the educated and the politically influential, have already rejected the simple approach and have chosen the less perilous path of increasing reliance upon sociological knowledge to understand and solve our growing social problems" (a.a.O.).

Es soll nun damit, wohlgemerkt, keineswegs behauptet werden, die Sozialwissenschaften besäßen keinerlei Erkenntnisse. Zweifellos haben sie unseren Blick durch zahllose Einsichten in gesellschaftliche Zusammenhänge geschärft, wobei die Proportion dahingestellt bleiben mag, in der im ganzen dabei Erkenntnis, Irrtum, Schein, Banalität oder Wahn stehen. Man muß aber diese Wissenschaften an ihrer eigenen Elle und so die Soziologie an dem Anspruch messen, die gesellschaftlichen Zustände und Vorgänge (zumindest grundsätzlich) so durchschauen und erklären zu können, daß sie durch dieses Wissen letzten Endes technisch beherrschbar werden. Erkenntnisse über die Gesellschaft liefern uns ja fast alle Fächer und Disziplinen, die Geographie so wie die Geschichte, die Medizin und die Geopolitik, die Geschichte der Seefahrt, der Technik, des Kriegswesens, der Religion, der Kunst, der Literatur, des Rechts, der Verwaltung und so endlos weiter; nur bleibt die Tragweite solcher Erkenntnisse in jeder einzelnen Situation ganz offen. Marx hat uns eine bedeutende Erkenntnis über die Rolle verschafft, welche die Klassenzugehörigkeit spielen kann. Er scheiterte wissenschaftlich, als er behauptete, daß sie diese Rolle spielen muß, und dann die Geschichte als Drama der Klassenkämpfe inszenierte. Die Soziologie, wenn sie ihrem Anspruch gerecht werden will, müßte also erstens Garantie dafür leisten, daß die von ihr betrachteten Zusammenhänge stets die gesellschaftlich entscheidenden Tatsachen darstellen; und sie müßte zweitens die Erkenntnisse dieser Zusammenhänge als gesetzmäßige Beziehungen von hoher Wahrscheinlichkeit ausweisen können. Das Monopol der Autorität, die die Soziologie, und mit ihr die Sozialwissenschaften, akademisch, gesellschaftlich, politisch und geistig genießen, beruht allein auf der Annahme, daß sie diese Art von Wissen besitzt, ansonsten sie ihren Platz als kleines akademisches Fach unter vielen anderen Fächern einnehmen müßte, die ebenfalls mit Erkenntnissen über gesellschaftliche Vorgänge aufwarten können – was natürlich höchst gewichtige Konsequenzen für das Bildungswesen, für die gesamte Politik, für die öffentliche Meinung, für die geistige Situation unserer Kultur, für die Gesprächslage der Wissenschaften und für das Selbstverständnis des Menschen, also kurzum für Gesellschaft und Geschichte haben müßte.

Ebenso hartnäckig wie gutgläubig präsentiert sich die Soziologie als Hüterin eines solchen, allenfalls noch unvollkommenen Wissens und verschätzt so ständig den Wirklichkeitsgehalt ihrer Erkenntnisse oder dreht sich nur im Selbstbestätigungskreis ihrer eigenen Begriffswelt. Sie bietet denn auch den absonderlichen Fall einer Wissenschaft, die jedenfalls nicht wie die Naturwissenschaften durch vorzeigbare, bestätigte und zuverlässige Leistungen zu Stellung und Ansehen gekommen ist. Von ihrem Anbeginn an ist die Geschichte der Soziologie – wir werden das im einzelnen sehen – eine einzige Kette von Behauptungen, daß nun endlich die nötige Wissenschaft von der Gesellschaft gefunden worden sei oder daß sie nun endlich den Zustand einer „reifen Wissenschaft" (mature science) erreicht habe. Wo immer sie dann zur Autorität erhoben wurde, hat sie allerdings in bedeutender Weise die Einstellungen zu gesellschaftlichen Fragen, ja überhaupt die Lebensauffassungen – oftmals in eben der politisch gewünschten oder von der öffentlichen Meinung geforderten Richtung des Zeitgeistes – verändert und zu verschiedensten sozialen Aktivitäten oder Berufen und Einrichtungen Anlaß gegeben, ja sogar politische Programme befördert; aber niemals sind irgendwelche gesellschaftliche Fragen mittels ihres Wissens gelöst, sondern bestenfalls nur erläutert worden. Ohne Ausnahme sind vielmehr alle rein von der Soziologie inspirierten Programme gescheitert – durchaus nicht immer deshalb, weil die zugrunde gelegten Erkenntnisse *in toto* falsch waren, sondern weil sie fälschlicherweise für gesetzliche oder wesentliche Zusammenhänge gehalten wurden. Es bedarf auch nur des geistigen Mutes, um zu verstehen, daß das nicht anders sein kann bei einem Fach, das in 150 Jahren nicht eine einzige jener gesetzmäßigen Beziehungen zwischen irgendwelchen Größen gefunden hat, auf deren

Existenz und Kenntnis die Soziologie doch ihren Anspruch gegründet hat. Denn wo solche Beziehungen genannt werden, sind sie, wo nicht gar trivial, so unbestimmt, daß sich darauf gegründete Maßnahmen als willkürlich und unsicher erweisen müssen. Und es ist ja auch gar nicht zu erwarten, daß eine Wissenschaft, die über ihre Erkenntnisse niemals einig gewesen ist, zu jener Leistung fähig ist, für die sich alle ihre kontroversen Richtungen stark zu machen gewohnt sind. Alle Soziologen wissen das im Grunde selbst. Wenn sie dennoch unverwandt an ihrer Berufung festhalten, so eben deshalb, weil auch und gerade sie im Bann der Idee einer Wissenschaft stehen, die die Gesellschaft durchschaubar und gestaltbar zu machen verspricht.

So wie der gläubige Marxist in der Gewißheit lebt, daß die Wahrheit längst gefunden ist, so lebt die Soziologie von dem Glauben, daß sie im Besitz der Instrumente ist, mit denen die Wahrheit demnächst gefunden wird. Ihr gesamter Betrieb speist sich aus der Überzeugung, daß für den Menschen alles auf eine Wissenschaft von der Gesellschaft ankommt, die die Daseinsverhältnisse aus ihren Gesetzmäßigkeiten zu erklären und deshalb vorherzusagen vermag. Angetreten in dem zweifachen Glauben, daß die Gesellschaft ein gesetzmäßiger Geschehenszusammenhang sei und daß es folglich das entsprechende Wissen von ihr geben müsse, lebt die Soziologie nach 150 Jahren noch immer von dem Glauben, daß sie dereinst dieses Wissen in der Form einer strengen und endgültigen Theorie besitzen und vorlegen wird.

Wenn das Wissen strapaziert wird um des Glaubens willen, dann stehen wir vor einer Urfrage, in deren Tiefen wir doch schon einen kurzen Blick werfen müssen, weil sie den verborgenen Hintergrund aller Probleme abgibt. Welche Art von Wissen, welche Art von Glauben braucht der Mensch, und wie hängen beide zusammen?

Stets weiß der Mensch, daß der Kreis seines gewohnten Daseins und Handelns einer unsicheren und rätselhaften Welt abverlangt worden ist. Die äußere und die innere Wirklichkeit bleiben am Ende unberechenbar und undurchschaubar. Wie weit die innere und äußere Daseinssicherung auch getrieben wird, stets fehlt es an Wissen, um innerlich gewiß und äußerlich sicher sein zu dürfen. Von Anbeginn an aber haben Menschen geglaubt, daß dieses ihnen verborgene Wissen irgendwo vorhanden sein müsse, also beispielsweise entweder aus den Fingerzeigen, welche die Dinge selbst geben (Omina, Astrologie usw.), herausgelesen oder von gewissen begnadeten Personen (kraft deren eigenen magischen Qualifikationen oder kraft ihrer außergewöhnlichen Verbindung mit höheren Mächten) besessen werden könne (Orakel, Seher, Magier usw.). Wo immer der Mensch solche Orientierung auch suchen mag, niemals reichen ihm die für die einzelnen Handlungen erheblichen Tatsachen dafür aus. Stets muß er über den Bereich dessen, was er in diesem Sinn weiß, hinausgehen, um überhaupt leben zu können. Stets ist sein Tatsachenwissen von einem ebenso unerläßlichen Bedeutungswissen umschlossen, das ihm – auf welche Weise auch immer – eine Daseinsorientierung anhand der Vorstellung einer allgemeinen Ordnung der Wirklichkeit ermöglicht. Stets gehören dazu in vorderster Linie Verständnisse über Herkunft und Zukunft des Menschen, über Geschichte und Gesellschaft. Stets auch bedarf es im Zusammenleben derjenigen Personen, die sich auf dieses Wissen verstehen und darauf verstehen sollen.

Mythos und Religion haben bekanntlich vormals diesem Bedürfnis genügt. Als die Wissenschaft sie beiseite schob, blieb das Bedürfnis unverändert bestehen. Zumindest die allgemeine Ordnung von Geschichte und Gesellschaft will auch der moderne Mensch kennen, über deren Durchschaubarkeit und Beherrschbarkeit versichert werden. Es sind die Sozialwissenschaften, die ihm dies leisten. Hinter dem Glauben an sie steht ein Urbedürfnis. Und wichtiger als das Einzelwissen, das fallweise den Blick in die Zukunft, die fehlende Information, die Beeinflussung der Realität verspricht, ist dafür jenes allgemeine Zeugnis, das sie über durchschaubare und beherrschbare Ordnung der Gesellschaft ablegen.

Die Soziologie als Weltbild

Es ist nun klar, daß diese Idee einer Wissenschaft ein Weltbild vertritt. Das Konzept unterstellt der Wirklichkeit von Geschichte und Gesellschaft den Charakter eines gesetzmäßigen Geschehens, das sich bei Kenntnis dieser Zusammenhänge so vorhersehen und regeln ließe, wie die Naturwissenschaften das für die Natur zu leisten vermögen. Die Idee ist eine Anleitung zur Auslegung der Wirklichkeit, nicht ein Ergebnis aus ihren Tatsachen. Die Soziologie hat nirgends gezeigt, daß die Geschichte nur die täuschende Verkleidung eines anonymen Gesellschaftsprozesses ist, der sich aus eigener Notwendigkeit vollzieht, sondern sie verlangt von uns nur, daß wir die Geschichte so betrachten. Die Soziologie hat nirgends gezeigt, daß der Mensch, anstatt selbst zu handeln, nur gesellschaftliche Rollen ausführt, aber sie verlangt, daß wir uns so betrachten. Die Soziologie hat nirgends nachgewiesen, daß Verbrechen, Gewalt, Abartigkeit und Lebensversagen mit wachsender gesellschaftlicher Komplexität zunehmen müssen, sondern sie instruiert uns, diese Entwicklung als unabänderlich zu betrachten. Und so laufen alle ihre Grundaussagen auf die Forderung hinaus, daß wir uns von der Welt ein bestimmtes Bild machen sollen. Die Soziologie ist der Träger des heutigen Weltbildes.

Die Soziologie ist natürlich nicht nur ein Weltbild, gräbt sie doch unermüdlich mit wissenschaftlichen Verfahren nach Tatsachen und analysiert diese Befunde mit wissenschaftlichen Methoden. Insoweit ist sie durchaus eine Wissenschaft. Aber sie ist nicht, was sie ständig im Munde führt, eine Tatsachenwissenschaft, zwingt sie den Tatsachen doch ständig ihr Weltbild auf. Sie präsentiert sich unverwandt als Wissenschaft, ohne selbst zu wissen, daß das nur die Vorderseite eines Weltbildes ist.

Wie jedes Weltbild leistet auch die Soziologie denen, die daran glauben, eine ganze Reihe wichtiger Dienste, liefert sie doch jedenfalls ein Schema zur Deutung der Wirklichkeit und damit auch zur eigenen Orientierung und ermöglicht dadurch auch eine Abstimmung des sozialen Handelns untereinander in der Gesellschaft. Die Soziologie versichert aber vor allem und rein durch ihr Konzept, daß der Mensch nicht in einer ungeordnet zufälligen Welt lebt; wenn sie den Menschen der Macht eines für sich blinden Gesellschaftsprozesses unterstellt, so doch nur, um mit der frohen Botschaft aufzuwarten, eben dieser Prozeß führe unverwandt zu einer Verbesserung der Daseinsumstände oder könne jedenfalls mittels des soziologischen Wissens in diese Richtung gesteuert werden. Die Versicherung, daß die Geschichte im Grund ein gesellschaftlicher Fortschrittsprozeß sei, war das Kennzeichen nicht weniger der orthodoxen als der marxistischen Soziologie und ist es auch stets geblieben. Und wenn, wie zur Zeit, beunruhigende Erfahrungen auftauchen, bleibt immer noch die Versicherung, daß jedenfalls die Gesellschaft aufgrund soziologischer Einsichten stets besser und besser eingerichtet werden könne, die Soziologie zumindest, wenn sie im Moment auch nicht die Freifahrt ins Glück, so doch jedenfalls vor Katastrophen sichern könne. In diesem Sinn ist die Soziologie jenes Weltbild geworden, das den heutigen Menschen über die durchschaubare, ihm wohlgesonnene und sogar von ihm beeinflußbare Ordnung versichert. Hier liegt der wahre und letzte Grund für das Vertrauen in die Soziologie. Denn nicht wie die Welt im Moment wirklich ist, sondern wie sie im Grunde ist und deshalb sein könnte und eines Tages auch sein wird, ist die jedenfalls für die Intellektuellen entscheidende Frage. Und nicht durch ihre einzelnen Befunde und Ratschläge, sondern durch die Durchsetzung dieses Weltbildes haben die Sozialwissenschaften ihre entscheidenden Wirkungen erzielt. Denn auch heute noch stellen Weltbilder geschichtliche Weichen.

In diesem Weltbild ist der Mensch als handelndes Wesen zugunsten von Gesellschaftsprozessen abgeschafft. Hier zum Klassenanhängsel, dort zum Rollenträger herabgesunken, ist er sich selbst nur noch ein technisches Problem der Herstellung seiner äußeren Daseinsverhältnisse, in denen allein der Sinn liegen kann, sie zu genießen und sie zwecks Genußvermehrung zu verbessern. Der Mensch ist mediatisiert zum Produkt, die Gesellschaft zum Produzenten seiner äußeren Befindlichkeiten.

Die für den Menschen so schwer faßliche, aber stets zentrale Lebensfrage, wie er sein will und vielleicht sein soll, ist ersatzlos gestrichen zugunsten der einzigen Frage, wie er sich befindet. Alle kulturellen, geistigen, sittlichen und geistlichen Gehalte sinken zum Beiwerk der Gesellschaft herab; jede menschliche Gemeinschaft soll nichts mehr bedeuten als ihre äußere Einrichtung; alle geschichtlichen Daseinsformen – Reiche, Völker, Nationen, Kulturgemeinschaften – werden ihrer Eigenart beraubt, um auf das Normal-Null von Gesellschaftsstrukturen heruntergeschleust werden zu können; die Geschichte selbst wird zu einem Dauerprozeß der sozialen Differenzierung denaturiert, dessen geheimes Versprechen einer fortlaufenden Verbesserung der äußeren Daseinsumstände auf die Dauer nicht die sinnlose Leere dieses Vorgangs verbergen kann.

Dieses – hier erst einmal nur angedeutete – Weltbild versichert über die durchschaubare und beherrschbare Ordnung des Daseins. Auf diesem Weltbild beruht eigentlich die Wirkung der Sozialwissenschaften, wird doch durch die Erklärung, wie die Dinge angeblich sind, vor allem gesagt, wie sie sein sollen. Denn indem die Soziologie sagt, wie wir unser gesellschaftliches und geschichtliches Dasein betrachten sollen, sagt sie auch schon, wie wir es angehen sollen. In dem Weltbild steckt das Ideal einer Gesellschaft, die so eingerichtet, eines Menschen, der so sein, einer Geschichte, die so umgeschaffen werden soll. Von diesem Weltbild gehen ständig Direktiven der privaten und öffentlichen Daseinsdeutung und damit des Verhaltens und des Gestaltens aus. Und deshalb ist die Welt, wie sie geworden ist, wie sie sich sieht, wie sie sich ihre Ziele setzt, in hohem Maße ein Werk des Weltbildes der Sozialwissenschaften, was zu erkennen innerhalb dieses Weltbildes wiederum unmöglich ist.

Die nötige Bewältigung der Sozialwissenschaften läuft also auf die Aufgabe hinaus, ihr verborgenes Weltbild ans Licht zu holen, seine Eigenart darzustellen, seine Folgen zu erfassen. Dabei wird allerdings damit zu rechnen sein, daß Weltbilder für das moderne Bewußtsein als eine Sache der Vergangenheit gelten, mit der eine durch und durch auf Wissenschaft gegründete Kultur nichts zu schaffen hat und die sie allenfalls dem weltanschaulichen Bekenntnis oder religiösen Glauben bestimmter Gruppen überläßt. Vollends unerhört erscheint es, daß nun gerade eine Wissenschaft – und noch dazu eine solche, die mit ungeheurem Aufwand alle jene methodischen Vorkehrungen getroffen hat, welche ihr den Charakter völliger Objektivität und sicherer Empirie garantieren sollen – nichtsahnend zum Träger eines Weltbildes geworden ist und dieses unbemerkt einer Kultur aufdrängen kann, die in ihrer Wissenschaftlichkeit mit kritischer Skepsis überall auf Rationalität und Objektivität zu dringen gewohnt ist. Wie kann in einer Wissenschaft ein Weltbild verborgen sein? Wie kann in einem verwissenschaftlichten Zeitalter ein Weltbild entstehen? Das sind Fragen, die sich unvermeidlich stellen, weil die Moderne sich durch die Wissenschaft gegen Weltbilder für gefeit hielt.

Nachdem wir uns damit eine erste Übersicht über die Art und den Zusammenhang der Probleme verschafft haben, die durch die Aufgabe einer Bewältigung der Sozialwissenschaften gestellt werden, können wir nunmehr an die Ausführung gehen, indem wir uns verdeutlichen, wie und warum die Idee einer Soziologie als einer empirischen Wissenschaft von der Gesellschaft aus der Glaubensgeschichte der Moderne geboren wurde.

2. Die Glaubensgeschichte der Moderne

Ungeachtet der Wissenschaftlichkeit ihrer Verfahren sind die heutigen Sozialwissenschaften die Träger eines Weltbildes, das auf seine Weise so fest und geschlossen, so einflußreich und zwingend ist, wie nur je ein Weltbild sein konnte. Ihr Einfluß ist denn auch gar nicht aus der Summe ihrer einzelnen Aussagen und Tätigkeiten zu berechnen; ihre Wirkung ergibt sich vielmehr daraus, daß alle Begriffe, die sie benutzen, alle Theorien, die sie lehren, alle Tatsachen, die sie ermitteln, alle Empfehlungen, die sie geben, alle Entscheidungen, die sie treffen, alle Probleme, die sie darstellen, einheitlich aus einem Weltbild fließen. Differenzen und Kontroversen unter Sozialwissenschaftlern erweisen sich bei näherem Zusehen als Streit um die richtige Auslegung eines gemeinsamen Weltbildes. In einem bestimmten Sinn gilt das auch für den erbitterten Streit, der zwischen den um die Soziologie gescharten „westlichen" Sozialwissenschaften und den auf den Marxismus-Leninismus vereidigten östlichen Sozialwissenschaften herrscht, wo es – wie auf den großen Konzilen der alten Kirche – um die richtige Auslegung jener Tatsache geht, über deren entscheidende Lebensbedeutung man sich völlig einig ist.

Nun ist natürlich jedes Weltbild für eine dauerhafte Herrschaft auf Institutionen angewiesen, die für die laufende Unterweisung sorgen; eben dadurch unterscheidet es sich ja von Ideen, die vorübergehend die Gemüter mächtig ergreifen mögen. Insofern beruht auch die Macht der Sozialwissenschaften ganz auf ihrer institutionellen Stellung, die ihnen heute die vielfältigsten und umfassendsten, vor allem auch stetigen Einwirkungsmöglichkeiten eröffnet, ja natürlich garantiert;

denn mit der Anerkennung als Wissenschaft verbindet sich notwenig das Recht und sogar die Pflicht zur öffentlichen Lehre und Verbreitung. Allein ihre tatsächliche Wirkung, ihre gesellschaftliche und geschichtliche Bedeutung, muß doch von der Richtung abhängen, in der Einfluß genommen wird. Insofern beruht die Macht der Sozialwissenschaften auf dem Weltbild, das sie kraft ihrer Stellung zum gültigen Grundschema der privaten und öffentlichen Daseinsauslegung machen dürfen, ja doch sogar machen sollen. Der eigentliche Träger dieses Weltbildes nun ist die Soziologie als die Grundlehre aller Sozialwissenschaften. Die Bewältigung der Sozialwissenschaften besteht insofern in der Aufgabe, das in den Tatsachenkonstruktionen der Soziologie verborgene Weltbild zu erkennen.

Das muß am Ende auf die entscheidende Frage führen, in welches Weltbild uns denn die Sozialwissenschaften zwängen; welche Richtung sie dadurch der gesellschaftlichen und geschichtlichen Entwicklung geben; welches Verständnis vom Sinn des Daseins sie durchsetzen (vgl. Kap. 4). Doch vorher erhebt sich gebieterisch noch die brisante Frage, wie denn die Soziologie und wieso gerade sie zum Hauptträger des heutigen Weltbildes werden konnte und unvermerkt geworden ist. Es muß erklärt werden, auf welche Weise denn die Soziologie, wenn sie doch ein Weltbild vertritt, jene Anerkennung als Wissenschaft erlangen konnte, die ihr nun dessen Verbreitung zur Pflicht macht.

Diese Aufgabe verwickelt in verschiedene Betrachtungen über die unbekannte Rolle, welche die Wissenschaft für die Genese der säkularen Weltbilder der Moderne gespielt hat.

Weltbild und Wissenschaft

Unter einem Weltbild verstehen wir eine Vorstellung von der Wirklichkeit, die in der sonst sinnlosen Unendlichkeit der Tatsachen eine für den Menschen wesentliche Ordnung entdeckt, aus deren Bedeutung er eine sinnhafte Daseinsorientierung gewinnt. Ein Weltbild kann deshalb niemals bloß aus bedeutungsfreien Tatsachen bestehen, auf welche die heutige Wissenschaft zielt; es muß in oder hinter diesen Tatsachen eine Bedeutung finden, die nicht selbst wieder eine bedeutungsfreie Gegebenheit sein kann. Wenn man gelegentlich noch heute von einem Weltbild der Physik spricht, so ist das kein Weltbild im hier gemeinten Sinn, das die Naturwissenschaften, seit sie ihren Gegenstand zu einer bloßen Gegebenheit entzaubert haben, auch gar nicht liefern können. Jedes Weltbild setzt die Wirklichkeit in einen Bezug zum Menschen, der sich in der Ordnung selbst erkennen soll, sein eigentliches Wesen und seine Stellung in der Welt; es ist also nicht bloß eine Aussage über die äußere Wirklichkeit, sondern zugleich eine Aussage über den Menschen. Jedes Weltbild tut mithin gerade das, was die moderne Wissenschaft, so wie sie die Erkenntnis objektiver Tatsachen definiert, nicht tun kann und nicht tun will. Wo ein Weltbild eine vom Menschen abgelöste Ordnung feststellen will, zielt es hingegen auf eine Wirklichkeit, in die der Mensch einbezogen ist. Deshalb ist es ein Fehler, in Weltbildern nur fehlgeleitete Versuche zu sehen, die äußere Wirklichkeit zu erkennen. Bei Weltbildern gehen die existentiellen und sinnhaften Erfahrungen mit der Welt in die Deutung der Welt ein, so daß die Ordnung der Welt, die sie entwerfen, dem Menschen zum Spiegel seines sinnhaften Handelns in der Welt wird. Weltbilder leisten also das, was Tatsachenkenntnisse nie leisten können: sinnhafte Orientierung.

Ein Weltbild ist somit auch nicht eigentlich eine philosophische Reflexion über die Wirklichkeit. Gewiß sind Weltbilder oft auf die eine oder andere Weise durch solches Nachdenken entstanden, verändert, erweitert worden. Das dadurch erlangte (wirkliche oder vermeintliche) Wissen mag alsdann als neue Orientierung in das Denken und Handeln eingehen, also Teil des Weltbildes werden. Doch nur wenn es praktisch die Einstellung zur Welt verändert und Spuren im Leben, und nicht allein in der Reflexion, hinterläßt, gehört es zum Weltbild. In diesem Sinn ist das Weltbild gerade jene Ordnung, durch die der Mensch sein Handeln und Denken vor dem Verfall an die jeweiligen Zufälligkeiten und Tatsächlichkeiten bewahrt. In diesem Sinn ist das Weltbild ein praktisches anthropologisches Erfordernis zu einem einheitlichen und sinnhaften Leben und Handeln. Indem es aus der Wirklichkeit diejenigen Tatsachen und Ordnungen heraushebt, die dem Menschen wichtig oder wissenswert sind, ihm also etwas bedeuten, muß ein Weltbild stets einen Bezug auf innere Gegebenheiten haben. Es muß somit gerade auch fähig sein, die inneren Gegebenheiten zu ordnen, innere Orientierung zu leisten.

Offenbar könnte kein einzelner diese Leistungen ursprünglich aus sich selbst erbringen und braucht das auch nicht, weil er von den einschlägigen Einweisungen zehren darf, die ihm kulturell überliefert und gesellschaftlich eingeübt worden sind. Weltbilder sind neben allen sonstigen Daseinstechniken unerläßliche Kulturüberlieferungen, welche als nötige Orientierungen überall sorgfältig weitergeben werden. Selten gehört das ausdrückliche Bewußtsein zum Besitz eines Weltbildes, ja regelmäßig wird die Fähigkeit, das herrschende Weltbild darzulegen, nur von den zur Pflege des Weltbildes bestellten Personen – also Ältesten, Priestern, Intellektuellen, Wissenschaftlern oder sonstigen Gruppen der jeweiligen Kulturintelligenz – besessen. Überwiegend reicht ein praktisches und implizites Wissen zur nötigen Orientierung des Handelns, das stets bezeugt, mit welchen Mächten, Werten, Bedeutungen und Tatsachen gerechnet wird, kurzum, aus welchem Weltbild heraus gehandelt wird.

Alle früheren Kulturen haben bekanntlich in Mythos oder Religion solche Weltbilder besessen, die jene daseinsentscheidenden Vorgänge und Mächte zu benennen versuchten, die dem Leben Sinn und Orientierung gaben. Es war deshalb ein einschneidendes Ereignis, als die Moderne sich mit der Aufklärung radikal von aller bisherigen Geschichte losriß, um die Zukunft ein für allemal auf nichts als objektive Erkenntnis zu bauen. Hier bildete sich die Grundkonstellation heraus, die seither für alle geistigen Lagen und Fragen bestimmend geblieben ist. Als unvernünftige oder übervernünftige Lehre durchschaut, konnte von nun an die Religion allenfalls noch nach dem Recht des privaten Glaubens weiter existieren, während die zur öffentlichen Autorität aufgerückte Wissenschaft von jetzt an die

Garantie dafür übernahm, daß nur die von ihr beglaubigte objektive Erkenntnis zum öffentlich gültigen Wissen werden durfte, um die Menschen gegen die öffentliche Herrschaft von unbegründbaren Lehren zu sichern. Seither gründet das moderne Selbstverständnis in diesem Verlaß auf die Wissenschaft, das sich in dem stolzen Bewußtsein ausspricht, daß die auf Wissenschaft gebaute Zivilisation frei von allen Weltbildern ist und eben deshalb einen ständigen Kampf gegen irgendwelche Reste derselben führt.

Infolgedessen vermag sich der moderne Mensch die Herrschaft eines Weltbildes nur noch als das Ergebnis eines Diktats politischer Mächte vorzustellen, die sich nun für diesen Zweck insbesondere die Wissenschaft hörig machen müssen. In den kommunistischen Staaten liegt ja auch klar der Fall vor, wie in der Moderne ein öffentlich gültiges Weltbild kraft politischen Diktats mittels einer dogmatischen Gesellschaftslehre herrschen kann. Es läßt sich jedoch nicht übersehen, daß in diesen Staaten ebenfalls die Überzeugung besteht, es sei die „bürgerliche" Soziologie des Westens die hörige Gehilfin des dort herrschenden Kapitalismus. Trotz aller Unterschiede lebt man also weltweit in der gemeinsamen Überzeugung, daß im anderen Bereich ein politisch oktroyiertes Weltbild herrsche, während man sich selbst nur an die von der Wissenschaft erkannten Tatsachen halte und als eine auf Wissenschaft gegründete Zivilisation gegen jede öffentliche Herrschaft von Weltbildern gefeit sei.

Wir stoßen hier auf die Selbstbefangenheit der Moderne, die an der Wissenschaft nur die eine Seite, den Fortschritt der Erkenntnis, wahrhaben will, um sich die andere Seite zu verheimlichen. Die moderne Wissenschaft ist nämlich, wie sich bald weisen wird, auf ihrer Suche nach Erkenntnis zutiefst in die Suche nach dem richtigen Weltbild verstrickt geblieben; ihre frühen Antriebe stammten auch fast eher aus dem Selbstvergewisserungsbedürfnis als bloß aus dem Erkenntnisbedürfnis. Sie verabschiedete die Religionen als unbegründbare Weltbilder, um nun ihrerseits auf die Suche nach einem begründbaren Weltbild zu gehen, an der sich zeitweilig alle Wissenschaften beteiligt haben. Der Fortschritt der Erkenntnis wurde zum erbitterten Kampf um das Weltbild der Moderne, die Moderne zum Schauplatz dieser ständigen Kämpfe. Wenn die Glaubenskämpfe sich früher zwischen Religionen oder Konfessionen, zwischen Kirchen und Häresien abgespielt hatten, so fochten nun Weltanschauungen sowohl miteinander wie mit den verbliebenen religiösen Mächten um die Herrschaft über Menschen, Parteien, Nationen, Staaten. Es war ein Kampf der säkularen Weltbilder, die ausnahmslos auf dem Boden der Wissenschaft gewachsen waren. Aus diesem Ringen sind schließlich die Sozialwissenschaften – aus Gründen, die sich noch zeigen werden – als Sieger hervorgegangen.

Die säkularen Weltbilder sind das spezifische Produkt der Moderne. Gewachsen auf dem Boden der Wissenschaft, entstanden sie nicht trotz, sondern wegen der Herrschaft der Wissenschaft. Anders als ihre Vorgänger suchen sie die für den Menschen entscheidende Ordnung im Diesseits und setzen auf die innerweltliche Erlösung von Leid, Ungewißheit und Sinnlosigkeit. Sie operieren anstatt mit der religiösen mit der wissenschaftlichen Logik, stützen sich auf Tatsachen und erscheinen in wissenschaftlicher Gewandung. Während die vormodernen Weltbilder sich auf Gesamtordnung des Kosmos beriefen, zielen ihre säkularen Nachfolger auf die Auslegung des Daseins in Geschichte und Gesellschaft und leiten daraus im Unterschied zu den Religionen weniger Gebote für die Lebensführung als vielmehr für die Gesellschaftseinrichtung ab.

Ein erster Überblick ergibt, daß alle säkularen Weltbilder auf dem Boden Westeuropas als Folgen und Erben der Aufklärung entstanden sind, die ihrerseits vielfache Wurzeln in der Religions-, Wissenschafts- und Sozialgeschichte besaß. Als die Neuzeit sich von der Vergangenheit in dem Entschluß losriß, ihre Angelegenheiten samt und sonders der Wissenschaft als der einzigen Autorität anzuvertrauen, vor der jeder sich ungeachtet seines Glaubens, seines Standes und seiner Meinung beugen müsse, schuf sie die Ausgangslagen für jene revolutionären Veränderungen, die unsere moderne Welt geschaffen haben und unser modernes Leben prägen. Indem die Wissenschaft zur

Autorität wurde, fiel ihr das Erbe der Religion in der Frage zu, was ihre Erkenntnisse für das Bedürfnis des Menschen nach der Orientierung seines Daseins bedeuten. Dabei konnte die Aufklärung mit ihren Antworten nicht über die Grenzen hinauskommen, die der Zustimmungsfähigkeit einer philosophisch und normativ argumentierenden Lehre eben deshalb gezogen sind, weil sie bindende Vorschriften dafür sucht, wie das Zusammenleben praktisch eingerichtet werden soll. Deshalb blieben von ihr nur einerseits die Kritik an Tradition und Überlieferung, an geistiger oder weltlicher Herrschaft, andererseits die Entwicklung jener revolutionären Prinzipien der Freiheit, Gleichheit und Brüderlichkeit, die seither, zuerst in Europa und dann in der Welt, immer wieder geistige, soziale und politische Bewegungen revolutionär inspiriert haben.

Die modernen Weltbilder entstanden deshalb erst, als mit dem Ende der Französischen Revolution auch das Ende der Aufklärungsepoche in Sicht kam; sie waren Folgen und Erben der Aufklärung, die ihnen den Boden bereitet hatte. Sie bildeten sich nun jedoch unter neuartigen Bedingungen als die charakteristischen Ideologien und Weltanschauungen der Moderne aus. Erst als das Interesse an der Deutung von Geschichte und Gesellschaft im 19. Jahrhundert eine empirische Gewißheit suchte, entstand jene Art des Wissens, die in einer säkularen Kultur als wissenschaftlich beglaubigt mit dem Anspruch auf öffentliche Verbindlichkeit auftreten kann. So ging im 19. Jahrhundert das Deutungsmonopol zunehmend in die Hände derer über, die eine Zuständigkeit für die Ergründung von Geschichte und Gesellschaft in ihrer Tatsächlichkeit beanspruchten – also etwa in die Hände einer wie bei Hegel empirisch angereicherten Geschichtsphilosophie, die bei Comte und Marx bereits die Gestalt einer neuen Wissenschaft annahm, und der sich nun vervielfältigenden Geschichts-, Geistes- und Kulturwissenschaften, die sich an die Entschlüsselung von Geschichte und Gesellschaft machten und bald in besondere Gesellschaftswissenschaften auszuformen begannen.

Auf diesem geistigen Boden, wo Wissenschaft, Weltanschauung und Ideologie ineinander liefen, wuchsen die modernen Weltbilder, die sich selbst alle auf die Wissenschaft beriefen. Die Vorgänge erhielten ihr charakteristisches Gesicht und Gewicht jedoch erst durch die neuartigen, wirtschaftlichen, sozialen und politischen Verhältnisse, die dem subjektiven Orientierungsbedarf eine radikale Dringlichkeit verliehen und den Gesellschaftsdeutungen objektiv eine völlig neue politische Macht zuspielten. Denn unter diesen modernen Bedingungen konnten solche Deutungen nicht bloß auf ein bis in die Massen hineinwachsendes Interesse rechnen; sie konnten oder mußten ja nun auch zu Lehren werden, in deren Namen sich die Bürger in Vereinen, Verbänden und Parteien zu jenen neuen Mächten zu organisieren begannen, welche die spezifische Wirklichkeit der modernen Gesellschaft ausmachen und bestimmen. So waren die neuen Weltbilder in ihrer Sache wie in ihrem Erfolg wesentlich dadurch mitbedingt, daß sie sich an die Bürger als ein neuartiges Publikum wandten und auf unmittelbaren politischen Einfluß rechneten, dessen höchstes Ziel es sein mußte, als gültige Wissenschaft legitimiert und als öffentliche Lehre privilegiert zu werden, um dadurch, was jedenfalls die Deutung der diesseitigen Wirklichkeit betraf, jenen Platz einzunehmen, der durch die Privatisierung der Religion vakant geworden und mit dem Scheitern der Aufklärung auch vakant geblieben war.

Sehr verschieden sind denn schließlich auch der Modus, die Mittel und Wege der Herrschaft gewesen. Zwar traten die auf Wissenschaft gegründeten Weltbilder ähnlich an wie die Religionen in ihren Anfängen: als Konkurrenzangebote, sei es nun von wissenschaftlichen Theorien, sei es von organisierten Weltanschauungsgruppen, die sich auf solche Theorien beriefen. Verschlungen und vielfältig sind aber die Wege, auf denen sie sich durchsetzten und zur Herrschaft über ihre Konkurrenten gelangten. Unter Berufung auf die Wissenschaft warben sie mit einer Deutung von Geschichte und Gesellschaft um Anhänger, bildeten Gesinnungsgemeinden, intellektuelle Aktionskreise, organisierte Weltanschauungsgemeinschaften oder sogar politische Verbände in der Absicht, ihrer Lehre zur öffentlichen Duldung, Anerkennung und letztlich Herrschaft zu verhelfen. Nur scheinbar einfach liegen die Fälle, wo eine dogmatisch organisierte Weltanschauung wie der Marxismus sich durch Eroberung der politischen Macht selbst als säkulare Staatskirche einsetzt oder wo sich umgekehrt, wie in Entwicklungsländern, die Inhaber der politischen Macht – ähnlich wie früher Häuptlinge oder Könige zur überlegenen Religion missionierender Nachbarvölker – nun zur überlegenen Weltanschauung missionarischer Staatsreligionen „bekehren". Undurchsichtig aber liegen die Vorgänge, wo die Konkurrenz der Weltbilder, dem freien Spiel der Argumente überlassen, nach unseren Erwartungen doch von der Wissenschaft überwacht, kontrolliert und beherrscht bleiben müßte.

Tatsächlich sind die modernen Weltbilder, wie sich zeigen wird (Kap. 2 und 3), auf den allerverschiedensten Wegen zur Herrschaft gelangt. Die gewaltsame Errichtung einer säkularen Staatskirche einerseits, das freie Resultat wissenschaftlicher Argumentation andererseits, sind nur die idealtypischen Pole, zwischen denen sich die geschichtliche Wirklichkeit jeweils ihren Weg suchte. Uns wird es allerdings zuerst interessieren, wie und warum denn aus der anfänglichen Konkurrenz der verschiedenen Angebote zur Auslegung der gesellschaftlichen Wirklichkeit am Ende jene Soziologie als Sieger hervorging, wie wir sie heute in der einen oder anderen Variante kennen und für die einzig mögliche und legitime Wissenschaft von der Gesellschaft halten. Es wird daran zu erinnern sein, daß dieser Sieg nur durch die rigorose Ausschaltung anderer Paradigmata zustande kam. Es gilt zu verstehen, wieso gerade die von akademischen Außenseitern wie Comte, Marx und Spencer konzipierte Soziologie als Wissenschaft von den gesellschaftlichen Gesetzmäßigkeiten zu ihrer akademischen Legitimation gelangte, um nachfolglich zur alleinigen Autorität für die Auslegung der Daseinswirklichkeit und damit eben zur Schlüsselwissenschaft zu werden. Es wird sich schnell herausstellen, was schon der realistische Blick auf die in Richtung und Schulen zerrissene Soziologie lehrt: daß diese Entwicklung nicht das unvermeidliche Ergebnis des durch die Sache selbst vorgezeichneten Erkenntnisfortschrittes war. Die heutigen Sozialwissenschaften sind nicht die letzte und reifste Frucht vom Baum der Gesellschaftserkenntnis, der jahraus, jahrein noch schönere Blüten treiben wird; sie sind vielmehr das Ergebnis der immanenten Systematisierung und Rationalisierung eines Konzeptes, das als vorgegebene Selbstverständlichkeit gar nicht mehr gesehen, objektiviert und problematisiert werden kann – ein Vorgang, der uns aus der Geschichte der Weltbilder geläufig ist und vorzüglich an der Geschichte jeder Theologie studiert werden kann. Und nicht die Sachnotwendigkeiten des Erkenntnisfortschritts haben es bestimmt, daß die Soziologie mit ihrer Idee von der Gesellschaft als einem gesetzmäßigen Geschehen als Sieger aus der Konkurrenz der Weltbilder hervorging; ganz andere Umstände, Interessen, Zufälle, Entscheidungen und Mächte, die wir kennenlernen werden, haben es so gefügt.

So entschlüsselt sich die eigentliche Geschichte der Sozialwissenschaften nicht in der Darstellung ihrer Lehren, Theorien und Methoden. Es gilt vielmehr, im Zusammenhang der Glaubensgeschichte der Moderne zu begreifen, wie und warum sich ein Weltbild durchgesetzt hat, dem die Daseinswirklichkeit als gesellschaftliche Gesetzmäßigkeit gilt und dem deshalb die Soziologie als Erkenntnis dieser Gesetzmäßigkeit zur Matrix der Daseinsauslegung und zum Versprechen der Daseinsbewältigung geworden ist; denn das ist es ja, worüber sich die Soziologen in Ost und West wie feindliche Brüder wie selbstverständlich einig sind.

Nach alldem ist grundsätzlich klar, in welcher Manier eine moderne Wissenschaft empirischen Gepräges insgeheim Träger eines säkularen Weltbildes sein kann, dessen Herrschaft von ganz eigener und sozusagen lautloser Art ist. Manifest werden keine beschwerlichen Ansprüche an eine sittliche Lebensführung oder intellektuelle Glaubensbekenntnisse erhoben. Die Bewußtseinsführung läuft hintergründig über die unmerkliche Kanonisierung einer bestimmten Sicht von Geschichte und Gesellschaft, die als bloße Darstellung der Tatsachen auftritt, in Wahrheit aber dadurch bestimmte Einstellungen und Verhaltensweisen als vernünftig oder natürlich ansinnt. So können die dogmatischen Voraussetzungen und Lehren säkularer Weltbilder hinter dem Gewoge strittiger Tatsachen und Theorien, als das sie sich präsentieren, verborgen bleiben. Dahingestellt, ob das im Grunde bei den vormodernen Weltbildern, solange sie in der Kraft ihres Glaubens standen, so viel anders war oder auch bei gläubigen Marxisten so viel anders ist – erfüllt jedenfalls die Soziologie in unserer westlichen Spielart diesen Tatbestand. Selbst diejenigen, die sie lehren, auslegen, verbreiten, vervollständigen und verbessern, fühlen sich nicht an ein Dogma gebunden. Sie sind ebenso sehr davon überzeugt, daß sie nur objektiv die Tatsachen ermitteln, wie ihre Klientel glaubt, nur über die Tatsachen unterrichtet zu werden; an der Wissenschaftlichkeit der Methoden, an dem Aufwand wissenschaftlichen Scharfsinns, an dem Willen zur Objektivität ist – jedenfalls grundsätzlich – gar nicht zu zweifeln. Nur vollziehen sich alle diese Anstrengungen, ohne daß dies auf beiden Seiten noch bemerkt werden könnte, bereits im Rahmen eines Weltbildes, das sehr spezifische Arten von „Tatsachen" als die vermeintlich objektiv wirklichen und wesentlichen längst kanonisiert hat.

Damit sind wir am Ende der grundsätzlichen Betrachtungen über „Wissenschaft und Weltbild", aus denen sich nun ein klares Programm ergibt. Wir haben gesehen, wie sich aus den (hier einfach hinzunehmenden und nicht wiederum zu erklärenden) Ausgangsbedingungen Westeuropas besondere Aufgaben der Daseinsdeutung ergaben. Denn wie immer nun durch Reallagen, Glaubensspaltung, Wissenschaftsrevolution (17. Jahrhundert), Säkularstaatsentwicklung oder sonstige Umstände bedingt, kam mit der Aufklärung der Versuch – oder der Zwang – zum Zuge, eine rein rational begründbare und verpflichtende Daseinsauslegung zu gewinnen. Aus diesem Glauben an die Wissenschaft als die einzige Autorität entfaltet sich die Dynamik der Glaubensgeschichte der Moderne, in deren Gefälle im 19. Jahrhundert diejenigen Wissenschaften zu den Instanzen der öffentlichen Daseinsauslegung aufrücken, welche in empirischer Absicht die Auflösung des menschlichen Rätsels in Geschichte und Gesellschaft suchen.

Wir werden uns folglich zuerst der Glaubensgeschichte der Moderne zuwenden, um diese Entwicklung, die sich in Westeuropa vollzieht, bis zu dem Punkt zu verfolgen, wo die Idee auftaucht, man könne und müsse die Probleme durch eine eigene Wissenschaft lösen, welche die Gesetzmäßigkeiten der Gesellschaft ergründen solle.

Wir werden dann (Kap. 3) zu betrachten haben, wo, wie und warum sich eben dieses Konzept gegenüber Konkurrenten so durchzusetzen vermochte, daß es global zum herrschenden Weltbild wurde. Warum? Jedenfalls nicht aufgrund sachlicher Erfolge und Argumente. Wie? Kraft besonderer Träger und Interessen sowie vermittels geschichtlicher Zufälle, Umstände und Mächte. Wo? In weit ausgespannten Vorgängen, mit denen die Glaubensgeschichte der Moderne über Europa hinausgreift, um zu einem globalen Ereignis zu werden, das an der Konstitution der Einen Welt, in der wir nun leben, mitgearbeitet hat und für ihren Zustand im Guten wie im Bösen mitverantwortlich ist.

Der Aufbruch der modernen Wissenschaft

Ohne Ausnahme sind alle Wissenschaften in der Moderne in die Versuchung geraten, die stets unscharfen Grenzen der Erkenntnis nicht nur mit erlaubten Spekulationen zu überschreiten, sondern aus ihren (wirklichen oder vermeintlichen) Erkenntnissen Weltbilder zu machen.

Es war das insoweit natürlich, als das Bedürfnis nach einer sinnhaften Deutung des Daseins in dem Maße zunehmen mußte, wie einerseits die zur Privatsache eines Jenseitsglaubens erklärte Religion ihm nicht mehr überzeugend Genüge zu tun vermochte, andererseits die in ihrer diesseitigen Eigenständigkeit entdeckte Wirklichkeit nach einer orientierenden Auslegung verlangte, die nicht gänzlich den einzelnen überlassen bleiben oder zugemutet werden konnte. So trat die moderne Wissenschaft in gewisser Weise das Erbe der Religion an und war damit vor die Frage gestellt, ob, inwieweit und wie sie selbst dem Bedürfnis nach einer sinnhaften Deutung des Daseins durch Erkenntnis Genüge tun könne.

In diese neue Stellung nun ist die Wissenschaft (samt ihrem Publikum) in der vorgefaßten Überzeugung eingetreten, daß sie selbst berufen sei, jene wahre Ordnung zu entdecken, welche die Religionen, wo nicht verfehlt, so doch im Dunkel symbolischer Aussagen und in der Ungewißheit des Glaubens belassen hatten. Ihre Suche nach Erkenntnis war von vornherein von dem Glauben getragen und beflügelt, hierdurch objektive Gewißheit und subjektive Selbstvergewisserung zu erreichen. Nachträgliche Hagiographie hat den Aufbruch der modernen Wissenschaft aus durchsichtigen Gründen auf die kalte Entschlossenheit zur Feststellung der Tatsachen verkürzt. In Wirklichkeit wurden die Tatsachen anfangs in der Annahme gesucht, daß sie Aufschluß über die Stellung des Menschen in einer sinnvoll geordneten Welt geben würden. Gerade die Naturwissenschaften sind, wie wir heute wieder wissen, weitgehend ein Versuch gewesen, Gottes Absichten mit der Welt, statt aus dem dunklen Buch der Offenbarung, aus dem Buch der Natur als der unmißverständlichen Offenbarung zu erfahren; es war noch ganz in Newtons Sinn, daß die naturwissenschaftlichen Erkenntnisse als rationale Vergewisserung über die weise Einrichtung der Welt durch das Wohlwollen ihres Schöpfers begrüßt wurden. Nicht zuletzt daraus hat die Aufklärung ihren Beruf abgeleitet, die Religion durch ein aufgeklärtes Weltbild zu ersetzen, um alle Menschen in der rationalen Gewißheit über die richtigen Ordnungen des Daseins zu erleuchten und zu vereinen. Das Versprechen von der unwiderstehlichen Selbstverwirklichung der Vernunft, später zum Fortschritt der Erkenntnis modifiziert, hat diesem Aufbruch vorausgeleuchtet, dessen bekannte Züge einer ins Innerweltliche gewendeten religiösen Verheißung sich in den wiederkehrenden Erweckungsbewegungen der Aufklärung bis heute erhalten haben.

Man kann nicht oft genug darauf hinweisen, daß die Geschichte der modernen Wissenschaft mehr gewesen ist als die Geschichte ihrer Erkenntnisse und das unabänderliche Ergebnis des objektiven Erkenntnisfortschrittes. Die moderne Wissenschaft begann mit einem Bündel von Annahmen, Erwartungen und Hoffnungen nicht nur über ihre zukünftigen Erkenntnismöglichkeiten, sondern über deren Bedeutung für die objektive und subjektive Selbstvergewisserung, also in dem Glauben an ihren geschichtlichen Auftrag, die Menschen in das Licht der Gewißheit über sich selbst und ihre Angelegenheiten zu führen. Sie trug deshalb von Anfang an die Züge einer Heilslehre, die zu Apostolat und Mission im Kampf gegen die Mächte der Finsternis berufen war. In dauernden Erweckungsbewegungen und Kreuzzügen gegen Aberglauben, Vorurteile und Unwissenheit galt es, die Gewissen von der irrationalen Befleckung zu reinigen und die Seelen zum befreienden Evangelium der rationalen Gewißheit zu bekehren, um die verheißene Zeit zu erfüllen. Kurzum, die moderne Wissenschaft begann mit einem ungeheuren geschichtlichen Vorgriff auf ihre Wirkungen und in einem unerschütterlichen Glauben an ihre Bedeutung. Eben deshalb hat ihre Geschichte eine Unterseite, die aber ausgeblendet wird, wenn man sich jenen üblichen fachgeschichtlichen Darstellungen anvertraut, die nur die Erkenntnisse in der Reihung ihrer Fortschritte festhalten wollen. Die Geschichte der Wissenschaft ist eben auch die Geschichte des Glaubens an die Wissenschaft gewesen, welche die eigentliche Glaubensgeschichte der Moderne war.

Unter dem Druck dieses Glaubens haben alle Wissenschaften zu ihrer Zeit versucht, aus ihren Erkenntnissen Weltbilder zu machen, welche dem ursprünglichen Versprechen Genüge tun sollten. Erwähnt wurden bereits die Absichten und Anstrengungen der frühen Naturwissenschaften, die Weltordnung zu ergründen, um als Physiko-Theologie (vgl. dazu Matthias Schramm: Natur ohne Sinn? 1984) die Religion zu bestätigen wie zu erläutern.

Es haben sich jedoch die Naturwissenschaften noch im 19. Jahrhundert vielfach als Weltanschauung angeboten, und zwar in mannigfacher Weise. Lange haben sie sich verpflichtet und gedrängt gefühlt, als Ersatz für das religiöse ein naturwissenschaftliches Weltbild zu konstruieren. Doch nur wo diese Bemühungen auf die Entschlüsselung der Geschichte abzielten, um Herkunft und Zukunft des Menschen zu deuten, kamen sie zum Tragen. Bedeutung gewannen ihre verschiedenen evolutionären Theorien, zumal wenn diese die erdgeschichtliche Entwicklung mit der Entstehung der Arten und der Stammesgeschichte des Menschen zum Gedanken einer kosmischen Evolution verbanden, die auch den unaufhaltsamen geschichtlichen Fortschritt der Gesellschaft, der Zivilisation und des Menschen selbst zu einem durch ein kosmisches Entwicklungsprinzip garantierten Sonderfall eines durchgängigen Weltgesetzes machte. Hierdurch haben die Naturwissenschaften tiefe Spuren in politischen Parteien und Lehren, sogar bleibende im orthodoxen Marxismus hinterlassen, im Sozialdarwinismus politische Mentalitäten und soziale Bewegungen geprägt und auch die Sozialwissenschaften, insbesondere Auguste Comte (1798 bis 1857) und Herbert Spencer (1820–1903), die frühen Begründer, Propagandisten, Apostel und Missionare der Soziologie, nachhaltig und entscheidend beeinflußt. Vor allem haben die Naturwissenschaften den Grund für den modernen Glauben an den Fortschritt gelegt, und dies nicht nur durch ihre staunenswerten Erkenntnisse, vielmehr gerade auch durch die feste, von ihren führenden Köpfen ausdrücklich verbreitete Überzeugung, es würde die völlige Beherrschung der Natur durch die unzweifelhafte Entdeckung aller ihrer Gesetze eintreten. Erst dadurch konnte der Fortschrittsglaube mehr als eine Massenreligion der technischen Segnungen werden und zur respektablen intellektuellen Weltanschauung aufrücken, da die Arbeit am Fortschritt noch, wie Helmholtz es formulierte, im Dienst sittlicher Mächte stand.

Allein die Naturwissenschaften nahmen auch zuerst Abschied von der Hoffnung, mittels Erkenntnis Orientierung zu gewinnen, wurde es doch, je mehr ihre Erkenntnisse fortschritten, nur immer deutlicher, daß eben hierdurch die Natur entzaubert wurde. Es blieben nur die für alle möglichen technischen Zwecke wichtigen, aber für die Daseinsorientierung bedeutungsfreien Erkenntnisse der Tatsachenzusammenhänge übrig. Damit fiel die Natur als Quelle der Daseinsauslegung aus. Von nun an war ein Weltbild im ursprünglichen Sinne der Gesamtordnung des Kosmos gar nicht mehr möglich. Weltbilder mußten sich nun auf die Frage nach der Herkunft und Zukunft des Menschen in der Geschichte und, damit zusammenhängend, nach der in die geschichtliche Entwicklung verspannten Gesellschaft einschränken, die ja auch stets den Kern der innerweltlichen Orientierung geliefert hatte. Die Suche nach dem Weltbild blieb von nun an beschränkt auf die Geisteswissenschaften, Kulturwissenschaften und Sozialwissenschaften, also auf jene Fächer, die sich spezifisch mit der Welt des Menschen beschäftigten. Alle durch die Aufklärung freigesetzten Orientierungsbedürfnisse fielen nun bei diesen Wissenschaften an und nahmen damit auch eine neue und charakteristische Form an. Der Ausfall der Natur erzeugte die Suche nach der Weltanschauung. Von jenen Wissenschaften erwartete nun der einzelne Dienste bei seiner Suche nach einer begründeten Weltanschauung.

Wissenschaft und Weltanschauung

Überhaupt war ja das 19. Jahrhundert ein ständiger Kampf um die Weltanschauung, der sich im Grunde nicht anders vollzog als einst der Kampf der Religionen. Denn so wie diese einst durch die Kraft ihrer universalen Erlösungsbotschaften Menschen aus den bisherigen Ordnungen der Sippen und Stammesreligionen herausgezogen und, sie zu eigenen Gemeinden zusammenfassend, damit neue soziale Gemeinschaften und Bewegungen, ja meist auch neue Staaten und Reiche ins Leben gerufen hatten, so zog nun die Botschaft universaler säkularer Weltbilder die Menschen aus ihren bisherigen Ordnungen heraus und faßte sie neu in Gruppen, Vereinen, Parteien und Verbänden zusammen, denen stets die Tendenz innewohnen mußte, als missionarische Bewegung die eigene Weltanschauung zur allgemeinen Annahme und somit zur weltlichen Autorität werden zu lassen, so daß nun auch sonstige gesellschaftliche Gruppen eine weltanschauliche Stellung beziehen mußten. Es wurden eben in der Neuzeit unablässig Gruppen gebildet und gar organisiert, um für diese oder jene Weltanschauung einzutreten.

Mit dem Kampf der Weltanschauungen trat die Glaubensgeschichte der Moderne in eine neue, entscheidende Phase, in der sich die geschichtlichen Kräfte sozial zu formieren begannen. Obschon daran für uns nur Ausschnitte wichtig sind, ist es nötig, vorweg das Panorama dieses Kampfes grob zu skizzieren, aus dem die großen Ideenmächte hervorgingen, die mit ihrem Werk im 19. Jahrhundert in Europa begannen, um es im 20. in der Welt zu vollenden.

Da sei zuerst an diejenigen Weltanschauungen erinnert, die sich sogleich in mehr oder weniger revolutionäre Bewegungen umsetzten. Über die Vielfalt und Bedeutung der sozialistischen Ideen bedarf niemand mehr einer Belehrung. Vom Urstoff des Gerechtigkeits- und Brüderlichkeitsverlangens genährt, von handfesten Interessen gefördert, von Visionären, Propheten und Menschheitsaposteln ersonnen, von Sozialrevolutionären, Volkstribunen und Parteiführern betrieben, mobilisierten sie mächtige Kräfte gegen die bestehenden Ordnungen und gerieten in den erbitterten Streit ihrer anarchistischen, syndikalistischen, korporativen, zentralistischen oder sozialethischen Flügel, aus dem der Marxismus als stärkste Kraft hervorgehen konnte, weil seine geschlossene Heilsgeschichte der Menschheit am ehesten alle Kulturgrenzen zu überspringen und zum gemeinsamen Mythos einer säkularen internationalen Kulturintelligenz zu werden vermochte. Streng universalistisch angelegt und sogleich an die Menschheit adressiert, stellte sein Weltbild direkt auf die globale Erlösung und Mission ab.

Doch die revolutionären Bewegungen sind zuerst von liberalen und nationalen Ideen inspiriert worden, die wie in den Revolutionen von 1848 vielfach zusammenfielen, aber prinzipiell in völligem Gegensatz zueinander standen. Auch der Liberalismus war eine universalistische Ideologie, die sich mit ihrer Botschaft von der Vollendung des Fortschritts, den eine unsichtbare Hand aus dem freien Glücksstreben der einzelnen hervorgehen ließe, an alle richtete. Dabei wurde der Liberalismus zu einem universalistischen System ausgebaut, systematisiert und radikalisiert, das nicht mehr nur auf die wirtschaftliche Freiheit zielte. Überall wurde der Liberalismus gemäß seiner Überzeugung, daß jeder nur seiner eigenen Vernunft gehorchen dürfe, zum bedingungslosen Anwalt der Wissenschaft und trug so in die öffentlichen Angelegenheiten den Geist der radikalen Aufklärung, die das Licht der Selbstbestimmung aus der Unterrichtung der Individuen durch die objektive Vernunft der Wissenschaft aufsteigen sah. Und auch im Feld der politischen Freiheit griff der radikale Liberalismus mit revolutionären Bewegungen oft genug über geduldige Arbeit am Rechtsstaat hinaus. Planmäßig leitete eine Figur wie Giuseppe Mazzini aus dem Exil die europäische Geheimbündelei zur Befreiung der Völker vom Joch der Kirchen und Regierungen, organisierte unter dem Dach „Das junge Europa" die nationalen Sektionen – bei uns das „Junge Deutschland" –, half bei der Emigration ihrer Flüchtlinge und betrieb dann ihren internationalen Zusammenschluß, scharte die italienische Arbeiterbewegung hinter sich und verlor dann erst im Spiel um die Erste Internationale gegen den nur als Gast geladenen Karl Marx. Auch hier also münzten sich die Ideen, über deren Vielfalt nicht näher berichtet werden kann, nicht nur in private Weltanschauungsfragen für die einzelnen um, sondern in die Bildung sozialer Gruppen und Parteien, dazu in ein international organisiertes Netz revolutionärer Zentralen und Bewegungen (Franco della Peruta: Mazzini e i rivoluzionari italiani. 1974, und Gian Mario Bravo: Marx e la Prima Internazionale. 1979).

Revolutionär waren aber auch die nationalen Ideen, in denen die alten Mächte lange ihren gefährlichsten Feind sahen. Sie stellten sich den universalistischen Weltanschauungen mit einer Botschaft gegenüber, die ihrer Natur nach nicht zur gemeinsamen Ideologie einer internationalen Kulturintelligenz werden konnte. Der Gegensatz zwischen universalistischen und partikularistischen (also auf nationale oder auch religiöse Sondergemeinschaften, die keine universalen Wahrheitsansprüche stellen, berechneten) Ideologien ist denn auch eine, wenn nicht die Frontlinie gewesen, an der sich die Weltgeschichte vollzogen hat. Es ist aber ein ideologisches Vorurteil, mit dem die universalistischen Säkularreligionen die nationalen Ideen als reaktionär abtun wollen; an ihrer revolutionären Wirkung kann kein Zweifel sein. Gerade die nationalen Ideen, die ihren Ursprung sowohl in der durch die Französische Revolution bewerkstelligten Mobilisierung der Bürger zur Nation wie in der durch den Namen Johann Gottfried Herders bezeichneten Geschichtsphilosophie hatten, haben den inneren Zustand der Völker ebenso radikal verändert wie die äußere Landkarte der Staaten. Im Dienst nationaler Befreiungs- und Einigungskämpfe gemäß dem Traum vom Selbstbestimmungsrecht der Völker und aufgrund des neuen Gemeinschaftserlebnisses der Nation entstanden auch hier die Geheimbünde und Verschwörungsgruppen mit ihren Revolutionszentralen, Privatarmeen und Exiltruppen, zu schweigen von so wirkmächtigen Ideenströmen wie etwa dem Panslawismus, der in Osteuropa den Boden für die sowjetische Hegemonie bereitet hat.

In der Vielzahl dieser sich in Richtungen brechenden, mischenden und fluktuierenden Weltanschauungsangebote fanden sich die Menschen hineingestellt. Die Lage wirkte unvermeidlich auf die Konfessionen zurück, die nun eine Stellung gegenüber den im Namen oder Schutz der Wissenschaft angetretenen Daseinsauslegungsmächten beziehen mußten und dadurch, weil die totale Anlehnung sich als unmöglich erwies, zu partikularen Bündnissen und modifizierender Selbstauslegung getrieben wurden. Dabei öffneten sich nun zwischen den alten Religionen und neuen Weltanschauungen neue Zwischenfelder, die teils von einer großen Zahl freireligiöser Bewegungen, teils von jeweils modischen Kulten des Okkulten und den verschiedenen Bewegungen für natürliche Lebensformen, teils von neuen religiösen Lehren besetzt wurden, die wie die Christian Science, die Theosophie oder die Anthropologie, Wissenschaft und Religion auf höherer Ebene versöhnen wollten. Hier dann begann die Suche nach der Weltanschauung die Form der Bildungs-, Humanitäts-, Kultur- und Wissenschaftsreligion anzunehmen, die sich überdies in immer neuen Botschaften der Literatur, Kunst und Philosophie zu aktualisieren wußten.

Wir können und wollen dieses nur angedeutete Panorama der Weltanschauungskämpfe nicht näher ausmalen. Wir nehmen nur davon Notiz, daß alle diese Weltanschauungsangebote, entstanden aus dem Wunsch oder Zwang einer innerweltlichen Daseinsauslegung, unverkennbar säkularreligiöse Züge trugen.

Soweit die nötigen Hinweise auf die allgemeine Lagerung der Probleme, die uns im besonderen interessieren. Dazu gehört die Erkenntnis, daß nunmehr die Suche nach der Weltanschauung von vornherein über die privaten Orientierungsbedürfnisse hinaus und in einen Kampf um die Weltanschauung zwischen neu formierten Weltanschauungsgruppen überging, so daß dieser Kampf nun besondere Züge annahm, die durch die moderne Eigenart von Staat und Gesellschaft bedingt waren. Steigendes Gewicht kam nämlich der Verortung in Geschichte und Gesellschaft deshalb zu, weil die nunmehr offene Gestaltung von Staat und Gesellschaft, die mit den demokratischen Einrichtungen einerseits, der kapitalistischen Entwicklung andererseits Einzug hielt, das entstandene Bedürfnis nach Daseinsorientierung bei den einzelnen wie bei den Gruppen in einer sehr praktischen Weise wiederum verstärken mußte. Je mehr die Daseinsverhältnisse willkürlich geschaffen und deshalb verändert werden konnten, desto mehr galt es nun, mit der Weltanschauung über die Lebensführung hinaus auch für eine bestimmte Art der Gestaltung von Staat und Gesellschaft zu werben und einzutreten. Denn es ging ja nicht, wie die soziologisch inspirierte Geschichtsdeutung nachträglich in die Entwicklung hineinlesen will, um bloße Interessenkämpfe, in denen um äußere Daseinsverhältnisse und Lebenschancen gestritten wurde. Selbst die Parteien waren anfangs durch und durch Weltanschauungsverbände, in denen das sogenannte und so vieldeutige Klasseninteresse einen Grund unter anderen für die Parteizugehörigkeit bilden konnte – und zum Teil ist es ja heute nicht anders. Gestritten wurde nicht zuletzt zwischen Weltanschauungen, und zwar wesentlich darüber, an welcher Art von Lebenszielen das Dasein gemessen werden solle und welche Aufgaben folglich der Gestaltung von Staat und Gesellschaft vorausleuchten sollten. Damit war natürlich auch der Staat selbst in eine neue Lage versetzt, weil er in dem Bestand seiner Herrschaftsform und seiner Kulturform zunehmend von der Daseinsdeutung mittels Lehren über Mensch, Geschichte und Gesellschaft abhängig geworden war und folglich solche Lehren seinerseits zum Bestandteil der allgemeinen Bildung zu machen entschlossen sein mußte. Welche diesbezüglichen Wissenschaften sich in einem Staat durchsetzten, das hat denn auch, wie wir immer wieder sehen werden, weittragende geschichtliche, ja weltgeschichtliche Folgen gehabt. Für hier genügt der Hinweis, daß kein moderner Staat ohne eine ihm gemäße Lehre über Geschichte und Gesellschaft, welche immer auch unvermeidlich den Menschen in seinem Dasein orientiert und ihm sagt, wer er ist, auskommen kann, wie denn die Grenzen der heutigen Machtblöcke – richtiger: Herrschaftsformen und Kulturformen – unweigerlich mit der Herrschaft einer bestimmten Daseinsauslegung durch die Sozialwissenschaften zusammenfallen: hier das Weltbild der Soziologie, dort das Weltbild des Marxismus, die in beiden Bereichen jeweils als die wissenschaftliche Erkenntnis der Wirklichkeit verstanden werden; nicht mehr Religionen, sondern die von den Sozialwissenschaften verwalteten Weltbilder trennen die Reiche und Kulturkreise in der säkularen Welt.

Hier nun zeigte es sich, daß das große Versprechen der Aufklärung, anstelle der bloß auf Glauben und Meinung gegründeten Religion das von der Vernunft mit Gewißheit erkannte Wissen zu setzen, zu einer neuen Quelle grundsätzlicher Unsicherheit wurde, die man so bislang nicht gekannt hatte: zur Entstehung von Ideologien, die ihrerseits Parteien und Bewegungen ins Leben zu rufen pflegten und sich nun ihrerseits auf Wissenschaft beriefen. Denn die beiden großen Ideologien, der Liberalismus und der Sozialismus, traten ja beide mit dem Anspruch auf, die tatsächliche, dem gemeinen Blick nur verborgene Ordnung des gesellschaftlichen Lebens aus dessen geschichtlichem Entwicklungsgesetz wissenschaftlich ableiten und damit auch den Menschen als verbindliches Weltbild ansinnen zu dürfen.

So war also anstatt der von der Aufklärung versprochenen Gewißheit der Kampf völlig neuartiger Mächte, der säkularen Ideologien und Weltanschauungen, getreten, der sich – auch dies war ja neu – so wie in der Brust des einzelnen nun auch noch einerseits zwischen sozialen Bewegungen und politischen Parteien abspielen, andererseits zur Entscheidung nun der Wissenschaft vorgelegt werden mußte. Als die überweltlichen Mächte ins Jenseits verschwanden, als zudem die Natur zur bloß berechenbaren Tatsache abgeschliffen war, da konnte es nur noch um die Frage gehen, mit welchen Mächten der Mensch in Geschichte und Gesellschaft zu rechnen hatte.

Der Blick auf das soziale Feld der Vorgänge wirft Licht auf die wichtige Frage, welche Gründe über Ausgang und Sieg bestimmen, wenn sich Religionen, Weltbilder, Weltanschauungen und Ideologien im freien Kampf gegenübertreten. Warum gewinnt eine Macht die geistige Vorherrschaft? Und vor allem: Wie kommt es zur öffentlichen Anerkennung, die erst zu der letztlich stets entscheidenden Aufnahme in den gesellschaftlichen Lehrkanon der Bildung und Erziehung und damit ja erst zur Festschreibung eben dieses Weltbildes führt? Wie steht es damit jedenfalls in der Moderne, wo die Wissenschaft bei allen diesen Vorgängen eine bedeutende Rolle spielt? Einige grundsätzliche Erläuterungen müssen hier genügen, um ein Verständnis für die eigenartigen Kräfte und Umstände vorzubereiten, die die heutigen Sozialwissenschaften als Sieger aus der Konkurrenz der Weltbilder haben hervorgehen lassen.

Es liegt in der Natur der Sache, daß solcher Streit zwar durch die Wissenschaft mächtig beeinflußt, jedoch auf dem Boden der Erkenntnis nicht gültig entschieden werden kann. Je mehr eine Wissenschaft über die Erkenntnis beweisbarer Tatsachen hinausgeht und in das Gebiet derjenigen Aussagen gerät, die eine Bedeutung für die sinnhafte Orientierung besitzen oder gar ein Bild von der (angeblich) für den Menschen entscheidenden Ordnung der Wirklichkeit entwerfen, desto mehr wird ihre Aufnahme von den Orientierungen und Deutungsinteressen abhängen, die bei dem jeweiligen Publikum bereits bestehen und ihrerseits wieder von den verschiedensten kulturellen Überlieferungen, geschichtlichen Erfahrungen, sozialen Lagen und vielem anderen abhängen.

Ein grober Vergleich mag erläutern, welche Konsequenzen das für den Gang einiger Wissenschaften haben kann. Während nämlich die Naturwissenschaften sozusagen bei den Tatsachen bleiben können, bringt es die (später noch zu erläuternde)

Eigenart der Geisteswissenschaften und Sozialwissenschaften mit sich, daß ihre Aussagen, wenn sie sich nicht auf die sinnlose Anhäufung einfachster Tatsachen und Daten beschränken wollen, unvermeidlich eine Bedeutung für die sinnhafte Daseinsorientierung gewinnen. Die Publikumsstruktur dieser Wissenschaften ist eben verschieden, und verschieden sind deshalb auch die Gründe, die über den Erfolg ihrer Theorien und den geschichtlichen Gang ihrer Erkenntnis entscheiden. Es liegt offen zutage, daß das Publikum keinen Einfluß darauf hat, welche naturwissenschaftlichen Theorien sich durchsetzen, wohl aber einen schwer faßlichen Einfluß auf den Gang der Geisteswissenschaften und Sozialwissenschaften auszuüben vermag. Denn welche „Richtung" sich in Theologie, Philosophie, Literaturwissenschaft, Historie oder Soziologie durchsetzt, das hängt auch von den Reaktionen und „Interessen" des Publikums und somit von vielfältigen kulturellen, geschichtlichen und gesellschaftlichen Umständen ab.

Umgekehrt können diese Wissenschaften, indem sie im Vortrag ihres Stoffes unvermeidlich Daseinsdeutungsmöglichkeiten ausbreiten oder gar Weltbilder vertreten, ihrerseits größten Einfluß auf das Daseinsverständnis ihres Publikums ausüben. Niemand wird ja etwa verkennen, daß die deutsche Kultur und Geschichte mitbestimmt worden ist durch die Eigenart der idealistischen Philosophie und der historistischen Geisteswissenschaft, so wie England mitgeprägt worden ist durch seinen traditionellen Empirismus, Frankreich durch seinen spezifischen Rationalismus, Amerika durch seinen Pragmatismus. Sie alle haben sich einmal durchgesetzt, weil sie einem Publikum, das wegen neuer Lagen und Erfahrungen im überlieferten Daseinsverständnis keinen überzeugenden Halt mehr fand, eine neue Daseinsperspektive anboten, die Welt und Selbst in einen sinnhaften Zusammenhang brachte. Aus den Lagen des Publikums läßt sich nicht berechnen, welches Weltbild benötigt wird. Aber der frei errungene Erfolg eines Weltbildes verlangt, daß es auf diese Lagen antwortet. Anders als bei den Naturwissenschaften ist somit der Gang der Geisteswissenschaften und Sozialwissenschaften – Umfang oder

Grad mögen offenbleiben – mitbestimmt durch ihr besonderes Verhältnis zu einem (potentiellen) Publikum, von dem sie gerade deshalb auch abhängig sind, weil sie dessen Einstellung zu Welt und Leben so grundlegend zu beeinflussen vermögen.

Noch wichtiger ist jedoch eine spezifische Besonderheit der Moderne gewesen. Religionen hatten mit ihresgleichen, mit ihren Vorgängern, mit ihren Häresien, mit neuen Herausforderern zu kämpfen. Als die Philosophie in der Aufklärung den Anspruch auf eigenständige Weltdeutung anmeldete, hatte sie sich mit der Religion und mit ihresgleichen auseinanderzusetzen. Bei alldem waren die weltlichen Mächte höchst interessierte Teilnehmer, ohne doch im eigentlichen selbst zu Konkurrenten, nämlich zu Anbietern von Weltbildern, zu werden. Das nun änderte sich grundlegend, als im vorigen Jahrhundert politische Kräfte und Daseinsauslegungsmächte in ein völlig neues Verhältnis kamen. Hier traten Gruppen und Bewegungen mit eigenen Weltanschauungen als Partner oder Konkurrenten neben die Wissenschaften, ja sie führten als Parteien zu der höchst eigenartigen Form eines institutionalisierten Weltanschauungskampfes, der einer ebenso permanenten wie durchgängigen weltanschaulichen Mobilisierung der Bevölkerung gleichkommen mußte. Unter dem Zwang zur weltanschaulichen Artikulation mußten diese Gruppen, zumindest aber die Parteien, selbst wo anfangs eine Anlehnung an religiöse oder kulturelle Mächte der Überlieferung gesucht wurde, zu Partnern oder Konkurrenten der seitens der Wissenschaft angebotenen Weltbilder werden. Und gerade diejenigen Wissenschaften, die sich mit Geschichte und Gesellschaft befaßten, mußten wie für den Staat, so für die Parteien, die sich ohne ein (explizites oder implizites) Weltbild von Geschichte und Gesellschaft nicht wirksam als liberal, sozialistisch oder konservativ artikulieren konnten, von höchster Bedeutung sein. Ähnlich wie einst die Religionen die soziale Ordnung durch ihre Gemeindebildungen revolutioniert hatten, so erwiesen sich nun die wissenschaftlichen Weltbilder als Kräfte, um Menschen, wo nicht aus ihren Ordnungen herauszuziehen, so jedenfalls neu zu gruppieren und sogar Parteien zu gründen, fördern, legitimieren oder blockieren zu helfen. Umgekehrt wirkten Weltbilder, die politische Resonanz fanden, auf den Erfolg wissenschaftlicher Weltbilder zurück, und nicht etwa nur durch die handgreifliche Gestaltung des Bildungswesens. In jedem Fall aber ist klar, daß über den Ausgang und Sieg im Kampf der wissenschaftlichen Weltbilder das Publikum, und zunehmend das politisch mobilisierte und organisierte Publikum, mitzuentscheiden vermochte.

Nicht zuletzt unter dem Druck dieser Lage schlug die Glaubensgeschichte der Moderne nun eine besondere Richtung ein. Zuerst schieden die jenseitigen Mächte, dann schied die Natur aus der Weltdeutung aus. Übrig blieben Mensch, Geschichte und Gesellschaft als die drei unerläßlichen Bereiche weltlicher Daseinsorientierung, die nicht voneinander getrennt werden können – berührt jede Aussage über die Geschichte doch bereits Vorstellungen über Mensch und Gesellschaft, wie entsprechend umgekehrt die Vorstellung der Gesellschaft nur Kontur gewinnt, wenn sie in der Geschichte ausgespannt ist. Dabei hat das Wissen über Gesellschaft und Geschichte gegenüber dem Wissen über den Menschen insofern einen gewissen Vorrang, weil der Mensch sich, um sich selbst zu verstehen, in einer durch Herkunft und Zukunft bestimmten Ordnung des Daseins verortet wissen muß. Insofern mußten in der Moderne die mit Mensch, Geschichte und Gesellschaft befaßten Wissenschaften die Erben der Religion werden, und die heutigen Sozialwissenschaften sind deren Nachfolger. Sie haben dieses Erbe also nicht nur antreten wollen, sondern, als die Religion zur Privatsache wurde, in gewissem Sinn auch antreten müssen.

Aus dieser Lage heraus ist die Entstehung der Sozialwissenschaften zu verstehen, der wir uns nun zuwenden müssen.

Geschichte als Weltbild

Das 19. Jahrhundert ist bekanntlich das eigentlich historische gewesen, weil es alles geschichtlich betrachtete. Der weite und tiefe Blick in die Vergangenheit wurde möglich durch den eindrucksvollen Aufbruch der historischen Wissenschaften, aber er wurde nötig, weil die Geschichte zur eigenen Lebensfrage geworden war. Denn der Kampf um das moderne Weltbild mußte unvermeidlich auf die entscheidende Frage nach der Ordnung der Geschichte zutreiben.

Um diese bald zu schildernde Entwicklung richtig einzuschätzen, muß man die eigentümliche Rolle verstehen, die die Geschichte für die Daseinsorientierung spielt. Es hängt dies mit der Eigenart des Daseins zusammen, die eigentlich die anthropologische Wurzel aller unserer Orientierungsprobleme ist. Wir wollen uns deshalb nicht scheuen, zu einer grundsätzlichen Bemerkung auszuholen.

Das Leben ist nämlich in seiner Problematik überall zutiefst dadurch mitbedingt, daß der Mensch, anders als das Tier, nicht in der Gegenwart aufgeht. Entgegen der üblichen Selbsttäuschung finden wir unsere äußere und innere Wirklichkeit so wenig wie eine fertige Tatsache vor, daß wir alle Gegebenheiten durch die Überlegung relativieren müssen, wie sie in Zukunft sein werden, können und sollen.

Im einfachsten Fall heißt das: Wir orientieren unser Handeln, weil es uns nicht durch Instinkte vorgeschrieben ist, zwangsläufig am (nach unserer Kenntnis) erwartbaren Verhalten seiner „Objekte" und müssen es deshalb, statt rein über momentane Eindrücke und Wahrnehmungen, über Vorstellungen führen, in denen unsere vielfältigen Erfahrungen mit dem jeweiligen „Objekt" zu einem auf die Zukunft übertragbaren Regelwissen über ihr Verhalten ausgefiltert worden sind. Technisch gesprochen: Wir benötigen ein aus der Erfahrung generalisiertes nomologisches Wissen von den Dingen, um mit ihnen zweckvoll und erfolgreich umgehen zu können. Das ist evident für unseren Umgang mit Dingen, gilt aber auch für den Umgang mit Menschen (und sogar mit geistigen „Objekten", von denen wir erfahrungsgemäß gewisse „Leistungen" erwarten). Ja sogar über uns selbst müssen wir aus gefilterter Erfahrung ein Regelwissen gewinnen, um unsere Neigungen, Bedürfnisse, Fähigkeiten und anderes veranschlagen zu können.

Diese Selbstverständlichkeiten des praktischen Handelns gewinnen eine tiefere Bedeutung, weil der Mensch als finales

Wesen mit dem Blick auf eine offene und zu gestaltende Zukunft Dauerziele für seine einzelnen Handlungen und deshalb ein Wissen von der allgemeinen Ordnung der Dinge benötigt. Innere und äußere Zukunftserwartungen lassen sich jedoch nur an erfahrener Vergangenheit festmachen. Wir rechnen mit den äußeren und inneren Gegebenheiten nicht bloß, wie sie sind, sondern wie sie waren und sein werden, sein können und sein sollen. Unsere Daseinsorientierung ist in dem Sinne geschichtlich, daß wir von allem die Herkunft und Zukunft kennen müssen, um die Bedeutung jeweils vorfindlicher Lagen abschätzen zu können. Das aber gelingt nur, wenn die einzelnen Gegebenheiten gleichzeitig in der Vorstellung einer bleibenden Ordnung verortet werden. Was ist geschichtsbeständig in der Ordnung der Natur, des Menschen, der Geschichte, der Mächte? Das ist immer die entscheidende Orientierungsfrage gewesen. In der geschichtlichen Perspektive konstituiert sich die menschliche Wirklichkeit. Erst durch die Vorstellung von einer Ordnung, auf die hin alles angelegt ist, gewinnt die Wirklichkeit für den Menschen Bestimmtheit, er an ihr Halt.

An dieser Stelle nimmt unsere Suche nach den Invarianten im Fluß der Erscheinungen die bekannten Züge der menschlichen Orientierungsproblematik an: Einmal deshalb, weil die mehrfache Ungewißheit der geschichtsbeständigen Ordnungen eine dauernde Quelle der Beunruhigung bleibt. Unsicher sind diese Ordnungen, weil sie als Summe der Regelmäßigkeiten einer Erfahrung abgerungen wurden, die an jeder Stelle mindestens in ihren Einzelheiten Unregelmäßigkeiten zeigt. Unsicher sind sie ferner, weil wir die Ordnung nur als eine von uns nicht geschaffene Tatsache hinnehmen können, deren Beständigkeit uns so wenig verbürgt, wie ihr Sinn offensichtlich ist. Auf diese Weise erzeugt die Wahrnehmung der Ordnung geradewegs das Bedürfnis, sie so zu erklären, daß sie in ihrer Beständigkeit und in ihrem Sinn verbürgt ist. Schließlich gewinnt diese Erklärung weitere Bedeutung dadurch, daß sie uns aus der Rätselhaftigkeit unseres Daseins und dem Mangel vorgegebener Daseinsziele erlöst. Aus seiner Stellung in der Ordnung der Welt hat der Mensch stets sein Wesen und seine Bestimmung, weil er sie nicht in sich selbst findet, herauszulesen versucht; überall hat ihm die Ordnung, in die er sich hineingestellt weiß, zum Spiegel seiner selbst und zur Anleitung seiner Lebensführung gedient.

Auch die vormodernen Weltbilder haben auf ihre Weise Rechenschaft über die Geschichte abgelegt, obschon sie, grob gesprochen, auf bleibende Ordnungen abstellten, die für eine Geschichte im modernen Sinn keinen Raum ließ. Am Anfang steht die Entstehung, Stiftung oder Schöpfung der geschichtsbeständigen Ordnung, in der der Mensch seine Stellung in der Welt erkennt. Durch das Gedenken an den Anfang vergewissert man sich in Mythos, Religion und Kosmogonie feierlich darüber, daß diese Ordnung fortbesteht und gegen Störungen gefeit ist. Wo dann die sittliche Vorstellung aufdämmert, daß diese Ordnung unvollkommen ist, meldet sich der Gedanke, daß diese Welt einst einer anderen Ordnung Platz machen wird, und steigert sich in den großen Religionen bis zu der Idee, daß hinter der Profangeschichte eine Sakralgeschichte liegt, in der die Mächte des Lichts mit den Mächten der Finsternis bis zum endgültigen Sieg ringen.

Als die Moderne wo nicht den Glauben an eine ursprüngliche und bleibende Schöpfungsordnung verlor, so doch die diesseitige Eigenständigkeit der Welt entdeckte, da fand sich der Mensch mit allen seinen Werken und Einrichtungen in der Beliebigkeit des bloß noch Tatsächlichen verloren, so daß er nun in einer innerweltlichen Ordnung neu verortet werden mußte. Jetzt gewann die Geschichte jenen neuen Sinn, den wir seither mit diesem Wort verbinden; sie rückte als eine eigene innerweltliche Ordnung in das Zentrum des modernen Weltbildes. Die Gründe sind so vielfältig wie die neue Vorstellung selbst, die doch als Fortschrittsidee in der Aufklärung wie im Marxismus ihren religiösen Ursprung nicht verleugnen kann. Denn die Erwartung einer innerweltlichen Heilsgeschichte der Menschheit war offensichtlich ein Säkularisat der christlichen Sakralgeschichte und eine entscheidende Station der Glaubensgeschichte der Moderne. So hatte ja schon die Aufklärung, als sie den Menschen zu seiner Orientierung an die Vernunft verwies, daraus die Geschichte des Fortschritts vom Dunkel in das Licht konstruiert, deren allgegenwärtige Embleme, Metaphern und Formeln doch schon klarmachten, wie sich die Problematik von der sittlich religiösen Errettung des einzelnen zu der gesellschaftlich-geschichtlichen Erlösung der Menschheit verlagerte. Ähnlich großzügige Konstruktionen wurden mit ähnlichem Erfolg von den späteren Ideologien und Geschichtsphilosophien, vor allem vom Liberalismus und Sozialismus angeboten. Es konnte dann aber bei gegebenem Kampf der Weltanschauungen nicht ausbleiben, daß die entscheidende Orientierungsfrage zur Ausbildung spezifischer Wissenschaften veranlaßte, die durch ihre empirische Qualifikation zu dieser Aufgabe berufen schienen. Und dies umso entschiedener, als ja die Orientierungsnöte sich stetig zu verschärfen drohten: Weil der Streit der Weltbilder die Menschen immer rückhaltloser reklamierte; weil die realen Veränderungen immer mehr Lebensgebiete ergriffen; weil Weltanschauungsfragen in der politischen Arena immer nachhaltiger über die Einrichtung der Lebensverhältnisse und den Gang der Geschichte entschieden.

Dies gab den Rahmen für die weitere Entwicklung ab. Hier liegt auch der Grund, warum das 19. Jahrhundert das historische wurde und auf die eindrucksvolle Entwicklung der historischen Wissenschaften mindestens so stolz war wie auf die Naturwissenschaften. Dabei spielten natürlich die bedeutenden Erkenntnisfortschritte eine Rolle, die aus der Quellenkritik und Hermeneutik das ganze Panorama des historischen Universums entfalteten. Aber diese entfalteten sich ja ihrerseits aus dem vorgängigen Erwachen des geschichtlichen Interesses und des historischen Sinns; auch hier stand, wie am Anfang der modernen Naturwissenschaften, hinter dem Erkenntnisinteresse ein radikales Vergewisserungsbedürfnis. Wenn sich die historischen Wissenschaften (nebst den zugehörigen sonstigen Geisteswissenschaften) nun so stürmisch wie die Naturwissenschaften entwickelten, multiplizierten, differenzierten und spezialisierten, so geschah das deshalb, weil man von ihnen das entscheidende Orientierungswissen erwartete. Hatte man einst an der Schwelle der Neuzeit im Buch der Natur nach Gottes unmißverständlicher, nach Maß, Zahl und Gewicht geschriebener Offenbarung gesucht, dann im Buch der Vernunft die innerweltliche Ordnung des Reiches des Menschen entdecken wollen, so war nun das Buch der Geschichte zur neuen Offenbarung geworden, an dessen Entzifferung sich die Wissenschaft begab. Die Glaubensgeschichte der Moderne hatte eine neue Etappe erreicht, die Geschichte war zum Fascinosum geworden. Hier liegt der Grund, warum sich nun immer neue Disziplinen, Fächer und Wissenschaften entwickelten, die sich mit der tatsächlichen Geschichte des Menschen und seiner Werke beschäftigen.

Man verharmlost die historischen Weltbilder, wenn man sie bloß als spekulative Geschichtsphilosophien etikettiert, derweil es sich um säkulare Geschichtstheologie handelte, wie verschiedentlich dargestellt worden ist, so insbesondere von Karl Löwith (Weltgeschichte und Heilsgeschehen. 1953) und J. L. Talmon (Politischer Messianismus, Bd. II. 1963). Nachdem die französische Aufklärung mit Turgot (1750) und Condorcet (1793) bereits versucht hatte, die Vorsehung durch den Fortschritt zu ersetzen, wurde die Geschichtstheologie bei der Auslegung der innerweltlichen Geschichte zu einem Schlüssel für alle Sinn- und Orientierungsfragen. So hieß es bei Hegel in den „Vorlesungen über die Philosophie der Weltgeschichte": „Unsere Betrachtung ist insofern eine Theodizee ... Das Übel in der Welt überhaupt, das Böse mit inbegriffen, sollte begriffen, der denkende Geist mit dem Negativen versöhnt werden ... In der Tat liegt nirgend eine größere Aufforderung zu solcher versöhnender Erkenntnis als in der Weltgeschichte." Die gleiche Aufforderung ließ Karl Marx über den Kommunismus kurzerhand schreiben: „Er ist das aufgelöste Rätsel der Geschichte und weiß sich als diese Lösung" (Nationalökonomie und Philosophie. 1844). Als das aufgelöste Rätsel der Geschichte stellte auch Auguste Comte sein System des Positivismus vor, und nicht anders stand es ja mit dem Liberalismus, der in dem Gewinn der vernünftigen Freiheit der Individuen Triebkraft und Ziel der Geschichte erkennen wollte.

Man darf auch nicht an der Tatsache vorbeisehen, daß diese Weltbilder eine ungeheure Wirkung ausgeübt haben, ja doch zu gestaltenden Kräften der Moderne geworden sind. Es bedarf hier allerdings der grundsätzlichen Einlassung, daß die Entwicklung nicht einheitlich verlief wie in den Naturwissenschaften. Unvermeidlich war die Glaubensgeschichte der Moderne überall durch nationale Umstände bedingt und gefärbt, weil die konkreten Orientierungsbedürfnisse und Orientierungsprobleme sich ja aus der jeweiligen Konstellation der religiösen, kulturellen, wissenschaftlichen, sozialen und politischen Lagen ergaben. Von den religiösen Traditionen, von den sozialen Lebensformen, von den staatlichen Verhältnissen mußte es ja abhängen, wann und wie sich die Orientierungsfragen im Verhältnis von Wissen und Glauben stellen. Schon in der Aufklärung gingen England, Frankreich, Deutschland, Schottland eigene Wege, begründeten eigene philosophische Traditionen. So domestizierte England zwar die Konfessionen durch die Toleranzidee, beschnitt auch den Wunderglauben, hielt ansonsten aber an dem Bündnis einer fundamentalistischen Theologie mit den Naturwissenschaften fest, das dort erst spät im 19. Jahrhundert durch die Entdeckung der Erdgeschichte ins Wanken kam (Charles C. Gillespie: Genesis and Geology. 1951), während im französischen Rationalismus (trotz und wegen des Versuches von Descartes, für den Glauben an Gott eine neue rationale Fassung und Bestätigung zu liefern) Theologie und Philosophie (nebst Wissenschaft) früh auseinandertrieben. Überall ist die Glaubensgeschichte der Moderne nachhaltig beeinflußt worden durch das besondere (und besonders durch die herrschende Konfession geprägte) Verhältnis, in das die neue Philosophie und Wissenschaft zur Theologie geriet; überall wurden damit auch schon Weichen für die unterschiedliche Entwicklung der Geisteswissenschaften und ihre verschiedenartige Stellung im geistigen Haushalt gestellt. Es ist bezeichnend und folgerichtig gewesen, daß es nur im deutschen Kulturraum überzeugend gelang, die theologischen Fakultäten in der Universität zu halten, anstatt wie in Frankreich mit eigenen Hochschulen auf eine bloß seminaristische Ausbildung der Priester zu setzen. Nicht zuletzt hiermit hängt es zusammen, daß sich in Deutschland jener umfassende Begriff von Wissenschaft entwickelte, der alle Geisteswissenschaften samt der Theologie einschloß, während *science* anderswo die *natural science* meinte und noch meint, während der Rest als *humanities* und *theology* ausgesondert blieb. So waren schon früh kulturelle, geistige und wissenschaftliche Dispositionen für die Deutung der Geschichte und für die Ausformung der zuständigen Geisteswissenschaften geschaffen worden. Es bleibt doch bezeichnend, daß John Stuart Mill schon 1843 eine Forschungslogik der *moral sciences* entwickeln wollte, die dem von ihm zeitweilig propagierten Positivismus Comtes gewiß näherstanden als die deutschen Geisteswissenschaften. Und es ist ebensowenig ein Zufall, daß die positivistische Soziologie in der französischen Tradition aus dem Boden der Ecole Polytechnique wuchs (Friedrich v. Hayek: The Counter-Revolution of Science. Deutsche Übersetzung 1959) und in bestimmten Ländern rasche Aufnahme fand, während sich in Deutschland die Geisteswissenschaften mit ihrem Historismus gegen diese Soziologie sperrten und, wie wir sehen werden, andere Wege zu einer Wissenschaft von der Gesellschaft beschritten. Überall aber entwickelten sich in der Glaubensgeschichte der Moderne aus dringlichen Orientierungsbedürfnissen historische Weltbilder, die in jeweils bestimmten Gebieten zur Herrschaft gelangten und selbst zu Geschichtsmächten wurden. Der Hegelianismus steht da allerdings am Rande, blieb er doch selbst in Deutschland Episode, so mächtig auch seine verzweigten Fortwirkungen waren. Der Liberalismus wiederum fand in bestimmten Ländern einen so günstigen Boden, daß er zur allgemeinen Fortschrittsphilosophie aller Parteien wurde. Der Marxismus ist durch politische Einsetzung zur gültigen Geschichtstheologie der halben Erde geworden.

Diese Wirkungen wären nicht möglich gewesen, wenn die Auslegung der Geschichte nicht ebenso akuten wie allgemeinen Bedürfnissen der Daseinsorientierung und nicht bloß der Erkenntnis entsprochen hätte. Freigesetzt aus den alten Lebensordnungen, ausgesetzt einem Wandel der realen Verhältnisse und, angesichts der politischen Gestaltbarkeit dieser Verhältnisse, nun als Mensch und Bürger aufgerufen, Stellung zu beziehen, standen die Menschen vor Fragen, auf die sie begründete Antworten im Spiegel der Geschichte suchten. Wie alle Weltbilder, so mußte nun die Geschichte Auskunft geben über das Wesen des Menschen. Wilhelm Dilthey drückte nur eine allgemeine Überzeugung aus, wenn er formulierte: „Was der Mensch ist, sagt ihm nur die Geschichte" (WW VIII). Aber was die Geschichte sagte, das blieb strittig, zeigte sie doch nirgends den Menschen selbst, sondern nur die Zeitgestalten seiner Werke, Kulturen, Gesellschaften, Völker, Nationen und Epochen. Alle Weltanschauungen, Ideologien und Wissenschaften blickten in den Spiegel der Geschichte, um das Wesen und Schicksal des Menschen bestimmen zu können. Für Ranke, Burckhardt oder Dilthey erschien in dessen Brechung immer der gleiche strebende, leidende, wollende Mensch in seiner im Grunde unveränderlichen Natur, mit den im Grunde immer gleichen Zielen und Werken. Aber sehr anders schaute der Mensch aus dem Geschichtsentwurf des Marxismus oder auch des Liberalismus heraus.

Im Spiegel der Geschichte suchte man auch Auskunft über die Bedeutung der Mächte, Ordnungen und Werte. Die Fragen nach der geschichtlichen Rolle von Familie, Ehe, Religion, Moral, Staat, Klasse oder Nation wurden entscheidend dafür, wie man sich nun selbst zu diesen Ordnungen stellen wollte. Man begann nach den Urformen und Stufen der Institutionen zu suchen, um aus der Konstruktion von Entwicklungsreihen zu lernen, was an ihnen überlebt, erhaltenswert und fortzubilden sei, worin ihr Beitrag und Gehalt bestehe, um für das eigene Leben wie für die Programme von Verbänden und Parteien, wie für die Gesellschaftspolitik Anleitung aus dem Ziel der geschichtlichen Entwicklung zu gewinnen. War die Religion ein menschliches Urbedürfnis, das sich aus rohen und phantastischen Anfängen Schritt für Schritt zu seinem eigentlichen Auftrag geläutert hatte und nur von weiteren Überresten (survivals) zu reinigen war, um weiter zu bestehen? Oder war sie, wie die anderen meinten, eine kaum begreifliche Urdummheit kulturloser Anfänge, die mit dem endlichen Einzug der Wissenschaft zum Aussterben bestimmt war?

So formierte sich über der Deutung der Geschichte eine Gemengelage von Ideologien und Weltanschauungen, die teils schon nach ihren Publica und Intentionen geschieden waren, je nachdem, ob die sachliche Auflösung der Fragen oder die Reorganisation im Vordergrund stand. Die wissenschaftliche Instanz jedenfalls zersplitterte in die Vielfalt der Geschichtsphilosophie, Geschichtswissenschaften, Kulturwissenschaften, Geisteswissenschaften, Staatswissenschaften, Rechtswissenschaften, die anhand ihrer historischen Betrachtungsweise das Ihrige zur Lösung des Rätsels der Geschichte beitragen wollten. Noch stand die Theologie mit religionsgeschichtlichen Studien zurück und stülpte sich bei Ludwig Feuerbach (Das Wesen des Christentums. 1841) in eine neue Anthropologie um, für die Gott nur noch die Projektion der menschlichen Nöte, Wünsche und Ideale war.

Dabei trieb der Versuch, Orientierung durch eine neue Auskunft über Herkunft und Zukunft zu gewinnen, ganz neuartige Ansätze hervor. Einmal, indem die Geisteswissenschaften, in der Hoffnung, Grund zu finden, neue Fächer wie die Völkerkunde und Volkskunde schufen, von anderen Disziplinen und Spezialisierungen zu schweigen. Daneben traten einzelne mit neuen Theorien und Programmen auf, wie Comte oder Marx, wo das Feld bereits in jene Ideenströme und Ideologien wie den Sozialismus oder den Liberalismus übergeht, die auf einen mehr oder weniger organisierten Massenanhang rechnen durften.

Eine überzeugende Klärung der so aufgewühlten und drängenden Fragen durch die eigentlichen Geschichtswissenschaften erwies sich als unmöglich. Zwar stemmten sie sich im Prinzip gegen alle Spekulationen über die Geschichte. Sie waren angetreten, um verläßlich zu ermitteln, „wie es eigentlich gewesen"; sie erhofften sich von der Hinwendung zu den geschichtlichen Tatsachen eine einwandfrei objektive Entschlüsselung der Geschichte, von der sie sich eine verläßliche Daseinsorientierung erwarteten. Auch bei ihnen allerdings stand in der Romantik und noch bei Ranke (Carl Hinrichs: Ranke und die Geschichtstheologie der Goethezeit. 1954) die

Geschichtstheologie deutlich im Hintergrund. „In aller Geschichte wohnt, lebt, ist Gott zu erkennen", schrieb der Fünfundzwanzigjährige in einem Brief. „Er steht da, wie eine heilige Hieroglyphe, an seinem Äußersten aufgefaßt und bewahrt, vielleicht, damit er nicht verlorengeht künftigen, sehenderen Jahrhunderten. Wohlan, wie es auch gehe und gelinge, nur daran, daß wir an unserem Teil diese heilige Hieroglyphe enthüllen! Auch so dienen wir Gott, auch so sind wir Priester, auch so Lehrer." Wer wollte zweifeln an seinem Ernst zu zeigen, „wie es eigentlich gewesen", wer an der Sorgfalt der Methoden, an dem Verlaß auf Tatsachen, an dem Fundus der Erkenntnisse? Doch das Motiv, das zu dieser leidenschaftlichen Versenkung in die Geschichte führte, war das Bedürfnis nach Orientierung, die nur noch aus einem historischen Weltbild fließen konnte. Die stille Hoffnung aber, daß die Geschichte auf ein sinnvolles Ziel zulaufe, wie es die großen Fortschrittsweltbilder versprachen, war auch den historischen Wissenschaften nicht fremd, obschon sie es sich versagten, dieses Ziel der Geschichte näher zu bestimmen.

Das Bedürfnis wurde auch nicht geringer, wo die Hieroglyphe Gottes verblaßte, trat dann doch das Selbstvergewisserungsbedürfnis nur desto deutlicher hervor. Jakob Burckhardt, der immer darauf hinwies, daß der Mensch nicht eingeweiht sei in die Pläne der Vorsehung, suchte doch auch das Wesen des Menschen aus der Geschichte herauszulesen und gab sich in seinen „Weltgeschichtlichen Betrachtungen" Rechenschaft über „die drei Potenzen" der Geschichte: Staat, Religion und Kultur. Nur taten sich denn auch hier, trotz aller Verläßlichkeit der Einzelforschung, mannigfache Klüfte zwischen den Historikern selbst auf, sobald es darum ging, die geschichtliche Rolle des Staates, der Politik, der Kultur, der Religion zu bestimmen, aus der sich ergeben sollte, wie man sich nun zu diesen Mächten stellen sollte.

Die historischen Wissenschaften hatten in der Überzeugung begonnen, daß die Geschichte sich wissenschaftlich entschlüsseln lasse, wenn man sich nur an die Tatsachen halte. Sie entwickelten zu diesem Zweck bewundernswerte Verfahren zur quellenkritischen Ermittlung der Tatsachen. An dem enormen Wachstum ihrer Erkenntnisse konnte kein Zweifel sein und auch nicht an deren Wirkung. Denn einerseits bildeten sie doch einen gewissen Damm gegen die Ansprüche der geschichtlichen Weltbilder, andererseits vermittelten sie Kenntnisse über die geschichtlichen Ursprünge der Völker und Kulturen, die zum allgemeinen Kulturbewußtsein beitrugen oder sonst in das historische Bewußtsein der Nationen eingingen, ja dieses vielfach erst weckten. Aber so viel Licht sie auch in die Geschichte brachten, kamen sie dem Ziel einer endgültigen Darstellung und Deutung der Geschichte nicht näher. Und je weiter sie spezialistisch in die Einzelheiten der Geschichte eindrangen, in der Hoffnung, daß sich am Ende alles zu einem sicheren Bild fügen werde, desto weiter rückte eben diese Hoffnung in eine unerreichbare Ferne.

So war der Versuch des 19. Jahrhunderts, auf die Geschichte ein wissenschaftlich begründetes Weltbild zur diesseitigen Daseinsorientierung zu gründen, gescheitert. Nicht nur die eigentlich historischen Wissenschaften, sondern auch die Kulturwissenschaften, eben überhaupt die Geisteswissenschaften, waren daran beteiligt gewesen. Es würde ein eigenes Buch erfordern zu beschreiben, wie ein Fach nach dem anderen mit seinem Beitrag – man muß geradezu sagen – an die Front der säkularen Orientierungsfragen ging oder gar erst ins Leben gerufen wurde, um irgendeine entscheidende Lücke zu schließen. Und das alles wurde noch komplizierter, als mit den modernen Humanwissenschaften, der Biologie, Psychologie, Anthropologie, der hier beiseite gelassene Versuch unternommen wurde, den Menschen systematisch anstatt historisch zu bestimmen. Es blieb eine schwer entwirrbare Gemengelage von historischen Weltbildern und Wissenschaften übrig, die untereinander und miteinander in einem jedenfalls wissenschaftlich nicht wirksam entscheidbaren Streit lagen, der im politischen Raum seine mächtigen Entsprechungen besaß. Nirgends war es gelungen, die Geschichte rein aus den Tatsachen zu konstruieren. Stets erwies die Diskussion, daß, wie immer die Tatsachen lagen, unentscheidbare Wertungen bei der Rekonstruktion der Geschichte eine Rolle gespielt hatten.

Gesellschaft als Weltbild

Es ist nun für die Entwicklung entscheidend gewesen, daß die Vielfalt der Geschichtsdeutungen sich in zwei große Lager formierte, die als Historismus und Positivismus in einen erbitterten Methodenstreit gerieten, der sich bei näherer Betrachtung als ein Kampf um die Ziele und Werte entpuppte, welche der Gestaltung des Daseins vorausleuchten sollten. Aus diesem Kampf eben ist die Soziologie mit ihrem Weltbild als globaler Sieger hervorgegangen, wie wir sehen werden nicht durch wissenschaftliche Argumente, sondern durch historische Umstände. Wir wollen hier vorerst nur in aller Kürze jenes neue Konzept einer Wissenschaft von der Gesellschaft charakterisieren, das der modernen Glaubensgeschichte eine so schicksalhafte Wendung brachte.

Der Gedanke, dem Verständnis der Geschichte durch eine Betrachtung der spezifisch gesellschaftlichen Verhältnisse aufzuhelfen, war weder neu noch unsinnig. Die neue Forderung nach einer eigenen Wissenschaft von der Gesellschaft gewann ihre Bedeutung erst durch ihr besonderes Konzept, in dem die Gesellschaft wie ein von Sinn- und Zweckzusammenhängen abgelöstes Naturding erscheint, dessen Gesetzmäßigkeiten von einer als Naturwissenschaft angelegten Soziologie entdeckt werden sollen. Dieses Konzept tritt in verschiedenen Varianten im „wissenschaftlichen" Sozialismus, im Utilitarismus und im Positivismus auf, deren Vertreter (wie Bentham, Saint-Simon, Comte, Fourier, Weitling) sich selbst als einen neuen Newton und ihre Systeme als die Vollendung der Entdeckung der innerweltlichen Ordnung verstehen, die mit den Naturwissenschaften begonnen habe und mit der Wissenschaft von der Gesellschaft abgeschlossen werde.

Wir verzichten darauf, die genannten Varianten durchzumustern. Zwar hat der von den Philosophical Radicals Jeremy Bentham, James Mill, David Ricardo und John Stuart Mill entwickelte Utilitarismus eine enorme, aber doch diffuse Wirkung gehabt; seine Auffassung, daß der Mensch stets nach einem zeitlosen Kalkül von Lust und Unlust handle, dessen

Berechenbarkeit das größte Glück der größten Anzahl zum objektiven Prinzip einer zwingenden Sozialethik mache, ist lautlos in fast alle Varianten des modernen Weltbildes eingegangen. Der im Marxismus gipfelnde „wissenschaftliche Sozialismus" ist in seinen Verwandlungen seinem zutage liegenden Weltbild treu geblieben, während es schwierig ist, in der Soziologie das Weltbild zu entdecken. Diese Soziologie aber ist aus dem Programm entstanden, das Auguste Comte für sie vorlegte, mit dessen Konzept wir uns deshalb befassen müssen.

„Toutes les sciences ont commencé par être conjecturales; le grand ordre des choses les a appellées toutes à devenir positives" hatte Saint-Simon in seinem Mémoire sur la science de l'homme 1813 geschrieben. Sein Schüler und Privatsekretär Auguste Comte hat daraus das Programm des Positivismus gemacht. In allen Wissensgebieten hätten die Menschen damit begonnen, die Erscheinungen religiös, durch hinter den Dingen stehende Mächte zu erklären, um sie alsdann aus dem Wesen der Dinge selbst abzuleiten. Diesem theologischen und metaphysischen Stadium des Wissens folge dann aber das positive, in dem man nicht mehr über die geheimnisvollen Mächte hinter oder in den Dingen streite, sondern ihr sichtbares Verhalten beobachte, um dessen Regelmäßigkeiten zu erfassen. Man müsse die unlösbaren Fragen nach den Ursachen aufgeben, um sich rein an die tatsächlichen Abläufe zu halten. Dieser Weg zur „positiven" Wissenschaft sei bereits auf den verschiedensten Gebieten mit Erfolg beschritten worden, es fehle eigentlich nur noch eine positive Wissenschaft von der Gesellschaft, mit der die Selbstvergewisserung des Menschen zu ihrem Abschluß käme. Es gelte deshalb, die Wissenschaften vom Menschen aus dem philosophischen Gezänk über Sinn, Motiv, Werte und Zwecke zu erlösen durch eine nach dem Vorbild der Naturwissenschaften angelegte „Soziologie" (für die Comte die ursprüngliche Bezeichnung „Soziale Physik" nur ungern aufgegeben hatte, weil ihm Quetelet damit zuvorgekommen war) zu entwickeln; diese werde die objektiven Gesetzmäßigkeiten des Geschehens ermitteln, deren Kenntnis dem sozialen Streit ein Ende machen und für die Einrichtung der Gesellschaft das technische Wissen liefern werde, so daß dann auch die Politik zu einer positiven Wissenschaft der soziologisch instruierten Fachleute werde. So käme die Geschichte – und in ihr der Mensch – in der Verbindung von Ordnung und Fortschritt an ihr Ziel.

Das Versprechen der von der Soziologie zu erwartenden Leistung (rationale Verständigung, soziale Einigkeit, technische Herrschaft über die Geschichte) hat vor allem zu ihrem Erfolg beigetragen; der Gedanke, in einer definitiven Theorie das System gesellschaftlicher Gesetzmäßigkeiten zusammenzufassen, mußte angesichts der Erfolge der Naturwissenschaften aus praktischen wie aus intellektuellen Gründen verführerisch wirken. Das beiseite gestellt, wollen wir uns hier in ganz einfacher Weise erst nur klarmachen, auf welchen Voraussetzungen dieses Programm aufbaute.

Diese sind einmal methodischer Art, verlangt doch der Ansatz, daß das Handeln nur von außen in seinen sichtbaren Tatsächlichkeiten registriert wird, also Motiv, Sinn, Wert und Zweck des Handelns beiseite gesetzt werden. Anstatt den Menschen und seine Werke zu verstehen, gilt es, sie in ihrer äußeren Gegebenheit zu beschreiben. Das aber muß darauf hinauslaufen, Begriffe zur objektiven Beschreibung gesellschaftlicher Zustände zu bilden, die als Konstante in einer Theorie der Gesellschaft figurieren können. Die gesuchten Gesetzmäßigkeiten müssen sich als Aussagen über die Abfolge und die Zusammenhänge dieser Zustände darstellen.

Sinnvoll konnte diese Methode also nur unter der Annahme sein, daß die Geschichte ein Prozeß sei, der durch die Eigengesetze einer wie ein Naturgeschehen anzusehenden Gesellschaft bestimmt sei, mithin den menschlichen Zwecken nicht nur nicht gehorche, sondern auch unabhängig von diesen zustande komme. Nicht mehr handelnd und wollend war der Mensch am Zustandekommen der Geschichte beteiligt, in der er nur noch als Interessent an den äußeren Daseinsverhältnissen auftrat, die sich in der eigengesetzlichen Entwicklung der Gesellschaft einstellten. Die nötige Anpassung an die zwangsläufige Entwicklung bestimmt den Radius seines Wollens, und diese Anpassung wird ihm durch die soziologische Prognostik erleichtert, ja durch die bedingte soziologische Lenkbarkeit der Entwicklung versüßt.

So anspruchslos und akademisch dieses Konzept scheinen mochte, erwies es sich sogleich als jene große Weichenstellung, die ihm sein Schöpfer zugedacht hatte. Denn es lag ja in diesem Programm eine radikale Herausforderung aller Geisteswissenschaften, die sich von nun ab in immer neuen Wellen den Attacken ausgesetzt fanden, die die Historie „endlich in den Rang einer positiven Wissenschaft erheben" wollten. Die Geisteswissenschaften gerieten unter den radikalen Druck der positivistischen (heute: neopositivistischen) Anklagen; ihre Ziele und Verfahren seien völlig unwissenschaftlich, gelte es doch nicht, die Wirklichkeit in ihrer jeweiligen Eigenart zu erfassen, vielmehr in ihren allgemeinen Regelmäßigkeiten zu erkennen. Hieraus entwickelte sich jener erbitterte Methodenstreit, dessen Fronten uns durch die Gegensätze von Geisteswissenschaften und Naturwissenschaften, Historismus und Positivismus, Verstehen und Erklären, individualisierende und generalisierende Methode geläufig geblieben sind. Und wir notieren dabei vorweg schon am Rande, daß dieser Streit, der alle Wissenschaften in seinen Bann zog und um die Jahrhundertwende seinen, in Max Webers „Wissenschaftslehre" gespiegelten Höhepunkt fand, in vielerlei Form weitergelaufen ist und jüngst im „Positivismusstreit" eine verquere Neuauflage gefunden hat. Und für die Unablässigkeit des Verlangens, gemäß der Forderung und Verheißung Comtes, alle Wissenschaften zu „positivieren", genügt hier der Vermerk, daß in Amerika vor wenigen Jahrzehnten nationale Kommissionen eingesetzt wurden, um die Umwandlung der historischen Wissenschaften in „positive", das heißt generalisierende, in die Wege zu leiten. Hier wie stets aber lief die „Positivierung" der Geisteswissenschaften ganz im Sinne Comtes auf ihre „Soziologisierung" hinaus, und die Soziologisierung der Wissensbestände, wie wir sie erlebt haben, ist, wie wir sehen werden (Kap. 3 „Die Weltgeschichte der Soziologie"), ein Nachvollzug der angedeuteten Verwandlung der amerikanischen Wissenschaft gewesen. Damit wurde Comtes Prophezeiung wahr, daß alle Wissenschaften „positiv" werden und dabei ihren krönenden Abschluß in der Soziologie finden würden.

Was uns für jetzt angeht, ist nun die Tatsache, daß der durch den Positivismus heraufbeschworene Streit um die Methode in Wahrheit ein Streit über die Verfassung der Wirklichkeit war. Die Vertreter der Geisteswissenschaften haben denn auch schnell bemerkt, daß mit dem positivistischen Wissenschaftsbegriff nicht bloß eine Methode, sondern ein Weltbild zum Zuge kam, das auf eine Revision aller bisherigen Wissensbestände und Selbstverständnisse hinauslief. So doch sogleich in der dornigen Frage nach der Freiheit des Willens, für die in dem ausnahmslosen Determinismus des Positivismus keinerlei Platz blieb. So alsdann in der positivistischen Forderung, das Handeln nur von außen in seinen manifesten Vollzügen, also unter Verzicht auf Motiv, Zweck und Sinn der Handelnden zu erfassen, um faktische Regelmäßigkeiten zu ermitteln, die man nur hinnehmen, aber nicht mehr verstehen konnte. So dann in der unvermeidlichen Konsequenz, daß alle uns so bewegenden Gefühle, Werte, Ideen, Ziele, Ideale, Bedeutungen und Sinngehalte eine subjektive Scheinwelt darstellen, die entweder ganz folgelos ist oder sonst wie im Marxismus als bloßer Reflex der gesellschaftlichen Verhältnisse begriffen werden muß. Weiters in der Frage, ob wir denn tatsächlich nur an jenen Regel- und Gesetzmäßigkeiten interessiert sind, welche die Soziologie als das entscheidende Muster der geschichtlichen und gesellschaftlichen Wirklichkeit erheben soll, oder ob wir uns nicht vielmehr an den jeweils besonderen Zügen der stets einzigartigen konkreten Wirklichkeit orientieren wollen und müssen, die in einer nur auf allgemeine Gesetzmäßigkeiten zielenden Wissenschaft gerade ausgeblendet werden sollen. Ebenfalls in der politisch so aktuellen Frage, ob denn Staat, Recht, Sitte, Religion und Kultur nur tributpflichtige Anhängsel und Machwerke naturläufiger Gesellschaftsprozesse oder nicht vielmehr gesellschaftsverfassende Gebilde aus eigenem Recht seien.

Im Sinne dieser (hier nicht weiter zu vertiefenden) Fragen kam mit den methodischen Forderungen des positivistischen Programms einer Soziologie ein Weltbild zum Zuge, das, wie wir immer wieder sehen werden, seine metaphysischen Vorannahmen hinter einem Begriffsapparat verbirgt, in den wir längst eingewöhnt sind und eingeschult werden. Denn die geschichtliche Wirklichkeit wurde nun in einen naturläufigen Gesellschaftsprozeß umgedacht, in dem nur noch allgemeine und von außen beschreibbare Zustandsgrößen und Daseinsbedingungen eine Rolle spielen und als das Wesentliche gelten sollten. Das Programm dieser Wissenschaft lief von vornherein auf eine neuartige Daseinsorientierung hinaus.

Dies genügt für jetzt, um ein erstes Zwischenergebnis zu ziehen.

Die Soziologie: ein Weltbild durch Reduktion

Denn nun beginnen sich die Nebel aufzulösen, wenn man ihnen entschlossen mit der Frage entgegentritt, welche Tatsachen denn die Sozialwissenschaften bei ihren Lehren aus der Wirklichkeit auswählen; denn daß sie, wie überhaupt jede Wissenschaft, aus der erfahrenen Wirklichkeit, die stets aus einer unerschöpflichen Masse von elementaren Tatsachen besteht, auswählen, ist schlechthin gar nicht zu bezweifeln – unbeschadet der Strukturierung, in der wir die Wirklichkeit immer schon zu erleben gelernt haben, und ungeachtet des unausrottbaren Glaubens, daß die damit getroffene Auswahl und Strukturierung, also unsere erlebte Wirklichkeit, in den Dingen läge und sie nur in ihrer eigenen Wirklichkeit wiedergebe. Selbst die Naturwissenschaften erzielen ihre Erkenntnisse eben nur dadurch, daß sie aus der Mannigfaltigkeit der Tatsachen diejenigen aussuchen, die ihnen deshalb als wissenswert erscheinen, weil sie für die Absicht, gesetzmäßige Zusammenhänge zu entdecken, wichtig sind. Nach welchem Prinzip aber sucht die heutige Sozialwissenschaft aus der unendlichen Menge der potentiell interessanten Tatsachen diejenigen aus, welche ihre Konstruktionen tragen? Was in der Vielfalt der menschlichen, gesellschaftlichen und geschichtlichen Welt interessiert diese Sozialwissenschaft?

Niemand, der die Lage kennt, wird meinen, dieser Nachforschung könne mit dem Hinweis auf das freie Interesse des einzelnen Forschers (oder gar Lehrers, Propagators, Verbreiters, Verwenders und Empfängers) Genüge getan werden. Mag dieser sich auch (trotz modischer und sonstiger Zwänge) in weitem Umfang das Objekt seiner Studie aussuchen dürfen, so steht doch im vorhinein fest, in welcher Art und Weise er es angeht, welche Art von Tatsachen er beachtet, welche Art von Problemen gestellt und welche Art von Lösungen erteilt werden darf. Gleich wie etwa ein Begriffssystem der Physik dazu zwingt, die Aufmerksamkeit allein den Lagen und Bewegungen der Körper zuzuwenden, ohne sich um die Vielheit ihrer sonstigen Erscheinungen überhaupt zu kümmern, so enthält das Begriffssystem jeder Wissenschaft ein Prinzip der Auslese derjenigen Tatsachen und Fragen, welche diese Wissenschaft interessieren, und je einheitlicher das Begriffssystem ist, desto rigider muß das Prinzip der Auswahl sein.

So klar es nun aber auch ist, wofür sich die Physik interessiert – und interessieren soll –, so sehr läßt sich doch darüber streiten, für welche Bestandteile der Wirklichkeit sich die Soziologie, die Mutterdisziplin der Sozialwissenschaften, interessieren soll. Bekanntlich gibt sich das Fach den Anschein, als ob es nur die soziale Wirklichkeit selbst, oder zumindest das Wesentliche an ihr erfasse und wiedergebe. Unendlichen methodischen Aufwand hat man sich den Stolz kosten lassen, in völliger Objektivität nur die Tatsachen sprechen zu lassen. Doch genau hier begann die große Täuschung und Selbsttäuschung. Denn was ist uns denn in der sozialen Wirklichkeit wichtig? Offenbar kann man diese Frage nicht so einfach beantworten wie eben etwa bei der Physik, wo jeder versteht, daß und warum wir an Lage und Bewegung der Körper ein Interesse nehmen, also eine Wissenschaft von der Mechanik besitzen möchten – obschon, wie hinzugefügt sei, selbst dieses Interesse nur potentiell universal ist, also auch von Menschen abgelehnt werden kann (und so oft genug abgelehnt worden ist), die sich für diese Seite der körperlichen Erscheinungen nicht interessieren. Woran wir hingegen in der gesellschaftlichen

Lebenswirklichkeit ein Interesse nehmen, worauf es uns bei ihr ankommen soll, und welche Art von Wissenschaft von der Gesellschaft wir besitzen wollen, das sind eben Fragen von ganz anderem Kaliber.

Das alles ist nicht neu. In klassischer Weise hat J. G. Droysen – und er war nicht der erste – 1863 die „Erhebung der Geschichte zum Rang einer Wissenschaft" kritisiert. Einen berühmten Vertreter dieses soziologischen Traums, Thomas Buckle, rezensierend, schrieb er: „Er läßt uns in gelegentlichen Andeutungen erfahren, daß die Geschichte es mit den ‚Handlungen der Menschen' zu tun hat, daß sie ‚mit der unersättlichen Wißbegier, welche unsere Mitmenschen betrifft', zusammenhängt; aber er unterläßt es, uns zu sagen, in welcher Weise diese Handlungen der Menschen geschichtlicher Natur sind; er läßt uns im unklaren darüber, auf welcherlei Fragen die Wißbegier, die unsere Mitmenschen betrifft, Antwort sucht" (J. G. Droysen: Historik. 1958). Vier Jahrzehnte später begann Max Weber in seiner berühmten „Wissenschaftslehre" diese einfache Frage einer inzwischen bereits verfestigten Soziologie mit dem nun bereits nötigen methodischen Aufwand vorzuhalten: „Alle Erkenntnis der Kulturwirklichkeit ist, wie sich daraus ergibt, stets eine Erkenntnis unter spezifisch besonderen Gesichtspunkten ... Wenn immer wieder die Meinung auftritt, jene Gesichtspunkte könnten dem Stoff selbst entnommen werden, so entspringt das der naiven Selbsttäuschung des Fachgelehrten, der nicht beachtet, daß er von vornherein kraft der Wertideen, mit denen er unbewußt an den Stoff herangegangen ist, aus einer absoluten Unendlichkeit einen winzigen Bestandteil als das herausgehoben hat, auf dessen Betrachtung es ihm allein ankommt." Nie jedoch ist das von der Soziologie (außerhalb Deutschlands) auch nur zur Kenntnis genommen worden. Nie hat sie sich selbst die Frage vorgelegt, an welchen besonderen Seiten der gesellschaftlichen Wirklichkeit sie denn interessiert ist, welches Prinzip der Auswahl also in ihren Konstruktionen zum Zuge kommt.

Es ist ein verständlicher (und harmloser) Irrtum der natürlichen Weltansicht zu glauben, unsere Vorstellungen würden (oder sollten) uns ein Abbild der Wirklichkeit liefern; es ist aber ein grober (und gefährlicher) Irrtum zu meinen, die Wissenschaft sei dazu berufen, das ungenaue Abbild unserer Alltagsvorstellungen durch das wahre und richtige Abbild der Wirklichkeit zu ersetzen. Auch die moderne Wissenschaft hat sich lange in diesem Wahnglauben bewegt, durch ihre Erkenntnis zum wahren Kern der Wirklichkeit vorzustoßen. Dieser von den Naturwissenschaften aufgegebene Glaube scheint jedoch in den Sozialwissenschaften unausrottbar, werden doch jedenfalls aus dieser Einsicht nicht die fälligen Konsequenzen gezogen. Machen wir uns das also deutlich.

Unsere Vorstellungen bilden niemals die Wirklichkeit in der Fülle ihrer Einzelheiten ab, die sie in jedem Ausschnitt enthält; wir können sie nicht einmal registrieren, geschweige denn verarbeiten. Ordnungen, Zusammenhänge, Formen, Gestalten erfassen wir nur dadurch, daß wir auf diese Bestandteile achten und andere übergehen. Nur durch Abstraktion von allem übrigen heben wir aus der endlosen Mannigfaltigkeit der äußeren und inneren Wirklichkeit das heraus, was uns aus irgendwelchen Gründen als wichtig, wissenswert, interessant oder bedeutsam gilt. Nur hierdurch wird aus der verwirrenden und beziehungslosen Mannigfaltigkeit der sinnlich gegebenen Tatsachen jene denkende Ordnung der Wirklichkeit, durch die wir uns zu orientieren und zu handeln vermögen.

Die Wissenschaft steigert diese denkende Ordnung der Wirklichkeit bis zur Einseitigkeit spezifischer Gesichtspunkte. Die Medizin stünde ratlos vor der Aufgabe, den menschlichen Körper zu erforschen, wenn ihr nicht dessen Gesundheit als ein spezifischer Gesichtspunkt vorgegeben wäre, der sie berechtigt, alle hierfür nicht relevanten Tatsachen beiseite zu lassen. Physik und Chemie, wiewohl sie ihren Gegenstand teilen, sind zwei verschiedene Wissenschaften, weil sie ihn unter verschiedenen Gesichtspunkten betrachten. Und so hängt es bei jeder empirischen Wissenschaft von ihrem spezifischen Gesichtspunkt ab, welche Bestandteile der Wirklichkeit berücksichtigt und welche übergangen werden.

Die Gesichtspunkte wissenschaftlicher Betrachtung können

nicht der Wirklichkeit entnommen werden, ist doch das, was beiseite gelassen wird, nicht weniger wirklich als das, was betrachtet wird. Die Medizin wird nicht deshalb betrieben, weil die betreffenden Vorgänge wirklicher wären als andere, sondern weil sie Bezug zu Krankheit und Gesundheit haben, wofür wir uns interessieren. Naturwissenschaften treiben wir, weil, insoweit und solange wir – aus welchen Gründen auch immer – daran interessiert sind, eine gewisse Art von Regelmäßigkeiten im Bereich der Natur zu entdecken. Die Wirklichkeit läßt sich stets unter den verschiedensten Gesichtspunkten betrachten, und jeder Wissenschaft liegt ein solcher Gesichtspunkt zugrunde, weshalb ihre Erkenntnisse, anstatt ein Abbild der Wirklichkeit zu liefern, bloß auf die Zusammenhänge aufmerksam machen, die zwischen spezifischen Bestandteilen des betreffenden Wirklichkeitsausschnittes bestehen. Die Wahl des Wissenschaft konstituierenden Gesichtspunktes aber beruht stets auf irgendeinem praktischen oder ideellen Interesse, das wir an der Betrachtung bestimmter Bestandteile der Wirklichkeit nehmen.

Selbstverständlich bietet sich auch die gesellschaftliche Wirklichkeit dem unbefangenen Blick, ob dieser sich nun auf die Gegenwart oder in die Vergangenheit richtet, als das unendlich vielfältige Handeln einer Vielzahl von Menschen dar. Jedenfalls liefert allein diese unerschöpfliche Mannigfaltigkeit den Stoff, aus dem eine empirische Soziologie ihre Aussagen gewinnen und an dem sie sie rechtfertigen muß. Ob man nun wie Marx mit der Behauptung ins Große greift, daß Klassenkämpfe das Rad der Geschichte drehen, oder sich mit der Aussage bescheidet, daß die Scheidungsziffer mit der Kinderzahl abnimmt – stets muß der Beweis anhand des nachweisbaren Handelns bestimmter Menschen geführt oder entkräftet werden, das allein die Basis und Evidenz einer empirischen Soziologie abgibt.

Jede Soziologie stellt eine denkende Ordnung der gesellschaftlichen Wirklichkeit her, die sie niemals abzubilden vermag. Jede Soziologie steht deshalb vor der Frage, welche Bestandteile sie aus dieser unendlichen Mannigfaltigkeit herauslösen und welcher Art von Zusammenhängen sie denn nachspüren will, kurzum, was ihr an den doch überall gleich wirklichen Tatsachen als aus irgendwelchen Gründen wichtig, bedeutsam und wissenswert gelten soll. Und so praktisch selbstverständlich es ist, daß wir gewisse Bestandteile dieser Wirklichkeit für wichtig, andere für unwichtig halten, so logisch unmöglich ist es doch, aus den Tatsachen selbst den Grund jener Wichtigkeit zu entnehmen, die sie für uns doch nur deshalb gewinnen können, weil wir an ihnen aus irgendwelchen Gründen ein (ideelles oder materielles) Interesse nehmen, das ihnen in unseren Augen einen Wert verleiht. Wenn wir denn nicht aufs Geratewohl sinnlose Tatsachenmengen zusammenstellen, sondern aus der Wirklichkeit eine denkende Ordnung herausheben wollen, dann muß uns eine Vorstellung vorausleuchten, die uns angibt, was uns an dieser Wirklichkeit als wissenswert, weil für uns bedeutsam und wichtig, gelten soll. Es kann eben, wie schon Max Weber klargemacht hat, keine Soziologie geben, die „die Gesellschaft", oder was an ihr selbst objektiv wesentlich ist, erkennt und darstellt. Vielmehr läßt sich die gesellschaftliche Wirklichkeit unter sehr verschiedenartigen Gesichtspunkten auf ihre Tatsachen, Zusammenhänge und Ordnungen hin durchmustern. Unter welchen wir sie aber durchmustern wollen, das hängt von dem ab, was uns daran als wertvoll gilt, und ist damit letztlich Sache der Werte, die uns im Leben gelten sollen, unter die wir das Leben gestellt wissen wollen.

Diese Einsicht hat die aus dem szientistischen Geist des Positivismus geborene Soziologie wieder und wieder umgangen und verdrängt. Verschworen auf den Traum, daß es von „der Gesellschaft" eine so definitive und strenge Wissenschaft wie von der Natur geben müsse, hat diese Soziologie ihre Begriffe, Aussagen und Theorien unverwandt als Erkenntnis der Gesellschaft vorgestellt, derweil sie doch bestenfalls durch gewisse gedankliche Operationen herausgelöste und durch gedankliche Abstraktionen verformte Bestandteile der Wirklichkeit darbieten. Sie hat das Prinzip, nach dem sie stillschweigend die sie interessierenden Bestandteile aus der Wirklichkeit auswählt, hinter Verfahrensregeln und Begriffsinstrumentarien versteckt, bis sie ihr Publikum – also: alle – in ihre Sicht der Wirklichkeit eingeschult hatte, so daß nunmehr der eingewöhnte Blick aufgrund der eingewöhnten Vorstellungen nur noch auf jene abstrahierten Bestandteile der Wirklichkeit fällt, welche durch das Sieb ihrer Begriffe passieren und nunmehr als die Wirklichkeit selbst gelten.

Wir werden später sehen (Kap. 4), welcher Geist diese Soziologie (aber darum nicht auch schon alle Soziologen) beherrscht: welche Vorstellungen darüber, worauf es in unserem gesellschaftlichen Dasein ankommen soll, sie leiten und welche Verschreibung für das Leben sie damit unter dem Deckmantel von Tatsachenaussagen ständig verbreitet und durchsetzt. Für jetzt aber können wir als ein Zwischenergebnis festhalten:

Wie alle Erkenntnis eine Betrachtung der Wirklichkeit unter besonderen Gesichtspunkten ist, so kann auch die gesellschaftliche Wirklichkeit nur unter besonderen und folglich verschiedenen Gesichtspunkten betrachtet werden, die jeweils das in den Blick nehmen, was uns an ihr aufgrund der Wertungen, die wir an das Dasein legen, wichtig ist. Wir können uns also grundsätzlich – die jeweilige Ergiebigkeit sei dahingestellt – so viele Wissenschaften von der Gesellschaft entwerfen, wie wir grundsätzliche Wertungen an sie herantragen können, welche uns jene Zusammenhänge markieren, deren Ordnung wir empirisch erforschen wollen. Und eben weil es grundsätzlich viele Soziologien geben kann, ist jede von ihnen verpflichtet, über das Prinzip der Auswahl Rechenschaft abzulegen, auf dem sie ihre Verfahren, Begriffe und Erkenntnisse errichtet. Jede Soziologie, die auf diese Reflexion über die ihrer Arbeit (bewußt oder unbewußt) zugrundeliegenden Wertgesichtspunkte verzichtet, versinkt in der Selbsttäuschung, sie stelle nur die Tatsachen selbst dar und macht sich dadurch objektiv der Täuschung ihres Publikums schuldig, dem sie die Einseitigkeit der getroffenen Auswahl unterschlägt. Denn auf eine Täuschung mit schweren individuellen und geschichtlichen Folgen läuft es ja hinaus, wenn die Wissenschaft den Menschen ihre

Wirklichkeit einseitig verkürzt darstellt. Den Beruf einer der Freiheit des Menschen verpflichteten Wissenschaft kann die Soziologie – und so für alle Sozialwissenschaften – nur ausüben, wenn sie sich selbst und dem ihr als Autorität anvertrauten (und sonst nur: ausgelieferten) Publikum ausdrücklich jene Wertgesichtspunkte benennt, von denen sich ihre Arbeit effektiv leiten läßt.

So aber erklärt es sich denn, wie inmitten der freien Welt eine Wissenschaft, die nichts als empirische Tatsachen zu ermitteln verspricht, der Träger eines verborgenen Weltbildes sein kann. Sie übt ihre diesbezüglichen Wirkungen aus durch Reduktion, durch das, was sie entweder ganz aus dem Spiel läßt oder durch ihre Verfahren und Begriffe verformt. Diese Soziologie ist ein Weltbild durch Reduktion und schreibt dies den ihr hörigen Sozialwissenschaften vor. Sie herrscht über unser Denken und Handeln, kaum durch den Zwang zu dogmatischen Bekenntnissen als vielmehr durch das Angebot, die Wirklichkeit mit Begriffen zu erklären, in die unsichtbar ein Weltbild eingebaut ist.

Es ist nach allem klar, daß diese Soziologie ihre internationale Anerkennung nicht allein der Kraft ihrer wissenschaftlichen Argumente und Tatsachen, sondern letztendlich der Durchsetzung derjenigen Wertgesichtspunkte verdankt, die sie ihrer Darstellung der Wirklichkeit als das eigentlich Bedeutsame zugrunde legt. Ihr Sieg ist das Ergebnis außer- und überwissenschaftlicher Prozesse und Umstände. Damit eröffnet sich unsere nächste Aufgabe: Wir wollen – ehe wir uns im übernächsten Kapitel näher mit dem Reduktionsprinzip der Sozialwissenschaften befassen – im nächsten Kapitel begreifen lernen, wie und warum von den verschiedenen Möglichkeiten, eine empirische Wissenschaft von der Gesellschaft zu entwickeln, gerade diese Soziologie im Effekt außerhalb des kommunistischen Machtbereiches zur Herrschaft gelangte.

3. Der Aufstieg der Soziologie

Nachdem wir die Glaubensgeschichte der Moderne bis zu dem Punkt verfolgt haben, wo in ihr die Idee einer besonderen empirischen Wissenschaft von der Gesellschaft auftaucht, haben wir es nunmehr mit der Frage zu tun, wie sich diese Idee gegen alle ihre Konkurrenten durchgesetzt hat. Es wird also unter dem Aufstieg der Soziologie jener Weg verstanden, der in 150 Jahren von den ersten Programmen und Theorien einer solchen Wissenschaft, die sich doch völligen Außenseitern verdankten, hin zu jener Autorität geführt hat, die die Wissenschaft von der Gesellschaft heute in Ost und West als die entscheidende Instanz der Daseinsauslegung besitzt. Und gerade deshalb wollen wir diesen Vorgang verstehen, begreifen und erklären, weil er, wie sich ergab, kein Resultat des sachlichen Erkenntnisfortschrittes gewesen ist – und eben deshalb jenen undurchschauten Einfluß auf unser Dasein genommen hat, der eine Bewältigung der Sozialwissenschaften verlangt.

Es wäre mithin völlig verfehlt, diesen Aufstieg der Soziologie nach dem Muster erklären zu wollen, das für die Erklärung der Entstehung und Durchsetzung von neuen Wissenschaften gebräuchlich bereit liegt. Umgekehrt müssen wir vielmehr nach den außer-, vor- oder überwissenschaftlichen Gründen suchen, die das ungewöhnliche Schauspiel, in dem sich ebenso unvermerkt wie unaufhaltsam eine Wissenschaft durchgesetzt hat, die ein Weltbild fundiert, zu erklären vermag.

Allein wir wollen vorweg doch von der Tatsache Notiz nehmen, daß die Soziologen nicht nur in der Überzeugung leben und arbeiten, eine auf den Erkenntnisfortschritt zielende und aus diesem stammende Wissenschaft zu vertreten, sondern diese Überzeugung auch in der Geschichte ihres Faches bestätigt zu finden glauben. Denn wo immer sie sich ihrer Fachgeschichte, es sei an einem Ausschnitt oder im Ganzen zuwenden, da meinen sie ja, den Fortschritt der Erkenntnis an seinem erweisbaren Werk zu finden. Die Geschichte der Soziologie belege das vielleicht streckenweise langsame oder unsichere, aber doch alles in allem genommen stetige Wachstum einer Wissenschaft – das ist meist die Summe der zahllosen, schlechten oder guten Darstellungen der Geschichte der Soziologie. Mit dieser Tatsache müssen wir uns zuerst befassen und stellen eine Bemerkung über die Geschichtsschreibung siegreicher Weltbilder voran.

Jedes Weltbild betrachtet seinen Sieg als das schuldige Ergebnis und die krönende Bestätigung seiner eigenen Wahrheit, folglich im Zeitalter der Wissenschaft als die Frucht des Erkenntnisfortschritts und den unvermeidlichen Triumph der richtigen Argumente und Theorien. Stets gerät deshalb die geschichtliche Selbstdarstellung eines siegreichen Weltbildes zur Hagiographie, in der alle Tatsachen nur das überlegene Recht und die unbezwingbare Kraft der vom Anfang an zum sicheren Siege berufenen Wahrheit verkünden. Nicht anders legitimiert die Soziologie, ob in Ost oder West, ihre Herrschaft in der Überzeugung, daß die wahre Lehre sich kraft ihrer Wahrheit durchgesetzt habe. Auch hier wird die Rechenschaft über die eigene Geschichte, so ganz verschieden sie in West und Ost auch ausfällt, zur Hagiographie.

Befangenheit, nicht Fälschung, ist das typische Merkmal der Hagiographie, die sich deshalb durchaus mit hohen Ansprüchen subjektiver Redlichkeit und objektiver Gewissenhaftigkeit verträgt. Sowieso regiert das hagiographische Selbstverständnis in völliger Naivität meist eher bei den Gläubigen als bei denen, die die Hagiographie schreiben. Auch die Fachhistoriker der Soziologie sind gegen die hagiographische Naivität weit besser gefeit als das Gros der Soziologen; es besteht meist kein Grund, an ihrem Kenntnisreichtum, Sachverstand oder Wahrheitswillen zu zweifeln. Und doch liegt der Geist der Hagiographie über den

Darstellungen, in denen Soziologen über die Geschichte ihres Faches berichten. Denn stets läuft das auf den Versuch hinaus, aus dem historischen Gewirr der Theorien jenen Strang herauszuziehen, der angeblich den wahren Weg des stetigen Erkenntnisfortschritts der Soziologie festhält. So ist das Fach einerseits lange mit Darstellungen bedient worden, die zeigen wollten, wie trotz des Hin und Hers der Theorien die empirische Sozialforschung den beschwerlichen Weg einer sicheren Wissenschaft genommen habe, an deren Ende die eine und gesicherte Theorie der Gesellschaft stehen werde. Zugleich ist das Fach aber andererseits mit Darstellungen bedient worden, die umgekehrt zeigen wollten, daß die nunmehr gesicherte Theorie der Gesellschaft als eines struktur-funktionalen Systems erst die kumulative Vervollständigung durch die empirische Sozialforschung erlaube. Viele Fachhistoriker halten sich jedoch angesichts der Fülle widersprüchlicher Theorien an vorsichtige Formulierungen wie etwa die folgenden: „Die Vereinheitlichung solcher Teilerkenntnisse in einer umfassenden Theorie der allgemeinen Soziologie auf empirischer Grundlage bleibt dagegen der Zukunft vorbehalten" (E. K. Francis: Wissenschaftliche Grundlagen soziologischen Denkens. 1965) oder: „During the first half of the twentieth century, sociology made a decisive advance... However, the goal has not been completely achieved. Disparate sociological viewpoints have not yet merged into sociological theory, a counterpart of the type of theory that forms a part of each of the natural sciences" (N. S. Timasheff: Sociological Theory. Its Nature and Growth. 1957). Freilich bestimmen nicht die kenntnisreicheren Fachhistoriker das geschichtliche Selbstverständnis des Faches, wo das hagiographische Selbstverständnis ganz naiv zu regieren pflegt.

Und das nicht erst seit heute. Schon die Entstehung der neuen Wissenschaft ist von der Behauptung begleitet worden, die Soziologie sei die reife Frucht der gesamten Wissenschaftsentwicklung. Marx hat das auf seine Weise vorgetragen. Comte konstruierte die Geschichte der Wissenschaften als die nach dem Schwierigkeitsgrad ihres Gegenstandes gestaffelte Abfolge von Mathematik, Astronomie, Physik, Chemie und Biologie, die ihre Krönung in der nun alle umschließenden (weil erst in den realen gesellschaftlichen Zusammenhang setzenden) Soziologie fände und durch ihn bereits gefunden habe. Kurzum, die Soziologen – über charakteristische Ausnahmen später – haben sich und der Welt immer erneut eingeredet, daß die Lehre von der Gesellschaft sich im Grunde wie die Naturwissenschaften auf einer ihr sachlich vorgezeichneten Linie bewege und immer schon bewegt habe, die immer klarer und gerader auf ihr Ziel zulaufe und demnächst als vollendete Theorie vorliegen werde.

Echte Hagiographie beruht auf dem Glauben – und im Fall der Soziologie auf dem Glauben, in dessen Namen sie gegründet wurde, also auf der Verheißung, daß es eine solche definitive Wissenschaft von der Gesellschaft geben könne, müsse und werde. Die geschichtliche Selbstdarstellung der Soziologie ist und bleibt Hagiographie, solange sie diesen Glauben unbefragt wie eine Selbstverständlichkeit voraussetzt.

Wie unbekümmert das geschieht, erweist sich gerade auch sehr aufschlußreich dort, wo die Soziologie sich mit der Frage befaßt, wie Wissenschaften entstehen und sich durchsetzen. Diesen Vorgang beschreibt sie nach jahrzehntelangen Anstrengungen der in der praktischen Wissenschaftspolitik wie im theoretischen Wissenschaftsverständnis auch international einflußreichen Wissenschaftssoziologie wie folgt:

Der Aufstieg einer Wissenschaft vollzieht sich in Stufen. In ein Schema gebracht, beginnt es mit einzelnen Forschern oder Amateuren, die ein neues Problemfeld entdecken, das sie durch eigene Forschungsergebnisse oder Wissenschaftsprogramme zu artikulieren suchen. Sie finden sich alsdann in kleinen professionellen Gesellschaften mit weiteren Interessenten zusammen oder streben Ähnliches durch die Bildung einer eigenen Schule an, wobei Fachzeitschriften gegründet werden. Mit der Einrichtung einzelner Lehrstühle entsteht eine akademische Wissenschaft, die sich später mit Ausbildungsprogrammen zu einem allgemeinen und berufsbildenden Universitätsfach entwickeln und schließlich in internationalen Fachverbänden und Wissenschaftsorganisationen weiter verfestigen kann. Wissenschaftssoziologen wie J. Ben David oder D. J. de Solla Price haben dieses Schema in einem Modell zu einer Theorie der Wissenschaftsentwicklung ausgebaut, die als ein Differenzierungsprozeß vorgestellt wird, in dem sich neue Fächer bilden und in mehrstufigen Institutionalisierungsprozessen wie geschildert etablieren. Aus Tatsachen der Wissenschaftsgeschichte konstruiert, wird dieses Modell dann wiederum verwendet, um im Einzelfall die Entstehung einer bestimmten Wissenschaft zu erfassen und zu erklären.

Wie alle soziologischen Theorien ist auch diese hilfreich nur für den, der sich klare Rechenschaft über ihren idealtypischen Charakter ablegt. Nur dann nämlich wird im Einzelfall vorsätzlich nach solchen Zügen gesucht, die dem Modell – in seinen expliziten Aussagen oder impliziten Annahmen – widersprechen, während andernfalls nur auf die in dem Modell spezifizierten Merkmale der Wissenschaftsentwicklung geachtet würde, die, weil sie nahezu selbstverständlich auftreten müssen, immer zur Bestätigung der Theorie führen würden. Da so jedoch meist verfahren wird, wird die Theorie zur Falle, weil sie die sachlichen Probleme der Wissenschaftsgenese eskamotiert, um den Glauben an den unaufhaltsamen Erkenntnisfortschritt zu sichern.

Denn bei Lichte besehen unterstellt diese Theorie, daß jedes Fach, das sich im wissenschaftlichen Betrieb durchsetzt, eine Wissenschaft ist, und suggeriert weiters, daß jedes zur Wissenschaft berufene Konzept sich auch als Fach durchsetzen wird. Sie artikuliert insofern den Glauben der Moderne an den unaufhaltsamen Fortschritt der Erkenntnis, in dem sich nur die Logik der Sachen entfalte, und verengt die wissenschaftsgeschichtliche Forschung auf die Ermittlung institutioneller Umstände. Ohne zwischen Wissenschaft, Scheinwissenschaft und Weltbild zu diskriminieren, bescheinigt sie jedem Fach, das Einzug in Forschung oder Lehre findet, seine Wissenschaftlichkeit und schreibt damit den Glauben der Moderne an die Wissenschaft als Hagiographie fest: In der Wissenschaft setzt sich nur Wissenschaft durch. Wenngleich dieser Glaube sich in vielen Fällen und Fächern bewahrheitet hat, schützt er andererseits auch Scheinwissenschaften und Weltbilder vor der Entdeckung.

Sobald nämlich irgendeine geistige Tätigkeit als Wissenschaft anerkannt wird, legt sich der Schutz dieses Ausdrucks über ihren Betrieb, weil nun eine Kette ererbter Assoziationen ins Spiel kommt, die teils aus der tatsächlichen Erfahrung mit der Wissenschaft, teils aus der normativen Idee (oder Ideologie) der Wissenschaft stammen. Die Grundfigur bildet der Glaube, daß eine Wissenschaft ein erprobtes und beweisbares System von Erkenntnissen besitzt, das durch zuständige Fachleute stets auf dem optimalen Stand gehalten wird. Offenbar gründet unsere Zivilisation, sowohl im privaten wie im beruflichen Leben, ganz und gar auf diesem Glauben an die sachliche Kompetenz des Faches und der Fachleute. Das schließt die Überzeugung ein, daß die Anerkennung einer Wissenschaft nur dann erfolgt, wenn – und nur deshalb, weil – ein verläßliches und vermehrbares Wissen vorliegt, weshalb eben jede anerkannte Wissenschaft auf den Glauben an ihre Richtigkeit rechnen und pochen darf. Genau deshalb versucht in der Neuzeit jede Lehre, falls sie ein reguläres Wissen für alle und kein höheres Wissen für eine auserwählte Gemeinde anbieten will, für sich das Etikett „Wissenschaft" in der öffentlichen Meinung durchzusetzen, um durch diesen Druck die Bewilligung von universitären Stellen und damit die Anerkennung als wissenschaftliches Fach zu erreichen, welche die Verbreitung dieser Lehre institutionell sichert und zum Glauben an ihre Richtigkeit verpflichtet.

Wenn sich also die Soziologie, genau wie der Marxismus-Leninismus, im Sog und Schutz dieses Glaubens als das (bisherige oder endgültige) Resultat eines Erkenntnisprozesses präsentiert, der sich trotz mancher Unregelmäßigkeiten nur dem Zwang der Sache selbst verdankt, so bekennt sie sich damit nur zum Glauben an die Berufung des Faches und die Richtigkeit seines undurchschauten Weltbildes. Wo dann die soziologische Fachgeschichtsschreibung einen solchen stetigen Erkenntnisfortschritt zu belegen versucht, verbleibt sie, wie oben geschildert, in jener hagiographischen Befangenheit, die, anstatt die Geschichte der Soziologie insgesamt in den Blick zu nehmen, nur einzelne Bestandteile heraushebt, die mit dem Anschein auch die Hoffnung beleben, daß das Fach seiner Vollendung als definitive Theorie der Gesellschaft entgegengeht.

Wir wollen denn auch nicht versäumen, über die bisherigen grundsätzlichen Beweise für den Weltbildcharakter der Sozialwissenschaften in diesem Kapitel mit dem empirischen Nachweis hinauszugehen, daß die Geschichte der Soziologie, wenn man sie nicht ganz selektiv und befangen mustert, auf Schritt und Tritt charakteristische Merkwürdigkeiten und Ungereimtheiten aufweist, die in keine Geschichte einer Wissenschaft passen und sich auch nirgends in der Geschichte der Geisteswissenschaften, geschweige denn in der Geschichte der Naturwissenschaften finden. Die empirische Durchmusterung der Geschichte der Soziologie führt bei unbefangenem Blick eigenständig zu dem Ergebnis, daß die Soziologie nicht die Wissenschaft ist, für die sie sich hält und ausgibt, und bestätigt damit die Einsicht, die wir uns bereits durch eine mehr grundsätzliche Argumentation erworben hatten.

Es ist dies jedoch nur als ein nützliches Nebenergebnis der Aufgabe anzusehen, vor die wir uns gestellt finden. Denn nicht der Nachweis, daß die Soziologie nicht diejenige Wissenschaft ist, für die sie sich ausgibt, befriedigt uns; wir dürfen auch nicht schon bei der Einsicht enden, daß die Sozialwissenschaften die Träger des modernen Weltbildes sind, noch bei der (ausstehenden) inhaltlichen Charakterisierung ihres – und also unseres – Weltbildes. All das können nur Schritte sein auf dem Wege, zu dem wir angetreten sind, um uns aus der undurchschauten Überwältigung durch die Sozialwissenschaften zu befreien mittels einer Bewältigung der Sozialwissenschaften. Dazu aber ist es nötig, anstatt bloß nach ihrem wissenschaftlichen Status, nach dem Geheimnis der Macht zu fragen, die sie über uns gewonnen haben. Wir wollen begreifen, wie und warum sich das durch die Idee einer Wissenschaft von der Gesellschaft bestimmte Konzept der Daseinsauslegung gegen alle Konkurrenten durchsetzen und zur Autorität einer Schlüsselwissenschaft werden konnte.

Die Aufgabe nennen heißt ihr das Maß nehmen, zunächst schon ihren äußeren Dimensionen. Denn es geht um 150 Jahre

Geschichte, die zum Gewordensein unserer heutigen Welt gehört. Wie nämlich, so wollen wir wissen, ist es denn gekommen, daß die Ideen einiger krasser akademischer Außenseiter sich in diesem Zeitraum so durchgesetzt haben, daß heute eine bestimmte Art der Soziologie in der freien Welt so selbstverständlich zur Schlüsselwissenschaft geworden ist wie der Marxismus-Leninismus in der kommunistischen?

Offensichtlich kann ein so mächtiger Vorgang, der tief in das Werden der modernen Welt hineinverwoben ist, nicht die Folge kognitiver Fehler und intellektueller Irrtümer sein, die es bloß zu durchschauen gilt, um die Macht dieses Weltbildes zu brechen. Es müssen doch mächtige Kräfte in den Verhältnissen und mächtige Bedürfnisse in den Menschen an diesem Ergebnis mitgewirkt haben.

Welche Kräfte und Bedürfnisse denn also? Darüber wollen wir uns zuerst grundsätzlich Klarheit verschaffen, um anschließend jenen Vorgang begreifen und erklären zu können, in dem die Sozialwissenschaften unter Führung der Soziologie weltweit zur öffentlichen Autorität der Daseinsauslegung geworden sind.

Träger, Interessen und Umstände

Wo sich ein Weltbild – ein Mythos, eine Religion, eine Weltanschauung, eine Ideologie – durchgesetzt hat, da erscheint sein Sieg so natürlich und richtig, wie er dem bloßen Betrachter Geheimnisse und Rätsel aufgibt. Und dies beides aus den gleichen Gründen. Denn es handelt sich ja um Vorgänge, die sich dem Verständnis in den faßlichen Kategorien jenes rationalen Handelns, das sich an Zwecken, Mitteln und Tatsachen orientiert, entziehen. Das liegt in der Natur eines Weltbildes, sofern es äußere und innere Gegebenheiten in eine sinnvolle Ordnung zu bringen versucht, die die Lebensführung anzuleiten vermag. Niemals setzen Weltbilder sich bloß aus den Bausteinen von Erkenntnissen und Irrtümern zusammen; stets erweisen sie sich deshalb als hochgradig resistent gegen den Nachweis intellektueller Fehler, ja überhaupt gegen rationale Argumente.

Weltbilder wollen nicht bloß objektive Gegebenheiten nennen, mit denen der Mensch als Tatsachen zu rechnen hat; sie wollen ihm vielmehr die subjektive Erfahrung seiner Lage in der Welt so aus der Ordnung der Welt deuten, daß er sein Dasein als eine sinnvolle Aufgabe begreifen, führen und rechtfertigen kann; wie weit sie auch über die Erfahrung hinausgreifen, dienen sie der Bewältigung der inneren und äußeren Gegebenheiten, in die Menschen sich real hineingestellt finden. Ihr anthropologischer Ort ist die rational nicht lösbare Orientierungsproblematik eines weltoffenen Kulturwesens, dem das Rechtfertigungsbedürfnis seines Handelns nicht erst aus der Widerständigkeit der Wirklichkeit erwächst. Ihr kultureller Ort ist die unabstellbare Bemühung eines für die Formulierung dieser Aufgabe empfänglichen oder geradezu freigestellten Kreises von Personen, die als die jeweilige Kulturintelligenz auf die Verdeutlichung oder Verbesserung der stets irgendwie unvollkommenen Antworten dringen. Ihr geschichtlicher Ort ist die Gesamtheit der äußeren und inneren Gegebenheiten, die jeweils in irgendeiner Weise als deutungsbedürftig empfunden werden. Ihr gesellschaftlicher Ort ist das Spiel der Kräfte, die ein Weltbild zur öffentlich gültigen Daseinsauslegung zu erheben vermögen.

Aus dieser Erinnerung an den Charakter von Weltbildern ergeben sich diejenigen Tatsachen, die über ihren Aufstieg entscheiden. Und zwar folgen die Vorgänge, in deren Tiefen wir hier gar nicht hineinleuchten wollen, einem einfachen Schema, das sich bei der Entstehung der religiösen Weltbilder beobachten läßt und später bei den säkularen wiederholt. Alle nehmen ihren Ausgang von den Ideen, durch die irgendwelche Intellektuelle als Visionäre, Propheten, Stifter einer neuen, im Grunde stets „religiösen" Daseinsdeutung auftreten, die sich alsdann einen Anhang von Gläubigen erwerben muß, um schließlich als gültiges Weltbild eingesetzt und tradiert zu werden.

Eine solche Entwicklung lebt nun einerseits durchaus von der Kraft der neuen Idee, die als überlegen in der Fähigkeit, die Daseinstatsachen sinnvoll zu erklären, empfunden werden muß, wenn sie Anhänger finden will. So hat Max Weber gezeigt, wie die Entwicklung der Religionen trotz ihrer verwirrenden

Mannigfaltigkeit dennoch angetrieben wird von dem gleichen Bedürfnis nach einer rationalen Lösung des Theodizeeproblems. Insofern regiert über der Konkurrenz der Weltbilder eine eigene Logik, die denjenigen die Chance der Durchsetzung zuspielt, die eine geschlossenere, umfassendere, sinnvollere Deutung anbieten. Das kann dadurch veranlaßt sein, daß neue Daseinslagen in die Erfahrung treten, denen das geltende Weltbild nicht mehr gerecht zu werden weiß. Aber auch bei konstanten Daseinslagen kann sich ein neues Weltbild dadurch als überlegen erweisen, daß es eine bessere Antwort auf alte Fragen liefert.

Allein, an welchen Tatsachen sich das Theodizeeproblem jeweils entzündet – das heißt, was als das eigentliche Übel des Daseins gilt und was als das eigentliche Heil gesucht wird –, darüber eben kann nicht rational entschieden werden. Das unterschiedliche Echo, das Weltbilder finden, wird dann also wesentlich dadurch bestimmt sein, ob sie eine Antwort auf jene spezifischen Lebensprobleme zu liefern versprechen, die sich typischerweise aus den ideellen und materiellen Interessen bestimmter Daseinslagen ergeben. Es ist eben nicht zufällig, daß Religionen ihren Anhang zuerst in bestimmten sozialen Gruppen oder Schichten finden, die zu ihren Hauptträgern werden. Gerät die Konkurrenz der Weltbilder so in die soziale Arena, dann müssen Sieg und Niederlage auch davon abhängen, ob die charakteristischen Trägergruppen über die Macht verfügen, um ihr Weltbild als das öffentlich gültige durchzusetzen, oder wie sie diese Macht gewinnen können. Dabei aber werden geschichtliche Umstände der verschiedensten Art eine Rolle spielen.

Auch der Aufstieg der säkularen Weltbilder folgt überwiegend diesem Schema. Sie sind typischerweise das Produkt der Ideen von Intellektuellen, die akademische Außenseiter sind oder gar der Wissenschaft ganz fern stehen, aber irgendeine Botschaft besitzen, welche eine sinnvolle Ordnung verheißt. Neu ist hier freilich, daß nun mit der Wissenschaft als einer eigenen Autorität gerechnet werden muß, weshalb in der Neuzeit Weltbilder, die sich auf eine überwissenschaftliche

Legitimation berufen, kaum noch entstehen oder keinen Anspruch auf allgemeine Gültigkeit erheben. Vielmehr treten die säkularen Weltbilder zwar außerhalb der Wissenschaften an, jedoch mit dem Anspruch, selbst Wissenschaft, und zwar: die überlegene Wissenschaft zu sein, und so dann auch mit der Absicht, jene förmliche Anerkennung als Wissenschaft zu gewinnen, die in einer säkularen Gesellschaft allein die zwangsweise Dauerverkündigung der eigenen Lehre für alle sichert.

Der direkte Weg in die Wissenschaft ist diesen Weltbildern versperrt und wird von ihnen, je ausgeprägter ihr Weltbildanspruch ist, auch gescheut in Kenntnis des Preises. Denn die frühe Zulassung zum akademischen Betrieb hieße ja, sich jener unvermeidlich vielschichtigen Prüfung und Kritik auszusetzen, die von der Sache nur einige Gesichtspunkte übriglassen können. Zum Anspruch einer besonderen Wissenschaft reifen diese Weltbilder gerade durch die außerakademische Bildung von Gemeinden, Bewegungen oder Parteien. Hegel hatte in seiner Philosophie ein umfassendes Weltbild entworfen, dessen vielfältig ungeheure Wirkungen auf die Nachwelt niemand verkennen kann. Unvorstellbar aber bleibt es, daß die Schüler Hegels die Einrichtung eines Faches „Hegelianismus" hätten betreiben können. Der Werdegang weltanschaulicher Konzepte, die ihre Weltdeutung bleibend in den Rang einer eigenen Wissenschaft zu heben trachten, scheint durchaus an den Weg der außerakademischen Gemeindebildung gebunden zu sein, der sich aus vielen Gründen von einem akademischen Amt aus nicht ernsthaft betreiben läßt. Man darf füglich bezweifeln, daß aus den Konzepten Comtes, Marx' oder dann auch Freuds mehr als wissenschaftliche Theorien unter anderen geworden wären, wenn ihre Schöpfer sich auf Lehrstühlen für Geschichtsphilosophie, Nationalökonomie oder Psychiatrie hätten einrichten dürfen und müssen. Der unermüdliche Vorwurf, aus dem nachträglich Kapital geschlagen wird, daß die Wissenschaft jenen Außenseitern die akademische Anerkennung versagt habe, muß doch wohl durch die Einsicht relativiert werden, daß diese Außenseiter sich schwerlich damit zufriedengegeben hätten, auf einem Lehrstuhl ihre Theorien zu verbreiten, wenn ihnen nicht im vorhinein die Anerkennung dieser Theorien als einer besonderen Wissenschaft zugestanden worden wäre. Jene Sonderqualität, die ihre Konzepte einerseits zum Rang von Weltbildern und zugleich andererseits zum Anspruch einer besonderen (und natürlich: der eigentlich entscheidenden) Wissenschaft avancieren ließ, scheint nicht von ihrem weltanschaulichen Zuschnitt abzuhängen, den doch etwa Hegels Konzept ebenso reklamieren konnte, als vielmehr von der Entschlossenheit, dieses Konzept durch außerakademische Gemeindebildung kanonisieren zu lassen, und damit freilich denn auch von der Chance, für ihr Konzept eine Gemeinde von Gläubigen zu finden. Denn wo eine solche bleibende Anhängerschaft organisiert werden konnte, da ergab sich nun erst die exzeptionelle Chance, die Anerkennung dieser, nun bereits dogmatisch geronnenen Lehren als eigener Wissenschaften zu einer Dauerforderung der gebildeten Meinung, sozialer Gruppen oder gar politischer Bewegungen zu erheben, die als ihre Träger auch schon ihre ersten Abnehmer stellten.

Wie immer das im einzelnen liegen mag, entnehmen wir daraus den Hinweis, daß bei dem Aufstieg der Soziologie, nicht anders als bei früheren Weltbildern, Träger, Interessen und Umstände eine entscheidende Rolle gespielt haben. Wohlgemerkt nicht etwa darin, daß sich überhaupt die Forderung nach einer wissenschaftlichen Betrachtung der gesellschaftlichen Wirklichkeit durchsetzte; denn dieses Begehren ist grundsätzlich nicht aus der Wissenschaft auszuschließen und in einer säkularen Gesellschaft nicht nur natürlich, sondern lebensnotwendig. Zur Rede steht vielmehr die Frage, warum sich denn von den verschiedenen Möglichkeiten und Konzepten am Ende, wie die Dinge liegen, weltweit nur die eine Idee von der Gesellschaft als einem gesetzmäßigen Geschehenszusammenhang durchgesetzt hat, der in einer eigenen Theorie systematisch erfaßt werden soll. Der Vorgang vollzieht sich sichtbar in einer ungeheuren Auseinandersetzung über Recht, Möglichkeit und Sinn einer Wissenschaft von der Gesellschaft, an der alle Wissenschaften vom Menschen teilgenommen haben. Bevor diese über 100 Jahre mit Ernst und Scharfsinn, freilich denn auch mit einer durch den wechselseitigen Ideologieverdacht gesteigerten Erbitterung geführte Debatte fast unbemerkt verlöschte, hatte sie schier unübersehbare Zusammenhänge von Argumentationsfiguren, Problemfeldern, Tatsachenmassen und Methodenstandpunkten hervorgebracht, die fast vergessen in unseren Bibliotheken lagern. Doch das hier zu erklärende Faktum – der endgültige und weltweite Aufstieg einer bestimmten Art von Soziologie – war nicht das unzweifelhafte Resultat der sachlichen Auseinandersetzungen. Wie beim Sieg früherer Weltbilder haben auch hier vor-, außer- und überwissenschaftliche Momente die ausschlaggebende Rolle gespielt.

Es waren Träger, Interessen und Umstände, die diese Entwicklung bestimmt haben. Und welche charakteristischen Träger, Interessen und Umstände diese Rolle gespielt haben, werden wir entdecken, wenn wir uns mit geschärftem Blick der Geschichte der Soziologie zuwenden.

Über die Geschichte der Soziologie

Im strengen Szientismus gilt die Gleichgültigkeit gegenüber ihrer Geschichte als Kennzeichen für den Reifegrad einer Wissenschaft. Als Hüterin wissenschaftlicher Rechtgläubigkeit hat die radikale Wissenschaftstheorie dieses Bekenntnis denn auch zum Prüfstein der Echtheit wissenschaftlicher Gesinnung gemacht – obschon sie selbst sich mit Vorliebe mit ihrer eigenen Geschichte zu befassen pflegt. Man darf diese Empfehlung zur prinzipiellen Nichtbefassung mit der Wissenschaftsgeschichte als die lautloseste, aber wirksamste Art zum Schutz des hagiographischen Selbstverständnisses bezeichnen – kann sich doch die Legende vom unaufhaltsamen Sieg der Wahrheit am besten dort halten, wo von den geschichtlichen Vorgängern gar nicht gesprochen werden darf. Sieht man vom orthodoxen Marxismus gläubiger Observanz ab, so blüht das hagiographische Selbstverständnis denn auch in völlig naiver Unbekümmertheit bei dem anschwellenden Korps jener Sozialwissenschaftler, bei denen der Stolz auf technische Verfahren der wissenschaftsgeschichtlichen Ignoranz die Waage hält.

Nun hat in Medizin und Naturwissenschaft das Interesse an der eigenen Geschichte wieder an Boden gewonnen, seitdem die Wissenschaftshistoriker in eindrucksvollen Arbeiten gezeigt haben, daß der Fortschritt der Wissenschaft nicht, wie man naiv meinte, eine sozusagen additive Hinzufügung immer neuer Erkenntnisse ist. Damit aber reicht die Wissenschaftsgeschichte in ihrer Bedeutung über das bloß historische Interesse hinaus, weil sie uns an stille Vorannahmen erinnert, die dem Betrieb einer Wissenschaft zugrunde liegen, ohne in ihre Aussagensysteme einzugehen (vgl. in Kap. 5 „Anatomie der Wissenschaft"). Indem die Wissenschaftsgeschichte die Kenntnis solcher Vorannahmen lebendig erhält, leistet sie der sachlichen Forschung Dienste.

Mag man diese Dienste für den sachlichen Fortgang in den Naturwissenschaften für gering veranschlagen, so ist die Kenntnis der Fachgeschichte in den Sozialwissenschaften zweifellos unerläßlich für die sachliche Forschung. Wenn dort so häufig auf Klassiker wie Marx, Tönnies, Durkheim, Simmel, Weber und andere Bezug genommen wird, so mag der Wunsch mitspielen, Gewährsmänner zu berufen, Schulhäupter zu beschwören oder auch nur den Text intellektuell zu garnieren. Der eigentliche Grund aber liegt doch in der Tatsache, daß die Sozialwissenschaften keine eindeutig objektiven Begriffe und deshalb auch keine eindeutigen Aussagen vorlegen können. Begriffe wie Stand, Klasse, Gruppe, Gemeinschaft, Charisma, Gesellschaft lassen sich nicht einwandfrei definieren; sie gewinnen Bestimmtheit erst im Zusammenhang mit allgemeineren Aussagen über gesellschaftliche Zusammenhänge. Es ist einigermaßen klar, was mit „Klasse" gemeint ist, wenn der Autor sich auf Marx oder aber auf Weber bezieht. Wo hingegen die Sozialforschung im Geist des erwähnten Szientismus darauf verzichtet, ihre Begriffe historisch zu lozieren, da gewinnen ihre willkürlichen Definitionen keine praktische Bestimmtheit und verschweigen sachliche Voraussetzungen. Nirgends hat denn auch der krampfhafte Versuch, auf die historische Lozierung der Begriffe zu verzichten, die Befunde der Sozialforschung eindeutiger gemacht und die Soziologie auf den erhofften Weg einer kumulativen Theorie geführt.

Diese knappen Bemerkungen sollen hier nur der Überzeugung Ausdruck geben, daß in den Sozialwissenschaften die Kenntnis ihrer Geschichte unerläßliche Voraussetzung sachlicher Arbeit ist. Die Dehistorisierung der soziologischen Argumentation dient nicht, wie man hofft, der Versachlichung der Forschung, sondern der Ahnungslosigkeit der Forscher, die sich über das Gewebe von Vorannahmen, die diesen Begriffen zugrunde liegen, keine Rechenschaft zu geben wissen und oft auch gar nicht mehr geben wollen. Was sich kühn als direkter Zugriff der Sozialforschung auf die Tatsachen geriert, entpuppt sich deshalb in der Regel als eine neue Scholastik, die Tatsachenmengen nur vorschiebt, um an einem Ritual von Formeln und Begriffen Halt zu finden, wie der Intellektualismus auch schon in Magie und Religion Halt im Ritual gesucht hatte. Ungeachtet der Gefahr eines bloß antiquarischen Interesses darf man sagen, daß eine Soziologie nur so gut sein kann wie ihre geschichtliche Selbstkenntnis, ohne die der Betrieb sich mangels Kenntnis der den Begriffen und Verfahren unterliegenden Vorannahmen, Voraussetzungen und Implikationen nur immer wieder in Sackgassen festlaufen wird. Der Professionalismus, den die Sozialwissenschaften in wenigen Jahrzehnten in zielstrebiger Profilierung gezüchtet haben, führt nicht, wie erhofft, an die Sachen; er ist im Gegenteil ein Schritt vom Wege. Nur durch die Kenntnis der Geschichte der Soziologie gewinnen wir Einblick in die sachlichen Vorannahmen, die dem Gebrauch der Begriffe und Methoden unerwähnt zugrunde liegen.

Schicken wir nun den fälligen Darlegungen erst einmal eine Skizze voraus, die grob über den äußeren Umriß des Aufstiegs der Soziologie unterrichtet. Nach mancherlei früheren Ansätzen, natürliche Gesellschaftsdeterminanten (Montesquieu) oder sogar natürliche Gesellschaftsprozesse – sei es der wirtschaftlichen Arbeitsteilung und sozialen Klassenbildung (Adam Ferguson, John Millar, Adam Smith), sei es des auf Erkenntnis gegründeten Fortschritts (Voltaire, Turgot, Condorcet) – zu erfassen, tauchen Name und Programm einer eigenen Wissenschaft von der Gesellschaft zuerst 1839 bei dem akademischen Außenseiter Auguste Comte auf, der mit seinem Konzept einer

„positiven" Wissenschaft von der Gesellschaft, die ursprünglich „Soziale Physik" heißen sollte und dann „Soziologie" benamt wurde, Ideen des ebenso rätselhaften wie einflußreichen Grafen Henri de Saint-Simon fortführte, dessen Sekretär er gewesen war. So wurde Comte mit Vorlesungen, die er seit 1826 in seiner Wohnung gehalten und seit 1830 als „Cours de philosophie positive" veröffentlicht hatte, zum Begründer – und wohlgemerkt erfolgreichen Propagator – der weltgeschichtlichen Bewegung des Positivismus, der eine neue Vorstellung von der Geschichte und Erlösung der Menschheit verkündete. Auf das erste, das theologische Zeitalter, sei als zweites das metaphysische gefolgt, das nun durch das dritte und endgültige Zeitalter abgelöst werde; jetzt gelte es, nach dem Vorbild der Naturwissenschaften das sonstige Wissen zu „positivieren". Den krönenden Abschluß bilde die Soziologie als eine solche positive Wissenschaft von der Gesellschaft, welche auf immer Fortschritt und Ordnung sichern werde, indem sie die Politik aus ihrer Verwirrung zu einer rationalen Bewältigung der gesellschaftlichen Probleme erheben werde. Die Geschichte auszuschalten, um die Gesellschaft berechenbar zu machen, ist stets das wahre Ziel dieser Soziologie gewesen. „En résumé, science, d'où prévoyance; prévoyance, d'où action", so hatte Comte den Zweck einer strengen Wissenschaft von der Gesellschaft beschrieben, ohne einen Zweifel an der näheren Natur der Aufgabe der Soziologie zu lassen: „C'est qu'elle peut être considérée comme la seule base solide de la réorganisation sociale qui doit terminer l'état de crise dans lequel se trouvent depuis longtemps les nations les plus civilisées." Seither haben alle Soziologen, ausgenommen die durch die Namen Max Webers und Georg Simmels bezeichnete deutsche Soziologie, wiederholt, daß die Gesellschaft nichts dringender brauche als eine zur technischen Anwendung taugliche Wissenschaft von der Gesellschaft, die nach dem Vorbild der Naturwissenschaften nur auf die Erkenntnis der Gesetzmäßigkeiten der gesellschaftlichen Vorgänge gegründet sein könne.

Hierdurch beeinflußt entwickelte ein anderer Dilettant, Herbert Spencer, mit seinem ersten Hauptwerk (Social Statics:

Or the Conditions Essential to Human Happiness Specified and the First of them Developed. 1851) eine eigene evolutionäre Variante der Soziologie, die ebenso unverkennbar den spezifischen Traditionen des englischen Empirismus und Utilitarismus (Smith, Bentham, Mill) verschuldet blieb wie Comtes Version dem französischen Rationalismus. Der überall zentrale Einschlag der Religion wird daran sichtbar, daß Comtes Soziologie eher in katholisch-romanischen Ländern Eingang fand, während Spencer seinen Ideen wie ein viktorianischer Evangelist in den angelsächsischen Ländern zu ihrem Siegeszug verhalf. Wenn nicht Lehren Darwins, so doch den Sozialdarwinismus vorausnehmend, wurde Spencers Soziologie zum Unterpfand des Glaubens, daß die geschichtliche Entwicklung ein Teil der überall auf Evolution hin angelegten Natur sei und somit zwangsläufig zur dauernden Verbesserung aller Daseinsverhältnisse führe.

In Frankreich führte Émile Durkheim mit eigenen Arbeiten Comtes Idee einer den Kosmos der Erkenntnis abschließenden – und deshalb die Gesellschaft zur Vernunft ihrer selbst bringenden – Soziologie in der Absicht weiter, sie nunmehr zu einer strengen Wissenschaft zu erheben. Wie einst Descartes die Philosophie mit seinem „Discours de la Méthode" 1637 vollständig hatte reformieren wollen, so war Durkheim überzeugt, mit seinen „Règles de la méthode sociologique" (1895) das Wissen der Menschen über sich selbst auf eine feste Basis zu stellen und damit auch endlich das rationale Fundament für die individuelle und gesellschaftliche Selbstvergewisserung gelegt zu haben. Er gewann der Soziologie mit einem Lehrauftrag für Science Sociale et Pédagogique in Bordeaux den ersten akademischen Halt, der 1913 in Paris durch einen Lehrstuhl für Science de l'Education et Sociologie ausgewiesen wurde, worauf die Soziologie 1920 in das Programm der Lehrerausbildung aufgenommen wurde.

In Deutschland fand hingegen die wesentlich an den Programmen von Comte und Spencer ausgerichtete Soziologie kaum Anklang. Hier entwickelte sich das Studium der Gesellschaft auf dem Boden der Geistes- und Kulturwissenschaften, denen sich auch die „Staatswissenschaften" samt der Nationalökonomie und den „Wirtschafts- und Socialwissenschaften" zurechneten. In Frontstellung gegen das Konzept einer „Gesetzeswissenschaft", noch mehr gegen eine bloß „positive" Betrachtung äußerer Tatsachen bildete sich eine vor allem durch die Namen von Ferdinand Tönnies, Georg Simmel und Max Weber bezeichnete eigenständige soziologische Tradition, ohne wie in Frankreich unter Émile Durkheim oder später in den USA zu einer Schule mit einer gemeinsamen Theorie von der Gesellschaft zu werden. Die ersten Lehrstühle erhielten 1918 Max Weber in München und Leopold v. Wiese in Köln. Nach 1933 mußten oder wollten die meisten Soziologen auswandern. Die Versuche, nach 1945 an die deutschen Traditionen der Soziologie anzuknüpfen, gelangen allenfalls den marxistisch orientierten Richtungen, so der bekannten, von Max Horkheimer und Theodor Adorno geführten „Frankfurter Schule". Ab Mitte der fünfziger Jahre setzte sich wie auch anderswo unwiderstehlich die „amerikanische" Soziologie durch, die dann nach amerikanischem Vorbild bald zusammen mit den verwandten Sozialwissenschaften an allen Universitäten zu einem Studien- und Ausbildungsfach erhoben wurde und damit in wichtige Stellungen der allgemeinen und politischen Bildung, der öffentlichen Meinung und der Politikberatung einrückte.

In den USA griff die Soziologie frei auf deutsche und französische Quellen zurück, nährte sich aber vor allem aus dem Geist des Spencerschen Evolutionismus und Sozialdarwinismus. Immer stärker an dem szientistischen Konzept einer „positiven" Gesetzeswissenschaft orientiert, gewann sie ihre eigene Prägung einerseits durch die genuin amerikanischen Einflüsse des Pragmatismus und Behaviorismus, andererseits durch die unmittelbare Ausrichtung auf praktische soziale Probleme, welche früh zu einer praktischen Sozialforschung zwangen, die sich bald auf die Hoffnung verlegte, durch die unablässige Verfeinerung der Methoden und durch die Sammlung von immer mehr Daten jene strengen Gesetzmäßigkeiten zu erfassen, die, in einer Theorie zusammengefaßt, die technische Lösung aller gesellschaftlichen Probleme garantieren würde.

Diese Soziologie nahm 1893 mit der Gründung des Department of Sociology an der Universität Chicago eine feste Form an und breitete sich bald über das Land aus. Obschon manche alte Universitäten sich dem neuen Fach bis kürzlich verschlossen, wurde die Soziologie – und dies sind drei weittragende Neuerungen – bald ein Studienfach, das sich auf die empirische Erforschung der sozialen Gegenwartsprobleme konzentrierte und spätestens nach dem letzten Weltkrieg als mehr oder weniger obligatorisches Bildungsfach in die akademische Grundausbildung eingeführt wurde. In diese Zeit fallen zwei weitere wichtige Ereignisse, die zusammengehören. Die von Talcott Parsons entwickelte und so genannte „strukturfunktionale" Soziologie fand so allgemeine Zustimmung, daß sie seither oft kurzerhand als „amerikanische Soziologie" bezeichnet wird. Unter Parsons' Führung verbreitete sich die Überzeugung, daß die Soziologie nach ihrer theoretischen Konsolidierung ihre wissenschaftliche Reife erlangt habe, so daß sie fortab die Politik zunehmend in technische Probleme verwandeln werde. Sie rückte damit bei entsprechend massiver Forschungsförderung in die Stäbe der Macht ein, zuerst in den USA wie dann in den internationalen Organisationen.

Soweit die einfache Skizze, an der einige Auffälligkeiten ins Auge springen. Zuerst einmal die Tatsache, daß die Soziologie ein charakteristisches Gewächs weniger Länder ist. Eigenständige Konzepte sind nur in Frankreich, Deutschland (im deutschen Kulturraum und nicht nur im Deutschen Reich) und Amerika entstanden; nur ihre Ideen sind jedenfalls in die Geschichte des Faches eingegangen. England hat die Entwicklung zwar durch die Lehren des Utilitarismus und des Evolutionismus (Spencer) mächtig beeinflußt, die im eigenen Land über die berühmte Fabian Society in die Labour Party einmündeten, ohne jedoch eine eigene Soziologie als wissenschaftliche Disziplin auszubilden (Philip Abrams: The origins of British sociology: 1834–1914. 1968); die Anläufe zu einer eigenen Sociological Society blieben eine Versammlung von wunderlichen und charismatischen Weltverbesserern. Andere Länder blieben im Schatten dieser Ideen oder verzichteten auch ganz auf die

Soziologie; wo eigene Konzepte produziert wurden, kamen sie über eine vorübergehende regionale Wirkung nicht hinaus. Sogar der Fall des Einzelgängers und Kulturemigranten Vilfredo Pareto bestätigt als Ausnahmefall die Regel; ihm gelang zwar der Entwurf eines eigenen und geschlossenen Systems der Soziologie, das noch heute mit Achtung erwähnt wird, ohne doch je in den lebendigen Strom des soziologischen Denkens einzugehen.

Man ist versucht, die Vorgänge mit der Ausbreitung der modernen Naturwissenschaften zu vergleichen, die ja auch in wenigen Ländern entstanden waren, um von dem Rest übernommen zu werden. Allein die Dinge liegen insofern grundverschieden, als die Naturwissenschaften sich aufgrund gesicherter Erkenntnisse mit einer einheitlichen Lehre durchsetzten, während die genannten Ursprungsländer mit einer Mehrzahl von Soziologien hervortraten. Nichts führt an der auffälligen Merkwürdigkeit vorbei, daß die Geschichte der Soziologie nirgendwo jene verehrten Züge aufweist, die sie so gern beansprucht: Wachstum aufgrund von gesicherten Erkenntnissen und überall anerkannten Ergebnissen, wie sie das bewunderte Vorbild der Naturwissenschaften groß gemacht hat. Ganz im Gegenteil erweist sie sich als Konkurrenz verschiedenster Programme, Konzepte, Theorien, Schulen und Bewegungen, ohne daß sich das bis heute geändert hätte. Die Verbreitungsmuster sind in beiden Fällen grundverschieden, weil sich dort gesicherte Erkenntnisse über Tatsachen einheitlich über die Welt ausbreiten, während hier zwischen weltanschaulich bedingten Konzepten der Daseinsauslegung gewählt werden kann, so daß die Geschichte der Soziologie, wie wir im einzelnen sehen werden, anstatt den Durchsetzungsprozeß einer Wissenschaft vielmehr den Wettbewerbskampf von Gesellschaftsauslegungskonzepten um ihre Durchsetzung darstellt.

Es lohnt sich, diese Tatsachen etwas zu verdeutlichen, die von der Soziologie bekanntlich verschwiegen werden, weil ihr unaufgebbares Selbstverständnis gebieterisch die hagiographische Legende von einer zwar schwierigen, aber unaufhörlichen Entwicklung der Soziologie zur Wissenschaft fordert. So wird beharrlich die Tatsache verdeckt, daß die Geschichte der Soziologie wesentlich in nationalen Bahnen verlaufen ist, weil die verschiedenen Konzepte entweder durch Traditionen der eigenen Kultur geprägt waren oder diesen doch mindestens ihren Erfolg zu verdanken hatten. Die Soziologie Saint-Simons, Comtes oder Durkheims kann man sich ohne den Hintergrund des französischen Rationalismus und gallikanischen Katholizismus ebensowenig vorstellen wie Spencers Evolutionismus ohne den englischen Empirismus mitsamt dem alten Bündnis zwischen Naturwissenschaften und Theologie. Wo eine eigene Wissenschaft von der Gesellschaft entstand, wurzelte sie tief in der religiösen, politischen und kulturellen Vergangenheit, wie diese sich in nationalen Lagen der Neuzeit entwickelt hatte. So waren die Länder bereits in der Aufklärung ungeachtet einiger Gemeinsamkeiten eigene Wege gegangen, die unterschiedliche Ausgangslagen wie für die Deutung der Geschichte, so für die Konzeption und so auch für die Rezeption einer Soziologie schufen. Denn durch keinerlei Aufwand an Tatsachen ließ sich die entscheidende Frage beantworten, auf welche Momente der Wirklichkeit es bei der Auslegung der Geschichte ankommen solle. Deshalb erwiesen sich alle Konzepte wegen ihrer spezifischen Fragestellung als nur bedingt diskutierbar und exportierbar. So wie der Marxismus nur in gewissen Ländern Fuß zu fassen vermochte, so fanden auch andere Konzepte eine unterschiedliche Verbreitung. Und selbst wo Konzepte mühelos Kulturgrenzen zu überspringen schienen, wurden sie in der Folge durch die kulturellen Traditionen der Empfänger eingefärbt. So wie beispielsweise der Positivismus in Nord- und Südamerika eine ebenso verschiedene Gestalt und Stellung annahm wie in Frankreich und England, so nahm auch der Marxismus in verschiedenen Ländern ein eigenes Gesicht an.

Von irgendeiner gemeinsamen und gesicherten Erkenntnis, die sich in all dem durchgesetzt hätte, kann überhaupt keine Rede sein. Nicht mehr als die ganz unterschiedlich beantwortete Frage, ob und wie man eine Wissenschaft von der Gesellschaft entwickeln könne, hält das als Geschichte der Soziologie bezeichnete Unternehmen zusammen. Kurzum, welche Soziologie sich in einer Kultur entwickelte oder siegte; wo sonst sie sich durchzusetzen vermochte; ob eine Soziologie von auswärts erborgt wurde oder nicht; welche jeweils übernommen und dann bloß kopiert oder umgewandelt wurde – das waren die entscheidenden Fragen, welche den Gang der Soziologie bestimmt haben. Und keine dieser Fragen könnte ohne den Preis der Lächerlichkeit an die Geschichte der Naturwissenschaften gerichtet werden. So brennend interessant also auch die Tatsache ist, daß die Frage nach einer Wissenschaft von der Gesellschaft in einer bestimmten Zeit in das Zentrum des Interesses rückte, so unredlich bleibt es doch, die völlig verschiedenen Antworten auf die Frage nach einer solchen Wissenschaft in die Geschichte einer solchen Wissenschaft nach dem Bild der Naturwissenschaft umzudeuten.

Überdies erweist sich, daß die Soziologie nicht nur in ihrem äußeren Geschick, sondern in ihrem sachlichen Gehalt auf die jeweiligen Verhältnisse und Einrichtungen zugeschnitten war. Comtes Konzept war deutlich (und naiv) auf ein Land berechnet, das es auch nach mehreren Revolutionen für selbstverständlich hielt, seine Fragen durch einen politischen und geistigen (religiösen) Zentralismus zu lösen und deshalb später die Soziologie Émile Durkheims akademisch lizensierte und durch staatliche Approbation zur offiziellen Gesellschaftslehre erhob. Ganz anders in Amerika, wo man die Soziologie nicht als ein Mittel der nationalen Firmung benötigte, vielmehr die Lösung der modernen Schwierigkeiten suchte, die den Mythos der nationalen Auserwähltheit gefährdeten. Jedenfalls mußte die Soziologie, als sie in Amerika Wurzeln trieb, so umgedacht werden, daß sie den gestaltenden Kräften dieses Landes dienen konnte. Wo die französische Soziologie auf einen politisch und religiös zentralistisch verfaßten Staat zugeschnitten war, mußte sie sich in Amerika an lokale Gruppen, Ortsgemeinden, bürgerliche Vereinigungen und religiöse Denominationen adressieren, um diesen die Erfüllung ihrer gemeindlichen Aufgaben unter Modernitätsbedingungen zu ermöglichen. Und so hat die Frage, an wen sich eine Soziologie richtete, überall eine meist verdeckte, aber enorme Rolle gespielt. Offensichtlich sind entweder die soziologischen Konzepte oder sonst doch ihre Geschicke von der jeweiligen Vorstellung beeinflußt worden, wen es denn zu erreichen gelte: Die Menschheit? Das Volk? Die öffentliche Meinung? Die Gebildeten? Die herrschenden Mächte? Denn so gewiß man am Ende alle erreichen wollte, kam es doch stets darauf an, wen man dieserhalb zuerst erreichen wollte. Die Proletarier aller Länder? Die aufgeklärten Interessen aller Menschen? Die Einsicht der Führungseliten? Die Zustimmung der Kulturintelligenz? Die Beipflichtung der Wissenschaft? Man kann die Geschichte der Soziologie nicht verstehen, ohne die Frage zu stellen, an wen sich denn ihre verschiedenen Konzepte wendeten, um zu reüssieren.

Völlig irregulär waren auch die religiösen Einschläge der Soziologie. Gewiß waren auch Kopernikus, Kepler, Galilei, Descartes, Huygens und Newton bei ihrer Suche nach den Gesetzen der Natur durch die Hoffnung bewegt, Gottes Pläne zu entdecken. Man mag sogar sagen, daß diese Entdeckungen im Deismus der Aufklärung zu einer neuen Intellektuellenreligion führten, als deren Lehrer und Apostel Philosophen auftraten. Es wäre jedoch unrichtig und unsinnig festzustellen, die moderne Naturwissenschaft sei auf ein solches Apostolat gegründet worden. Hingegen kommt man bei der Entstehung der Soziologie um diese Feststellung gar nicht herum. Nicht die sicheren Ergebnisse der Sachforschung von Kennern markieren die Geburt der Soziologie, die vielmehr als Spekulation eines besonderen Schlages von Dilettanten auftritt: Visionäre, Propheten, Apostel, Stifter, Sekten und Religionen. Wie bei den übrigen Weltanschauungen und Ideologien sind auch die Stifter, Propheten und Apostel der Soziologie bewegt durch das unerträgliche Erlebnis der entgöttlichten und entzauberten Welt, was meist biographisch offen zutage liegt oder sogar in der Gründung einer neuen Religion zutage tritt.

Das galt schon für das große Vorspiel der innerweltlichen Prophetie in der Aufklärung. Es bleibt ein symbolisches Ereignis, daß der Abbé und Baron Turgot mit 23 Jahren inmitten der Theologischen Fakultät der Sorbonne im Beisein des Kardinals de la Rochefoucauld und unter Beifall 1750 jene berühmte lateinische Rede hielt, die die neue Religion der irdischen Unsterblichkeit und Perfektibilität der Menschheit verkündete und das Theodizeeproblem durch eine innerweltliche Antwort löste. Die Mutter des Marquis de Condorcet, der in seiner „Esquisse d'un tableau historique des Progrès de l'esprit humain" diesen innerweltlichen Fortschritt als das unweigerliche Ergebnis positiver Wissenschaft systematisierte, war von einer fanatischen Religiosität. Comtes Mutter war von streng katholischer Gesinnung. Spencers Eltern gehörten einer evangelisierenden Sekte an. Durkheim stammte aus einer Rabbinerfamilie. Sie alle trennten sich meist schon früh und entschieden von ihrem Glauben aufgrund der Begegnung mit der Wissenschaft; überall ist diese säkulare Bekehrung als einschneidendes Ergebnis biographisch nachweisbar, und nicht nur in den Anfängen der Soziologie. Als die Soziologie in Chicago ihre spezifisch amerikanische Gestalt annahm, rekrutierten sich ihre Führer aus dem Umkreis protestantischer Pfarrhäuser und wesentlich aus ehemaligen Pfarrern. Fast ausnahmslos begann der Weg in die Soziologie mit einer religiösen Glaubensenttäuschung, die zu der Suche nach einer innerweltlichen Heilsvergewisserung in einer sinnvollen Geschichte veranlaßte. Nicht überall wurde das so klar ausgesprochen wie von A. W. Small, einem der Väter der amerikanischen Soziologie und dem ersten Präsidenten der American Sociological Society: „In all seriousness then, and with careful weighing up my words, I register my belief that social science is the holiest sacrament open to men." Oder: „When we get a view of the world such as is commanded from the sociological outlook, it turns out to be the theatre of a plan of salvation more sublime than the imagination of religious creedmaker ever conceived." So erklärt sich auch der auffällige Anteil der Juden unter den Soziologen (wie unter Marxisten und Sozialreformern) aus der Eigenart des jüdischen Glaubens, der das Leben unter den strengen Auftrag des göttlichen Gesetzes stellt und deshalb den Glaubensverlust, wo nicht mit haltlosem Zynismus, so doch mit einer leidenschaftlichen Suche nach einer säkularen Heilsverschreibung quittiert, als deren Prophet man auftreten, in deren Dienst man sich stellen, an deren Verwirklichung man arbeiten kann. Dieser Druck entfaltet sich, wie das Beispiel Marx' zeigt, auch dann, wenn das Elternhaus das jüdische Bekenntnis bereits aufgegeben hat; in Marx jedenfalls war das Erbe der rabbinischen Tradition so lebendig wie in Durkheim.

Der für die Entstehung der Soziologie typische Modus ist denn auch die Gemeindebildung. Es bleibt bezeichnend, daß die sachhaltigen Arbeiten über konkrete gesellschaftliche Erscheinungen die großen soziologischen Ideen und Bewegungen kaum beeinflußt haben. Weder A. de Tocqueville mit seinen großen Arbeiten „De la démocratie en Amérique" (1835–1840) und „L'Ancien Régime et la Révolution" (1856) noch H. S. Maine mit seiner Untersuchung „Ancient Law" (1861) sind zu Klassikern der Soziologie geworden, noch sind die einschlägigen Arbeiten der Historiker in sie eingegangen. Bleibenden Einfluß erreichten nur generelle Konzepte, die gemeindebildend wirkten. Nun hat bekanntlich die Scientific Revolution des 17. Jahrhunderts ihre Kraft ebenfalls aus dem Zusammenschluß von Forschern, Kennern, Dilettanten und Interessenten in freien Zirkeln und Vereinigungen gefunden. Doch wäre es lächerlich, die soziologische Gemeindebildung nach diesem Muster zu verstehen, weist sie doch alle Züge der Bildung einer säkularen Religionsgemeinschaft auf. Gewiß hatte man im 18. Jahrhundert eine Weile Newtons Leistung als die im göttlichen Weltplan vorgesehene zweite Offenbarung, ihn selbst wie einen Halbgott verehrt (Fritz Wagner: Isaac Newton. 1976). Gewiß hatte die Französische Revolution der Vernunft einen förmlichen Altar errichtet. Gewiß war das 19. Jahrhundert angefüllt mit Versuchen, die Wissenschaft mit der Religion zu versöhnen oder sie selbst zur Wissenschaft zu erheben. Doch die *unio mystica* der Soziologie mit der Religion ist einzigartig.

Am deutlichsten tritt das bei den positivistischen Erzvätern der Soziologie hervor. Graf Henri de Saint-Simon (1760–1825), dessen Sekretär und Schüler Auguste Comte wurde, verdient als Prototyp der Pariser Propheten (Frank E. Manuel: The Prophets of Paris. 1962; vgl. auch T. N. Clark: Prophets and Patrons. 1973) vorgestellt zu werden. Nach einem wechselvollen Leben gab er 1803 bekannt, daß er durch Offenbarung und als Prophet Gottes dazu ausersehen sei, mit Unterstützung Newtons für die Aufklärung der Bewohner aller Planeten zu sorgen. Die neue Religion soll von 21 von der ganzen Menschheit gewählten Gelehrten, den Repräsentanten Gottes auf Erden, geleitet werden, die den Newton-Rat bilden und in überall zu errichtenden Newton-Tempeln die Anbetung, darum herum die Forschung und Unterweisung zu organisieren haben. Die neue Religion errichtet wie stets die Tafeln einer neuen Ordnung, die nun schon auf Erden von dem Bösen der Welt erlöst. Denn es bedarf der völligen sozialen Reorganisation, weil die Welt bislang von Menschen regiert wurde, die die wahren Gesetze des Universums nicht kannten. Die jetzigen Herrscher, Priester und Philosophen müssen verjagt und durch die Vertreter der „positiven Wissenschaften" ersetzt werden, die durch zahllose andere Räte auch die praktische Organisation der Arbeit und Wirtschaft (nach dem „Catéchisme des Industriels". 1823) weltweit besorgen lassen werden. Der neue Glaube ist als rationale Gewißheit verkündet, desgleichen der neue Himmel und die neue Erde. Im „Nouveau Christianisme" (1825) wird allem die neue Theologie der sozialen Brüderlichkeit übergebaut, und Saint-Simon, um den sich eine Gemeinde sammelte, bezeichnete sich bald als den neuen, allen Räten der neuen Ordnung vorsitzenden Papst, der dann auch nicht unterließ, den Königen und Kaisern wie auch dem alten Papst briefliche Ultimaten zu stellen oder Allianzen anzubieten.

Das alles war kein biographischer Sonderfall. Mit seinen wirren Ideen hat der genialische Dilettant Saint-Simon, trotz seines zwielichtigen und abenteuerlichen Lebens, und nicht trotz, sondern wegen seiner pathologisch-charismatischen Eigenschaften, eine Faszination auf die Jugend Frankreichs wie auf große Wissenschaftler der École Polytechnique ausgeübt, stand aber auch selbst unter dem Einfluß eben dieser ersten Universität genialer Ingenieure, die recht eigentlich die Idee der technischen Beherrschung der Geschichte durch positive Wissenschaften in die Welt gesetzt hat (vgl. F. v. Hayek: Mißbrauch und Verfall der Vernunft. 1979).

Kaum anders erscheint das Leben des von Saint-Simon zum Apostel berufenen Auguste Comte (1798–1857). Begabter Schüler der École Polytechnique, Sekretär, Freund und Mitarbeiter Saint-Simons, beginnt Comte 1826 in seiner Wohnung eine Reihe von öffentlichen Vorlesungen, die er 1830–1842 in sechs Bänden als „Cours de philosophie positive" veröffentlicht. Er legt damit den Grund für die weltweite Bewegung des Positivismus, die durch die ursprünglich als „Soziale Physik" bezeichnete Soziologie gekrönt wird. Er sammelt und gewinnt dadurch eine Gemeinde von Schülern und Gönnern, darunter berühmte Wissenschaftler in Frankreich und England, die den mittellosen Meister unterstützen. Als Comte 1826 mit seinen Vorlesungen über die „positive Philosophie" begann, die er wegen eines Nervenzusammenbruches bald vertagen mußte, hatte er den Vertrag seiner Ehe als „Brutus Bonaparte Comte" unterzeichnet. 1846 erhob Comte seine unerhörte Liebe, Clotilde de Vaux, zum Gegenstand eines Jungfrau-Mutter-Kultes, worüber sich die Gemeinde zu spalten drohte. 1847 verkündete er die Religion der Menschheit und gründete dieserhalb die Positivistische Gesellschaft, die als förmliche Kirche organisiert in aller Welt eine Mission des Positivismus durch eigene Bischöfe, Apostel und Priester betrieb und Südamerika erfolgreich bekehrte (darüber mehr in „Die Weltgeschichte der Aufklärung"). Im Geist einer theologischen Summa angelegt, wurde sein Hauptwerk 1852 konsequent durch einen „Catéchisme positiviste ou sommaire exposition de la religion universelle" unterstützt. Hierher gehört auch, daß Comte 1856 dem Ordensgeneral der Jesuiten (wie ähnlich schon früher gekrönten Häuptern) ein Bündnis gegen „den anarchistischen Einbruch des westlichen Deliriums" vorschlug. Der Mann, der den Glauben an die Wissenschaft zur Religion erhob, hatte die Beschädigung der Glaubensgewißheit durch die Wissenschaft nicht verwinden können. Als er 1857 in Paris starb, von seinen Schülern wie ein Heiliger verehrt, hatte er sich den Titel „Le Fondateur de la Religion Universelle, Grand-Prêtre de l'Humanité" zugelegt.

Und darin wird ein anderer Zug deutlich, die übliche Selbstvergottung der meist pathologisch-charismatischen Figuren. Daß Marx sich mit Moses, sogar mit Jahwe selbst identifizierte, ist aus der Literatur bekannt (Ernst Topitsch: Gottwerdung und Revolution. 1973), und ähnliche Erscheinungen reichen weit in die sozialistische Bewegung hinein. Fourier hielt sich für den zwölffachen Newton, weil er als einfacher Mensch von Gott ausersehen war, die Weisheit der Wissenschaft durch die Entdeckung des wahren Pfades der Erlösung zuschande werden zu lassen. Lassalle hielt sich für den Messias redivivus, und andere sozialistische Gruppierungen zeigten eindeutig religiöse Ansprüche (Heiner Grote: Sozialdemokratie und Religion. 1968), die heute im Marxismus-Leninismus so offen zutage liegen, wie sie in anderen linken Gruppierungen verdeckt sind. Saint-Simon fühlte sich zeitweise als Jesus, derweil Comte es mit Paulus hielt. Im angelsächsischen Bereich nahmen diese Erscheinungen im Umkreis des Protestantismus natürlich eine andere Farbe an. Hier wurde die Soziologie zur evangelisierenden Erweckungsbewegung, ob sie nun der durch Industrialisierung und Verstädterung bedrängten Kirche nur die neuen Waffen zur Erfüllung ihres Auftrages liefern wollte oder sich vielmehr als die wahre Erbin und Erfüllung der nun überflüssig gewordenen Religion gerierte. Bentham verglich sich mit Newton, den Weitling (wie Fourier) zu übertreffen meinte. Spencer erkannte es als Wahrheit, „daß wir zwei Religionen haben. Die primitive Menschheit hat nur eine. Die Menschheit der fernen Zukunft wird nur eine haben. Die beiden sind entgegengesetzt, und wir, die wir in der Mitte der Laufbahn der Zivilisation leben, müssen an beide glauben." So konnte der Ingenieur und Dilettant Spencer, den selbst Darwin „den größten lebenden Philosophen Englands, vielleicht jedem früheren ebenbürtig" nannte, zum triumphalen Verkünder jenes kosmischen Evolutionismus werden, der damals selbst eine diffuse Para-Religion der europäischen Kultur wurde, weil seine neue Schöpfungs- und Heilsgeschichte fast allen weltanschaulichen Lagern als die Versicherung willkommen war, daß die Entwicklung der Menschheit durch Gesetze der kosmischen Evolution garantiert sei. Einen bleibenden und prägenden Einfluß hat Spencer trotz seiner europäischen Erfolge jedoch nur in den angelsächsischen Ländern gehabt, wo die Figur dieses viktorianischen Evangelisten die Massen ebenso ansprach wie die Gebildeten. Zumal in den USA vermochte Spencer fast konkurrenzlos wie ein neuer Aufklärer die abrupt aus alten Gebundenheiten heraustretende öffentliche Meinung zu prägen, so daß seine Lehren fast unvermerkt zur Grundlage „der amerikanischen" Soziologie wurden.

Keine der hier vorgeführten – und eben charakteristischen – Tatsachen paßt in das Bild von der Entstehung einer strengen Wissenschaft, als die sich die Soziologie ja mit aller Entschiedenheit präsentierte. Die einfache Betrachtung ihrer Geschichte zerstört die Legende und entlarvt den Selbstanspruch der Soziologie. Was bleibt, ist die nun allerdings mit großem Ernst zu registrierende Tatsache, daß in einem bestimmten Zeitraum und in einer bestimmten Region das Bedürfnis nach einer in der Intention säkularen Deutung der innerweltlichen Geschichte mächtig wurde und die verschiedensten Lehren über die Gesellschaft produzierte, die sich mehr oder weniger förmlich als eine neue Wissenschaft von der Gesellschaft vorzuführen versuchten. Doch gerade weil die Geschichte selbst so einleuchtend demonstriert, daß eine säkulare Gesellschaft nicht ohne ein wissenschaftliches Verständnis ihrer Daseinswirklichkeit auskommen kann, müssen wir fragen, wo denn in diesem Gewirr von Lehren die Wissenschaft von der Gesellschaft versteckt war und wie sie ans Licht gekommen ist. Selbst wenn man die Aura der Prophetie, der Visionen, des Messianismus und der Mission, die alles umgibt, beiseite ließe, bliebe doch die Tatsache bestehen, daß nirgends ein, wenn auch noch so bescheidener, aber gesicherter Fundus von eindeutigen Erkenntnissen sichtbar wird, die sich überall durchsetzten. Es ist deshalb einfach absurd, eben reine Hagiographie, den Werdegang der Soziologie wie die Geschichte der Naturwissenschaften vorzuführen. Und hier handelt es sich so wenig um eine akademische oder antiquarische Frage, wie uns dadurch ja suggeriert, nein, geboten wird, wie unsere Daseinswirklichkeit begriffen werden soll.

Von diesem Befund können auch die beliebten Hilfskonstruktionen nicht ablenken, schon gar nicht die albernen

Gemeinplätze von der noch immer „jungen" oder eben „komplexen" Wissenschaft, die doch nur davon ablenken sollen, daß es jene strenge Wissenschaft von der Gesellschaft, welche die Soziologie sein will, gar nicht gibt. Man begeht auch eine beliebte Täuschung, wenn man die erste Epoche als „Proto-Soziologie" (!), als vorwissenschaftliches Stadium abtut, um desto stolzer zu suggerieren, daß mit Durkheim, Simmel und Weber die wissenschaftliche Soziologie im Ernst begonnen und sich seither überzeugend entwickelt habe. Gewiß, hier haben wir es nun nicht mehr mit Dilettanten und Religionsstiftern zu tun; es sind Gelehrte ersten Ranges, die es in ihrer fruchtbaren Forschung mit der Wissenschaft bitter ernst nahmen. Und doch verbarg Durkheim hinter der Hingabe an die Wissenschaft den Gestus des Propheten: „Le Recteur de Bordeaux voit Durkheim jouer dans son enseignement le rôle d'un oracle, vivre une sorte d'apostolat. G. Davy parle d'un homme décidé à transmettre une ‚foi', ‚apôtre', prophète inspiré de quelque religion naissante" (Jean-Claude Filloux: Durkheim et le socialisme. 1977. Vgl. auch St. M. Lukes: Émile Durkheim. 1973). Sein Mitarbeiter Hubert Bourgin schildert die äußere Erscheinung: „La figure émergeait, pâle, ascétique, mais toute cette face sèche et dure magnifiquement éclairée par deux yeux profonds, d'une puissance intense et douce... Tout son être physique, toute sa personne morale l'attestaient: il était prêtre plus encore que savant. C'était une figure hiératique. Sa mission était religieuse." Und hinter dieser Erscheinung stand wirklich der durch den Bruch mit dem Rabbinat erklärbare Anspruch, eine Zivilreligion zu begründen, „d'être un Moïse annonçant une vérité, une Loi... Nouveau Moïse, Durkheim substituera à la révélation religieuse la révélation ‚scientifique': fonder cela dont il est le prophète" (Filloux). Auch Durkheim verstand die Soziologie als den heiligsten und ihm spezifisch anvertrauten Auftrag, die Menschen zur rationalen Selbstvergewisserung über den Sinn des Daseins zu führen. Und nur der Glaube an diesen Auftrag erklärt ebenso die Kaltblütigkeit, mit der er alle anderen soziologischen Konkurrenten in Frankreich auszuschalten, wie die Entschiedenheit, mit der er eine Schule zu organisieren unternahm. „Il sera père qui révèle et fonde une nouvelle religion... et enfin... Chef d'École, environné de disciples" (Filloux).

Bei allem Respekt vor Leistung, Geist und Gesinnung Durkheims – als Zeuge für die erreichte Wissenschaftlichkeit der Soziologie taugt er sowenig wie ein anderer. Richtig ist freilich, daß nun in dieser Generation allerorts darauf gedrängt wurde, genaue begriffliche, methodische, theoretische und empirische Zurüstungen für eine wissenschaftliche Soziologie zu treffen. Aufwand und Anstrengung bleiben so eindrucksvoll wie der Glaube, nun müsse endlich das Werk gelingen. Aber rein bei diesem Glauben, der bereits Saint-Simon, Comte, Marx und Spencer vorausgeleuchtet hatte, ist es bis heute geblieben. Nirgends entstand jene endgültige Theorie der Gesellschaft, nirgends auch nur eine einzige eindeutige Erkenntnis, die sich über alle Grenzen bleibend und zwingend durchgesetzt hätte. Wo immer das Gegenteil behauptet wird, da sind in neuem Habit jene Zu-Ende-Denker am Werk, die sich – genau so wie einstmals Comte, Marx, Spencer oder Durkheim – wiederum zu den Erfüllern der Zeit aufwerfen, in denen alle früheren Anstrengungen zur großen Lösung herangereift sind. So hat Talcott Parsons sich (und die durch ihn formierte „amerikanische" Soziologie) zum Erben und Vollender der von ihm bemühten Erzväter aufgeworfen, die angeblich den Übergang von einer „Proto-Soziologie" zur definitiven Wissenschaft von der Gesellschaft bewerkstelligt haben sollten. Für ihn wurden Pareto, Durkheim und Weber zu den Propheten, die auf den Messias der Soziologie verwiesen: auf Talcott Parsons. Kraft dieses Glaubens wurde die „amerikanische" Soziologie global über die freie Welt verbreitet (vgl. „Weltgeschichte der Soziologie"). Längst ist dieser Glaube zerfallen, doch nur um neuen Ansprüchen auf die Rolle des Zu-Ende-Denkers Platz zu machen, wie sie von J. Habermas oder N. Luhmann angemeldet werden. Offenbar schreckt das Menetekel des unentwegten Scheiterns dieser unentwegten Versuche heute sowenig wie ehedem, weil jede Enttäuschung durch den Glauben überwunden wird, daß die Soziologie, selbst wenn sie noch keine strenge

Wissenschaft wäre, doch die eine und wahre Theorie der Gesellschaft so gewiß entziffern werde, wie es diese ja geben müsse. Unter den modernen Intellektuellen, die von der Wissenschaft letztlich eine einheitliche Daseinsauslegung verlangen, scheint das Bedürfnis, eine solche Wissenschaft von der Gesellschaft zu postulieren, ebenso unausrottbar wie der daraus resultierende Zwang zur geistigen Geschichtsklitterung.

Wenn nun die Soziologie mit sich ins reine kommen will, dann muß sie den Tatsachen ihrer Geschichte und Lage ins Auge sehen. Die Sache der Soziologie zu Ende denken heißt nicht, an dem System bauen, das alle bisherigen Systeme ab- und einlösen soll; es heißt vielmehr, sich eingestehen, daß alle Systeme mit diesem Anspruch angetreten und gescheitert sind. Dann muß man einen Bericht ernst nehmen, wie ihn Edward Shils (freilich unter Aussparung einiger Fragen, wie sie sich angesichts der Herrschaft des Marxismus stellen) geliefert hat: „Sociology at present is a heterogeneous aggregate of topics, related to each other by more or less common techniques, by a community of key words and conceptions, by a widely held aggregate of major interpretative ideas and schemes ... Most of sociology is not scientific in the sense in which this term is used in English-speaking countries ... The stock of words, heterogeneous though it is in its particular subject-matters, in its techniques of observation and analysis, and in particular interpretations, is characterized by a few widely pervasive major ideas or beliefs about society, by a few major concepts or delineations of significant variables" („Tradition, Ecology, and Institution in the History of Sociology", in: Daedalus, Journal of the American Academy of Arts and Sciences, Fall 1970). Wie hoch man nun auch die unsichere Gemeinsamkeit an Verfahren, Begriffen und Ideen veranschlagen will, sind doch alle Erkenntnisse in der Sache genauso strittig, unbestimmt und wechselnd geblieben, wie sie es immer gewesen sind; daran haben natürlich auch die Verfahren zur Datenerhebung nichts geändert, durch welche die Problematik der Aussagen nur in den Hintergrund der Auswahl und Ausdeutung verschoben worden ist. Diese Sachlage zwingt zu der Frage, ob man denn an der Idee festhalten darf, aus der ja die herrschende Soziologie geboren wurde: Daß es jene definitive und positive Wissenschaft von der Gesellschaft geben könne und müsse, die die Soziologie stets sein wollte und immer noch nicht geworden ist.

Spätestens hier meldet sich die völlig verdrängte Erinnerung, daß es in der Soziologie eine Richtung gegeben hat, die diese herrschende Idee verwarf. Sie war am deutlichsten durch die deutsche Soziologie vertreten, die wohlgemerkt allein freigeblieben ist von jenen pathologisch-charismatischen Systemstiftern und intellektuellen Visionären, die anderswo die Soziologie als das Werkzeug der innerweltlichen Heilsversicherung ins Leben gerufen hatten. Die deutsche Soziologie hat ihren größten und klarsten Anwalt in Max Weber gefunden, dessen gesamtes Werk von Anfang an im Dienst des Gedankens stand, daß eine Soziologie, die Wirklichkeitswissenschaft sein wolle, sich nicht auf den Irrweg der Suche nach einer definitiven Theorie von der Gesellschaft begeben dürfe, weil eine positivistische „Gesetzeswissenschaft" wissenschaftlich unfruchtbar bleiben werde und den Menschen nicht über seine Wirklichkeit zu informieren vermöge. Max Weber hat sich damit hinter die deutschen Geisteswissenschaften gestellt, die sich gegen ihre „Positivierung" wehrten, und insbesondere gegen die in Frankreich und England propagierte, wiewohl akademisch nicht akkreditierte Soziologie. In Deutschland führten die Bemühungen um ein Verständnis der Gesellschaft über Dilthey, Tönnies und Simmel zu einer eigenen Art der Soziologie, die Max Weber in seiner schon mehrfach genannten „Wissenschaftslehre" erst methodisch auf ihren Begriff gebracht hat (vgl. A. von Schelting: Max Webers Wissenschaftslehre. 1934; D. Henrich: Die Einheit der Wissenschaftslehre Max Webers. 1952; M. Bock: Kriminologie als Wirklichkeitswissenschaft. Dissertation. Tübingen 1983). In ihren materialen Aussagen durchaus verschieden, bildeten die deutschen Soziologen keine Theorie, somit auch keine Schule aus. Ihre Gemeinsamkeit lag gerade in der Überzeugung, daß eine Wissenschaft von der Gesellschaft, um Max Webers Formel zu benutzen, eine „verstehende Soziologie" sein müsse, weil die Daseinswirklichkeit sich im sinnhaften Handeln der

Menschen konstituiert und nicht durch allgemeine und äußere Zustandsgrößen angemessen zu erfassen sei. Nicht als Beitrag zu einer definitiven Theorie der Gesellschaft, wie sie Comte, Marx, Spencer, Durkheim oder Parsons vorschwebt, sondern als überlegter Gegenentwurf zum positivistischen Konzept ist die deutsche Soziologie entstanden, geboren aus der Sorge um die Folgen eines Programms, das, anstatt die Wirklichkeit ins Auge zu fassen, nach äußeren Regelmäßigkeiten und Gesetzmäßigkeiten suchte.

So war die geschichtliche Lage der Soziologie durch zwei grundsätzlich verschiedene Konzepte charakterisiert, die sich nicht zu einer einheitlichen Fortschrittsgeschichte des Faches synthetisieren lassen. Dort die Suche nach einer „Gesetzeswissenschaft", die die gesellschaftlichen Gesetzmäßigkeiten, wie Marx wollte, bereits gefunden hatte oder wie Comte, Spencer, Durkheim oder Parsons meinten, Schritt um Schritt entdecken werde; hier das von Max Weber formulierte Programm: „Die Sozialwissenschaft, die wir treiben wollen, ist eine Wirklichkeitswissenschaft. Wir wollen die uns umgebende Wirklichkeit des Lebens, in welches wir hineingestellt sind, in ihrer Eigenart verstehen – den Zusammenhang und die Kulturbedeutung ihrer einzelnen Erscheinungen in ihrer heutigen Gestaltung einerseits, die Gründe ihres geschichtlichen So-und-nicht-anders-Gewordenseins andererseits." An diese Lage erinnern heißt die Frage stellen, wie und wann denn über den Streit dieser unvereinbaren Konzepte entschieden worden ist. Und die Antwort kann nur lauten: nicht mit Gründen und Argumenten. Als Beweis genügt der Hinweis auf die kaum glaubliche Tatsache, daß die heutige Soziologie, die entschieden Gesetzeswissenschaft sein will, Max Weber zu ihren Klassikern zählt! Die deutsche Soziologie ist offenbar inzwischen hagiographisch vereinnahmt worden, ihr Erbe wird heute kurzerhand eingepreßt in das Konzept einer Gesetzeswissenschaft. Es ist nirgends mehr davon die Rede, daß die deutsche Soziologie ein grundsätzliches Gegenkonzept entworfen hatte, und Webers Programm einer Wirklichkeitswissenschaft wird nirgends erwähnt, geschweige denn erwogen.

Und ist eben auch niemals erwogen worden! Die große

Diskussion um die Soziologie, die sich im 19. Jahrhundert anspann und in Deutschland zum berühmten Methodenstreit führte, ist niemals auf die internationale Bühne gelangt. Die heutige Lage der Soziologie – das heißt der globale Triumph der in Marxismus und Soziologie gespaltenen Gesetzeswissenschaft – ist nicht das Ergebnis sachlicher Diskussionen gewesen. Die unbefangene Betrachtung der Geschichte der Soziologie führt somit auf eben die Frage, die wir früher aus allgemeinen Betrachtungen abgeleitet hatten: Welche außerwissenschaftlichen Kräfte haben zur Herrschaft der heutigen Soziologie geführt? Was waren die Träger, Interessen und Umstände, die ihren Gang bestimmt haben?

Das generelle geistige Interesse an einer Wissenschaft von der Gesellschaft ergab sich, wie wir gesehen haben, zwangsläufig aus der Glaubensgeschichte der Moderne; es aktualisierte sich unter dem Druck der sozialen Veränderungen und radikalisierte sich in dem Maße, wie nun laufend über die Einrichtung der Verhältnisse entschieden werden konnte oder mußte, weil die daran beteiligten Gruppen sich an Vorstellungen von der Gesellschaft orientieren mußten und sich geradezu aufgrund solcher Vorstellungen erst bildeten.

Die spezifischen Träger der Soziologie waren anfangs Personen, bei denen das Bedürfnis, in einer sinnvollen geistigen und geschichtlichen Ordnung zu leben, besonders empfindlich war – also Intellektuelle im weiteren Sinn des Wortes. Wo solche Personen die erforderlichen Gaben besaßen, stellten sie jene Visionäre, Propheten, Apostel, Evangelisten oder Missionare, die ihre neuen Botschaften im Namen der Wissenschaft verkündeten, um daraus förmliche Religionen oder wissenschaftliche Glaubensgemeinschaften zu machen. Kam nämlich fast stets die mit pathologischen Einschlägen verbundene Gabe des Charisma hinzu, so gelang es ihnen, aus gläubigen Anhängern jene neuen Zirkel, Gemeinden, Bewegungen oder Parteien zu formieren, die der Verbreitung ihrer Lehren dienten. Angezogen von diesen Botschaften aber wurden natürlich wiederum Menschen, die auf den Verlust der geistigen Daseinsorientierungen, der oft mit der Verunsicherung der sozialen Verortung einherging, besonders empfindlich reagierten; aus diesem Anhang der Gläubigen, die in der neuen Gemeinschaft geistigen Halt und praktische Lebensanweisung fanden, ragten dann auch wieder jene hervor, die ihr Leben in den Dienst dieses Glaubens – seiner Verbreitung und Durchsetzung – stellen wollten.

Hieraus erklärt es sich, daß die Stifter, die Jünger, die Apostel, die Missionare samt dem Kern der Gemeinde fast durchwegs aus einem besonders religiösen Haus oder aus besonders strengen Religionsgemeinschaften stammten. Der persönliche Glaubensverlust oder das soziale Abgeschnittensein von der religiösen Ordnung einer Herkunftsgruppe, mit der man sich existentiell identifiziert hatte, schafften überall die Situation, aus der sowohl die Stifter, die Missionare wie die Gläubigen hervorgingen. Wer die Geschichte der Soziologie unbefangen betrachtet, stößt überall auf diese Tatsache, von der wir oben nur wenige Proben geben konnten. Und sie gilt nicht nur für die wirren Anfänge der Soziologie. Gewiß verflüchtigte sich die sichtbare religiöse Aura der Soziologie im Laufe der Zeit. An die Stelle der endgültigen Offenbarung ihrer großen Propheten trat nun die Vorstellung, daß die Soziologie als Wissenschaft erst durch beharrliche Anstrengungen graduell ins Leben treten werde. So tauchte am Ende des Jahrhunderts eine neue Generation von Soziologen auf, die entschlossen war, die bisherigen Geschichtsoffenbarungen von Marx, Comte oder Spencer hinter sich zu lassen, um zu einer definitiven Wissenschaft von der Gesellschaft zu kommen. Allein diese Entschiedenheit stand nun bereits selbst im Bann der Prophetie, welche die Lösung des Rätsels der Geschichte von einer Gesetzeswissenschaft der Gesellschaft erwartete. Hinter dem immer penibleren Ernst ihrer wissenschaftlichen Anstrengungen stand die Inbrunst eines intellektuellen Rationalismus, dem die Geschlossenheit von Gewißheitsformeln wichtiger war als die Vermessung der Wirklichkeit. Auch für Durkheim und seine Schule blieb die Soziologie das Substitut für den verlorenen religiösen Glauben und wurde zum Mythos von der Erlösung des Menschen in der durch sie aufgeklärten Gesellschaft. In den

USA lagen die religiösen Triebkräfte der Soziologie noch offener zutage. Wie einst die Aufklärung in Deutschland aus der protestantischen Laiengläubigkeit hervorging, aber dann vor allem von kritischen Theologen weitergeführt wurde, so bildete sich die Soziologie in Amerika im Zuge der Social-Gospel-Bewegung heraus. Von Kirchen und religiösen Colleges gestützt, sollte sie Pfarrern, Gemeinden, Wohltätigkeits- und Bürgervereinigungen helfen, die Menschen in den neuen Großstädten auf den rechten Weg zu bringen. Aus dem Geist des sozialen Reformismus geboren, fand sie ihre Vertreter und Anhänger unter den durch Glaubensenttäuschung gekennzeichneten Intellektuellen und zunächst im Milieu des protestantischen Evangelismus. Alles in allem darf man sagen, daß die Soziologie eigentlich nur in Deutschland auf einem rein akademischen Boden gewachsen ist.

Das bestätigt sich, wenn man fragt, wie denn die Soziologie jeweils zu ihrer akademischen Anerkennung gekommen ist, treten hier doch jene Kräfte in Erscheinung, die daran interessiert waren, bestimmte Gesellschaftslehren zur anerkannten Wissenschaft zu erheben. In Frankreich wurde Durkheims Lehre durch eine Regierung der nationalen Reform im radikalen Geist des laizistischen Republikanismus autorisiert. In den USA wurde die Soziologie im Geist des sozialen Reformismus durch kommunale Bürgergruppen, Kirchen und die beiden verpflichteten Colleges und Universitäten akkreditiert. In England blieb die Soziologische Gesellschaft eine bunte Versammlung von allen möglichen Reformern, Evangelisten und Weltverbesserern, die keine akademische Anerkennung fand; Regierung und Parlament hielten sich an die Nationalökonomen und Sozialstatistiker. In Deutschland wurde die Soziologie förmlich zuerst 1919 und dann nach 1945 eingeführt. Überall haben bei ihrem Durchbruch offenbar besondere politische Konstellationen mitgewirkt.

Und damit kommen die Umstände in Sicht, die die Entwicklung der anfangs ja durch Nationalkulturen geprägten Soziologie beeinflußt haben. Denn es wird sich zeigen, daß es geschichtliche Umstände waren, die nun in die weitere Entwicklung eingriffen. Es war insbesondere der Erste Weltkrieg, der die fällige Auseinandersetzung um die Soziologie unter den alten Wissenschaftsnationen unterband. Unterdessen waren freilich bereits die in Europa geborenen Weltanschauungen und Ideologien um die Welt gewandert und hatten damit eine neue Globallage geschaffen. Der Aufstieg der Soziologie zur globalen Herrschaft ist durch diese Entwicklung bedingt worden, die wir zunächst als „die Weltgeschichte der Aufklärung" behandeln müssen.

Die Weltgeschichte der Aufklärung

Die Geschichte der Welt ist wesentlich mitbestimmt worden durch die Geschichte der Weltbilder. Deutlich heben sich zwei für die heutige Weltlage entscheidende Phasen heraus, die, weil sie einen ganz verschiedenen Typus von Weltbildern hervorbringen, in der Sache einen radikalen Gegensatz darstellen, aber in ihrem Verlauf die gleiche Gestalt aufweisen. In beiden Fällen treten in einem umschriebenen Zeitraum Weltbilder von neuartigem Charakter auf, die sich oft in einem Zusammenhang untereinander, nämlich in genealogischer Filiation auseinander oder in Konkurrenz miteinander entwickeln. Sie besitzen jeweils Anziehungs- und Überzeugungskraft durch den überlegenen Anspruch einer einheitlich sinnhaften Erklärung der Welt und enthalten somit im Keim auch den Anspruch universeller Gültigkeit, der, wenn er gestellt wird, prinzipiell Kräfte einer weltmissionarischen Bewegung freisetzt. In beiden Fällen rufen diese Weltbilder mächtige Glaubensbewegungen und Überzeugungsgemeinschaften ins Leben, die sich über die bisherigen politischen, staatlichen und sozialen Gemeinschaftsformen schieben oder gar zur Bildung von Staaten, Reichen oder Kulturkreisen schreiten. Es gehören deshalb die Verbreitung dieser Weltbilder, ihre geistige Auseinandersetzung untereinander, ihr missionarisches Ringen miteinander in beiden Fällen zum weltgeschichtlichen Befund. Das Ergebnis – die globale Verbreitung und Verteilung dieser Weltbilder und die Wirkungsgeschichte ihrer Ideen – bestimmt die heutigen Weltlagen nicht weniger, als es die wirtschaftlichen, politischen oder auch militärischen Gegebenheiten tun.

Es handelt sich bei der ersten Phase um die Entstehung und Verbreitung der Weltreligionen, die sich im Lauf eines Jahrtausends bildeten, um sich oft bis in die Neuzeit hinein durch Reformationen oder Neuoffenbarungen kräftig in Kirchen, Konfessionen oder Sekten zu verzweigen. Trotz der inhaltlichen Unterschiede und Gegensätze kamen diese Religionen in der Absicht überein, die Welt im ganzen als eine ethisch sinnvolle Ordnung zu begreifen und dem einzelnen die schließliche Erlösung aus Leid und Unvollkommenheit in Aussicht zu stellen. In ihrer weltgeschichtlichen Wirkung sind diese Religionen vielfach durch ihren Zusammenhang bedingt gewesen, nämlich durch die verschiedensten Beziehungen und Auseinandersetzungen, in denen sie teils durch ihre genealogische Affiliation standen, in die sie teils durch Mission oder geschichtliche Umstände gerieten und erst so zu ihrer weltgeschichtlichen Wirkung kamen.

Ganz ähnlich liegen die Dinge in der zweiten Phase, als auf dem Boden der westeuropäischen Aufklärung säkulare Weltbilder erwuchsen, die sich als die rationale Verbesserung oder Überwindung der Religion präsentierten und jedenfalls die diesseitige Welt des Menschen in neuer Weise als eine sinnvolle Ordnung auszulegen versprachen. Ja hier ist der geistige und räumliche Zusammenhang unmittelbar sinnfällig, in dem sich diese säkularen Weltbilder auseinander, miteinander und gegeneinander entwickelten, um sich im 19. Jahrhundert zu rivalisierenden Weltanschauungen und Ideologien zu formieren und im Kampf gegen die alten Religionen und gegen die alten politischen Mächte, wie denn auch im Kampf untereinander, zuerst über Europa und schließlich über die Welt zu verbreiten. Hier sind die genealogischen Affiliationen und Konkurrenzen ebensowenig zu übersehen wie die säkularen Reformationen und Neuoffenbarungen, die zu entsprechenden säkularen Kirchenspaltungen, Konfessionen und Sekten dieser Weltbilder führten.

Die heutige Welt ist weitgehend durch alle diese Weltbilder – ihre Ideen, ihre Auseinandersetzung, ihre Verbreitung – geformt worden. Wer die heutigen Weltlagen angemessen begreifen will, benötigt ein klares Bild von dem geschichtlichen Werdegang und Einfluß dieser Weltbilder auf die Geschicke der Erde. Er benötigt deshalb eine Übersicht über die beiden entscheidenden Phasen dieses weltgeschichtlichen Prozesses, wie sie in sich sind, sich überlagern und ineinander schieben. Nicht schon die Kenntnis der grundlegenden Ideen dieser Religionen und Weltbilder unterrichtet über die geistigen Gefüge der heutigen Welt; nicht schon die Ideengeschichte genügt. Wir benötigen dringend eine Realgeschichte, die alle Vorgänge in den Zusammenhang des Gesamtprozesses stellt, aus dem die heutigen Weltlagen hervorgegangen sind.

Über die Entstehung der einzelnen Weltreligionen sind wir bekanntlich bestens unterrichtet, auch über deren Verbreitung und Schicksale; seltener sind schon vergleichende Arbeiten nach Art von Max Webers „Die Wirtschaftsethik der Weltreligionen" und fast ganz fehlen die Versuche, das weltgeschichtliche Panorama dieser Entwicklung im ganzen darzustellen. Immerhin weiß der Zeitgenosse doch noch, daß die Schicksale der Weltreligionen den Gang der Weltgeschichte wesentlich mitbestimmt haben. Er wird dabei vielleicht nicht mehr an die revolutionierende Kraft ihrer neuen Botschaften denken, wonach die Welt in ihrer Ordnung und ihrem Lauf einen ethischen Sinn haben soll, so daß Leid, Ungerechtigkeit und Tod nicht das letzte Wort sein könnten. Doch für die Wirkung der Weltreligionen zeugt noch sichtbar ihre Verbreitung; die Entstehung großer Reiche und Kulturkreise, deren Ordnung und Entwicklung sind ja vielfach dadurch bestimmt worden, daß dort eine bestimmte Religion oder Konfession Einzug hielt. Wenigstens für den abendländischen Kulturkreis sind uns solche Zusammenhänge noch dunkel geläufig. Die unablässigen und erbitterten theologischen Auseinandersetzungen der alten Kirche sind fast vergessen, die Streitpunkte der Arianer, Marcioniten, Donatisten, Monarchianer, Nestorianer, Pelagianer, Monophysiten heute kaum noch verständlich, die weittragenden Konzile von Nikäa (325), Ephesus (431) oder Chalkedon (435) nicht mehr erinnerlich. Aber die geschichtlichen Spuren dieser Ereignisse kann der Zeitgenosse noch in den heutigen Verhältnissen und Ereignissen ablesen. Es hat eben weittragende Wirkungen gehabt, daß beispielsweise gewisse theologische Auffassungen, die auf Konzilen verworfen wurden, zur Abspaltung und Entwicklung der verschiedensten orientalischen oder afrikanischen Sonderkirchen führten; daß das große Schisma erst Byzanz und Rom und infolge der Mission dann auch ein orthodoxes Osteuropa von einem katholischen Westeuropa trennte; oder wo dann wiederum welche protestantische Lehre Fuß faßte und auf welchen Kontinenten eben deshalb bei der Kolonisation und Mission welche Konfession zum Zuge kam. Und es ist mindestens am Beispiel der Rolle, die der Protestantismus, insbesondere der Calvinismus, für die Entstehung der Moderne gespielt hat, sogar noch verständlich, daß die religiösen Lagen jeweils wesentliche geschichtliche Prädispositionen für die moderne Entwicklung schufen, wie denn schon die Eigenart der Aufklärung in jedem Land aufs engste mit seiner religiösen Eigenart zusammenhing. Ja, es hat doch sogar Rußland, wie überhaupt das orthodoxe Europa, an der Aufklärung nicht direkt teilgenommen, weil Glaube und Theologie in der orthodoxen Kirche dafür keine Voraussetzungen boten. Andererseits hat Rußland dann sein eigenes christliches Erbe in die Rezeption der Aufklärung eingemischt. Der alte Glaube, daß Moskau nach Byzanz als das neue Rom der Christenheit berufen sei (H. H. Schaeder: Moskau, das dritte Rom. 1957), hat die russische Intelligenzia des 19. Jahrhunderts in ihren säkularen Aufbruch als Berufung zur Weltmission hinübergenommen und noch einmal dem Bolschewismus untergelegt (E. Sarkysianz: Rußland und der Messianismus des Ostens. 1955).

Während wir also, so mangelhaft unsere Kenntnis sein mag, doch noch eine Vorstellung von der Weltgeschichte der Religionen besitzen, fehlt es noch völlig an der Vorstellung, daß es auch eine Weltgeschichte der Aufklärung gibt, die sich revolutionierend und konkurrierend gewissermaßen über die ausgeformten und konsolidierten Ergebnisbestände der Religionsgeschichte legt und damit die zweite entscheidende Phase der geistigen Universalgeschichte der heutigen Welt darstellt. Bis ins einzelne erforscht ist zwar die europäische Aufklärung, aber überwiegend in der Absicht, sie als eine europäische Gesamtbewegung zu zeichnen, also die von Anfang doch bestehenden und sich immer verbreiternden Verschiedenheiten, die der Vorgang in England, Frankreich, Schottland, Deutschland oder gar in Amerika besaß, zu vernachlässigen. Obschon die Entwicklung in jedem Land in allen Einzelheiten erarbeitet worden ist, gehen diese Kenntnisse in die gängige Vorstellung von und Diskussion über „die Aufklärung" selten ein. Ausdrücklich zu warnen ist deshalb auch vor jenen stets ideologisch bestimmten, in jüngster Zeit so gängigen Darstellungen, die irgendeine durch die Ereignisse gezogene und dann mindestens auf die Französische Revolution und meist noch auf Marx zulaufende Linie kaltblütig als „die" Aufklärung präsentieren, um dann andere Wege der Aufklärung in der Moderne kurzerhand als Verfehlungen und Versäumnisse anklagen zu dürfen. Der Naivität oder Anmaßung solcher Rede, die sich besonders gerne eines angeblich deutschen Aufklärungsdefizits annimmt, ist aus Gründen der historischen Wahrheit und geistigen Klarheit sogleich unter Hinweis auf die Vielfalt der Aufklärungsbewegungen mit der Frage nach dem Recht zur eigenmächtigen Selbsternennung von Erbpächtern und Dauerheroen der Aufklärung zu begegnen. Nur im Ungeist der Geschichtsklitterung oder in der Anmaßung der Weltmission können solche flinken Rechnungen über angebliche Aufklärungsdefizite summarisch vorgelegt werden.

Allein jenseits alles dessen fängt ja die Weltgeschichte der Aufklärung überhaupt erst an, und sie müssen wir kennen, um die geistigen Weltlagen heute angemessen verstehen zu können. Es reicht nicht aus, sich mit der vagen Vorstellung zufriedenzugeben, daß die Ideen der europäischen Aufklärung und die aus ihnen entstandenen Ideologien mit der europäischen Kultur um die Welt gezogen sind, oder gar stumpf nur die Tatsache hinzunehmen, daß die verschiedenen Religionen, Weltbilder, Weltanschauungen, Ideologien und Wissenschaften, mit oft verwandten politischen Einrichtungen, sozialen Bewegungen und menschlichen Lebensformen verbunden, sich irgendwie bunt über die Welt verteilt haben. Wer heute versucht, das Geschehen in irgendeinem Land, sagen wir in Rußland, China, Brasilien, Iran, Vietnam, Japan, Korea oder in irgendeinem der vielen Staaten, die aus europäisch verwalteten Stammesgesellschaften im Vorgang der Entkolonialisierung plötzlich entstanden sind, in seiner jeweiligen Besonderheit zu verstehen, der wird einerseits auf die traditionalen religiösen, kulturellen und geistigen Bestände zurückgreifen, andererseits die modernen wirtschaftlichen, sozialen und politischen Gegebenheiten veranschlagen müssen. Nie aber kommt er um die Frage herum, wie denn jeweils jene Intelligenz entstanden und geprägt worden ist, die in der Modernisierung des Landes effektiv die Führung übernommen, also ihrerseits dieses Land in seiner Modernität mitgeprägt hat. Das aber ist eigentlich die Frage, auf welchen Wegen die Aufklärung mit welchem Weltbild ihrer späteren Erben und Vollender in welcher Gestalt in welches Land kam. Auch dazu liegt für viele einzelne Länder manches Material vor, doch fehlt das nötige Konzept einer Weltgeschichte der Aufklärung, das, indem es diesen Tatsachen ihren festen Stellenwert und ihre universalgeschichtliche Bedeutung verleihen könnte, uns erst aus der Überwältigung durch die bloß noch hinzunehmenden Zufälligkeiten der jeweils besonderen nationalen Modernisierungsprozesse erlösen könnte.

Eine Weltgeschichte der Aufklärung hat freilich in Europa zu beginnen, denn es ist ja eine insbesondere durch die verschiedenen Religionslagen bedingte auffällige Tatsache, daß nur wenige Länder Europas an dem ursprünglichen Vorgang teilgenommen haben, der kaum über die von der Reformation erfaßten oder beunruhigten Gebiete hinausdrang. Derweil die neuen Erkenntnisse der Naturwissenschaften doch jedenfalls unter den Gelehrten die Runde machten, blieben die übrigen Ideen für den Rest Europas mehr oder weniger ferne Ereignisse, so daß sich überall die Frage stellt, zu welcher Zeit, auf welchem Weg und in welcher Form denn welche Teile der Aufklärung in die übrigen europäischen Länder gelangten.

Man muß sich jedenfalls von der Vorstellung frei machen, als ob die Aufklärung mit einem festen Grundbestand an Lehren um die Welt gezogen sei, während sie in Wirklichkeit jedes weitere Land in irgendeinem fortgeschriebenen, angereicherten und gespaltenen Zustand erreichte. Machen wir uns an vereinfachten Beispielen klar, was gemeint ist. Als Deutschland in die Aufklärung eintrat, hatte es sich nur mit den Ideen ihrer Ursprungsländer, Englands und Frankreichs, auseinanderzusetzen, die in einem verständlichen Zusammenhang standen. Indem Deutschland eigene Fragen und Antworten entwickelte, wurde es selbst zu einem weiteren Orientierungs- und Verbreitungszentrum moderner Ideen. So sah sich Rußland in seiner Konfrontation mit der Moderne bereits dem Ideengut dreier Länder gegenüber, die ihrerseits inzwischen schon das Erbe der Aufklärung durch die entsprechenden Weltanschauungen, Ideologien, Wissenschaften und Bewegungen fortgeschrieben hatten. Durch die Art, wie Rußland seinerseits diese Lage verarbeitete, wurde es zuerst im Panslawismus zu einer neuen Modernitätsalternative für die slawischen Völker und später mit dem Marxismus-Leninismus für die Welt, was nicht hinderte, daß sich in den bekehrten Ländern die marxistischen Reformationen, Sekten und Konfessionen breitmachten. Kurzum, je später ein Land mit der Moderne konfrontiert wurde, desto weniger sah es sich noch dem ursprünglichen Zusammenhang der Ideen der Aufklärung, desto mehr einer Vielzahl alternativer Weltanschauungen, Ideologien, Wissenschaften und Bewegungen und desto mehr auch einer Vervielfachung der Orientierungs- und Diffusionszentren säkularer Weltbilder gegenüber.

Von wo aus (räumlich und geistig) aber jeweils die erste Konfrontation mit der Moderne erfolgte, das hing jeweils von zahlreichen Umständen ab, auf die hier gar nicht eingegangen werden soll. Wir wollen uns nur an wenigen Beispielen grundsätzlich klarmachen, welche geschichtliche und eben weltgeschichtliche Bedeutung es haben konnte, daß die Aufklärung ein Land auf diesem Wege und in dieser Gestalt erreichte. Für große Teile Lateinamerikas, insbesondere für Brasilien, ist die mit der Gründung von eigenen Kirchen und Apostolaten verbundene Mission des Positivismus der entscheidende Vorgang gewesen, durch den sozusagen die Aufklärung erst nachgeholt wurde. Es waren gläubige Schüler Auguste Comtes, seiner förmlich zur Religion erhobenen Soziologie, die dort mit der Botschaft von „Ordnung und Fortschritt" das erste Konzept einer diesseitigen Daseinsauslegung wirksam verbreiteten, an dem sich nun die Intelligenz orientierte und formierte, auch wenn sie nicht zur Kirche des Positivismus übertrat. Zumindest in Brasilien wurden die wichtigsten Institutionen von den gläubigen Anhängern Comtes im Geist und Namen seiner positivistischen Soziologie, die sich gleichzeitig als Menschheitsreligion verstand, geschaffen, getragen und geprägt – so die Bundesverfassung wie die Verfassung der Einzelstaaten, das öffentliche Bildungswesen, aber auch die ebenfalls für den mittels positivistischer Aufklärung zu bewerkstelligenden Fortschritt verantwortlichen Militärakademien, so daß – darüber sind sich die Kenner einig – Comtes Geist des Positivismus die Mentalität und Kultur Brasiliens gänzlich durchdrungen hat. Geschichte, Politik, Literatur und Kultur Brasiliens und anderer Teile Lateinamerikas lassen sich kaum verstehen, wenn man diese Tatsachen nicht kennt. Darüber findet sich in den historischen Darstellungen der Soziologie kein Wort; aber auch sonst hat die Forschung diesen Teil der modernen Glaubensgeschichte den zahlreichen Darstellungen aus positivistischer Feder überlassen (so beispielsweise Ivan Lins: História do Positivismo no Brasil. 1967).

Ganz anders formierte sich die Intelligenz Rußlands in der entscheidenden Dekade von 1838 bis 1848 nicht unter dem beherrschenden Einfluß eines bestimmten modernen Weltbildes als vielmehr in der plötzlichen Konfrontation mit dem vielfältigen Erbe der Aufklärung. Man trat sozusagen auf einmal und zugleich vor Locke, Hume und Adam Smith, vor Voltaire, Rousseau und Condorcet, vor Kant, Herder und Hegel, vor Saint-Simon, Comte, Fourier und all die sonstigen weltanschaulichen und wissenschaftlichen Lehren wie auch vor all die liberalistischen oder sozialistischen Bewegungen, die nun eben von sich reden machten. An eine geistige Bewältigung, ja auch nur Sichtung und Differenzierung dieser oft nur vom Hörensagen bekannten Ideenmassen war schon deshalb nicht zu denken, weil es an kompetenten Vertretern und Institutionen mangelte. So bildete sich ein verworrener Synkretismus mit häufigem Meinungswechsel, fließendem Gruppenwechsel, Bekehrungs- und Missionsvorgängen im Untergrund heraus, der bald von der Generalfrage dominiert wurde, ob Rußland dem säkularen Weg des Westens folgen oder, wie die Slawophilen wollten, einen eigenen Weg betreten müsse. In jedem Falle wirkte die plötzliche Konfrontation mit dem Westen wie eine ungeheure Herausforderung, die nicht bloß eine geistige Entscheidung, sondern eine im Grunde religiöse Selbstvergewisserung verlangte, so daß der Meinungswechsel meist die Züge der Bekehrung trug.

Unter diesen Umständen bildete sich nun jene Sonderform von Intellektuellen, die, aus Dostojewskis Romanen jedem geläufig, erstmalig Denken und Handeln, Wissenschaft und Aktion, Kunst und Leben existentiell gleichsetzten, um damit zum modernen Muster der revolutionären Gesinnungsintelligenz zu werden, weshalb „Intelligenzija" zum Lehnwort in allen Sprachen geworden ist. „The concept of intelligentsia must not be confused with the notion of intellectuals. Its members thought of themselves as united by something more than mere interest in ideas; they conceived themselves as being a dedicated order, almost a secular priesthood, devoted to the spreading of a specific attitude to life, something like a gospel." Und dieser Vorgang hatte weitreichende Konsequenzen: „The subject is of more than literary or psychological interest because these early Russian intellectuals created something which was destined ultimately to have world-wide social und political consequences. The largest single effect of the movement, I think it would be fair to say, was the Russian Revolution itself" (Isaiah Berlin: Russian Thinkers. 1978). Trat die Aufklärung in Brasilien als die Botschaft eines säkularen Weltbildes auf, das die Offenbarung eines neuen – des positiven – Weltalters mit der Autorität einer systematischen Lehre – der Soziologie Comtes –

verband, so daß die zur Religion der Menschheit bekehrte und zur Entwicklung von Ordnung und Fortschritt berufene Intelligenz mit festen Anweisungen an ihr vorgezeichnetes Werk gehen konnte, so stand für die russische Intelligenz nur die Auserwählung und Berufung zum entscheidenden Werk der Menschheitserlösung fest, für dessen Ausführung keine Anweisungen vorlagen. Hier liegt ein Grund, der in Verbindung mit der politischen, kulturellen und religiösen Eigenart Rußlands dazu führte, daß die Rezeption des säkularen Ideengutes des Westens für die Kulturintelligenz zu einer Gesinnungsfrage wurde, die dem Leben in jeder Äußerung das ständige Zeugnis der subjektiven Ergriffenheit und existentiellen Hingabe abverlangte. So stand in Rußland jene radikale Intelligenzia bereit, die sich unter dem Eindruck der kommunistischen Botschaft zur Avantgarde der bolschewistischen Revolution formieren konnte.

Wie immer dem im einzelnen sei – Brasilien und Rußland stehen hier nur als zwei Beispiele für die Frühphase des Vorgangs, den es endlich in das Bewußtsein zu heben gilt: die Weltgeschichte der Aufklärung, d. h. die Wanderung, Ausbreitung und Verteilung des säkularen Ideengutes Europas über die restliche Welt. Dabei gilt es einmal zu beachten, daß das Zeitalter der Aufklärung aus den spezifischen Konstellationen der Länder im Nordwesten Europas entstanden war und wesentlich auf dieses Gebiet beschränkt blieb. Mit der Aufklärung war dieser Teil Europas im 17. Jahrhundert in die Moderne aufgebrochen. Als diese Epoche nach rund 150 Jahren mit dem Eintritt in das 19. Jahrhundert zu Ende ging, setzte sich die Glaubensgeschichte der Moderne in dem Kampf der Weltbilder fort, der nun, wie wir früher gesehen haben, von den Weltanschauungen und Ideologien als Erben der Aufklärung um die empirische Deutung von Geschichte und Gesellschaft geführt wurde. Gleichzeitig begann nun aber – und darauf kommt es jetzt an – das säkulare Gedankengut der Aufklärung und ihrer Erben zu wandern, zuerst in die Länder und Randzonen des europäischen Kulturkreises, die nicht an der Aufklärung teilgenommen hatten, später dann in immer neuen Schüben in die übrige Welt.

Brasilien und Rußland sind Beispiele für die Frühphase dieser Globalisierung der Aufklärung, in der das säkulare Ideengut die Ränder der europäischen Kultur erreicht. Und bereits hier zeigt sich eindrücklich, daß die globale Verbreitung des säkularen Ideengutes, welches aus der modernen Glaubensgeschichte Europas hervorgegangen war, ganz eigenartige Muster aufweist, welche diese Weltgeschichte der Aufklärung bestimmen. Nicht als wesentlich einheitlicher oder wenigstens eindeutig überschaubarer Wissensbestand lag das moderne Ideengut vor, sondern als eine Mannigfaltigkeit von Programmen, Theorien, Weltanschauungen und Ideologien, die sich weiter zu vermehren und zu verändern pflegten. Unter diesen Umständen konnte sich die Weltgeschichte der Aufklärung nur als differentielle Verbreitung der säkularen Wissensbestände vollziehen. Diese Weltgeschichte erschließt sich deshalb erst dann, wenn man systematisch die Frage stellt, welche Ideen denn jeweils welche Länder erreichten und welche globalen Muster sich für die Verbreitung spezifischer Weltanschauungen, Ideologien oder Wissenschaftsprogramme ergaben. Denn so entscheidend, wie die Aufklärung für den Aufbruch Europas in die Moderne gewesen war, so sehr ist der Eintritt der übrigen Welt in die Moderne überall davon beeinflußt worden, an welchen Ideenbeständen sie jeweils mit dem säkularen Denken konfrontiert wurde. So nämlich wie einst in Westeuropa die Aufklärung ein Heilswissen in Aussicht gestellt hatte, so mußten die Ideen der Aufklärung und deren Erben, wo immer sie hingelangten, Boten eines unbekannten Heilswissens sein. Welche Art von Heil dann aber in den Horizont der Erwartungen trat und welche Wege zu diesem Heil gewiesen wurden, das mußte davon abhängen, welche Art von indigener säkularer Kulturintelligenz sich in den verschiedenen Ländern zuerst bildete und welchen Kurs alsdann die Modernisierung einschlug.

Wir haben es deshalb in der Weltgeschichte der Aufklärung nicht bloß mit Fragen der Geistesgeschichte der modernen Welt, sondern mit der Entstehung von differentiellen Ausgangslagen ihrer Modernisierung zu tun. Über diese Tatsachen täuschen wir uns mit den gängigen Blankettformeln von der europäischen Expansion und Kolonisierung hinweg, weil diese entweder allein auf die Tatsachen der wirtschaftlichen und politischen Durchdringung abheben oder aber unterstellen, daß das säkulare Ideengut Europas, sofern damit überhaupt gerechnet wird, sich mehr oder weniger gleichmäßig über die Welt ergossen habe. Gewiß hat dieses Ideengut weitgehend im Gefolge der europäischen Expansion Eingang in fremde Kulturen gefunden, wie ja auch früher die Verbreitung der Religionen oft genug durch wirtschaftliche, politische oder kriegerische Mittel befördert worden ist. Stets aber kam es auch darauf an, welche Ideen, Lehren und Botschaften denn im Schutz dieser Expansion jeweils verbreitet wurden; denn an diesen (und wenn auch gegen sie) mußte sich ja die indigene säkulare Kulturintelligenz formieren.

Bei alldem ist freilich zu beachten, daß die Weltgeschichte der Aufklärung überall mit den religiösen Mächten zu rechnen hatte, die beiseite zu schieben oder abzuschaffen sie doch mehr oder weniger vorsätzlich angetreten war. Denn so wie einst die Aufklärung in Europa den alten Glauben in eine Vernunftreligion umdeuten oder durch eine solche ersetzen wollte und so wie die Weltanschauungen und Ideologien des 19. Jahrhunderts meist diesen Versuch zu radikalisieren unternahmen, so erzeugte auch die Weltgeschichte der Aufklärung, wo immer sie hinreichte, den mehr oder weniger offenen Konflikt zwischen dem alten und dem neuen Glauben. Wer die geistigen Lagen der heutigen Welt verstehen will, der muß folglich die Weltgeschichte der Aufklärung in die Weltkarte der Religionen einzeichnen, um ein Bild von den geistigen und geistlichen Mächten, von den religiösen und säkularen Botschaften zu gewinnen, die in den verschiedensten Konstellationen mit- und gegeneinander kämpfen. Dieses Bild ist jedoch nur zu gewinnen, wenn man sich die Entzifferung der Weltgeschichte der Aufklärung als eine eigene Aufgabe ins Bewußtsein hebt. So nämlich wie vordem der Gang der Weltgeschichte wesentlich mitbestimmt worden ist durch die Entstehung und Verbreitung, durch die Konkurrenz und Differenzierung religiöser Bekenntnisse, die, sich über den Stammesglauben erhebend, großräumige Kulturlagen und Herrschaftsgebilde ermöglichten, so ist die Weltgeschichte der Moderne entscheidend dadurch beeinflußt worden, daß auf dem Boden der europäischen Aufklärung säkulare Weltbilder, Weltanschauungen und Ideologien entstanden, miteinander konkurrierten, sich in Häresien und Konfessionen verzweigten, zu neuen Lehren forttrieben und sich um die Welt verbreiteten. Während die Religionswissenschaftler die Wege und Erfolge der Verbreitung der religiösen Bekenntnisse, insbesondere auch der christlichen Konfessionen und Missionen, genauestens dokumentiert haben, fehlt es uns, was die Verbreitung der säkularen Bekenntnisse und Botschaften angeht, noch an der Vorstellung einer sich dadurch vollziehenden Weltgeschichte der Aufklärung. Wenn uns die heutige Welt oft so verwirrend, undurchschaubar und zufällig erscheint, so liegt das nicht zuletzt daran, daß wir die Muster ihres Gewordenseins so unvollkommen verstehen, weil wir uns keine Rechenschaft über die verschiedenen Muster und verschlungenen Wege ablegen, mittels derer sich die großen Ideenströme – wie hier zu ergänzen ist: oft genug in Verbindung oder Konkurrenz mit der christlichen Mission – um die Welt verbreitet haben: der Nationalismus mit seinen Varianten, der Positivismus und die Wissenschaftsreligion, der Liberalismus und der Fortschrittsglaube, der Sozialismus und der Marxismus, der Utilitarismus und der Pragmatismus, der Glaube an die Erlösung der Menschen durch das Evangelium der Demokratie.

Stets hing die weltgeschichtliche Wirkung dieser Ideen mit ihrer gemeindebildenden Kraft zusammen. Ähnlich wie einst religiöse und reformatorische Botschaften, so zogen nun säkulare Ideen Menschen aus ihren sozialen Ordnungen heraus; sie stifteten neue Gemeinschaften mit eigener Identität, die sich über die alten Gruppierungen nach Ständen, Kirchen, Staaten und Nationen schoben oder diese gar auflösten. Schon die Aufklärung wurde von Zirkeln, Vereinigungen, Gesellschaften getragen, die zur Befestigung, Beförderung und Verbreitung ihrer Ideen entstanden waren. Zumal die geheimen Gesellschaften – die Rosenkreuzer, Freimaurer und Illuminaten – bildeten die Haupttruppe der Aufklärung und die Vorläufer der politischen Parteien (Chr. P. Ludz: Geheime Gesellschaften. 1979, und früher schon F. Valjavec: Die Entstehung der politischen Strömungen in Deutschland. 1951). Zusammen mit den im Umfeld der Französischen Revolution entstehenden Vereinigungen wie den Jakobinerbünden haben sie das Gedankengut der Aufklärung bis in die entlegensten Gegenden getragen (als Beispiel Helmut Reinalter: Geheimbünde in Tirol. 1982). Die Aufklärung vollzog sich in einem internationalen Netzwerk von Vereinigungen, in denen die sozialen, religiösen und nationalen Identitäten aufgehoben waren. So entstanden aus Ideen säkulare Gesinnungsgemeinschaften, die zu den bisherigen sozialen Ordnungen querlagen.

Mehr noch drängten die Erben der Aufklärung mit ihren Weltanschauungen und Ideologien zur Gemeindebildung und Mission, weil die Deutung der innerweltlichen Geschichte inzwischen zu einem Bedürfnis der zur Gestaltung der Verhältnisse aufgerufenen Massen geworden war. Wenn Saint-Simon, Comte und Marx säkulare Religionen, Kirchen oder Parteien mit missionarischem Auftrag gründeten, so entsprach das der allgemeinen Mobilisierung der Menschen in Vereinigungen, Parteien und Bewegungen im Namen von Weltanschauungen, die das 19. Jahrhundert charakterisiert. Und stets ging von diesen freien Vereinigungen zu Glaubens-, Gesinnungs-, Überzeugungs- und meist dann auch Kampfgemeinschaften eine revolutionäre Wirkung auf die sozialen Ordnungen aus, wie sie am klarsten im Marxismus hervortritt: „Der Marxismus spaltet Familien und Gesellschaften, Nationen und Weltreiche. Er entzweit Freunde" (Jean-Yves Colvez: Karl Marx. 1964). In diesem Sinn wurde die soziale Ordnung revolutioniert, weil die Menschen sich im Namen von Ideen neu gruppierten. Es ist unmöglich, von der Vielfalt, Wirkung und Tragweite all dieser mehr oder weniger revolutionären Bewegungen auch nur für Europa eine Vorstellung zu geben. Wir müssen uns mit der Feststellung bescheiden, daß die neuen Weltanschauungen Gemeinschaften, Bewegungen oder Parteien ins Leben zu rufen pflegten, die zu den missionarischen Trägern der Weltgeschichte der Aufklärung wurden.

Auch von der globalen Weltgeschichte der Aufklärung läßt sich hier nicht einmal ein verkürztes Gesamtbild zeichnen. Für uns gewinnt der Vorgang auch nur insoweit spezifische Bedeutung, als er das Feld bereitet, auf dem sich dann der Aufstieg der Wissenschaft von der Gesellschaft zur Autorität eines universalen Weltbildes vollzieht. Aus einem Feld von mächtigen Konkurrenten hat sich die von akademischen Außenseitern erfundene, in vielen Richtungen gespaltene und kaum irgendwo in europäischen Ländern akademisch vertretene Soziologie in jüngster Zeit zur universalen Schlüsselwissenschaft der freien Welt erhoben und als anerkannte Autorität mit einer Schar von Sozialwissenschaften umgeben. Aus der Weltgeschichte der Aufklärung ist so die Weltgeschichte der Soziologie geworden. Der Vorgang ist umso bemerkenswerter, als er seine Parallele darin findet, daß in der übrigen Welt zugleich der Marxismus als eine andere Wissenschaft von der Gesellschaft zur öffentlichen Autorität aufrückt. In beiden Fällen ist der Sieg nicht über sonstige Weltanschauungen und Ideologien, sondern gerade auch über soziologische (oder marxistische) Rivalen erfochten worden.

Wir fragen, wie, wo, wann und warum das so geschehen ist.

Die Weltgeschichte der Soziologie

Die Weltgeschichte der Soziologie ist der Vorgang, in dem die Wissenschaft von der Gesellschaft weltweit zu einer festen Einrichtung wird und damit das öffentlich gültige Bild der Wirklichkeit liefert. Es handelt sich äußerlich um einen Prozeß der globalen Ausdehnung und Verbreitung, zu dem sowohl die Soziologie wie der Marxismus mit missionarischem Elan ansetzen, um dadurch jeden Winkel der Erde vor die Wahl zwischen diesen beiden Formen einer Soziologie zu stellen und im Ergebnis die Erde in zwei Hälften mit je eigener Wissenschaft von der Gesellschaft aufzuteilen. Natürlich ist die Expansion des Marxismus als offizieller Staatslehre das Ergebnis des Zwangs, den eine siegreiche Partei oder Bewegung, wohlgemerkt: im Glauben an die Wahrheit des „wissenschaftlichen Sozialismus" ausübt, während die Soziologie sich in denjenigen Ländern verbreitet, die der Freiheit der Wissenschaft Raum geben. Allein auch die Verbreitung der Soziologie ist nicht, wie man anzunehmen pflegt, bloß das Ergebnis der Teilnahme der Welt am Fortschritt der Wissenschaft, ja sie kann es, wie wir gesehen haben, nicht sein. Angesichts der Globalisierung des Faches stellt sich vielmehr die Frage, welche Art von Soziologie, also: welches Muster der sinnhaften Daseinsdeutung sich weltweit durchgesetzt hat. Denn wie erinnerlich ist die herrschende Soziologie so wenig das zwingende Ergebnis des sachlichen Erkenntnisfortschritts, wie der Triumph des Leninismus sich der Logik des Marxismus verdankt. In beiden Fällen mußten Rivalen mit außerwissenschaftlichen Mitteln ausgeschaltet werden.

So ist also die Weltgeschichte der Soziologie ein Teil der Weltgeschichte der Aufklärung, sozusagen deren jüngstes Kapitel. Nicht zufällig präsentieren sich beide, Soziologie und Marxismus, als die wahren Erben, berufen zur Fortsetzung der Aufklärung. Nirgends tritt der Marxismus bloß als die Wissenschaft auf, für die er sich hält, er drängt vielmehr zur politischen Bewegung und Handlung, er will zur öffentlichen und einzigen Lehre erhoben werden, er schreibt dem Leben wie der Politik ein verpflichtendes Weltbild vor und bestimmt damit seinen Platz als weltanschauliche Kampforganisation in der Weltgeschichte der Aufklärung. Doch auch die Soziologie hat sich nie mit ihrer wissenschaftlichen Aufgabe beschieden; sie beanspruchte stets politischen Einfluß und gesellschaftliche Macht, das Monopol der öffentlichen Lehre von der Gesellschaft, die Rolle der grundlegenden Bildungsmacht, die Kontrollfunktion in einer verwissenschaftlichten Politik. Man darf deshalb in der globalen Verbreitung der Soziologie nicht bloß einen wissenschaftsgeschichtlichen Vorgang sehen, es handelt sich vielmehr um eine gesellschaftliche Veränderung von geschichtlicher Bedeutung, eben um ein Ereignis der Weltgeschichte der Aufklärung.

In ihrem äußeren Umriß tritt die Weltgeschichte der Soziologie deutlich hervor, wenn man die Situation im Jahre 1945 ins Auge faßt. Damals herrschte der Marxismus als öffentliche Lehre nur in Rußland, während die Soziologie in den Ländern des europäischen Kulturkreises eine so ungleiche, unsichere und jedenfalls untergeordnete Rolle spielte, daß man kaum auch nur von einem etablierten akademischen Fach sprechen konnte. Zehn Jahre später beherrschte die Staatsreligion des Marxismus ein rundes Dutzend Länder, derweil die Soziologie sich bereits im vollen Marsch durch den Rest der Welt befand, um überall eine an dem gleichen Weltbild der Gesellschaft geschulte Intelligenz zu erziehen. Obschon die Konsolidierung und Ausweitung der Einflußbereiche dieser beiden Wissenschaften von der Gesellschaft weiterging, sah sich nach weiteren zehn Jahren der Marxismus-Leninismus in seinem Herrschaftsbereich den verschiedensten häretischen Bewegungen und reformatorischen Abspaltungen – dem Titoismus, dem Maoismus, dem Prager Frühling usw. – gegenüber, derweil die Soziologie in ihrem Bereich ebenfalls von verschiedenen Richtungen und vor allem von den Varianten einer marxistischen oder neomarxistischen Soziologie herausgefordert wurde. Wie erklären sich diese Vorgänge in der Einmaligkeit ihrer globalen Größenordnung, ihrer rapiden Schnelligkeit, ihrer praktischen Wirkung? Wie und warum wird innerhalb von zwei Jahrzehnten die Erde unter zwei Weltbilder von der Gesellschaft so aufgeteilt, daß jedes Land dazwischen seine Wahl treffen muß und damit auch über seine politische Verfassung und seine geistige Lebensform entscheidet?

Die Ausbreitung des Marxismus als Staatsreligion vollzog sich auf verschiedenen Wegen mit charakteristisch unterschiedlichen Ergebnissen. Im europäischen Satellitenbereich, wo Eroberung und Zwangsbekehrung durch die russischen Armeen besiegelt wurden, reproduzierte sich der orthodoxe Marxismus-Leninismus. Ähnlich begann es überall, wo sonst eine kommunistische Partei die Macht übernahm, weil deren Führer meist in Moskau geschult wurden, oft an den einschlägigen Moskauer Parteihochschulen, die, als die Zentren der kommunistischen

Weltmission für die Ausbildung landesstämmiger Revolutionsmissionare und Glaubensapostel, auf Weltregionen spezialisiert sind. Dann pflegen sich jedoch häufig die bekannten Forderungen nach eigenen Wegen zum Kommunismus herauszubilden, die sich bis zum erbitterten Streit über die wahre Lehre steigern und im Schisma mit der Ausrufung einer neuen marxistischen Kirche enden können. Schließlich kann der Marxismus auch von der Intelligenz und Führung irgendeiner siegreichen revolutionären Bewegung nachträglich zur öffentlichen Lehre erhoben werden, bleibt dann aber vorerst meist allgemeine Ideologie oder vager Verschnitt mit sonstigen indigenen Traditionen und säkularen Ideen. So sind die Häresien, Reformationen, Schismen und Sekten in den Vorgang der marxistischen Weltmission eingebaut. In jedem Fall aber beruht das öffentliche Monopol der marxistischen Lehre mehr oder weniger eindeutig auf dem Einsatz politischer Macht. Die Chance dafür entsteht allerdings oft erst deshalb, weil traditionale Gesellschaften plötzlich in die Moderne eintreten mit der Folge, daß nun politische Eliten und Bewegungen ins Leben treten, die eine säkulare Orientierung, ein modernes Weltbild benötigen. Insoweit beruht der globale Vormarsch des Marxismus – und natürlich auch der Soziologie – darauf, daß im Zuge der Modernisierung „Entwicklungsländer" entstehen, die sich nun als „aufklärungsfähig" und „aufklärungsbedürftig" erweisen. Die globale Verbreitung des Marxismus ist eben ein Teil der Weltgeschichte der Aufklärung, die manche Entwicklungsländer in der Gestalt des Marxismus erreicht.

Wird niemand verkennen, daß mit der Verbreitung des Marxismus weltgeschichtliche Weichen gestellt wurden, so gilt das auch für den globalen Siegeszug der Soziologie. Ein nüchterner Blick auf die Tatsachen belehrt jedenfalls schnell darüber, daß dies ein durchaus rätselhafter und erklärungsbedürftiger Vorgang von ganz anderer Art ist als etwa die Verbreitung der Physik oder Chemie. Denn es lag ja keine fertige Wissenschaft von der Gesellschaft bereit, die sich als sichere Erkenntnis hätte verbreiten lassen. In vielen westlichen Ländern war die Soziologie 1945 praktisch unbekannt, jedenfalls bedeutungslos; sie war in den meisten Universitäten und Ländern Europas nicht vertreten, seltener noch als eigenes Fach anerkannt, sondern nur als Zusatz zu einer Lehrbefugnis in Nationalökonomie, Völkerkunde, Sozialpolitik u. a. aufgeführt; zu einem eigenen Studiengang hatte sie es wohl nur an manchen Hochschulen in den USA gebracht; und von einem gemeinsamen Grundbestand an Begriffen, Methoden und Erkenntnissen konnte so wenig die Rede sein, daß sich die Soziologie in die verschiedensten Theorien, Richtungen, Schulen und vor allem nach nationalen Traditionen gliederte.

Weniger um die Verbreitung einer nach allgemeinem Urteil anerkannten Wissenschaft von der Gesellschaft handelt es sich also, als vielmehr um die weltweite Durchsetzung eines bestimmten Konzepts dieser Wissenschaft, das, weil es eben damals in den USA eine sichere Herrschaft erreicht hatte, nicht ohne Recht auch kurzweg als „amerikanische Soziologie" bezeichnet wird. „In the twenty-five years after World War II, from 1945–1970, the social sciences seemed to be on the verge of presenting a set of comprehensive paradigms which could not only provide coherent theoretical schemas to order the body of human knowledge, but would also provide reliable guides to social policy and planning through the new research techniques and the adoption of mathematical and quantitative modes that hitherto had been associated largely with the physical sciences." So beschreibt Daniel Bell (The Social Sciences Since the Second World War. 1982) rückblickend korrekt die damalige Lage, vergißt allerdings hinzuzufügen, daß seine Beschreibung nur für die USA zutraf. Nur dort hatte sich diese Art von Sozialwissenschaften ausgebildet, nur dort glaubte man, den großen Durchbruch erreicht zu haben. Es waren diese Sozialwissenschaften, die in wenigen Jahrzehnten mit einer staunenswerten Dynamik um die Welt liefen in einem Vorgang, der die Züge der säkularen Weltmission, Offenbarung und Bekehrung nicht verleugnen kann. Wir wollen wissen, wie es zu dieser Entwicklung gekommen ist, welche Träger, Interessen und Umstände dabei mitgespielt haben und welches die geschichtliche Bedeutung dieses Vorgangs ist.

Wir haben früher gesehen, wie sich zu Ende des vorigen Jahrhunderts in den USA eine eigene Soziologie zu bilden begann, die zwar freizügig das Erbe der europäischen Ideen benutzte, dieses aber zunehmend amerikanisierte, weil sie ihre Quellen und Wurzeln tief in der (eigenen) Kultur hatte und unvermeidlich Antworten auf jene Fragen suchte, die sich die amerikanische Gesellschaft in ihrer Eigenart stellte. Wie erinnerlich war diese Soziologie als praktisches Mittel zur Behebung der menschlichen und sozialen Schwierigkeiten gedacht, die mit der Verstädterung auftauchten und mangels staatlicher Einrichtungen als Gemeindeprobleme betrachtet wurden; ihr eigentlicher Adressat waren die einschlägigen Ämter und Kirchen der Gemeinden sowie alle konfessionellen, bürgerlichen, beruflichen und humanitären Vereinigungen, die für das Leben und Zusammenleben Sorge trugen. Mit dieser Aufgabe war die Soziologie in Amerika tief in das Versprechen der nationalen und religiösen Glaubensgeschichte des Gelobten Landes Amerika eingelassen. Nicht zufällig trat sie ins Leben, als der amerikanische Protestantismus nach fast einem Jahrhundert immer neuer Erweckungsbewegungen die Hoffnung verlor, bloß aus der Kraft seiner Botschaft die gute Gesellschaft guter Menschen zu erzeugen. Aufs engste war ihre Entstehung verbunden mit der Umdeutung der Religion in der Social-Gospel-Bewegung. „Sociology should be the science of Christian society" und „the future of mankind depends upon religion becoming scientific and therefore social, it equally depends upon science becoming social and therefore religious" sind zwei typische Äußerungen aus jener Zeit.

Von vornherein waren die amerikanischen Sozialwissenschaften mehr aus praktischen als aus theoretischen Absichten davon überzeugt, daß es gelte, die Gesetze der gesellschaftlichen Entwicklung zu entschlüsseln. Im Geiste des Szientismus an dem Ideal einer „positiven" und möglichst quantifizierten Wissenschaft orientiert, hatten sie stets versucht, nach dem Vorbild der Naturwissenschaften praktisch anwendungsfähige Theorien zu entwickeln. Diesem Ziel nun glaubte man endlich nahe gekommen zu sein, weil inzwischen viele Verfahren entwickelt worden waren, die der Beobachtung menschlichen Verhaltens, der Erhebung sozialer Tatsachen, der Quantifizierung dieser Daten und der statistischen Analyse dienten (über die Sozialforschung gesondert in Kap. 4). In dem Glauben, nunmehr das methodische Rüstzeug für die Konstruktion und Prüfung empirischer Theorien zu besitzen, bildete sich unter den Sozialwissenschaften, die bisher nur in lockerer Verbindung gestanden hatten, der gemeinsame Anspruch heraus, mit den Naturwissenschaften gleichziehen und akademisch gleichrangig werden zu können. „More and more their self-conscious ambition is the same as that of a natural scientist, to create a set of highly determinate theories for the explanation of empirical social phenomena" (Bernard Barber: Science and the Social Order. 1952).

Eine besondere Entwicklung nahm dabei am Ende die Soziologie durch eine zweite Neuerung, die recht eigentlich das Werk eines einzelnen war, aber binnen kurzem zum Fascinosum der amerikanischen Soziologie, ja der amerikanischen Intelligenz wurde.

Es war Talcott Parsons (1902–1979), der nach Vorarbeiten 1951 „The Social System" veröffentlichte. Neu daran war nicht sowohl der Gedanke, daß jede Gesellschaft ein soziales System sei, als vielmehr die Behauptung, daß alle diese Systeme nach einem identischen Prinzip gebaut seien. Parsons stellte ein System universaler Grundbegriffe vor, das die unendliche Mannigfaltigkeit der gesellschaftlichen und geschichtlichen Wirklichkeit überall mit Sicherheit auf ihre wesentlichen Grundvorgänge zu reduzieren erlauben sollte. Denn jede Gesellschaft ließ sich nun als das System einer funktional geordneten Struktur beschreiben. Ihre Struktur – das war das Netz sozialer Positionen, deren jeweilige Inhaber die ihnen von der Gesellschaft zugeteilten Rollen auszuführen hatten, wozu sie durch Sanktionen angehalten und worauf sie durch Sozialisation vorbereitet wurden, alle übrigen Verhältnisse, wie Gruppen, Institutionen, Organisationen u. a., waren nur komplexe Zusammensetzungen aus diesen Elementen. Und da alle Bestandteile in funktionalem Zusammenhang standen, war die Gesellschaft ein sich selbst erhaltendes und entwickelndes

System. Schien es nun möglich, alle Gesellschaften in den gleichen Begriffen zu erfassen, so mußten sich dann mit Hilfe der empirischen Verfahren auch streng überprüfbare Theorien entwickeln und verbessern lassen.

Diese Neuerungen waren verständlicherweise geeignet, eine geistige Attraktion, ja Faszination auszuüben. Wo immer man in der Hoffnung auf eine streng wissenschaftliche Soziologie nach naturwissenschaftlichem Muster gelebt hatte, da mußte die Überlegenheit der Methoden in Verbindung mit der einfachen Systematik eines vollständigen Begriffsrasters den Gedanken an einen entscheidenden Durchbruch nahelegen. Und dieser Gedanke mußte alsdann jene Zukunftserwartungen ins Spiel bringen, die auf die eine oder andere Weise den säkularen Hoffnungen der Moderne zugrunde gelegen und in der Idee einer strengen Wissenschaft von der Gesellschaft nur eine besondere Ausformung gefunden hatten. War die wissenschaftliche Erörterung schon mit der mächtigen Verheißung eines entscheidenden Durchbruchs belastet, so diese noch einmal mit dem Versprechen auf den Aufbruch in eine neue Zeit. Das Geheimnis der Gesellschaft schien gelüftet; die Soziologie schien nach langen Anstrengungen die Reife einer strengen empirischen Wissenschaft erreicht zu haben; die Umwandlung der Politik in angewandte Wissenschaft konnte beginnen; die Einrichtung der guten und richtigen Gesellschaft stand bevor.

Es ist denn auch nötig, sich jene erregte Aufbruchsstimmung zu vergegenwärtigen, die damals die amerikanische Sozialwissenschaft und mit dieser die amerikanische Intelligenz ergriffen hatte. Der sichtbare Ernst der sachlichen Betrachtungen erweist sich als untrennbar vermischt mit dem prophetischen Glauben an die weltmissionarische Berufung der Sozialwissenschaften, die auf die Schultern Amerikas fällt. Grundlage dieses visionären Glaubens war die trotz mancher vorsichtiger Einschränkungen allgemeine Überzeugung, daß in Amerika die festen Fundamente für die Human- und Sozialwissenschaften, insbesondere für eine reife Wissenschaft von der Gesellschaft gelegt worden seien. Man muß den ungeheuren – und eben nicht nur wissenschaftlichen – Anspruch der trockenen Understatements beachten, in denen Parsons 1949 die Parole verkündete: „Like all branches of American culture, the roots of sociology as a science are deep in Europe. Yet I like to think of sociology as in some sense peculiarly an American discipline, or at least an American opportunity. There is no doubt that we have the leadership now . . . It is my judgement that a great opportunity exists. Things have gone far enough so that it seems likely that sociology, in the closest connection with its sister-sciences of psychology and anthropology, stands near the beginning of one of those important configurations of culture growth . . . Can American sociology seize this opportunity? . . . I think we have already taken up the challenge all along the line. ‚The Sociology‘, as my children called it, is not about to begin. It has been gathering force for a generation and is now really under way" (Essays in Sociological Theory. 1954).

Im Kontext der amerikanischen Kultur war diese schlichte Aussage über den Stand der Soziologie der Träger einer bedeutungsreichen Botschaft. In der spröden Verhaltenheit der Aussage konnte jeder Amerikaner die endliche Einlösung der säkularen Verheißungen erkennen, mit denen die amerikanische Soziologie einst (siehe hier: „Zur Geschichte der Soziologie") begonnen hatte, ja eigentlich sogar die Bestätigung des Glaubens, auf dem die amerikanische Gesellschaft errichtet worden war. Wer die sozialwissenschaftliche Literatur Amerikas aus jener Zeit zur Hand nimmt, findet denn auch, wie auf Schritt und Tritt der ständig gepriesene Durchbruch der Soziologie zu einer strengen empirischen Wissenschaft im Grunde nur die Folie für die Verkündigung des Anbruchs eines neuen Zeitalters abgibt, in dem endlich „The Promised Land" erreicht wird. Wir halten uns an einige Ausschnitte, wie sie sich bequem in einer Aufsatzsammlung amerikanischer Sozialwissenschaftler, die eine führende Stellung im Fach meist mit einem Einfluß auf die Wissenschaftspolitik verbanden, finden lassen (The Human Meaning of the Social Sciences, edited by Daniel Lerner. 1959): Da wird mit der intellektuellen Einfalt des Gläubigen gleich klargestellt, daß *Social Science* – man beachte die ständige Großschreibung – für ein Weltbild steht: „Social

Science is a genuinely new way of looking at the world, – replacing the successive methods of magic, religion, philosophy by the method of observation. Under the rule of Social Science, there are no more eternal mysteries... but only phenomena that have not yet been adequately observed. Nothing human is inscrutable; all behavior is amenable to inquiry... As there are no more eternal mysteries, in Social Science, so there are no more eternal verities." Und das mündet konsequent in das Versprechen der rationalen Selbstvergewisserung: „Social Science provides guidance through the dilemmas and anxieties of free personal choice to replace the instruction in prescribed behavior of Truth and Law." Die Sozialwissenschaften liefern dem Menschen „a new conception of the human ego, whose function it is to give a man a rational definition of his own identity".

Und daran sind auch die übrigen Sozialwissenschaften beteiligt: „Psychological concepts are giving man a new conception of human nature." Noch näher konnte man in der dürftigen Sprache eines reduktiven Weltbildes dem Versprechen der Wiedergeburt als neuer Mensch nicht kommen, und diese Verheißung der rationalen Selbstvergewisserung des einzelnen – wie folglich der Erschaffung des rationalen Menschen und der rationalen Gesellschaft – ist stets ein Hauptgrund für die unwiderstehliche Anziehungskraft gewesen, die solche Art Soziologie auf die Intellektuellen ausgeübt hat. Die andere Seite der Verheißung des neuen Menschen ist dann die Abschaffung der Sünde. Es hält nicht etwa die Soziologie mit ihrem eigenen moralischen Urteil zurück, sie eliminiert die Moral als ein soziales Vorurteil. Es bleibt nur das „abweichende" Verhalten, „a failure of communication with one's fellow man – a malfunction of the inner mechanism. This is not a curse but an illness, hence it can be cured."

Und dann entfaltet sich in der technischen Sprache eines reduktiven Weltbildes der Mythos der Soziologie: ein Komplex von Verheißungen, die immer stillschweigend in individuellen Varianten mitgedacht waren, wenn von den *Social Sciences* gesprochen wurde. Der Advent der Soziologie verkündet die

Geburt der neuen Gesellschaft, die nach den Wünschen der Menschen eingerichtet sein wird. „The central tendency of social science is rather to increase man's capacity to manipulate his own social environment." Es sind dabei schon jene Ideen im Spiel, die sich wenig später in politische Programme und ideologische Bewegungen umsetzten. So der futurologische Traum von den alternativen Zukünften des Fortschritts: „Gradually society can be changed until people learn to live as much in imagination of the future as in reminiscences of the past." So die Planungseuphorie: „This calls for comprehensive planning on the local, state, national or supranational levels." Und dabei fällt natürlich der Wissenschaft die Führung zu: „In the beginning it is important for the scientific community to take command." Immer wieder taucht dabei die Paradoxie auf, daß die Sozialwissenschaft einerseits nur die Mittel zur Erfüllung der Wünsche bereitstellt, aber andererseits Menschen erst über ihre Wünsche und Bedürfnisse belehren muß. Unter dem Druck der Verheißung erscheint die Lebenswirklichkeit als ein Krankheitszustand: „Society as a Patient." Nur durch professionelle Betreuung kann der Mensch seine Identität gewinnen: „Oriented in the perspectives and trained in the methods of social science, these students occupy posts in education, in government, in business, and in the multitudinous array of civic and social service agencies which guide a substantial portion of the nation's private and public affairs."

Gewiß sind nicht alle diese Ideen von allen mit der gleichen Entschiedenheit vertreten worden. Es gab Unterschiede, die sich weniger nach Fächern als nach Flügeln und Richtungen gliederten. Unvermeidlich aber wohnte allem ein Programm mit der Tendenz inne, das menschliche Handeln auf das äußere Verhalten zu reduzieren, seinen Sinn auf äußere Interessen zu verkürzen und alle sonstigen Bedeutungen entweder beiseite zu lassen oder, nicht anders als der Marxismus, zu einem aus jenen Tatsachen ableitbaren Überbau zu erklären. Stets entwickelt der Szientismus mit seiner unqualifizierten Apotheose der „Tatsachen" die Tendenz, wenn nicht das Ziel, alles zu entlarven, was über die einfachsten Lust- und Nutzenvorstellungen hinausreicht. Wenn Lerner die Sozialwissenschaften als Befreier nicht nur von bestimmten, sondern von allen Normen anpries, so war das durchaus typisch für weite Teile der Sozialforschung, die sich – man denke nur an den Kinsey-Report – mit Eifer diesem Entlarvungsgeschäft hingab (vgl. dazu in Kap. 4 „Die Sozialforschung als Ideologie"). Nicht alle Sozialwissenschaftler haben ihre Aufgabe so verstanden, aber zu einer grundsätzlichen Diskussion kam es nicht. Niemand stellte die einfache Frage, wieso denn ausgerechnet eine Wissenschaft, die nur Tatsachen zulassen wollte, ein Handeln, das nach Lust und Nutzen erklärbar war, als gesollt, hingegen ein Handeln, das sich auf moralische Normen oder Bedeutungen gründete, für verboten deklarierte. Nur David Riesman (The Lonely Crowd. 1950) vermutete, daß die Sozialforschung im Wege der normativen Kraft des Faktischen zu einer haltlosen sozialen Anpassungsmoral führen werde; nur Edward Shils (D. Lerner, a. a. O.) fragte nach dem Ethos der Sozialforschung.

So waren die Sozialwissenschaften durch das Programm zusammengehalten, positive Wissenschaften zu werden. Jetzt erst schlossen sich Soziologie, Psychologie, Anthropologie, Statistik, Sozialforschung, Psychoanalyse, Politologie u. a., die bisher nur in lockerer Verbindung gestanden hatten, in einem Einheitsbekenntnis als „Social Science" zusammen. Obschon die Theorien zwischen und in den Fächern meist unvereinbar blieben, sah man sich gemeinsam auf dem Wege, wenn nicht zu einer einheitlichen Theorie, so doch zur praktischen Herrschaft über die Probleme. Sicher war diese Umbenennung in „Social Sciences" oder – wie andere wollten – „Behavioral Sciences" auch ein Versuch, durch das neue Etikett mit den Naturwissenschaften gleichzuziehen, um die lange entbehrte akademische Anerkennung zu finden. Sie war aber auch die Proklamation eines Weltbildes, das alles menschliche Handeln auf (eine bestimmte Art von) Tatsachen reduzieren wollte. Mit der Umbenennung verband sich denn auch sogleich ein Anspruch von der größten Tragweite, insofern nun alle Wissenschaften, die nicht mit der Natur zu tun hatten, den Sozialwissenschaften zugerechnet werden sollten; womit die Geisteswissenschaften ihre Selbständigkeit und ihren Eigenwert verloren. Methodisch waren sie nun auf das Ideal einer Gesetzeswissenschaft festgelegt, inhaltlich auf das Bekenntnis zu den „Tatsachen" und insbesondere: zu den „gesellschaftlichen" Tatsachen als der eigentlichen Wirklichkeit. Es lag darin bereits das Programm einer durchgängigen Soziologisierung, wie der Geisteswissenschaft, so der Kulturbestände, die nun, kaum anders als im Marxismus, als eine Art Überbau beiseite geschoben wurden.

All dies waren Ansprüche und Proklamationen der Sozialwissenschaften, die zwar intellektuelles Aufsehen erregen konnten, unter normalen Umständen jedoch der Geduld der internationalen Diskussion und wissenschaftlichen Selektion ausgesetzt gewesen wären. Außerordentliche – und zwar: außerwissenschaftliche – Umstände führten jedoch dazu, daß diese Versprechungen in Amerika praktisch honoriert wurden. So wie die Soziologie einst ihren ersten Halt in Amerika gefunden hatte, als sie sich den lokalen Behörden, Kirchen, philanthropischen und karitativen Organisationen zur praktischen Lösung der großstädtischen Probleme anbot, so gewann sie ihre zweite Anerkennung, als sich die Sozialwissenschaften der Nation zur Lösung einer größeren Krise anboten. Unverkennbar begrüßten die Amerikaner die Sozialwissenschaften als das Werkzeug für die Bestätigung, Wiedergeburt und Erfüllung ihres auf die *Declaration of Independence* gegründeten Weltbildes (dazu die klassischen Arbeiten von A. de Tocqueville: De la démocratie en Amérique. 1835, und von C. L. Becker: The Declaration of Independence. A Study in the History of Political Ideas. 1922, und als neue Ergänzungen D. Boorstin: The Americans. The Colonial Experience. 1958, und J. Gebhardt: Die Krise des Amerikanismus. 1976). Nicht zufällig ging der Stern der Soziologie auf, als die amerikanische Demokratie sich von innen wie außen bedroht fühlte. Von innen, weil der Glaube an die zeitlose Großartigkeit der Verfassung, an die Auserwähltheit des Gelobten Landes (God's own country), an die Lösbarkeit der politischen Probleme durch den *common sense,* an die *grassroots-democracy* des kleinen Mannes und der kleinen Gemeinde, an die Gleichheit und Freiheit aller, an die jedermann offenstehenden unbegrenzten Möglichkeiten, an die unerschütterliche Gemeinsamkeit im nationalen Konsens, an den unbegrenzten Fortschritt vielfältig bedroht zu sein schien: durch die industrielle, technische und städtische Entwicklung, durch den Schwund der religiösen Überlieferung, durch die Erschütterung der großen Depression, die mit dem *New Deal* Roosevelts und dem Auftritt einer linken Intelligenz neue Lagen schuf. Von außen, weil Amerika sich als Kriegspartei von den Mächten des Nationalsozialismus und Faschismus, danach vom Kommunismus herausgefordert fühlte und damit in eine Rolle eintrat, in der es sich als Vormacht in einem weltweiten Kampf für die Demokratie verstand.

In dieser Konstellation haben sich die heutigen Sozialwissenschaften in den USA in dem entscheidenden Jahrzehnt 1940–1950 erst formiert. Sie verdankten ihren Aufstieg zu Macht und Ansehen nicht sowohl sachlichen Fortschritten als einem neuen Glauben an ihren Beruf. Die Requisiten dafür lagen längst bereit in den säkularen Hoffnungen der Moderne, daß die Probleme des Lebens und Zusammenlebens durch positive Wissenschaften gelöst werden könnten; doch erst Amerika machte mit diesem Glauben Ernst. Hier wurden die Sozialwissenschaften zu einem nationalen Bekenntnis, weil sie sich als Garant, als Geist und Kraft der Demokratie ausgaben. Indem sie auf die Nöte Amerikas zu antworten versprachen, rückten sie selbst in den Mythos der amerikanischen Geschichte ein: die Unabhängigkeitserklärung („We hold these truths to be self-evident...") plus Sozialwissenschaft ergab nun erst die wahre Demokratie. Nun wurde erst aus wissenschaftlichen Theorien und intellektuellen Weltanschauungen eine nationale Aufgabe und Praxis. Umgekehrt wurden *The Social Sciences* nun ganz und gar vom Weltbild des amerikanischen Demokratieverständnisses durchtränkt und zogen mit diesem, wie wir bald sehen werden, um den Erdball.

Die Sozialwissenschaften versprachen, den Menschen den Glauben an den Fortschritt zurückzugeben, indem sie dessen Folgeschäden durch Planung ausschalten würden. In neuem Gewand trat Comtes positivistischer Traum auf, daß der

Fortschritt vollendet werde, wenn die Wissenschaft mit der Soziologie ihren Abschluß erreiche: „Science in our society will not really achieve full maturity until social science comes of age with its sisters, the natural sciences" (B. Barber, a. a. O.).

Die Sozialwissenschaften versprachen, den Menschen den Glauben an die Politik zurückzugeben, indem sie sich als „Policy Sciences" (H. D. Lasswell) anboten: „wedding knowledge and power in the public interest"; „the essentially amateur politician and administrator of today will have been replaced by a new professional man, with specialized scientific training" (D. Lerner, a. a. O.). Es fehlte denn auch nicht das Versprechen vom „Ende der Ideologien" (D. Bell), das auch der menschlichen Zwietracht ein Ende setzen werde, weil die politischen Entscheidungen nun einträchtig aus sachlicher Einsicht hervorgehen würden. „Social research ... is bound to undermine the fixed doctrines of any ideology" (D. Lerner, a. a. O.).

Die Sozialwissenschaften versprachen, den Menschen den Glauben an die ursprüngliche Demokratie zurückzugeben, in der alle gesellschaftlichen Mächte sich von unten aus den praktischen Lebenseinstellungen aller Bürger komponieren sollten. Als Sozialforschung wollten sie die unübersichtlichen und indirekten Daseinsverhältnisse des modernen Lebens in allen Bereichen – Konsum, Massenmedien, Freizeit, Betrieb, Erziehung, Familie usw. – ständig durchleuchten, um durch solche Informationen die gesellschaftlichen Mächte an die Wünsche und Bedürfnisse der Bürger rückzubinden, wie auch jedem einzelnen die Kompetenz zur rationalen Lebensführung zurückzugeben, ja ihn aus den Fesseln von Vorurteilen, Normen und Traditionen zu befreien.

Unter dem Eindruck dieser Versprechen setzten sich die Sozialwissenschaften in Amerika durch und wurden zu einem festen Bestandteil des Lebens. Regierungen, Parteien, Gemeinden, Verbände, Unternehmen, Universitäten, Akademien, Massenmedien, Kirchen, Gremien, Stiftungen wetteiferten um die Nutzung und Förderung der Sozialwissenschaften, die sich nun ihrerseits in den verschiedensten Formen als „Applied Social

Sciences", als professionelle Informanten und Berater auf dem freien Markt anboten. Im Sinn ihrer Versprechen trat neben diese technische Nutzung der Sozialwissenschaften ihr Aufstieg zur geistigen Autorität und Bildungsmacht im Bildungssystem und in der öffentlichen Meinung.

So hatten die Sozialwissenschaften, die sich im vorigen Jahrhundert in Europa in lebendiger Vielfalt zu entwickeln begonnen hatten, zu einem Triumph des szientistischen Positivismus geführt, der in Amerika nunmehr eine neue Ausprägung erhielt. Eben dort sind sie auch zuerst zu einer öffentlichen Lebensmacht geworden. Treffend hat Alvin W. Gouldner die damals noch typisch amerikanische Erfahrung beschrieben, wie die Soziologie zwischen 1940 und 1960 zu einem entscheidenden Bestandteil der Gegenwartskultur wurde: „Hunderttausende amerikanische College-Studenten nahmen an Kursen über Soziologie teil; buchstäblich Tausende von Soziologiebüchern wurden geschrieben. Gleichzeitig machte die nun aufkommende Taschenbuchindustrie diese Bücher als Massenartikel lieferbar. Sie wurden in Drugstores, an Eisenbahnstationen, Flughäfen, in Hotels und in Lebensmittelgeschäften verkauft, während zur gleichen Zeit der zunehmende Reichtum der Mittelklasse es den Studenten erleichterte, sie zu kaufen, selbst dann, wenn sie nicht gerade als Lehrbücher benötigt wurden" (The Coming Crisis of Western Sociology. 1970, dt. Übersetzung 1974).

Weil diese Konstellation mit Amerikas Aufstieg zur Weltmacht zusammenfiel, wurde sie selbst zum Weltereignis. Sozialwissenschaftler wurden zur Vorbereitung und Ausführung der Besatzungspolitik systematisch von Regierung und Militär als Berater herangezogen; die entsprechenden Stellen, Stäbe, Ausbildungsstätten und Forschungsinstitute wurden eingerichtet – all dies in der Überzeugung, daß die Sozialwissenschaften die nötigen Erkenntnisse bereithielten, um Menschen, Völker, Kulturen, Staaten und Nationen nach Plan ändern und nach Muster demokratisieren zu können. Unerschüttert in dem Glauben, daß die Welt durch Anwendung der soziologischen Theorie auf den gewünschten Weg gebracht werden könne, entwickelte Parsons in seinen „Essays in Sociological Theory" die Grundsätze und Maßnahmen, die in Deutschland und Japan durch Veränderung der Institutionen den demokratischen Menschen erzeugen sollte – unangefochten von jeder Sorge, damit am freiwilligen Kriegseinsatz der Wissenschaft teilzunehmen.

Entscheidend für die Weltmission der Soziologie wurde jedoch die neue Weltordnung, die Amerika nicht nur ins Auge faßte, sondern tatkräftig mit eigener Politik verfolgte und in den United Nations mit der Vielheit ihrer Unterorganisationen zur Institution zu erheben versuchte. Es war die Vision der brüderlichen Welt der Völker, die nicht bloß Frieden und Sicherheit garantieren, sondern ausdrücklich internationale Lösungen für alle ökonomischen, sozialen, kulturellen und humanen Probleme finden sollte. Der Atlantik-Charta, der United Nations Declaration, dem Point Four Program lag das Konzept einer Welt zugrunde, in der allen Ländern auf den gemeinsamen Weg zu Fortschritt und Demokratie verholfen werden sollte. Die Eine Welt, in der wir heute leben, war nicht das Ergebnis eines Naturprozesses; sie war das Ergebnis eines Planes, der das Glück der Völker in der brüderlichen Arbeit am gemeinsamen Fortschritt sah, das Unglück in der ökonomischen und geistigen Unterentwicklung. Ein ebenso großherziger wie naiver Fortschrittsoptimismus vertraute darauf, daß die Verbreitung und Benutzung der Wissenschaft in kurzer Zeit alle Völker an das vermeintlich auch von ihnen ersehnte natürliche Ziel bringen würde. Spielten *Research*, *Publication* und *Technical Assistance* schon bei den UN eine zentrale Rolle, so wurde insbesondere die UNESCO zum Träger des alten Aufklärungstraums, wenn ihr die Aufgabe gestellt wurde, den Frieden durch die Verbreitung von Bildung und Wissenschaft herzustellen. Sie wurde denn auch zu einer der Hauptagenturen für die weltweite Verbreitung der amerikanischen Sozialwissenschaften, die nun als das unerläßliche technische Werkzeug und geistige Rückgrat einer progressiven Demokratie galten. Es muß hier genügen, die Worte ihres ersten Präsidenten, des Naturwissenschaftlers Julian Huxley, festzuhalten: „We need have no fear for the future of social science. It too will pass through similar phases from its present infancy. By the time that the profession of social science, pure and applied, includes as many men and women as are now engaged in natural science, it will have solved its major problems of new methods, and the results it has achieved will have altered the whole intellectual climate. As the barber-surgeon of the Middle Ages has given place to the medical man of today, with his elaborate scientific training, so the essentially amateur politician and administrator of today will have been replaced by a new type of professional man, with specialized scientific training. Life will go on against a background of social science."

Gleichzeitig trug Amerika die Sozialwissenschaften in alle Teile der Welt, wo es eine Besatzung, Stützpunkte oder kulturelle Vertretungen unterhielt. Es sorgte für die entsprechenden Einrichtungen, Informationen, Materialien und Programme wie für die Abstellung der Kulturpropaganda auf die Sozialwissenschaften. Und hinter alldem stand die Überzeugung, daß der Kampf um das Schicksal der Welt wesentlich durch die Verbreitung der Sozialwissenschaften zugunsten der Demokratie entschieden werden könne. „If the democratic idea survives the crisis of our time, the Social Science will spread around the world in the next century as it spread through the West in the last century. The great current issue for Social Science is how to increase democracy's chances for survival in our time" (D. Lerner, a. a. O.).

Einen entscheidenden Anteil an der globalen Verbreitung der amerikanischen Version der Sozialwissenschaften hatten die großzügigen amerikanischen Hilfs- und Austauschprogramme. Der wissenschaftliche Nachwuchs der freien Länder hat nach 1945 einen bedeutenden Teil seiner Ausbildung an amerikanischen Hochschulen erfahren. So entstand eine internationale, am Weltbild der amerikanischen Sozialwissenschaften orientierte Kulturintelligenz, zusammengehalten durch eine gemeinsame Vorstellungs- und Begriffswelt, zusammengebunden durch die Regeln und Privilegien internationaler Vereinigungen und Veranstaltungen, bestärkt durch eine gemeinsame Vision der Gesellschaft, verpflichtet auf eine gemeinsame Loyalität.

Indem diese Intelligenz in die akademischen Positionen nachrückte, gerieten die wissenschaftlichen, geistigen und kulturellen Traditionen der verschiedenen Länder ins Abseits. Und indem das Weltbild der amerikanischen Sozialwissenschaften in den Raum der öffentlichen Meinung und Politik eindrang, entwickelte es überall seine kulturverändernden und kulturrevolutionierenden Kräfte. Die Soziologisierung der wissenschaftlichen, kulturellen und alltäglichen Wissensbestände war die natürliche Folge. Unvermerkt hatte ein neues Weltbild seinen Einzug gehalten.

Diese Entwicklung wurzelte allerdings in einer tieferen Schicht. Sowenig der Siegeslauf der amerikanischen Sozialwissenschaften das Ergebnis ihrer wissenschaftlichen Überlegenheit war, sowenig war er bloß das Ergebnis von Besatzungspolitik und Kulturpropaganda. Die USA waren aus dem Krieg nicht nur als der eigentliche militärische, sondern als der wahre geistige Sieger hervorgegangen. Sie erschienen als der unübertreffbare Meister des Fortschritts und als der verläßliche Führer zur Modernität. Und nur sie schienen aus den Ideen der Freiheit und Humanität eine menschliche und demokratische Gesellschaft aufgebaut zu haben, die sowohl durch die Stetigkeit ihres Weges wie durch die Übertragbarkeit ihres Konzeptes einzigartig schien. Wo die Demokratie anderer Länder eigenen historischen Institutionen und kulturellen Überlieferungen verhaftet blieb und deshalb unnachahmbar schien, da schien Amerika umgekehrt über eine Verschreibung zu verfügen, die überall gelernt und geübt werden konnte. Die durchaus komplizierten und eigenartigen Institutionen der amerikanischen Politik erschienen als selbstverständliche Ausformung des sie bestimmenden Konzepts einer sich von der Basis her komponierenden Demokratie. Die Nachkriegsintelligenz wuchs überall im Banne des strahlenden amerikanischen Versprechens auf, eine einfache und überzeugende Verschreibung für das rechte Zusammenleben der Menschen und Völker zu besitzen. Inmitten der Trümmer der Geschichte war sie fasziniert von der Demokratie als Lebensform, die in Amerika politisch wie menschlich so glücklich zu funktionieren schien, angezogen von dem ausgreifenden Elan ihrer zukunftswilligen Modernität, beeindruckt von der Tatkraft und Hilfsbereitschaft der neuen Weltordnungsmacht. Mindestens für eine Generation der Nachkriegsintelligenz waren die USA das Gelobte Land, wo man aus den Fesseln, Nöten, Fehlern und Engen, aus Rückständen, Erinnerungen, Traditionen und Hoffnungslosigkeiten herauskommen könnte, und einzig die amerikanische Demokratie schien aus den europäischen Verheißungen von Freiheit, Gleichheit und Brüderlichkeit, von Demokratie und Liberalismus, von Humanität und Fortschritt die rechte Mischung zu einer bewährten und überzeugenden Lösung destilliert zu haben. Es war die von der Basis her komponierte *grass-roots-democracy,* welche volle individuelle Freiheit mit ständiger Solidarität zu verbinden versprach; den Staat als Ausführenden des Bürgerwillens begriff, der sich problemlos als das gemeinsame Wohl aus der Diskussion des urteilsfähigen Bürgerverstandes ergab; allen die Verwirklichung ihrer Interessen bei Beteiligung am allgemeinen Fortschritt in Aussicht stellte; die Ausrottung aller gesellschaftlichen Übel und volle Selbstverwirklichung bei wachsendem Wohlstand versprach; die rechtliche Gleichheit durch das Vertrauen auf die fundamentale Gleichheit der Interessen und Ziele, aber auch der moralischen Kompetenz und sachlichen Urteilsfähigkeit auffüllte; alle Gegenfälle als die durch Verbreitung der Bildung, sozialen Reformen und wissenschaftlichen Fortschritt überwindbaren Ausnahmen auf Zeit behandelte; und dieses Modell als ein von der amerikanischen Geschichte bereits eingelöstes Programm schon vor Ende des Krieges in der atlantischen Erklärung als die richtige Verfassung der Einen Welt angeboten hatte.

Im Namen dieser Versprechung verbreitete sich die amerikanische Version der Soziologie in kürzester Zeit um die ganze Welt, soweit diese nicht vom Marxismus vereinnahmt wurde. Die Mechanismen der missionarischen Ausbreitung (und die Gründe der Rezeption) waren in beiden Fällen völlig verschieden, führten aber doch jeweils zu dem gleichen Ergebnis: der Herrschaft einer einheitlichen Gesellschaftslehre. Zu diesem Zweck löschte der Marxismus in seinem Herrschaftsbereich alle Traditionen und Rivalen aus, während in der freien Welt nur die wissenschaftliche Lehre von der Gesellschaft nach dem Vorbild der amerikanischen Soziologie vereinheitlicht oder verbreitet wurde. Aber auch das erwies sich als hinreichend, um das Weltbild zur Herrschaft zu bringen, das in dieser Soziologie steckte.

Die Herrschaft der Soziologie

Wir wollen nunmehr die Ergebnisse der geschichtlichen Betrachtung abschließend zusammenfassen, um die Herrschaft der Soziologie in ihrer Bedeutung zu verstehen.

Hinter dem Aufstieg der Soziologie steht die innere Notwendigkeit der Glaubensgeschichte der Moderne, die mit dem Bedürfnis nach einer innerweltlichen Daseinsauslegung auf die Frage nach Geschichte und Gesellschaft zutrieb. Keine Kultur kann ohne eine Antwort auf diese Frage leben, und eine säkulare Zivilisation erwartet sie von der Wissenschaft.

Bereits in der Aufklärung durch dieses Bedürfnis gekennzeichnet, radikalisierte sich die Lage im 19. Jahrhundert durch eine Konstellation von Gründen. Einerseits wuchs mit der zunehmenden Machbarkeit der Daseinsverhältnisse (und also mit der zunehmenden Unberechenbarkeit veränderter Lebenslagen) das Interesse, auf deren Gestaltung Einfluß zu nehmen, bis in die Massen hinein. Andererseits wuchs aus dem gleichen Grund das Bedürfnis nach einer Einsicht in die gesellschaftlichen Zusammenhänge, an der das Interesse an der Gestaltung der Verhältnisse erst Orientierung gewinnen konnte. Schließlich wurde es bei zunehmender Organisierbarkeit möglich, die verschiedensten Menschen in Gesinnungsgemeinschaften, Bewegungen oder Parteien im Namen irgendwelcher Programme zur Gestaltung der Gesellschaft zu mobilisieren. Damit entstanden gesellschaftliche Gruppierungen in politischer Absicht, die ebensowohl auf Lehren von der Gesellschaft angewiesen waren, wie diese als Programme zur Bildung solcher Gruppierungen dienen konnten.

So geriet das Bedürfnis nach Auskunft über Geschichte und Gesellschaft von vornherein unter den Zwang der politischen Handlungsrealitäten einer demokratisch mobilisierten Gesellschaft. Geistige Orientierungsbedürfnisse und politische Handlungsinteressen schufen dort, wo sie zusammenfielen, einen öffentlichen Markt für einschlägige Lehren. Die wissenschaftliche Arbeit begann im Sog aktueller, geistiger und politischer Orientierungsbedürfnisse eines neuen Publikums.

In dieser Lage schlug die Stunde der Intellektuellen, die aus der Entschlüsselung der Geschichte eine Anweisung für die Gestaltung der Gesellschaft ziehen zu können vermeinten. Mit ihren Ideen vermochten sie Anhänger in mächtigen Gesinnungsgemeinschaften, Glaubensbewegungen und Weltanschauungsparteien zu mobilisieren.

Eine Sonderstellung nahmen dabei jene Lehren ein, die den Lauf der Geschichte aus einem eindeutigen und vollständigen System von Gesetzmäßigkeiten zu erkennen unternahmen. Hegel, Comte, Marx und Spencer haben den größten Einfluß auf Intellektuelle ausgeübt, weil sie den Sinn der Geschichte zu verkünden antraten; Comte und Marx riefen die größten Bewegungen ins Leben im Namen der Vollendung der Geschichte, und die Größe des Versprechens löste den Glauben an einen heiligen Auftrag aus, der zur missionarischen Verbreitung ihrer Lehren antrieb, deren öffentliche Durchsetzung dann geradezu in das Zentrum ihrer Berufung zur Erfüllung der Geschichte rückte. Spätere Soziologen haben diese gesellschaftlichen Gesetzmäßigkeiten sozusagen entmaterialisiert. Wo Comte und Marx noch inhaltlich das Ziel der Geschichte charakterisierten, zogen Durkheim und Parsons sich auf die Angabe eines Entwicklungsprinzips zurück, das die sinnvolle Ordnung und Richtung der Geschichte garantieren sollte. Wo Comte und Marx sich schon im Besitz der Wahrheit glaubten, wird die Soziologie bei Durkheim und Parsons zu einer erst noch zu vollendenden Wissenschaft. Bei anderen Richtungen mußte sogar die Berufung auf Verfahren genügen, um den Traum von der Vollendung einer Gesetzeswissenschaft zu nähren, die von den Zufällen der Geschichte erlösen werde. Doch wo immer

Intellektuelle diesem Traum der Gesetzeswissenschaft anhängen, da schlägt – auch wenn nachgerade der Panzer der Professionalisierung entsprechende Äußerungen verhindert – ihr Glaube an diese Wissenschaft in den Auftrag um, die Menschheit durch diese Wissenschaft zu erlösen – und das nicht zufällig. Denn wenn es nur darauf ankommen soll, die gesellschaftlichen Gesetzmäßigkeiten zu entdecken, um dem Lauf der Geschicke vorausschauend begegnen zu können, dann wird in der Tat eine Soziologie, die das leistet, jenes Mittel, durch das sich der Mensch endlich aus der blinden Verlorenheit an die willkürliche Zufälligkeit seiner äußeren Daseinsverhältnisse erlöst. Wo immer die Soziologie sich dem Konzept einer definitiven Theorie der gesellschaftlichen Gesetzmäßigkeiten verschreibt, da stellt sich in der einen oder anderen Form der Gedanke ein, daß das menschliche Los durch die Vollendung einer solchen Theorie völlig gewendet werden könne. Hier liegt die systematische Erklärung dafür, daß alle Spielarten dieser Soziologie die Merkmale eines religiösen Glaubens und einer missionarischen Sendung aufweisen, ob diese sich nun in einer pathologisch-charismatischen Persönlichkeit, in der Stiftung neuer Religionen, in dem Glauben an die Erlösungsmission der Soziologie oder endlich nunmehr in blindem Eifern für die Rationalität von Methoden äußern: Die Soziologie wird zum heiligen Werk.

Bei gegebener Lage konnte eine wissenschaftliche Erörterung über die Soziologie kaum ernsthaft in Gang kommen. Es erwies sich als unmöglich, Sachfragen aus den Vorverständnissen jeweiliger Kulturtraditionen und Gesellschaftsverständnisse herauszulösen. „Sociology was not in a position to offer actively much to any other country. Internationally, its traditions were free-floating, and it is not surprising, therefore, that each of these countries acted as if the others scarcely existed sociologically" (E. Shils: Tradition, Ecology, and Institution in the History of Sociology, a. a. O.). Selbst in den Ländern, die durch ihr überwiegendes Bekenntnis zur Soziologie als einer Gesetzeswissenschaft ein gemeinsames Fundament zu besitzen vermeinten, war man schon uneins darüber, was es überhaupt zu erklären gelte; so fehlte das Fundament einer empirischen Gesetzeswissenschaft: ein fest umrissener Kreis erklärungsbedürftiger Tatsachen. Strenggenommen kam nur in Deutschland eine grundsätzliche Auseinandersetzung über die Soziologie in Gang, nämlich jener berühmte „Methodenstreit", in dem die Geisteswissenschaften sich die Frage stellten, ob die Soziologie eine eigene Gesetzeswissenschaft sein könne und dürfe. An diesem Streit haben bezeichnenderweise andere Länder nicht teilgenommen, sein spätes Ergebnis, wie es Max Weber zog, auch nicht mehr zur Kenntnis nehmen wollen und können. Auch die amerikanische Soziologie entwickelte sich aus dem Diskussionsstand von etwa 1900, ohne daß die einmal vorgefaßte Idee der Soziologie als Gesetzeswissenschaft noch je ernsthaft zur Frage gestanden hätte.

Angesichts solcher überall herrschender Zersplitterung und Abkapselung – so muß man resümieren – konnte eine sachlich überzeugende Konsolidierung und Vereinheitlichung der vielen Soziologien nicht zustande kommen. Selbstverständlich gab es bedeutende Leistungen sowohl in der theoretischen Konstruktion wie in der empirischen Behandlung von Problemen; vergeblich aber sucht man nach einem Beispiel, wo sich ein solcher Wissenszuwachs allgemein durchsetzte, um zum kumulativen Fundus einer anerkannten Soziologie zu rechnen – und dies ist doch der Maßstab, an dem der Anspruch gemessen werden muß, eine theoriefähige empirische Wissenschaft im Sinn der Naturwissenschaften zu sein. Die hagiographische Legende vom kumulativen Erkenntnisfortschritt scheitert an der einfachen Tatsache, daß die Soziologie bis vor wenigen Jahrzehnten nach nationalen Kulturtraditionen, ideologischen Gesellschaftskonzepten und theoretischen Wissenschaftsidealen geschieden blieb, die sich zwar selbst ausbauten, voneinander aber kaum Notiz nahmen. Als in dem berühmten „Methodenstreit" die Frage nach der Soziologie ernsthaft zu einer objektiven Diskussionslage heranreifte, standen England, Frankreich und Amerika verständnislos fern, weil eigene Wissenschaftstraditionen und Gesellschaftsverständnisse sie auf das unbefragte Ziel einer „Gesetzeswissenschaft" verpflichteten; das Versäumte konnte bis heute nirgends aufgeholt werden, weil der Erste Weltkrieg die Diskussionslage gründlich veränderte.

Der Befund lehrt unmißverständlich, daß die Soziologie nicht ruhig durch Argumente zu einer gemeinsamen Wissenschaft heranreifte, sondern plötzlich durch geschichtliche Entwicklungen vereinheitlicht wurde. Obschon Amerika in Europa in die Schule gegangen war, entstand dort bereits um die Jahrhundertwende eine eigene Soziologie, die unverkennbar auf amerikanische Kulturtraditionen, Gesellschaftslagen und Wissenschaftsverständnisse zugeschnitten war, in Europa nicht einmal beachtet wurde, selbst jedoch den Glauben nährte, aus dem europäischen Erbe eine strenge Wissenschaft zu formieren. Aber die amerikanische Vereinheitlichung der europäischen Ansätze gelang nur um den Preis ihrer Umdeutung, und die spezifischen Errungenschaften der amerikanischen Soziologie entwickelten sich ebenso unter dem Druck eigener amerikanischer Fragen, wie sie auf einem Verständnismangel für europäische Diskussionslagen beruhten. Als Parsons mit dem groß angelegten Nachweis begann, daß die europäische Soziologie insgesamt auf eine abschließende Systemtheorie zulaufe und abziele (The Structure of Social Action. 1937), da preßte er trotz profunder Kenntnis der Materie die Zeugnisse unvermerkt so in den Horizont amerikanischer Erwartungen, daß Max Weber am Ende doch zum Propheten einer Gesetzeswissenschaft wurde, der sein ganzer Kampf gegolten hatte.

In der ganzen Frische ihrer Leistungen und Erfolge entstand die amerikanische Soziologie aus einem eigenen Aufbruch, der nicht die sachliche Summe aus dem europäischen Erbe zog, sondern einen eigenen Weg ging. Nichts kann darüber hinwegtäuschen, daß auch diese Soziologie, ungeachtet des Ernstes und Aufwands ihrer wissenschaftlichen Anstrengungen, ein kulturbedingtes Gewächs aus dem Boden der amerikanischen Geschichte und Gesellschaft war. Als dann diese Soziologie nach dem Krieg sich in beispielloser Plötzlichkeit global verbreitete – also die Sozialwissenschaften, wo diese bestanden, nach amerikanischem Muster vereinheitlichte oder sonst allererst einrichtete –, da setzte sich nicht einfach der sachliche Erkenntnisfortschritt in seinem eigenen Zwang, sondern ein amerikanisches Konzept in seiner besonderen Ausstrahlungskraft durch.

Die weltweite Durchsetzung dieser Soziologie war ein vielschichtiger Vorgang, wie wir ihn auch sonst aus der Geschichte kennen, wenn durch die Verlagerung von Macht- und Kulturzentren neue Situationen entstehen. Vor allem für die Völker, die nun zur Modernisierung anstanden, waren die Sozialwissenschaften in mehrfacher Hinsicht unentbehrlich: als Symbol ihrer Modernitätsentschlossenheit, als Mittel zur Bildung einer modernen Intelligenz wie schließlich als unvermeidliches Mittel für jede Verständigung mit den Vertretern Amerikas und seiner internationalen Organisationen. Zudem imponierte diese Soziologie durch Ansprüche, denen auch die alten Wissenschaftsnationen erst einmal nichts entgegenzustellen wußten: theoretische Einheitlichkeit, methodische Eindeutigkeit und praktische Anwendbarkeit. Sie empfahl sich weiters durch die ungeheure Botschaft, welche die Sozialwissenschaften zugleich zum technischen Instrument für die Bewältigung aller gesellschaftlichen Probleme wie zur rationalen Legitimationsgrundlage der Demokratie erhob. Und das alles schien nicht bloß durch Argumente verbürgt, als vielmehr durch das praktische Zeugnis der neuen Weltmacht beglaubigt. Nicht durch Prüfung von Argumenten, sondern durch Übernahme der offenbar erfolgreichen Praxis der siegreichen Weltmacht setzte sich ihre Soziologie durch. Nicht die erprobte wissenschaftliche Leistung der amerikanischen Soziologie, sondern das ungeheure Versprechen der amerikanischen Gesellschaft, das durch die Übernahme ihrer Soziologie wiederholbar und universalisierbar zu sein schien, faszinierte. Ihre weltweite Durchsetzung wob sich zusammen aus der Bereitschaft zur Weltmission hier und dem Bedürfnis zur Weltteilnahme dort, wofür die Verschiebung der Macht- und Kulturzentren das Muster lieferte.

In all dem setzten sich die Zwänge der Glaubensgeschichte der Moderne durch, die auch die Staaten zunehmend auf den Weg der ideologischen Bekenntnisse drängten. Schon die Aufklärung hatte mit der amerikanischen und Französischen

Revolution Beispiele dafür geliefert, wie Staaten ausdrücklich im Namen von säkularen Gesellschaftslehren verfaßt werden konnten, die zugleich als Botschaften für die Welt gemeint waren. Als dann im 19. Jahrhundert im Namen von Ideen Gesinnungsgemeinschaften, Bewegungen und Parteien zwecks Einrichtung der Verhältnisse mobilisiert wurden, da drohte der Staat durch ihren Kampf um die Macht expropriiert – ja wo Völker im Namen des Selbstbestimmungsrechts antraten, sogar ausgelöscht – zu werden. Um einen eigenen Standort jenseits der Programme zu artikulieren und dann durch Einrichtungen der Bildung und Erziehung zu verbreiten, versuchten die Staaten nun, sich durch geschichtliche Selbstdeutung zu verorten, gerieten dabei allerdings selbst in den Strom der ideologischen Gesellschaftsprogramme hinein, die im Zuge der Weltgeschichte der Aufklärung die Farbe weltgeschichtlicher Rivalitäten annahmen, so daß noch die Kriege zu Kreuzzügen für Ideen wurden. Als mit der bolschewistischen Revolution die Weltmission des Marxismus in Staatsregie überging, löste das in den gefährdeten Staaten die ideologischen Gegenbewegungen aus, den Faschismus und den Nationalsozialismus. Und je mehr Amerika als neue Weltmacht in diese Auseinandersetzungen hineintrieb, desto mehr mußte es sich, von Ideologien herausgefordert, selbst ideologisch firmieren und präsentieren. Um dem „wissenschaftlichen Sozialismus" entgegentreten zu können, bedurfte es selbst der Stütze einer wissenschaftlichen Gesellschaftslehre. Vor die Wahl zwischen den Gesellschaftssystemen der beiden Weltmächte gestellt, mußten auch die übrigen Staaten, wollten sie sich nicht künstlich und vergeblich isolieren, zwischen zwei Gesellschaftslehren wählen.

Überhaupt ist die akademische Anerkennung der Soziologie, die mangels sichtbarer Ergebnisse meist bis tief in dieses Jahrhundert auf sich warten ließ, natürlich nicht das Siegel auf den wissenschaftlichen Erkenntnisfortschritt der Soziologie gewesen, wurde sie doch von politischen Umständen und Interessen bestimmt. Anlässe entwickelten sich einmal aus der Ratlosigkeit angesichts sozialer Probleme. Das Versagen der kommunalen Ordnungen und Mächte – Kirchen, Nachbarschaften, Bürgerverbände und Gemeindeeinrichtungen – angesichts neuartiger Großstadtprobleme verschaffte der Soziologie in Amerika ihre erste akademische Chance und führte sie konsequent auf den Weg der Sozialforschung, der Berufsausbildung und des Studienfaches. Der Bedarf an praktischen Zustandsinformationen für Ämter und Entscheidungsträger und das Bedürfnis nach einer Art sozialer Umschulung der Pfarrer, Philanthropen, Assoziationen und Gemeindehelfer lieferten die Gründe, bei denen die wissenschaftliche Theoriefähigkeit der Soziologie erst einmal keine Rolle spielte und ja auch nur als Hoffnung und Versprechen existierte. Wir werden später noch darauf zurückkommen.

Anders sind die Anlässe, die der Soziologie die Anerkennung als allgemeines Bildungsfach eintrugen, ging es hier doch im Kern um nationale Krisenlagen, die ein neues Staats- und Gesellschaftsbewußtsein zu verlangen schienen. Sowieso tendieren natürlich alle Parteien, soweit ihre Programme auf vermeintlich wissenschaftlichen Lehren über die Gesellschaft beruhen, und entsprechend alle revolutionären Eliten, wenn sie im Namen solcher Programme die Macht ergreifen, zur akademischen Honorierung ihrer Lehren. Angesichts der steigenden Mobilisierung der Bürger durch programmatische Ideen mußte aber auch der moderne Staat in Notlagen versucht sein, selbst auf dieses Mittel zurückzugreifen. Unverkennbar hat jedenfalls bei der Einführung der Soziologie – so Ende des vorigen Jahrhunderts in Frankreich und Amerika, dann in der Weimarer Republik und wiederum in der Bundesrepublik Deutschland – die Hoffnung auf eine bürgerliche Bewußtseins- und Gesinnungsbeeinflussung durch politische Erziehung, Staatsbürgerkunde, „civics" u. ä. eine bedeutende, ja ausschlaggebende Rolle gespielt. Und der endgültige Aufstieg der Sozialwissenschaften in Amerika stand im Zeichen ihres Versprechens, den Glauben an die Gesellschaft als Demokratie zu sichern, zu legitimieren und zu verbreiten; wesentlich aus politischen Gründen ist die Soziologie zum allgemeinen Bildungsfach und zur Schlüsselwissenschaft erhoben worden.

Nicht in der vertrauten Form des Wachstums einer empirischen Wissenschaft also hat sich der Aufstieg der Soziologie vollzogen, sondern in großen Prozessen von weltgeschichtlichem Ausmaß und weltgeschichtlicher Bedeutung. Das Außerordentliche des Vorgangs läßt sich am Ergebnis ablesen. Die entscheidenden Trennlinien der Welt, einstmals gezogen durch die Grenzen der durch Religionen bestimmten Kulturen und Herrschaften, laufen heute längs den Grenzen soziologischer Bekenntnisse.

Dies ist das Fazit einer Betrachtung der Geschichte der Soziologie, die lehrt, daß sie nicht die Wissenschaft ist, für die sie sich hält und ausgibt, nämlich eine kumulative Theorie der Gesellschaft, die durch empirische Erkenntnis einer abschließenden Erfassung der gesellschaftlichen Gesetzmäßigkeiten zustrebt. Nach den unendlichen Hoffnungen, Anstrengungen und Kämpfen von 150 Jahren gilt es, dieser Tatsache endlich ins Auge zu blicken, ohne wiederum Zuflucht bei den Tröstungen der Glaubensgeschichte der Moderne zu suchen, die stets für morgen in Aussicht stellt, was ihr heute mißlungen ist. Wir wollen aus dem Befund weder den Schluß ziehen, daß jede Art von Soziologie, weil unwissenschaftlich, entbehrlich sei, noch den anderen, daß es nur einer neuen Anstrengung bedürfe, um endlich jene definitive Theorie der Gesellschaft zu finden. Vielmehr wollen wir uns an die – mit dem „Methodenstreit" vergessene, am klarsten von Max Weber entwickelte – Einsicht erinnern, daß das Rätsel der Geschichte nicht durch eine Theorie der Gesellschaft gelöst werden kann. Die Soziologie hat ihr Ziel nicht deshalb verfehlt, weil sie es falsch angefangen hat, sondern deshalb, weil sie sich ein falsches Ziel stellte.

Denn jede Wissenschaft von der Gesellschaft muß, wenn sie nicht sinnlose Tatsachenmengen anhäufen will, eine Auswahl treffen, die prinzipiell irgendeinen Gesichtspunkt erfordert, der aus dem unendlichen Gewebe der Wirklichkeit jene Bestandteile heraushebt, denen eine Bedeutung beigelegt wird. Jeder Theorie der Gesellschaft liegt ein solcher Wertgesichtspunkt zugrunde, auch wenn das gar nicht bewußt zu werden pflegt. Nicht rein aus Tatsachen werden soziologische Theorien gebaut; sie bedürfen einer eigenen Perspektive und beruhen deshalb logisch auf einer (expliziten oder impliziten) Wertung, worauf es im Zusammenleben ankommen solle und welche Tatsachen somit interessieren. Immer wieder hat die Soziologie versucht, die objektiv wesentlichen Tatsachen zu entdecken; immer wieder hat sie geglaubt, die Wertgesichtspunkte ihrer Bedeutung den Tatsachen selbst entnehmen zu können. Immer wieder aber hat sich herausgestellt, daß die Tatsachen, die alsdann als die objektiv wesentlichen vorgeführt wurden, diese Qualität nur einer stillen Wertannahme verdankten. Jede Soziologie, die sich als „Theorie der Gesellschaft" versteht, trägt kraft ihrer Perspektive ein Weltbild vor. Und jede Soziologie, die die Magie von ihrem Pfad entfernen will, muß mit der Einsicht beginnen, daß sie niemals „Theorie der Gesellschaft" werden kann.

Welches Weltbild – das ist die Frage, der wir uns nun zuwenden – tragen uns also die von der Soziologie angeführten Sozialwissenschaften vor? In welches Weltbild schulen sie unser Denken und Handeln ein? Denn wie jedes Weltbild, das zur Herrschaft gelangt, Macht über die Menschen gewinnt, denen es die Wirklichkeit auslegt, so haben auch die Sozialwissenschaften mit ihrer Anerkennung als Studien-, Berufs- und Bildungsfach eine Macht gewonnen, die, in den Institutionen des Bildungswesens verankert, sich durch alle Institutionen des öffentlichen Lebens und der öffentlichen Meinung fortpflanzt. Sowenig wie die Religion ja eine bloße Lehre war, sowenig ist die Soziologie bloß eine Wissenschaft, die uns über die Gesellschaft unterrichtet. Sondern indem sie das tut, schafft und lenkt sie auch die Gesellschaft.

4. Vom Geist der Soziologie

Aus den Tiefen der Geschichte ist die Soziologie zum säkularen Weltbild der Gegenwart aufgestiegen. Wie jedes Weltbild formt auch sie Mensch, Gesellschaft und Geschichte der Zeit. Indem sie uns kraft ihrer Autorität als Wissenschaft die Wirklichkeit auslegt, sagt sie uns auch, worauf es ankommt, was im privaten wie im öffentlichen Leben möglich und sinnvoll ist. Anders als frühere Weltbilder (und anders als der Marxismus) erzielt sie diese Wirkung allerdings nicht durch dogmatische Lehren, die erkennbar über die Tatsachen hinausgehen, sondern durch die einseitige Auswahl der Tatsachen. Ihr Weltbild beruht, wie wir eingangs festgestellt haben, auf Reduktion. Über diese allgemeine Charakteristik müssen wir nun mit der Frage hinausgehen, aus welchem Geist diese Reduktion stammt und welchem Geist sie dient.

Allgemein wird das Weltbild der Sozialwissenschaften dadurch bestimmt, daß ihre Mutterdisziplin sich als „Wissenschaft von der Gesellschaft" definiert. So harmlos das klingt, gewinnt der Ausdruck „Gesellschaft" dadurch einen ganz eigenen Sinn. Indem nämlich die Soziologie „die Gesellschaft" als ein gesetzmäßiges Geschehen deuten will, projiziert sie auf dieses Objekt diejenigen Vorannahmen, die in ihrer Idee einer solchen Wissenschaft enthalten sind. Sie schiebt den Alltagssinn des Ausdrucks, der unbestimmt und vieldeutig auf das menschliche Zusammenleben verweist, beiseite, um ihm unvermerkt eine neue Bedeutung zu geben. Insofern ist die „Gesellschaft", von der die Sozialwissenschaften sprechen, keineswegs ein fragloser Tatbestand, sondern eine soziologische Konstruktion, wie wir noch näher zeigen werden (vgl. „Die Erfindung der Gesellschaft").

Versuchen wir nun vorweg in allgemeiner Weise zu begreifen, warum die Soziologie zu einem reduktionistischen Weltbild mit seinen bezeichneten Folgen führt, so stoßen wir auf die entscheidende Tatsache, daß sie bereits im Ansatz den Menschen aus ihrer Rechnung eliminiert. Denn eine Wissenschaft von der Gesellschaft im gemeinten Sinn kann sie offenbar nur dann sein, wenn sie allgemeine Aussagen entwickelt, die auf alle Gesellschaften zutreffen. Diese müssen demnach einschlägige Muster und Regelmäßigkeiten aufweisen, die systematisch zu Gesetzen einer allgemeinen Theorie zusammenstimmen. Unvermeidlich muß die Soziologie also nach irgendwelchen Merkmalsgrößen suchen, die auf alle Gesellschaften so anwendbar sind, daß deren Zustände als Variationen dieser Merkmale verglichen werden können. Wie immer diese Größen gewählt und konstruiert werden, stets muß es – und das ist hier entscheidend – darauf ankommen, sie in gesetzmäßige Beziehungen zu bringen. Unweigerlich verschreibt sie sich als Gesetzeswissenschaft dem Ideal, einen Satz von Merkmals- oder Zustandsgrößen zu finden, der es erlaubt, jede beliebige Zustandsgröße aus der Konstellation der übrigen zu errechnen. Nur so ist es ja möglich, Zustände, sei es zu erklären, sei es vorauszusagen. Sie strebt beispielsweise Aussagen an, die aus dem Grad der sozialen Differenzierung auf den Grad der sozialen Schichtung oder auf die Familienstruktur schließen lassen; allgemein will sie eine unbekannte Größe aus der bekannten Gesamtheit aller übrigen Größen bestimmen. Sie zielt auf die Erkenntnis der gesetzmäßigen Beziehungen der Zustandsgrößen, um bestimmte Zustände erklären und vorhersagen zu können.

Diese Idee zwingt die Soziologie, „die Gesellschaft" als einen gesetzmäßigen Sachzusammenhang sozialer Zustandsgrößen zu konzipieren und folglich zu einem autonomen Seinsbereich mit eigenen Notwendigkeiten zu verdinglichen. Weil es ihr Ideal ist, das Spiel der Zustandsgrößen als selbständiges und geschlossenes System zu begreifen, muß sie alle übrigen Bestandteile der Wirklichkeit entweder als sowieso belanglos ausschließen oder zu bloßen Folgen jener Größen erklären. Durkheim hat dieses Prinzip mit seiner Forderung, daß „Soziales" nur aus „Sozialem" erklärt werden dürfe und könne, auf seine klassische Form gebracht. Jede gesetzeswissenschaftliche Soziologie sucht nach einem autonomen Sachzusammenhang von Größen, die sich wechselseitig bestimmen und entwickeln, ohne von den übrigen Bestandteilen der Wirklichkeit nennenswert beeinflußt zu werden. In diesem Sinn wird aus und über der Wirklichkeit „die Gesellschaft" konstruiert, „das Soziale" zu einer eigenen Welt gemacht um den Preis, daß – wie wir noch näher sehen werden – alles Sonstige nur von der Gesellschaft lebt, nur durch sie und für sie wirklich ist.

Die volle Konsequenz dieses Ansatzes tritt erst hervor, wenn man bedenkt, daß die Größen, mit denen die Soziologie die Gesellschaft erfassen will, nur äußere Daseinslagen betreffen können. Es war kein Zufall, daß Comte die Soziologie auf „positive Tatsachen" festlegte, also nach jenen – wie man heute sagen würde – „intersubjektiven Tatbeständen" suchte, denen jeder beipflichten müsse. Das aber können nur solche handfesten, möglichst durch sinnliche Inspektion erhärtbaren äußeren Tatsachen sein, die von jener qualitativen Vieldeutigkeit und unvergleichbaren Eigenart frei sind, die unvermeidlich dem anhängt, was eine „Innenseite" hat, also von uns über seine „Tatsächlichkeit" hinaus mit „Sinn" und „Bedeutung" versehen wird. Um den ideologischen Streit stillzulegen, suchte Comte eine Wissenschaft, die sich auf die Feststellung und Vorhersage intersubjektiv eindeutiger Fakten begrenzen sollte. Mit seiner Polemik gegen alle „Introspektion" wollte er konsequent jene Vieldeutigkeit ausschalten, die entsteht, sobald man sich auf die „Innenseite" der Tatsachen einläßt, wo dann der Sinn, die Bedeutung und der Wert eine Rolle spielen, die Menschen mit ihrem Handeln verbinden. Völlig klar sah Comte, daß, wenn man sich auf diese stets mehrdeutigen Gehalte einließe, jene faßlichen und eindeutigen Größen nicht gefunden werden könnten, die eine als Gesetzeswissenschaft angelegte Soziologie benötigt, um zu allgemeinen Aussagen in einer Theorie der Gesellschaft zu gelangen.

Offenbar bleibt in diesem Programm kein Platz für den

Menschen, dessen vieldeutiges und unberechenbares Handeln eine Gesetzeswissenschaft stört, die soziale Größe in festen Beziehungen kurzschließen will. Schon Comte hatte verfügt, man müsse die faktischen Zusammenhänge und Abläufe ermitteln, ohne sich um ihre Gründe zu kümmern. Die Aussagen über Größenbeziehungen brauchen und können nicht in Aussagen über handelnde Menschen übersetzt werden, und umgekehrt. In diesem Sinne kommt der Mensch in der Soziologie nicht vor; ihr Programm schließt jede anthropologische Rechenschaftslegung, Feststellung oder Annahme strikt aus. Dieser Verzicht gehört als Kehrseite der Berufung auf „die gesellschaftlichen Tatsachen" zum Stolz der Soziologie, die sich ja gerade dadurch über allen Streit der Meinungen in das Reich der wissenschaftlichen Objektivität erheben möchte.

Allein, ihre „Tatsachen" sind eben das problematische Ergebnis einer im Programm der Gesetzeswissenschaft festgelegten Willkür in der Auswahl und Konstruktion der Wirklichkeit. Willkürlich ist jedenfalls der Vorsatz, sich an die „äußeren", bedeutungsfrei zu ermittelnden Tatsachen zu halten, so als ob die „inneren", weil weniger eindeutig, auch weniger wirklich seien. Willkürlich ist folglich auch die nötige Annahme, daß Tatsachen, wenn äußere Unterschiede fehlen, gleich seien, während es doch gerade darauf ankommen kann, ob beispielsweise Gesetze aus Furcht vor Strafe eingehalten oder als Gebote geachtet werden. Willkürlich ist ferner der Versuch, die Wirklichkeit durch irgendwelche allgemeinen Merkmals- oder Zustandsgrößen vertreten zu lassen. Und willkürlich ist schließlich auch die Annahme, daß es zwischen solchen Größen gesetzmäßige Beziehungen geben müsse.

Die Problematik dieses Programms liegt nicht – diesem Mißverständnis sei vorgebeugt – darin, daß überhaupt Bestandteile der Wirklichkeit ausgewählt und durch begriffliche und methodische Operationen zu Erkenntnissen präpariert werden. Das vielmehr tut jede Wissenschaft, weil sie die Wirklichkeit in ihrer konkreten Fülle nicht abbilden kann und, um aus dem Gewühl der Tatsachen eine denkende Ordnung herauszuheben, auch gar nicht abbilden will. Insofern ist das Programm, rein methodisch betrachtet, der legitime Versuch, in der gesellschaftlichen Wirklichkeit bestimmte Züge zu entdecken, nämlich äußere Regelmäßigkeiten. Für einen solchen Versuch spräche das Interesse, das wir angesichts einer ungewissen Zukunft unvermeidlich an allen Arten von Regelmäßigkeiten zu nehmen pflegen, mit denen wir im menschlichen Handeln so gut wie auch sonst zu rechnen wissen, wie wir uns ja auch im Alltag am erwartbaren, weil eben regelmäßigen Handeln anderer zu orientieren pflegen.

Nicht jedoch auf eine solche methodisch unangreifbare Entscheidung, nach äußeren Regelmäßigkeiten zu suchen (deren Häufigkeit, Bedeutung und Erklärung alsdann aber erst noch zu ermitteln wären), gründet das Programm. In ihm liegt vielmehr *a priori* der kategorische Anspruch, daß eine Wissenschaft von der Gesellschaft es allein mit solchen Größen und Regelmäßigkeiten zu tun habe, die folglich selbst „die Gesellschaft" ausmachen und jedenfalls den entscheidenden und wesentlichen Teil der Wirklichkeit abgeben, an dem wir allein interessiert sein dürfen. Dieser Anspruch wird nicht ausdrücklich gestellt, er verbirgt sich, entrückt aller Kritik, wie eine stille Voraussetzung im Konzept der Soziologie. Es kann also gar nicht mehr gefragt werden, welchen Rang und Anteil solche Regelmäßigkeiten denn an der Wirklichkeit besitzen, und ob uns nicht vielleicht andere Bestandteile der Wirklichkeit mehr interessieren könnten. Die Soziologie verfügt willkürlich durch ihre Definition einer Gesellschaftswissenschaft, daß unser Interesse an einer wissenschaftlichen Erkenntnis der gesellschaftlichen Wirklichkeit befriedigt sei, wenn wir die gesetzmäßigen Beziehungen zwischen irgendwelchen bedeutungsfrei zu ermittelnden Größen kennen. Damit wird uns eine radikale Beschneidung unseres Erkenntnisinteresses zugemutet, das sich mit der Ermittlung äußerer Regelmäßigkeiten zufriedengeben soll, ohne diese Vorgänge auch nur verstehen zu wollen, geschweige denn nach jenen anderen Bestandteilen der Wirklichkeit zu fragen, die durch das Netz der äußeren Regelmäßigkeiten durchfallen. Die „Innenseite" und die „Individualität" der Tatsachen sollen uns, weil sie in die äußeren Regelmäßigkeiten nicht eingehen können, als bedeutungslos gelten.

Wie ungewöhnlich und folgenschwer diese radikale Beschränkung unseres Erkenntnisinteresses (und folglich: unseres Handlungswissens!) ist, lehren einfache Beispiele. Zum Handeln benötigen wir zwar eine Kenntnis des erwartbaren (regelmäßigen) Verhaltens der jeweiligen „Objekte", kommen damit aber gewiß nicht aus. Wir könnten jedenfalls eine Freundschaft, Ehe oder Erziehung nicht allein mit generellen Kenntnissen darüber bestreiten, wie Männer, Frauen oder Kinder in einschlägigen Situationen zu handeln pflegen, und schon gar nicht, wenn dabei nur auf äußere Regelmäßigkeiten abgehoben würde. Deshalb übrigens lenkt die soziologische Vorstellung von „Rollen" praktisch von dem ab, worauf es in einer „Beziehung" ankommt: das individuelle Eingestelltsein aufeinander. Doch selbst wenn unser Interesse (wie in der Politik) am durchschnittlichen Verhalten irgendwelcher Personengruppen haftet, verlassen wir uns nicht auf bekannte Regelmäßigkeiten. Stets rechnen wir – in wechselnden Grenzen – damit, daß in diesem Fall eine besondere Situation gegeben ist, deren spezifische Bestandteile, ob äußere oder innere, durch keine Typik erwartbarer Regelmäßigkeiten ausschöpfbar ist. Und so häufig wir uns denn auch in der Normalität des Alltags auf erwartbare Regelmäßigkeiten verlassen dürfen, so unvermeidlich richten wir doch unsere Aufmerksamkeit gerade auf die Abweichungen, Offenheiten und Unregelmäßigkeiten, welche als charakteristische Bestandteile jedes besonderen Falles durch keinerlei Typik erwartbarer Regelmäßigkeit vorhersehbar sind. Es ist eben eine Utopie, daß wir Leben oder Politik je mit der Kenntnis von Regelmäßigkeiten bestreiten könnten, die uns nur ein Hintergrundwissen liefern, das für eingewöhnte (und deshalb: uninteressante) Normalsituationen auszureichen pflegt, während wir erst dort gefordert werden, wo wir mit den (inneren oder äußeren) Besonderheiten der konkreten Situation zu rechnen haben, also mit dem „Einmaligen" und „Unregelmäßigen". Doch gerade davon will die Soziologie nichts wissen. Sie hat sich der Utopie verschrieben, daß uns an der gesellschaftlichen Wirklichkeit nur das interessieren kann, was daran erwartbar regelmäßig, sogar streng gesetzmäßig ist, und will unser Interesse noch dazu auf äußere Regelmäßigkeiten einengen, die als rein faktische Zusammenhänge und Abfolgen möglichst bedeutungsfreier sozialer Größen schlicht hinzunehmen sind.

Ferner kommen nun im Umkreis des menschlichen Handelns Werte und Bedeutungen ins Spiel, die zu allen äußeren Tatsachen heterogen sind. Im Umgang mit der toten Natur bewerten wir die Gegebenheiten nur äußerlich, insofern sie uns als Voraussetzungen oder Mittel für irgendwelche Zwecke, Bedürfnisse oder Annehmlichkeiten dienlich sind. Zweifellos erwarten wir häufig auch von Menschen (so als Verkehrs- oder Wirtschaftsteilnehmer) nur ein äußeres Verhalten. Aber vielfach ist es für uns doch wichtig, ja geradezu entscheidend, nach der inneren Bedeutung und dem eigenen Wert zu fragen, die Menschen in ihre Handlungen hineinlegen. So wie äußerlich gleichartige Handlungen aus sehr verschiedenen Motiven entstehen können, so können auch gesellschaftliche Tatsachen trotz äußerer Gleichartigkeit sehr unterschiedliche Werte und Bedeutungen verkörpern. Ihre „Innenseite" ist also gewiß nicht durch äußere Tatsächlichkeiten und Regelmäßigkeiten und gewiß auch nicht durch allgemeine Größen, Strukturmerkmale oder Systemeigenschaften zu erfassen, so daß eine Soziologie, die sich an die „gesellschaftlichen Tatsachen" halten will, von allen Werten und Bedeutungen absehen muß und ja auch absehen will.

Es bedarf so einfacher (hier nicht näher auszuführender) Hinweise, um darauf aufmerksam zu machen, daß die Soziologie auf ihrer Suche nach der „Gesellschaft" ganze Bereiche der Wirklichkeit vorsätzlich ausschaltet. Und zwar durch künstliche Trennung dessen, was in der Wirklichkeit, wie sie sich darbietet, als – so können wir auch sagen – Kultur, Geschichte und Gesellschaft ungeschieden beisammen liegt. Eine „ontische" Trennung dieser Bereiche zeigt die Wirklichkeit jedenfalls nicht. Nur durch die verschiedensten Operationen, die von der Abstraktion bis zu den kompliziertesten Verfahren der Statistik reichen, kann es der Soziologie gelingen, aus der Wirklichkeit jene äußeren Tatsachen, allgemeinen Größen und gesetzmäßigen Beziehungen herauszupräparieren, aus denen sie ihre „Gesellschaft" konstruiert. Von dieser pflegt sie wie von einem eigenen Ding und Wesen zu reden, während doch ein Konstrukt gemeint ist, das die Soziologie in ihrem Konzept von einer Wissenschaft von der Gesellschaft postuliert und das uns folglich nur in dem Maße als sinnvolle Begriffsbildung überzeugen könnte, wie empirische Befunde es bestätigten. Allein der Ertrag an Regel- und Gesetzmäßigkeiten ist, gemessen an den Standards des Konzepts, quantitativ spärlich, qualitativ unbedeutend und kognitiv unsicher geblieben, ohne daß sich die Soziologie überhaupt die Frage vorgelegt hätte, ob nicht genau dies zu erwarten stünde, wenn man aus der Wirklichkeit so künstlich eine Gesellschaft unter Auslassung von Kultur und Geschichte herauspräparieren will. Wenn trotzdem „die Gesellschaft" von der Soziologie wie ein gewiß existierendes und nur zu enträtselndes Etwas betrachtet wird (und so ja von Anfang an betrachtet wurde), so ist damit bereits die Metaphysik postulierter Weltbildannahmen erreicht.

Dies nun umso mehr, als die Soziologie für ihre „Gesellschaft" nicht nur eine Unabhängigkeit von den übrigen Bestandteilen der Wirklichkeit, vielmehr einen seinsmäßigen Vorrang beansprucht: Geschichte und Kultur sind – wir bleiben bei der faßlichen Gliederung in drei Bereiche – Gefangene der Gesellschaft, die ihre Entwicklung dominiert. Die bei besonnener Betrachtung doch nur im Einzelfall zu unterscheidende Frage, wie die Wechselwirkungen zwischen diesen Bereichen laufen, ist im vorhinein zugunsten der absoluten Überlegenheit der „Gesellschaft" entschieden, die sich entsprechend in den Vorrang der Soziologie vor allen sonstigen Geisteswissenschaften umsetzt. Denn es ist eine metaphysische Vorannahme, daß in der unvermeidlich durch Wechselwirkung konstituierten Wirklichkeit die Einflüsse nur in eine Richtung gehen, und es läuft auf eine radikale Bevormundung unseres Erkenntnisinteresses hinaus, wenn die Frage nach dem Einfluß von „Kultur" und „Geschichte" auf die „Gesellschaft" nicht gestellt werden darf, weil sie im soziologischen Konzept gar nicht gestellt werden kann.

Vollends in die Metaphysik weltbildhafter Vorannahmen gehört aber die Rolle, die die Soziologie dem Menschen zuweisen muß. Sie versucht ja eben nicht etwa, wie weit man vielleicht kommen könne, wenn man einmal das vieldeutige menschliche Handeln beiseite setzt; sie konzipiert die Gesellschaft vielmehr so, daß das menschliche Handeln als folgenlos gelten muß, solange man – das übrige später – streng am Konzept der gesetzmäßigen Beziehungen zwischen irgendwelchen bedeutungsfreien Tatsachen oder Größen festhält. Denn diese Beziehungen kann es ersichtlich nur dann geben, wenn die „Innenseite" dieser Tatsachen ohne Einfluß bleibt. Die gesetzmäßigen Beziehungen äußerer Tatbestände können jedenfalls nicht durch menschliches Handeln zustande kommen, das ja die gleichen Tatbestände mit den verschiedensten Werten und Bedeutungen versehen kann. Hier liegt ein Grund dafür, daß die Gesellschaft für die Soziologie die Züge, sei es eines anonymen Geschehens, das an den Menschen nur abläuft, sei es eines Wesens, das sozusagen an Stelle der Menschen selbst handelt, sei es eines Systems, das sich selbst entwickelt, annimmt.

Mit gutem Grund mag man hier einwenden, daß die Soziologie längst über den kruden Positivismus und Behaviorismus hinausgelangt sei, der sich streng an bedeutungsfreie Tatsachen halten wollte. In der Tat hat die Soziologie dieses Programm, sieht man genau hin, nie strikt eingehalten. Fast ausnahmslos hat das zwar verdammte, doch eben unstillbare Bedürfnis, gesellschaftliche Vorgänge auch zu verstehen, die Askese der Beschränkung auf faktische Regelmäßigkeiten praktisch gemildert. Anscheinend hat sich jüngst die Bereitschaft, die „Innenseite" der Tatsachen einzubeziehen und das menschliche Handeln zu erwägen, durchgesetzt, nehmen doch Meinungen, Einstellungen, Bedeutungen oder Werte einen fast selbstverständlichen Platz im Fach ein.

Allein der Eindruck täuscht, sobald man nach der Rolle fragt, welche diesen Momenten des menschlichen Handelns zugeschrieben wird. Dann nämlich zeigt sich, daß sie am Ende wiederum gesellschaftlich abgeleitet und erklärt werden. Dafür stehen zwei bekannte Grundmuster zur Verfügung. Man kann einmal das Handeln als bloßes Eingewöhntsein, insbesondere dann als das Ergebnis der „Sozialisation" ansprechen, was man dann wieder entweder als Ergebnis anonymer Mechanismen „der Gesellschaft" oder als Folge einer interessenbestimmten Abrichtung durch „herrschende" Gruppen deuten kann. Oder man unterstellt, daß sich in der gesellschaftlichen Entwicklung die menschlichen Interessen direkt, ob nun solidarisch oder antagonistisch, durchsetzen. In allen Brechungen dieser Möglichkeit aber bleibt es dabei, daß die vertrauten sozialen Größen regieren, in dem einen Fall als Ursachen der gesellschaftlichen Mechanismen, in den übrigen Fällen als die entscheidenden Motive des Handelns. Es sind dann die durch jene sozialen Größen ausgedrückten, ganz äußeren gesellschaftlichen Daseinsumstände, die ohne innere Bedeutungen oder eigene Werte nun als die wahren Ziele das Handeln dominieren. Die angebliche Innenseite ist folgenloser Überbau. Auch hier verlangt eben die Reduktion der Gesellschaft schließlich die Reduktion des Menschen: Haben die Tatsachen keine Innenseite, dann kann das Handeln nur durch das äußere Verhältnis zu (und folglich das Interesse an) den rein äußeren Gegebenheiten bestimmt werden. Wo die Gesetzeswissenschaft die Regelmäßigkeiten zu verstehen versucht, ist die reine Logik der Interessen ihre einzige Hilfe. Ob man diese Logik mehr utilitarisch oder mehr hedonistisch deutet, ob man die Interessen aller oder einiger für bestimmend hält, bleiben Nutzen und Lust, ob roh oder zivilisiert, die einzigen Triebfedern eines Handelns, das eine Innenseite der Gegebenheiten nicht kennt.

Dies ist die Anthropologie, die in fast allen soziologischen Arbeiten unablässig zwischen den Zeilen mehr oder weniger deutlich zu finden ist und vielfach sogar klar beim Namen genannt wird. Und dies bis in jene Werke hinein, die den Menschen als Zufall in einer Gesellschaft betrachten, weil deren Entwicklung sie der kosmischen Evolution (Spencer) oder den Systemnotwendigkeiten (Luhmann) oder ähnlichen anonymen Mechanismen anvertrauen. Selbst hier kommt man nicht ohne eine kaschierte Anthropologie aus. So lebt die Soziologie, die von aller Anthropologie absehen will, um sich an die gesellschaftlichen Tatsachen zu halten, überall von einer geheimen Anthropologie, die ein utilitarisches Menschenbild verbreitet, doch nirgends zum Rang einer ausdrücklichen, folglich ernsthaft kritisierbaren Lehre erhebt. Nicht als ob alle Soziologen mit dieser utilitarischen Tradition zufrieden seien; manche sind ja gerade ausgezogen, um sie zu überwinden. Parsons etwa wollte eigentlich zeigen, daß im Handeln und Zusammenhandeln die individuellen Nutzenkalkulationen von Normen begrenzt, von Werten beherrscht würden. Aber zuletzt lief es bei ihm darauf hinaus, daß die Werte von der Gesellschaft als einem sozialen System produziert wurden, weshalb in seiner Schule sowieso die utilitarische Tradition weiter regierte. Bei allen teils erheblichen Unterschieden ist der Mensch eben für die Soziologie ein Sozialwesen, sei es, daß ihm die Gesellschaft als Täter auf die eine oder andere Weise das Handeln abnimmt, sei es, daß dieses Handeln sich ausschließlich auf die Gesellschaft richtet.

Alldem liegt schließlich jene lähmende Vorstellung zugrunde, die sich wie eine Selbstverständlichkeit über alle einschlägigen Erörterungen gelegt hat – die Vorstellung nämlich, als liefe die gesellschaftliche Wirklichkeit „letztlich" in irgendeiner Weise „gesetzmäßig" ab und könne somit, wenn man erst die Gesetze kenne, auch in dieser Bestimmtheit erklärt und vorhergesagt werden (siehe dazu Kap. 3). Soweit es sich dabei um wissenschaftstheoretische Irrtümer handelt, ist zu diesen diffizilen Fragen das Nötige bei Max Weber (im „Objektivitätsaufsatz" der „Wissenschaftslehre") nachzulesen, wo es darum geht, daß alle Wirklichkeit uns nur in der stets individuellen Konstellation ihrer Erscheinungen gegeben ist, an der die Wissenschaft, selbst wenn sie „alle" Gesetze kennen würde, stets nur einzelne Züge als die nach irgendwelchen Gesetzen erklärbaren Ursachen oder Folgen irgendwelcher anderer Züge erkennen könnte. Die Soziologie wiederholt den Irrtum, in dem die Naturwissenschaft so lange befangen war, wie sie glaubte, es sei die Natur mindestens bei Kenntnis aller ihrer Gesetze vollständig zu erklären (und deshalb auch zu beherrschen), während uns die Umweltprobleme dramatisch genug daran erinnern, daß die Natur ungeachtet ihrer Gesetzmäßigkeiten ein konkreter Wirkungszusammenhang geblieben ist, dessen jeweils individuelle Konstellationen nicht aus Gesetzen deduziert, sondern allenfalls mittels solcher Gesetze als das Ergebnis früherer und ebenso individueller Konstellationen erklärt werden können.

Nach Gesetzen lassen sich allenfalls bestimmte Züge der konkreten Wirklichkeit erklären, aber die Wirklichkeit läßt sich nicht aus ihnen deduzieren. Jeder Zug der Wirklichkeit kann unter verschiedenen Konstellationen, in verschiedener Richtung befragt werden, so daß nichts hindert, nach dem Einfluß „der Kultur" oder „der Geschichte" auf „die Gesellschaft" ebenso zu fragen wie umgekehrt. Es ist eben die Forderung, „Soziales" müsse aus „Sozialem" erklärt werden, nimmt man sie absolut, ein Unding, in dem sich die willkürliche Annahme niederschlägt, es sei „die Gesellschaft" ein eigenes existierendes Wesen, das den Rest der Wirklichkeit dominiere. Von dieser Annahme geht der Dauerzwang aus, alle einzelnen Befunde, weil sie sonst nur ein Agglomerat ergeben würden, als zusammenstimmende Teile eines Gesamtbefundes zu denken. Sie sollen sich zu einer Entwicklung der Gesellschaft im ganzen verbinden. Deshalb kann die Soziologie, wenn sie sich einmal die Vorstellung gebildet hat, jede Gesellschaft existiere wie ein eigenes Gebilde mit durchgängig gesetzmäßigen Eigenschaften, nicht davon ablassen, die Wirklichkeit aus den Gesetzen deduzieren zu wollen. Und deshalb erheben sich über den einzelnen Befunden jene anonymen Mächte, die schließlich alles zusammenhalten und lenken sollen. Weil der handelnde Mensch ausgeschaltet wurde, wird die „Gesellschaft" in Rollen, Differenzierungs-, Modernisierungs- und Systemprozessen selbst zum handelnden Subjekt und Täter. In diesem unsinnigen Anspruch kondensiert sich jene Metaphysik, die die Soziologie sich selbst so verbirgt, wie wir das von früheren Weltbildern wissen und an diesem wieder übersehen. Hier liegt die Wurzel des Weltbildes, das die Sozialwissenschaften verbreiten, hier der Grund für das Selbstverständnis, das sie uns aufnötigen, hier die Inspiration für die Hoffnung, die sie verkünden.

Welcher Geist alle die reduktiven Vorannahmen beherrscht und welches Weltbild sich in ihnen kundgibt, das kommt ans

Licht, sobald man fragt, was denn durch dieses Programm bewirkt werden kann oder soll, worauf denn seine Attraktivität beruht. Welcher Art von Interessen und Bedürfnissen kommt es denn entgegen, wenn die Wirklichkeit nur nach ihren äußeren Regelmäßigkeiten betrachtet werden soll? Welcher Vorstellung von Daseinsmöglichkeiten und Lebensführung dient denn eine Wissenschaft, die die Gesellschaft in ihrer Wirklichkeit als einen durchgängig gesetzmäßigen Geschehenszusammenhang aus einer Theorie zu deduzieren und zu prognostizieren verspricht? Welche (und wessen) Hoffnungen sprechen sich denn in dem Versuch aus, alles zuletzt auf bedeutungsfreie soziale Größen zurückzuführen, die nur als Umschreibungen äußerer Daseinsumstände begriffen werden können? Welches Selbstverständnis kommt denn zum Zuge, wenn das menschliche Handeln entweder durch anonyme Systemmechanismen ersetzt oder auf das Interesse an äußeren Daseinsbedingungen zurückgeschnitten wird? Welcher Mensch lebt in dieser „Gesellschaft"? Und worauf darf er hoffen?

Der Umriß einer nachfolgend aufzuführenden Antwort drängt sich auf. Um den uralten Traum von einer vorhersehbaren Welt, die von der Sorge um eine ungewisse Zukunft befreit sein werde, einzulösen, hat die Soziologie eine durchgängig berechenbare Gesetzmäßigkeit des Geschehens unterstellt und dafür den Preis zahlen müssen. Denn nun mußte das Handeln enteignet werden, um als letztlich bewußtlose oder erzwungene Ausführung von Mechanismen erklärt zu werden, so daß der Mensch als bloßer Konsument seiner äußeren Daseinsumstände übrigblieb. Die Vorhersage des Geschehens konnte dem nur die Chance auf eine bessere Anpassung an den sowieso unabänderlichen Lauf der Dinge beifügen. Und die von der Soziologie eröffnete Aussicht, mittels Kenntnis der Gesetze die Gesellschaft planend einzurichten, konnte nichts anderes sein als die Wahl zwischen verschiedenen äußeren Daseinsbedingungen. Das Ziel dieser Soziologie begrenzt sich auf die technische Einrichtung dieser äußeren Bedingungen, die nur als direkte Annehmlichkeiten oder Freizügigkeiten zählen. Und diese Interessen sind das einzige, was der *Homo sociologicus* von sich weiß oder jedenfalls öffentlich vernünftigerweise wissen darf. Alles, was darüber hinausreicht, versinkt in den Bereich bestenfalls verständlicher persönlicher Wünsche, die rigoros ins Private verwiesen werden müssen, wo jeder einen Sinn suchen mag, für den die Gesellschaft keinen Platz bietet.

So rechnet diese Wissenschaft auf Menschen, denen die Gesellschaft nur noch als Zustand konsumierbarer Daseinslagen gilt und nur als solcher problematisch ist. Es wäre jedenfalls schlechthin sinnlos, den gesellschaftlichen Tatsachen mit dem Maßstab eines eigenen Wollens entgegenzutreten, um ihnen einen inneren Sinn und Wert abzuverlangen. Diese Soziologie ist auf geistig unselbständige Menschen zugeschnitten, die mit der Aussicht auf die Befriedigung ubiquitärer Wünsche zufrieden sind, ohne einen Maßstab zu entbehren, der diesen Velleitäten erst Halt und der Einrichtung der Verhältnisse erst Sinn verleihen könnte. Sie zählt auf Menschen, die auf die Einrichtung der äußeren Umstände wie ein technisches Mittel setzen, um die Übel zu bekämpfen und das Verhalten zu ändern. Sie appelliert an Menschen, die dem Zwang zur inneren Stellungnahme zu entkommen hoffen durch Vorhersagen, wie sich die Dinge oder gar noch „die Werte" entwickeln. Und sie stellt noch dazu die Abschaffung des Bösen, von Sünde und Schuld, in Aussicht, für die in einem gesetzmäßigen Geschehen kein Platz sein kann.

Die Erfindung der Gesellschaft

In jeder Kultur gibt es Schlüsselbegriffe, die man kennen muß, wenn man einer Zeit ins Herz schauen will. So wie Menschen ihr Handeln über Vorstellungen führen, läuft auch ihr Zusammenleben nicht einfach naturwüchsig ab; es ist durch Vorstellungen bedingt, die sich, sobald das Dasein über Brauch und Sitte hinausdrängt, zu eigenen Schlüsselbegriffen verdichten, die, wenn sie auftauchen oder absterben, Zeitschwellen zu markieren pflegen.

Als Kinder eines Stammvaters, Bewohner eines Gebietes,

Menschen eines Schlages, Bürger einer Stadt, Volk einer Sitte, Anhänger einer Religion haben Menschen ihre Zusammengehörigkeit in entsprechenden Eigennamen festgelegt, als Stamm, Volk, Staat oder Nation haben sie sich bezeichnet. Alle solche Vorstellungen sind heute durch den ubiquitären Begriff „Gesellschaft" eingeebnet worden, ohne den Schule, Universität und Wissenschaft, Kultur, Politik und öffentliche Meinung, ja sogar private Gespräche nicht mehr auskommen können. Diese Karriere der „Gesellschaft" zum globalen Schlüsselbegriff ist von dem Aufstieg der Soziologie zur Schlüsselwissenschaft nicht zu trennen, die den Begriff jedenfalls bestimmt, wo nicht auch den Ausdruck erst durchgesetzt hat.

Wie auch sonst wirft hier die Begriffsgeschichte [die man ausführlich, für die Neuzeit auf den deutschen Raum beschränkt, bei M. Riedel: „Gesellschaft", in: O. Brunner, W. Conze, R. Koselleck (Hrsg.): Geschichtliche Grundbegriffe. 1978, nachlesen kann] Licht auf die Sache. Uns interessiert nicht die lange Vorgeschichte des Wortes, das seine Wurzel (althochdeutsch sal = Raum) in der Gesellung der Haus- oder Verbandsgenossen hatte, alsdann auf das Gefolge der Fürsten wie auf die Gesellen des Meisters übertragen wurde, um schließlich alle Verbände, Genossenschaften, Bünde, Orden, Bruderschaften, Vereinigungen oder Geselligkeiten zu umfassen. Hier geht es vielmehr um die völlig neue Bedeutung, die der Begriff nachdrücklich erst im vorigen Jahrhundert annahm.

Sie wuchs auf dem Boden der oft als „Dekorporierung" bezeichneten Vorgänge, welche die freien Städte, Stände, Herrschaften, Provinzen, Universitäten, Zünfte, Kirchen und sonstigen Gemeinschaften und Gebilde als eigenständische und eigenrechtliche „Korporationen" auflösten, indem sie sie dem Staat unterstellten. So wurden die Menschen in der Neuzeit aus jenen alten Ordnungen freigesetzt, die ihr Leben allseitig umschlossen und getragen hatten. Man pflegt heute diesen Vorgang als das Werk bürgerlicher Wirtschaftsinteressen darzustellen. Doch aus eigenen Gründen hatte auch der moderne Territorialstaat getrachtet, die Eigenrechte der Korporationen aufzulösen, um alle zu gleichen Bürgern zu machen, wozu ferner die verschiedensten geistigen und religiösen Bewegungen beitrugen. Der neue Begriff entstand genau dort, wo aus der Auflösung der Korporationen zwei bislang unbekannte Gebilde entstanden: der moderne Staat und die moderne Gesellschaft.

Die Entwicklung spiegelt sich in der Begriffsgeschichte. Bis dahin hatte man sich an die aristotelische Vorstellung vom Gemeinwesen gehalten, zu dem sich freie Menschen als Bürger in der *Polis* oder *Societas civilis* um des „guten Lebens" willen verbanden. Dieser spezifisch abendländische Gedanke kannte die moderne Trennung von Staat und Gesellschaft nicht. Für Aristoteles war das Leben bereits im *Oikos* verfaßt – wir würden sagen: in den naturwüchsigen Ordnungen von Haushalt, Familie oder Sippe geregelt, die durch ihre unantastbare Eigenständigkeit der *Polis* Grenzen zogen. Die *Societas civilis* komponierte sich aus vorstaatlichen, naturwüchsigen, gestifteten oder paktierten, aber jedenfalls eigenständigen und selbstregulierten Gemeinschaften, in denen das Handeln sozial verfaßt war. Nach der Dekorporierung fanden sich die Menschen nun als einzelne zu privaten Bürgern eines Staates gemacht, der ihr Handeln eingrenzen, aber nicht verfassen konnte. Diese freigesetzten Kräfte, die der Staat nicht beherrschen konnte, wurden nun als Gesellschaft bezeichnet, die als „nicht durch erzwingbare Normen geregeltes Zusammenleben" in das Bewußtsein einging [Theodor Geiger: „Gesellschaft", in: A. Vierkandt (Hrsg.): Handwörterbuch der Soziologie. 1931]. Betroffen stellten die Zeitgenossen das vordergründig Selbstverständliche fest: „Der Staat kann keine Kultur schaffen ... Nicht nur das gesamte wirtschaftliche Leben mit seiner Technik, seiner Teilung der Arbeit, seiner Gliederung der Berufsarten, sondern auch alle geistigen und sittlichen Errungenschaften menschlicher Bildung, die Sprache, Wissenschaft und Kunst, Sitte, Moral und Religion sind Werke der Gesellschaft, der freien Tätigkeit individueller, ineinandergreifender Kräfte" (so G. Rümelin 1889 in einer seiner 1907 veröffentlichten „Kanzlerreden"). An die Stelle verfaßter Ordnungen trat nun das verbriefte Prinzip der freien und willkürlichen Vergesellschaftung einzelner. So war eine neue und naturgemäß unberechenbare Wirklichkeit entstanden. Indem Bürger nach Willen Vereine, Parteien, Gesinnungsgemeinschaften, Weltanschauungsverbände, Bewegungen, Interessenvertretungen oder Betriebe bildeten und jederzeit neu bilden konnten, entstanden jene modernen Kräfte und Erscheinungen, für deren beunruhigende Unberechenbarkeit nun der obsolete Begriff „Gesellschaft" in neuer Bedeutung herhalten mußte. Die Gesellschaft, die jetzt überall als das Rätsel einer neuen Zeit ins Bewußtsein trat – das waren gerade die nicht mehr gesellschaftlich verfaßten Kräfte freier Willkür, die nach dem Prinzip der beliebigen Vergesellschaftungen zu einer unberechenbaren Macht im Staat geworden waren.

So war das Verhältnis von Staat und Gesellschaft zum bekannten Grundproblem der Moderne geworden, das zugleich die wissenschaftlichen Anstrengungen wie die politischen Leidenschaften beschäftigen mußte. Dabei wurde die „Gesellschaft" weitgehend zum Kampfbegriff, der den Staat bestimmten Gruppeninteressen unterordnen oder – wie im Liberalismus oder Sozialismus und ähnlich sogar im Nationalismus – rechtlich wie historisch zum Ausführungsorgan der wie immer bestimmten „wahren" Kräfte der Gesellschaft machen wollte. Es sei – so meinte R. von Mohl 1851 – eine neue Wissenschaft geboren worden, als mit einem Mal das Wort „Gesellschaft" ausgesprochen sei, „zuerst von Schwärmern und ihren Schulen; dann aber allmählich auch auf der Rednertribüne, in der Schenke und in den heimlichen Versammlungen Verschworener; es wird in entsetzlichen Straßenschlachten als Banner vorausgetragen. Jetzt öffnen sich plötzlich die Augen... Die Gärung auf dem Markt und in der Hütte hat aber auch bald eine zahlreiche Literatur hervorgerufen... So ist durch Tat und Schrift ein ganz neuer Gegenstand des Bewußtseins, Wollens und Denkens entstanden... Die Wissenschaft von der Gesellschaft ist zu begründen und zu entwickeln" („Gesellschafts-Wissenschaften und Staats-Wissenschaften").

So war die „Gesellschaft" als ein erregender Komplex neuartiger Tatsachen ins Bewußtsein getreten, die zugleich von unbekannten Möglichkeiten wie von unberechenbaren Kräften zeugten. Der Ausdruck meinte das geschichtliche Novum einer „offenen" Gesellschaft, in der das Zusammenleben nicht mehr durch soziale Verfaßtheit, vielmehr durch willkürliche Vergesellschaftung bestimmt wurde. Bar einer gültigen, erkennbaren und vorhersehbaren Ordnung, mußte diese offene Gesellschaft ständig zu ihrer Durchordnung mittels politischer Gestaltung und ideologischer Inpflichtnahme herausfordern, also jene bekannten Bewegungen, Parteien, Vereinigungen, Ideologien und Weltanschauungen ins Leben rufen, die zum Charakter der Moderne gehören.

Am Rätsel dieser neuen Gesellschaft entzündeten sich alsbald die Fragen nach ihren bewegenden Kräften, die, wie wir gesehen haben (Kap. 3), die verschiedensten Wissenschaften beschäftigten, ja erst ins Leben riefen. Hier auch entstand die Soziologie, welche ganz eigene Wege einschlug. Saint-Simon, Comte und Durkheim jedenfalls bildeten sich die doch mindestens eigenwillige Idee, daß die (von ihnen laufend beklagte) „Krise" der Neuzeit das Ergebnis der Unkenntnis der gesellschaftlichen Gesetzmäßigkeiten sei. Und sie forderten nun eine neue Wissenschaft, welche die gesetzmäßige Entwicklung vorhersagen, dadurch die „Krise" beheben und wiederum zu einer gesellschaftlichen Ordnung führen werde. Es wurde weder gefragt, ob Vorhersicht der Entwicklung denn ausreiche, um eine gesellschaftliche Ordnung zu begründen – was offensichtlich nicht der Fall ist; noch wurde erwogen, ob gesellschaftliche Entwicklungen durchgängig gesetzmäßig verlaufen; noch stellte man sich die Frage, ob nicht in einer offenen Gesellschaft die Unvorhersehbarkeit durch die Willkür von immer neuen Vergesellschaftungen und Kräften geradezu institutionalisiert sei.

Hier mußte denn der Ausdruck „Gesellschaft" eine spezifische Bedeutung erhalten, weil man mit dem vorgängigen Konzept einer Wissenschaft von der Gesellschaft an den neuen Gegenstand heranging. Dies nun tat die Soziologie, als sie sich nach dem Modell der Naturwissenschaften als eine positive Wissenschaft von gesetzmäßigen Zusammenhängen und Abläufen konstituierte, weil nun der unerforschte Gegenstand nur noch in einer bestimmten Weise elaboriert werden konnte und alsdann die Züge annehmen mußte, welche das Konzept vorschrieb. Einzig der Wunsch, die Wirklichkeit vorhersehen und lenken zu können, führte auf diesen Weg und machte dann jene massiven Vorannahmen über den Charakter der Wirklichkeit und die Natur des Menschen nötig, auf die wir immer wieder gestoßen sind. So ist von der Soziologie jene „Gesellschaft" erfunden worden, die nicht sowohl auf das Zusammenleben hindeutet, als dieses zu einer eigenen „Sache" verdinglicht hat, die aus eigenen Systemgesetzmäßigkeiten gedeutet werden muß.

Bei Turgot, Condorcet und Sieyès vorgebildet, reiften diese Bemühungen um eine „mécanique sociale" bei Saint-Simon und Comte zu dem folgenreichen Konzept einer Wissenschaft heran, das man als die Geburt der Gesellschaft aus dem Geist der Soziologie bezeichnen muß. Nirgends wird das so deutlich wie bei Durkheim, der der Gesellschaft ständig Eigenschaften beilegt, mit der Begründung, es könne sonst die Soziologie keine Wissenschaft sein. In zahllosen Variationen wird so argumentiert: „pour qu'une véritable sociologie puisse exister, il est nécessaire que se produisent dans chaque société des phénomènes dont cette société soit la cause spécifique." In diesem, von der Soziologie frei erfundenen Begriff der Gesellschaft stecken dann eben hinterrücks alle jene Vorannahmen, welche das Weltbild der Soziologie charakterisieren, und mit diesem Begriff hat sich ihr Weltbild durchgesetzt. Wenn heute von der Gesellschaft gesprochen wird, dann bewegt sich das Denken stets bereits in jenem Konstrukt, das die Soziologie präpariert hat.

Wir haben die allgemeinen Annahmen und Konsequenzen dieses Weltbildes dargelegt, sollten aber nicht vergessen, daß uns durch den Schlüsselbegriff „Gesellschaft" die Wirklichkeit durchgängig in eine besondere Perspektive gerückt wird. Denn wo diese „Gesellschaft" zur Grundbefindlichkeit erklärt wird, da verlieren die konkreten Lebensverhältnisse ihr Eigenrecht, weil sie nur noch verständlich und wirklich sind, soweit sie nach einem allgemeinen Modell begriffen werden. So wie von unserem Handeln nur die Rollen übrigbleiben, so von allen geschichtlichen Vorgängen und kulturellen Beständen nur die gesellschaftlichen Verhältnisse. Wir fassen von der Wirklichkeit nur noch das Präparat, das die soziologische Rekonstruktion als „gesellschaftlich" heraushebt. Wo die Erfindung der Gesellschaft zur Matrix der Daseinsdeutung wird, da sinken konkrete Identitäten – wie Volk, Nation, Ehe, Familie u. ä. – als bloße Befangenheiten in das Nichts, aus dem am Ende der verzweifelte Ruf nach der eigenen Identität ertönt, dem die Wirklichkeit nicht mehr antworten kann, weil sie, aller geschichtlichen und kulturellen Konkretion beraubt, den Blick nur noch auf jene Tatsachen fallen läßt, die im Sinn der Soziologie als „gesellschaftliche" gelten dürfen.

Mit der Geburt der Gesellschaft aus dem Geist der Soziologie kam auch die Annahme in die Welt, daß jede Gesellschaft sich aus sich selbst entwickle, das „Soziale" nur aus dem „Sozialen" erklärbar sei. Alle Geschichte mußte nunmehr als primär soziales Binnengeschehen verstanden und das Verhältnis der Gesellschaften zueinander als unwichtiges Beiwerk oder unglückliche Störung der „gesellschaftlichen Entwicklung" als der „wahren" Geschichte übergangen werden. Die Blindheit der Soziologie für die zwischenstaatlichen und überstaatlichen Verhältnisse und Wirkungen, für nationale Konkurrenz, Beeinflussung und Durchdringung, insbesondere für alle Machtfragen und Machtlagen, gründet in ihrem Weltbild. Ihr Konzept verpflichtet sie, „Gesellschaften" als die autonomen Einheiten aller wesentlichen Vorgänge, ihre soziale Binnenentwicklung für den Kern der Geschichte zu halten. Das Unverständnis für die geschichtliche Lage von Staaten, für die geschichtliche Rolle von Religionen und für die geschichtliche Wirkung von Ideen kennzeichnet sie durchgängig. Die Soziologie versteht deshalb unter Politik eigentlich nur Gesellschaftspolitik. Und in diesem Sinne hat sie auch die Politik überall dort nachhaltig beeinflußt, wo Parteien oder öffentliche Meinung ihren Begriff „Gesellschaft" übernahmen.

Bei alldem schwebt nun die „Gesellschaft" als vages Konstrukt über und zwischen den realen Erscheinungen. Die Soziologie muß alles menschliche Zusammenleben auf der Erde in eine Anzahl von Gesellschaften aufteilen, die als prinzipiell selbständige und abgeschlossene Einheiten verstanden werden, weil anders nicht jene Wissenschaft zustande kommen könnte, die generelle Aussagen über alle Gesellschaften machen will. Während sich nun der Erfahrung gewisse sinnfällige Einheiten des Zusammenlebens faßlich aufdrängen, die entweder, wie die klassischen Stammesgesellschaften, nur in äußere Verhältnisse zueinander geraten oder aber sich wie Völker, Staaten, Kulturen oder Religionen vielfältig überlagern und ineinanderschieben, postuliert die Soziologie mit ihrer „Gesellschaft" irgendwelche, allen solchen konkreten Vergesellschaftungen übergeordnete Einheiten, die sich nach eigenen Gesetzmäßigkeiten entwickeln. Es ist demnach auch kein Wunder, daß stets offengeblieben ist, ob „die Gesellschaften" mit Staaten oder mit was denn sonst zusammenfallen. Für Comte war die Gesellschaft mit der Menschheit identisch, für Luhmann mit der Weltgesellschaft; praktisch jedoch wird fast immer die Bevölkerung eines Staates besinnungslos als eine Gesellschaft angesprochen; so schwebt „die Gesellschaft" über den Realitäten, ohne daß die Soziologie auch nur anzugeben vermöchte, wo die Exemplare des Gegenstandes, den sie erklären will, denn zu finden sind.

Das gibt willkommene Veranlassung, alsbald jene Gestalt zu betrachten, in der die Soziologie sich nachdrücklich den Tatsachen zuwenden will: die Sozialforschung. Zuvor allerdings noch eine Schlußbemerkung.

Im Mittelpunkt von Weltbildern – das liegt in der Natur der Sache – stehen umfassende Vorstellungen vom Aufbau der Welt, die sich nicht streng auf den Begriff bringen lassen. Daß aber eine Wissenschaft, die alle Weltbilder hinter sich lassen wollte, um nur streng die Tatsachen sprechen zu lassen, auf einen Begriff gebaut ist, dem sich keine Bestimmtheit geben läßt, verrät, daß sie selbst als Wissenschaft ein Weltbild vertritt. Und wo sie ihren Begriff öffentlich durchsetzt, da gewöhnt sie unvermerkt die Menschen in ihr Weltbild ein.

Die Bewältigung der Sozialwissenschaften beginnt insofern mit dem Entschluß, „die Gesellschaft" aus unseren Vorstellungen und unserem Vokabular zu verbannen. Gewiß ist der

Ausdruck gelegentlich als Hinweis auf das Zusammenleben unentbehrlich und dann auch harmlos. Man muß jedoch überall darauf dringen, daß wieder die realen Erscheinungen und Mächte – als Staaten, Parteien, Kirchen, Kulturen, Verbände, Gruppen oder wie immer sonst – benannt werden. Und daran darf schließlich noch beispielhaft erinnert werden, daß – nicht nur, aber jedenfalls vor allem – Max Weber mit bewußter Begründung auf den Begriff „Gesellschaft" verzichtet hat, der sich bei ihm nur als kaum entbehrlicher Blankettausdruck findet, der unbestimmt auf das Zusammenleben hindeutet, ohne dies in das Konstrukt „Gesellschaft" einzuzwängen.

Die Sozialforschung als Ideologie

Die Sozialwissenschaften sind heute nicht zuletzt durch die Sozialforschung gegenwärtig, die sie nicht nur als den empirischen Garanten ihrer Theorien ansehen, vielmehr auch als ein Mittel benutzen, um sich laufend in Erinnerung zu bringen und in die öffentlichen und privaten Dinge einzuschalten. Als Wissenschaft wie als Lebensmacht ist die Soziologie ohne diese Praxis der Sozialforschung nicht mehr denkbar. Wir haben die Sozialforschung bisher zwanglos in die Betrachtungen einbezogen, müssen sie aber nun gesondert erwägen, weil sie durch ihre eigene Praxis und, wie wir sehen werden, ihre eigene Ideologie das Weltbild der Sozialwissenschaften in besonderer Weise radikalisiert und deshalb auch einer besonderen Bewältigung bedarf.

Wir erinnern zuerst an die entscheidende Rolle, welche die Sozialforschung in der „Weltgeschichte der Soziologie" (in Kap. 3) gespielt hat. Die heutige Soziologie entstand, als in Amerika die Sozialforschung zu ihrem charakteristischen Instrument erhoben und entwickelt wurde. Das geschah in der Erwartung, durch neuartige Verfahren zu ähnlich verläßlichen Tatsachen zu kommen, wie die Naturwissenschaften sie durch das Experiment gewonnen hatten, um hierdurch zu zuverlässigen Theorien zwecks Lösung sozialer Probleme zu gelangen. Als

Unterpfand der säkularen Hoffnungen, die technische Herrschaft über die Natur durch die technische Beherrschung der Gesellschaft zu vervollständigen, gab der Fortschritt der Sozialforschung den Sozialwissenschaften mächtigen Auftrieb, deren eiliger Ausbau nun eine Lebensfrage der Nation zu sein schien. So wurde die Sozialforschung in den USA – und nachfolgend überall – in die wissenschaftlichen und staatlichen Institutionen wie in die Arbeit der Kirchen, Parteien, Verbände, Unternehmen und sonstiger Einrichtungen eingeschaltet und eingebaut. Mit einem Schlag war sie zu einem festen Bestandteil der Gesellschaft geworden, deren Leben sie allseitig durchdrang, ohne daß je ernsthaft gefragt worden wäre, ob dadurch nicht die Gesellschaft zutiefst verändert, ja geradezu eine neue Gesellschaft geschaffen wurde.

Man pflegt die enormen Wirkungen, die die Sozialforschung allseits in Gang gesetzt hat, zu übersehen, weil sie so wenig den in sie gesetzten Erwartungen entsprachen, an denen man so gerne festhalten möchte. So haben sich jedenfalls die zuverlässigen Theorien bislang nicht eingestellt. Dennoch sind die Sozialwissenschaften selbst durch die Einführung dieser neuen Verfahren und Techniken verändert worden. In der Überzeugung, mit diesen Methoden endlich auf die bislang durch vage Begriffe, beliebige Auswahl und subjektive Auffassung verstellten objektiven Tatsachen zugreifen und die Soziologie als strenge Wissenschaft entwickeln zu können, machte man die Perfektionierung der Methoden weitgehend zu einem Selbstzweck, der die Sachfragen an den Rand schob. Die steigende Flut der Veröffentlichungen speiste sich aus einem wachsenden Anteil von Trivialitäten, die ihren banalen Inhalt hinter dem wichtigtuenden Pomp der Methoden verbargen, deren erlernbare Routine, weil sie auf Beliebiges anwendbar war, die Herrschaft der Mittelmäßigkeit förderte, die durch die Produktion beliebiger, nämlich überflüssiger und nichtssagender „Daten" ihre wissenschaftliche Reputation beweisen zu können glauben durfte.

Der tiefere Grund liegt allerdings darin, daß die Sozialforschung keineswegs ein neutrales Instrument blieb. Sie kann nur gewisse Arten von „Daten" ermitteln; wer sie zum Fundament der Soziologie macht, schränkt die gesellschaftlichen Tatsachen und Probleme auf das ein, was sich mit diesen Daten fassen und konstruieren läßt. Der Reduktionismus, der sowieso im Konzept der Soziologie liegt, erfährt dadurch eine nochmalige Verschärfung.

Hinzu kommt, daß die Sozialforschung fast durchwegs eine völlige Verfremdung betrieben hat, einmal durch die unentwegte Verachtung des deskriptiven Wissens, das allein uns die Wirklichkeit in ihrer qualitativen Eigenart vorstellt, zugunsten eines Erklärungswissens, das bloß mit künstlichen Merkmalen, Indikatoren und Größen arbeitet, so daß die soziale Wirklichkeit, die im Kern aus den Beziehungen handelnder Personen besteht, in eine Welt zuständlicher Merkmale verdinglicht wurde, die Merkmalsträgern anhaften (vgl. dazu J. Matthes: Soziologie: Schlüsselwissenschaft des 20. Jahrhunderts?). Dabei öffnete die Sozialforschung insofern der Willkür Tür und Tor, als sie die nötige Operationalisierung der Begriffe, die Auswahl der Verfahren und die Verarbeitung der Daten in einem unbekannten Maße einem jeweiligen Belieben des Forschers anheimstellte, das in dem präsentierten Ergebnis nicht mehr faßbar ist. Ob die Sozialforschung die Wirklichkeit erfaßt, steht dahin; sicher ist nur, daß sie eine zweite Wirklichkeit von Merkmalen, Indikatoren und Größen produziert, die sie alsdann zu ihrem Objekt macht. Weil sie durch ihre Verfahren eine Welt künstlicher Gebilde erzeugt, stehen ihre Aussagen in einem grundsätzlich unbestimmten Verhältnis zur Wirklichkeit. Dieses abzuschätzen ist der Laie gar nicht in der Lage und der Soziologe meist nur sehr bedingt. Mit gutem Grund darf man vermuten, daß sogar die quantitativen, mathematischen und statistischen Methoden überwiegend ohne Kenntnis der Voraussetzungen benutzt werden, die ihren Gebrauch erst legitimieren. In solcher Weise also hat die Sozialforschung alle Sozialwissenschaften einschneidend verändert und den Reduktionismus der Soziologie mit den angezeigten Folgen radikalisiert.

Ist das immerhin in der Kritik der Soziologie bekannt, so wollen wir uns nun der Frage zuwenden, welche gesellschaftlichen Folgen dadurch ausgelöst worden sind, daß die Sozialforschung nicht das Instrument der Sozialwissenschaften geblieben, sondern durchwegs in die Gesellschaft eingebaut und in kürzester Zeit zum unentbehrlichen Lieferanten eines technischen Herrschaftswissens geworden ist, auf das nicht bloß Politiker, Parteien, Gewerkschaften, Verbände, Unternehmen und Kirchen nicht mehr verzichten wollen oder können. Die sehr verschiedenartigen Wirkungen dieser Nutzung der Sozialforschung lassen sich gar nicht summarisch beschreiben und können und sollen hier auch nicht erwogen werden. Es genüge der lapidare Hinweis, daß die von der Sozialforschung verschaffte oder aufgedrängte Information zwar subjektiv im Moment und Fall jeweils wie ein Mittel zur besseren Erfüllung gegebener Aufgaben angeboten, gesucht oder genutzt wird, objektiv jedoch die Aufgaben und Einrichtungen im ganzen tiefgreifend verändert. Politik, Parteien, Verbände und öffentliche Meinung sind jedenfalls durch die Demoskopie grundlegend verwandelt worden (vgl. dazu die einschlägigen Artikel in W. Hennis: Politik als praktische Wissenschaft. 1968). Aus der Möglichkcit zur Beschaffung gesellschaftlicher Informationen ist längst ein Beschaffungszwang geworden, der eher die (vermeintlich) berechenbaren, kurzfristigen Erfolge einer Gefälligkeitsdemokratie begünstigt, den Mut zum Handeln aus eigener Verantwortung und Überzeugung hinter das Bedürfnis nach (vermeintlich) begründeter Handlungsanleitung durch weitere wissenschaftliche Untersuchungen zurückdrängt, die Aufmerksamkeit auf erhebbare Tatsachen einengt und die Weichen für die Charakterauswahl des Führungspersonals entsprechend umstellt. So viel, um jedenfalls klarzustellen, daß die Sozialforschung auch als Lieferant eines technischen Herrschaftswissens weder ein neutrales Informationsmittel noch ein schierer Segen gewesen ist, vielmehr die Stellen und Mächte, die sich ihrer bedienen, zutiefst verwandelt hat. Die Bestandsaufnahme dieser Wirkungen steht aus und wird bei gegebener Befangenheit der Sozialforschung einerseits, ihrer Abnehmer andererseits auch lange auf sich warten lassen.

Uns interessiert aber nun eigentlich eine andere Seite,

nämlich die Sozialforschung als Anbieter eines öffentlichen Wissens für jedermann. In dieser Rolle ist sie anfangs auch entstanden, weil die Erhebung gesellschaftlicher Tatsachen doch öffentliche Informationen über gesellschaftliche Probleme liefern sollte und deshalb auch ein Kampfinstrument gesellschaftlicher Anklage werden konnte. Das war so lange sinnvoll und nützlich, wie es um Tatsachen ging, die deshalb vor das Forum der Öffentlichkeit gehören, weil sie von dieser eingerichtet werden können und müssen. So haben Erhebungen über die Lage der Arbeiter seinerzeit auf Mißstände aufmerksam gemacht, die sich durch Maßnahmen verändern ließen. Der Natur der Sache nach ging es dabei fast ausschließlich um den Einfluß der äußeren Daseinsumstände auf die Lebensführung.

Aus hier nicht zu erörternden Gründen hat sich jedoch die Rolle der Sozialforschung grundlegend verändert. Sie will nicht mehr nur jedermann über diejenigen gesellschaftlichen Probleme unterrichten, die eine öffentliche Entscheidung verlangen. Sie ist vielmehr mit ihren Umfragen immer entschiedener in jene Bereiche vorgestoßen, wo das Handeln kaum mehr mit den unpersönlichen Gegebenheiten äußerer Daseinsumstände befaßt ist, als vielmehr durch die eigenen oder fremden Überzeugungen, Gesinnungen, Einstellungen, Lebenshaltungen, Meinungen, Wertmaßstäbe, Wünsche und Träume bestimmt wird, die durch Maßnahmen jedenfalls kaum verändert werden können. Dabei hat sie, rücksichtslos in die Privatsphäre eindringend, die Bürger moralisch auskunftspflichtig gemacht und sucht nicht länger nur ein gesellschaftliches Wissen für jedermann, sondern ein Wissen über jedermann. In Amerika zumindest ist die Sozialforschung sehr früh zu einem Instrument entwickelt worden, mit dem die Soziologie ständig in den ihr bislang verschlossenen Alltag und schließlich bis in den Privatbereich hineinreichen konnte und wollte. Sie verfährt also nach – und bekennt sich zu – dem Grundsatz der Publizität aller gesellschaftlichen Tatsachen.

Die Durchsetzung dieses Grundsatzes hat natürlich außerordentliche Wirkungen gezeigt. Hierdurch erst ist die Soziologie, die mit ihren Theorien, wo diese nicht in politische

Bewegungen ausgemünzt wurden, unmittelbar nur kleine Bildungsschichten erreichte und nur in Grundvorstellungen betraf, zu einer alltäglichen Lebensmacht geworden, drang sie doch nun als Sozialforschung mit anscheinend unwiderleglichen und jedermann betreffenden Tatsachen des Alltags aktuell in alle Bereiche ein, um mit ihrem Wissen selber zum ubiquitären Bestandteil des Handelns zu werden. Denn unvermeidlich doch wird unser Handeln, weil es sich, hier wie sonst, am erwartbaren Verhalten seiner „Objekte" orientiert, auf die verschiedenste Weise beeinflußt, wenn sich unser Wissen, wie andere handeln, ändert. Erst durch die Sozialforschung haben die Sozialwissenschaften ihre Wirkungen über die allgemeinen Vorstellungen hinaus direkt auf das alltägliche Handeln von jedermann ausgedehnt, und jedermanns Handeln wird heute beeinflußt durch das Wissen über jedermanns Handeln, das jedermann laufend durch die Sozialforschung geliefert und durch entsprechende Medien verbreitet wird.

Der Sozialforschung ist diese Rolle, das Handeln direkt zu beeinflussen, nicht unversehens zugefallen; sie wurde von ihr bewußt angestrebt. Die Lust am „Aufklären" hat ihr von Anfang an nahegelegen; nur hagiographische Legendenbildung hat sie zu einer strengen empirischen Kunst stilisiert, während die Verfahren fast ausnahmslos im Dienst verschleierter Weltbilder standen (vgl. dazu das einschlägige Kapitel in M. Bock: Soziologie als Grundlage des Wirklichkeitsverständnisses. 1980). Der Glaube, daß die Gesellschaft durch eine natürliche, aber verborgene Ordnung – für J. P. Süßmilch noch kraft der Weisheit des Schöpfers, für A. Quetelet kraft eines Naturgesetzes – regiert werde, welche die Sozialforschung entbergen werde, um dann als geistige Führungsmacht die Direktiven für das richtige Handeln zu liefern, hat in verschiedenen Varianten die Sozialforschung inspiriert, von F. Le Play über Ch. Booth oder G. Lundberg bis hin zu P. F. Lazarsfeld, M. Horkheimer und Th. W. Adorno. Nie war die Sozialforschung eine empirische Wissenschaft, die das Handeln bloß feststellen und erklären wollte, stets war sie ein aufklärerisches Unternehmen, belastet mit der Überzeugung, daß die Menschen durch ein falsches Bewußtsein am richtigen Handeln gehindert würden, berufen zu der Aufgabe, sie von diesem falschen Bewußtsein zu befreien. Und das alte Ziel der Soziologie, das Wissen der Gesellschaft über sich selbst ein für allemal zu korrigieren, radikalisierte sich zu der Absicht, das alltägliche Verhalten ständig und überall von seinem falschen Bewußtsein zu befreien. Im Dienst dieser Absicht stellte sich die Sozialforschung dann als Aufgabe die absolute Publizität aller gesellschaftlichen Tatsachen, die sie sowohl zu ermitteln wie zu vermitteln habe, um endlich die vollständige Transparenz nicht nur der gesellschaftlichen Entscheidungen, sondern gar des individuellen Handelns zu verwirklichen.

So entstand in Amerika ein eigenes Apostolat der Sozialforschung, an das sich, wie früher („Weltgeschichte der Soziologie") gezeigt, phantastische Hoffnungen auf eine vollständige gesellschaftliche Selbstdurchleuchtung, demokratische Selbststeuerung und individuelle Selbstverwirklichung knüpften, so daß die Sozialforschung sogar zum Garanten für die Vollendung des amerikanischen Traums einer natürlichen Demokratie des adamitischen Menschen wurde. Mit ihrem Grundsatz der totalen Publizität aller Tatsachen war die Sozialforschung zur Waffe einer soziologischen Aufklärung geworden, die die aktuelle Erlösung des Menschen von allen Vorurteilen und Vorschriften, von aller Dumpfheit und Ignoranz versprach, so wie Max Horkheimer seinem „Institut für Sozialforschung" ja auch eine Aufgabe der persönlichen Aufklärung und Therapie beimaß. Hier trat die Sozialforschung nicht als Methode zur Erkenntnis der Gesellschaft, vielmehr als Mittel zur Befreiung des Menschen von der Gesellschaft mit dem Vorsatz zur Veränderung des menschlichen Handelns an. Sie war ein Instrument, das, wie im exemplarischen Fall des Kinsey-Reports, „Tatsachen" erhebt, deren Veröffentlichung eben diese „Tatsachen" verändert und ja auch verändern wollte.

Wir dürfen uns hier die Beispiele dafür ersparen, daß Untersuchungen, wie bekannt, zumeist das Handeln beeinflussen wollen, teils durch offene, teils durch versteckte Wertungen, die irgendein inneres oder äußeres Verhalten als „richtig" auszeichnen. Die handlungsändernde Absicht spielt dann eine entscheidende (und meist natürlich uneingestandene) Rolle bei der Wahl des Gegenstandes, der Auswahl und Verarbeitung der „Daten". Handlungsverändernde Wirkungen allerdings hat die Sozialforschung auch dann, wenn (und soweit, wie) ihr keine, oder keine bestimmten Absichten dieser Art zugrunde liegen. Auch hier ist sie kein neutrales Instrument, das Tatsachen sowenig bloß feststellt, daß es sie vielmehr verändert und schafft. Das ist die unvermeidliche Folge davon, daß die Sozialforschung ein (wirkliches oder vermeintliches) soziales Wissen anbietet und verbreitet, das, ob „richtig" oder „falsch", das Handeln bis in das Selbstverständnis hinein zu beeinflussen in der Lage ist.

Dies ist der entscheidende Punkt, der mit einem Zusatz zu versehen ist. Es liegt dem nämlich die später noch zu besprechende Eigenart zugrunde, welche die Sozialwissenschaften grundsätzlich von den Naturwissenschaften (vgl. in Kap. 5 „Die Paradoxien der Soziologie") unterscheidet. Die Objekte der Natur werden durch die Erkenntnis der Naturwissenschaften, solange diese nicht technisch angewendet werden, nicht beeinflußt. In den Sozialwissenschaften sind hingegen das beobachtende Subjekt und das beobachtete Objekt in dem Sinn identisch, daß die Erkenntnisse über das Objekt, wenn sie nicht geheimgehalten werden, in das Wissen des Objekts übergehen, das dadurch verändert wird. Sie weisen deshalb eine paradoxale Verfassung auf, weil Subjekt und Objekt in einer Interferenz stehen, die in dem Maße wächst, wie die Menschen durch die Wissenschaft über ihr Handeln unterrichtet werden. Unvermeidlich also mußte die Sozialforschung diese paradoxale Verfassung radikalisieren und aktualisieren. Je mehr die Sozialwissenschaften auf die aktuellen Tatsachen zugriffen, desto mehr mußten sie selbst zu aktuellen gesellschaftlichen Kräften werden, die das Handeln veränderten und die Tatsachen schufen. Je rücksichtsloser mit dem Grundsatz der totalen Publizität aller gesellschaftlichen Tatsachen Ernst gemacht wurde, desto wirkungsvoller mußte aus der virtuellen Identität von Subjekt und Objekt eine ständige Interferenz von Wissenschaft und Wirklichkeit, von Soziologie und Gesellschaft werden. Je höher die Flut der Sozialforschung stieg, desto häufiger mußten nun aktuelle Paradoxien ins Spiel kommen, die die Soziologie immer weiter von ihrem Ziel wissenschaftlicher Objektivität und praktischer Utilität zu entfernen geeignet waren. Denn zunehmend erfaßt die Sozialforschung, je eifriger sie betrieben wird, nur mehr die Wirkungen ihres eigenen Tuns, weil das Handeln, durch die Sozialforschung zunehmend angereichert und umgelenkt, sich bereits in Kenntnis und im Rahmen der von der Sozialforschung vermittelten Vorstellungen und Vordeutungen vollzieht. Jene natürliche, unverfälschte gesellschaftliche Wirklichkeit, die man sucht, ist dann nicht mehr zu finden, und zunehmend erfaßt die Sozialforschung bloß noch ihre eigenen Folgen. Das führt oft zu nahezu grotesken Formen (und Folgen), so etwa bei „Umfragen in der Intimsphäre", die Angaben über sexuelle Wünsche und Verhaltensweisen nunmehr als empirische Belege für deren „Natürlichkeit" vorführen, obschon offensichtlich und nachweislich nur jene Klischees wiedergegeben werden, die nicht zuletzt durch diese Umfragen, flankiert durch die Massenmedien, seinerzeit öffentlich verbreitet wurden und, wie die Befragten wiederum wissen, in manchen Umfragen auch geradezu erwartet werden. Eine Sozialforschung, die sich nur noch selbst den Puls fühlt in dem Glauben, das natürliche oder sonstwie gesellschaftlich geprägte Handeln zu erfassen – das ist die zwar groteske, aber folgenschwere Paradoxie, auf die hier die Dinge zutreiben.

Es ist deshalb in der Tat an der Zeit, jene grundsätzlichen Fragen zu erörtern, die bei der Einführung der Sozialforschung nicht ernsthaft beachtet wurden. Man muß sich vor allem darauf besinnen, daß unser Handeln entscheidend mitbestimmt wird durch die Erwartungen, die wir über das Handeln anderer hegen; alles Zusammenleben ist nicht zuletzt ein Ergebnis des sozialen Wissens, das Menschen voneinander besitzen oder zu besitzen glauben. Jede Gesellschaft verwandelt sich, wenn sich dieses soziale Wissen nach seiner Art oder Verteilung ändert. Neue rechtliche, kulturelle, soziale oder räumliche Formen des Zusammenlebens verändern das Wissen voneinander: neue

Medien der Verbreitung, Mitteilung oder Erhebung sozialen Wissens veranlassen die Menschen, anders zu handeln. So mußte die Einführung der Sozialforschung, je mehr sie das soziale Wissen von jedermann änderte, geradezu eine andere Art von Gesellschaft entstehen lassen.

Das Recht zur Erhebung gesellschaftlicher Tatsachen ist selbstverständlich stets ein – in seinem Umfang strittiges – Herrschaftsmonopol gewesen. Mit der Sozialforschung ist hier aber die völlig neue Lage entstanden, daß nunmehr alle gesellschaftlichen Gruppen praktisch ein Privileg zur Eigenbeschaffung von Sozialdaten erworben haben, der Staat sich über die Sozialforschung sogar zusätzliche Unterlagen beschafft. Uns interessiert hier die Sozialforschung aber nur insoweit, wie sie jedermann Wissen über jedermann verschafft, nach dem Grundsatz der Publizität aller gesellschaftlichen Tatsachen. Denn hier erweist sich die vorgeblich neutrale Empirie der Sozialforschung als Tarnung einer Ideologie, die gewollt oder ungewollt auf eine bestimmte Veränderung und insbesondere auf die Zerstörung des Menschen als Individuum und Person und damit recht eigentlich auf die Dehumanisierung der Gesellschaft hinarbeitet.

Die Sozialforschung verfährt nach dem Grundsatz der Publizität aller gesellschaftlichen Tatsachen, die zu ermitteln und zu vermitteln sie sich berufen fühlt, so daß sie alle diesem Ideal der vollständigen Information durch Scham, Anstand, Sitte, Privatraum, Geheimnisschutz oder Wissensprivileg gezogenen Grenzen beharrlich zurückgeschoben oder gar gänzlich aufgehoben hat. Sie hat dabei gegen heftige Widerstände kämpfen müssen, um ihren Publizitätsgrundsatz zu einer öffentlichen Selbstverständlichkeit zu erheben, gegen die heute noch privat gemurrt, aber nicht mehr öffentlich ernsthaft opponiert werden kann. Ihren Titel für den Zugriff auf beliebige Tatsachen hat sie mit verschiedenen Argumenten durchgesetzt. Vom Recht der Wissenschaft, alle Tatsachen zu ermitteln, von der Pflicht des Menschen, ihnen ins Auge zu sehen, war die Rede, und natürlich von dem Versprechen, daß, wenn die Tatsachen bekannt seien, der Mensch umso freier und vernünftiger handeln und die Gesellschaft umso transparenter werde. Deshalb glaubt die Sozialforschung, mit ihrem Ziel und Grundsatz ein über allen Fronten und Zeiten stehendes Interesse zu vertreten, dem jeder vernünftigerweise beipflichten kann und muß, also nur reaktionäre und obskurantistische Privatinteressen widersprechen werden. Auf diese Weise wurde dem Bürger eine moralische Auskunftspflicht anerzogen.

Und doch formuliert der Grundsatz der vollständigen Publizität aller gesellschaftlichen Tatsachen eine radikale Ideologie, die den Menschen eine bestimmte Lebensführung aufnötigen will. Es geht hier wohlgemerkt nicht um jene ideologischen Absichten und Voreingenommenheiten, die bekanntlich in so vielen Arbeiten zutage liegen, wie sie in anderen dem Leser und in weiteren sogar – und das ist der Normalfall – dem Autor verborgen bleiben. Mag es sogar sein, daß die Sozialwissenschaften mehrheitlich nach einer, der „linken" und „progressiven" Seite des ideologischen Spektrums neigen, weil eine historisch nachweisbare Affinität zwischen soziologischen und politischen Konzepten besteht, so handelt es sich bei alldem doch um Positionen, die der individuellen Wahl und zeitlichen Fluktuation unterliegen. Hingegen liegt im genannten Grundsatz eine objektive Ideologie, der sich einzelne und Zeiten, wohin sie auch neigen mögen, nicht entziehen können. Denn die Sozialforschung erhebt teils oder überwiegend eine besondere Art von Tatsachen, nämlich jene Dinge, die eigentlich unsere Individualität ausmachen und deshalb von jedermann mehr oder weniger als Privatgut angesehen werden, das, nicht für die Öffentlichkeit bestimmt, nur in persönlichen Beziehungen – und deshalb für die Untersuchung nur anonym – mitgeteilt wird: was wir denken, wollen, fühlen, meinen, wünschen, träumen und tun. Und anders als die amtliche Statistik dringt die Sozialforschung auch mit jeder harmlosen Frage in unseren Privatraum ein, weil sie alle Angaben erst in eine Beziehung setzen will, die ihnen eine tiefere Bedeutung geben, um hierdurch in versteckter Weise unser Inneres auszuspähen. Alle ihre Fragen sind deshalb ganz privater Natur, auch wenn das hier ahnungslos übersehen und dort absichtlich vertuscht wird.

Hier stellt sich zuerst einmal die moralische Frage, ob die Wissenschaft durch Umfrage, Beobachtung und Experiment in den Privatraum eindringen darf. Im Glauben, letztlich dem Menschen durch Wissenschaft zu dienen, hatten manche ihre Ergebnisse durch offenbar inhumane Täuschungen erzielt: „Soldaten, die nicht wußten, daß sie an einem Experiment teilnahmen, wurden in einem Flugzeug durch einen realistisch simulierten Flugzeugabsturz unter Todesangst gesetzt und beobachtet" (Berkun u. a. 1962). In einer Streßreaktionsstudie wurden Personen eingesperrt, während der Forscher durch die Türritzen Rauch in den Raum einleiten und einen Brand vortäuschen ließ. Versuchspersonen wurden geimpft und dadurch in Todesangst gesetzt, daß man ihnen in realistischer „Verpackung" eröffnete, man habe eine falsche Dosis eines Mittels genommen oder gar Luftblasen in die Blutbahn gespritzt, und sie hätten nur noch eine kurze Zeit zu leben – dies um die Reaktionen unter Quasi-Feldbedingungen zu studieren. Man hypnotisierte Versuchspersonen und ließ sie in der Hypnose Heroin verkaufen (Coe u. a. 1973). Forscher insinuierten ihren Versuchspersonen durch Angabe falscher Testresultate, sie wiesen versteckt eine starke Tendenz zur Homosexualität auf. Berühmt und berüchtigt waren die Versuche Milgrams (1963; 1974) zum Autoritätsgehorsam, in denen ermittelt werden sollte, wieweit Versuchspersonen den Anweisungen und der Autorität des Versuchsleiters widerstehen würden, in verschiedenen mehr oder weniger realistischen Situationen anderen Scheinversuchspersonen Elektroschocks zuzufügen – oft bis an die oder über die tödliche Spannungsdosis hinaus (H. Lenk: Pragmatische Vernunft. 1979). Die Empörung über so flagrante Entwürdigungen schärfte allerdings den Sinn für die moralische Problematik der Sozialforschung, konzentrierte sich jedoch auf die Fälle des gröbsten Mißbrauchs, ohne auch hier nur verläßlichen Schutz zu garantieren. Völlig übergangen wurde dabei jedoch die Tatsache, daß fast alle Untersuchungen ihre Absichten, jedenfalls ihre näheren, verheimlichen, den eigentlichen Sinn ihrer Fragen verstecken, ja meistens heimliche Beobachtungen anstellen, kurzum Vertrauen, wie fein auch immer, durch Überlistung und Irreführung mißbrauchen und im Grunde mißbrauchen müssen. Denn die professionelle Absicht hebt alle Bedingungen auf, unter denen Menschen sonst kundtun, mitteilen oder anvertrauen, was doch eigentlich ihre Individualität ausmacht: was sie denken, meinen, fühlen, wollen, wünschen und tun. Die Sozialforschung kann ohne Hintersinn und Hinterlist gar nicht auskommen.

Von diesen schwerwiegenden Fragen nimmt das Fach nur ganz ausnahmsweise Notiz (E. Shils: Social Inquiry and the Autonomy of the Individual, in: D. Lerner (Hrsg.): The Human Meaning of the Social Sciences. 1959), obschon doch die Legitimität der Sozialforschung hinsichtlich des Ethos ihrer Mittel auf dem Spiel steht. Allein wir wollen hier nach dem Ethos fragen, das sich in der Veröffentlichung der Daten nach dem Grundsatz der Publizität aller gesellschaftlichen Tatsachen ausspricht. Denn es werden ja überwiegend Tatsachen ermittelt, die wir als Teil unserer individuellen, persönlichen und privaten Existenz, also nicht als öffentliches Gut betrachten. Indem die Sozialforschung all dies im Grundsatz publik machen will, setzt sie sich über alle gesellschaftlichen Regeln hinweg, die, wie noch näher zu zeigen sein wird, überall einen Privatraum zubilligen und schützen. Indem die Sozialforschung kurzerhand für „gesellschaftliche" Tatsachen erklärt, was für die Gesellschaft gerade private Tatsachen sind, maßt sie sich heimlich die Autorität an, selbst zu bestimmen, was öffentlich und was privat sein darf.

Deshalb ist die Sozialforschung bereits in ihrem Ansatz ein – überlegter oder unüberlegter – Anschlag auf die Gesellschaft gewesen und geblieben. Verrannt in die Vorstellung, daß die „Gesellschaft" wie ein Naturding zu betrachten sei, setzt sie sich völlig darüber hinweg, daß es überall einen dem öffentlichen Wissen entzogenen (physischen, seelischen, geistigen, sozialen) „Privatraum" gibt, ja sie will diesen abschaffen und davon nur die Anonymität übriglassen. In diesem Sinn läuft die Sozialforschung, was immer ihre Vertreter auch persönlich wollen und beabsichtigen, objektiv auf die Sozialisierung des Menschen zum Sozialwesen durch die Abschaffung des für seine Individualität und Personalität konstitutiven Privatraums hinaus. Scheuen wir nicht die Mühe, uns diesen Tatbestand in seiner ganzen Schwere zu verdeutlichen.

Beachten wir also zuvor Sinn und Bedeutung der Schranken, die dem sozialen Wissen, aus allerdings sehr verschiedenen Gründen, überall gesetzt sind. Es gibt zum einen die zufällig physisch-räumlichen, zum anderen die sozial gesetzten Grenzen des Wahrnehmungskreises. Und es gibt schließlich, sich durch alles hindurchziehend, die Grenzen, die mit der Tatsache zusammenhängen, daß der Mensch ein „Inneres" hat, das, soweit er es selbst „kennt", nur durch seine Mitteilung zum öffentlichen Wissen werden kann. Uns mitteilen wollen und können wir aber nur bedingt. Einmal ist für manche Routinebeziehungen solches Wissen mehr oder weniger überflüssig, ja störend, weil beiderseits nur ein Interesse an erwartbaren Leistungen besteht. Von elementarer Bedeutung ist dann die Tatsache, daß Menschen ihr Verhalten modifizieren mit Rücksicht auf das Wissen, das andere dadurch gewinnen. Sich durch Lüge, Verbergen, Verschweigen, Heimlichkeit oder Zurückhaltung nur zu Teilen, gar nicht oder gar falsch darzustellen, gehört zur Problematik aller Beziehungen, aber wiederum aufgrund von ganz verschiedenartigen Motiven und Eigenschaften, indem hier ein eigener (äußerer oder innerer) Vorteil gesucht oder gar anderen ein Nachteil zugefügt werden soll, dort Schutz vor Übervorteilung angestrebt wird, vielleicht aber auch auf den anderen, der durch vollständige Mitteilung in der verschiedensten Weise belastet oder verunsichert würde, kluge oder teilnehmende Rücksicht genommen wird; Bosheit und Egoismus, Mißtrauen und Vorsicht, Mitgefühl und Verständnis können alle dazu veranlassen, die Mitteilung zu beschränken.

Zu alldem kommen endlich, weniger faßlich aber ganz fundamental, die eigentümlichen Grenzen, die durch die Natur der Sache ihrer Mitteilung gezogen sind. Das Innere ist uns ja nicht klar gegeben und eindeutig bekannt, es verästelt sich so vieldeutig und unabgeschlossen, daß wir es nur in immer neuen Akten der Deutung und Selbstfestlegung ergreifen können, und dies, wie jede Biographie zeigt, auch nur in wechselnden

Perspektiven. Noch schwieriger aber ist es, unser eigenes Innen mitzuteilen, weil dessen Gehalte uns nur in ihrer individuellen Qualität und in ihrer individuellen Konstellation gegeben sind, die jeder Mitteilbarkeit Widerstand entgegensetzen. Was wir denken, meinen, fühlen, wollen, wünschen, träumen, erfahren und erinnern, macht eben deshalb unsere Individualität aus, unser eigentliches Privatgut, das sich öffentlich gar nicht mitteilen läßt. Ungeachtet des Wunsches, uns mitzuteilen, hüten wir dieses Privatgut wegen seiner Verletzlichkeit aufs sparsamste und teilen davon in jeweiligen Situationen nur so viel mit, wie sinnvoll nötig oder möglich ist. Denn wie Rumpelstilzchen würden wir unsere Individualität verlieren, wenn Unbefugte unseren „Namen" kennen, wenn Fremde uns beim Namen rufen könnten, ohne uns zu verstehen und gerecht zu werden. Deshalb bedarf es, wie wir kurzerhand sagen wollen, der persönlichen Beziehungen für die Mitteilung und Kenntnis der Individualität, woran sich freilich weitere – hier nicht einschlägige – Probleme knüpfen, die übrigens in unübertrefflicher Weise von Georg Simmel in „Das Geheimnis und die geheime Gesellschaft" behandelt worden sind.

All das sind im Grunde – dunkel gefühlt und gewußt, praktisch beachtet und respektiert – Selbstverständlichkeiten und sind es immer gewesen. Sie machen uns klar, daß die Unvollständigkeit des sozialen Wissens eine durchgängige gesellschaftliche Einrichtung des Zusammenlebens und nicht bloß ein Naturprodukt der begrenzten sozialen Wahrnehmung ist. Überall werden vielfältige soziale Informationsschranken durch normative Regelungen gesichert und garantiert, um der Mitteilung ebenso Grenzen zu ziehen wie der Neugier.

Erst jene Art von Soziologie, die künstlich „die Gesellschaft" erfand, konnte es sich als Ziel setzen, das Zusammenleben in den Zustand der laufenden, allseitigen und vollständigen Information von jedermann über jedermann zu erheben, in der ausgeklügelten Erwartung, hierdurch eine umfassende Verbesserung zu bewerkstelligen. Die Sozialforschung wollte eben nicht bloß die natürlichen Grenzen des sozialen Wahrnehmungskreises erweitern; sie wollte von vornherein die Informationsschranken aufheben. Deshalb setzte sie sich mit ihrem Grundsatz, alle gesellschaftlichen „Tatsachen" zu erheben, planmäßig über die entscheidende gesellschaftliche Tatsache hinweg, daß alle Gesellschaften das soziale Wissen in vielfacher Weise einschränken, also jene vollständige Information ausschließen, welche die Sozialforschung erreichen möchte. Insofern war die Sozialforschung, als sie sich zum Grundsatz der Publizität aller „Tatsachen" bekannte, ein Unternehmen zur radikalen Veränderung der Gesellschaft geworden, wovor nur derjenige die Augen verschließen konnte, der ihre Befunde bloß als Bausteine der soziologischen Theorie oder als technokratisches Herrschaftswissen verstehen wollte.

Dies veranlaßt zu der Zwischenfrage, wie die Sozialforschung ihr radikales Unternehmen gerechtfertigt hat, worauf die Antwort ernüchternd ausfällt. Denn eine ernsthafte Begründung für dieses revolutionäre Vorhaben ist nie geliefert worden. Bei Licht besehen erweisen sich die Auskünfte als so unbestimmt und dürftig, daß sie über das alltägliche Wunschdenken aller Zeiten kaum hinausgehen. Der archaische Traum, daß der Mensch durch vollständige Information, die er von Sehern und Orakeln erwartete, zum sicheren Handeln gelangen würde, stand auch hier Pate. Jedenfalls hielt man das Ziel vollständiger Information meist bereits durch die vage Überzeugung für legitimiert, mehr Information müsse „irgendwie" eine technische Steuerung „der Gesellschaft" ermöglichen. Ansonsten hat man die vollständige soziale Information in der aufklärerischen Überzeugung betrieben, daß die Menschen „im Grunde" ein vollständiges soziales Wissen suchen (entsprechend: suchen sollen), das ihnen bislang in vielfältiger Weise von der Gesellschaft vorenthalten worden sei. Mit dem Vorsatz und Versprechen, soziale Tabus zu brechen, ist die Sozialforschung angetreten und drängt eben deshalb überall in den Privatraum hinein. Sie macht öffentlich, was die einzelnen sonst niemandem, oder nur bestimmten Personen, oder nur bei bestimmten Gelegenheiten und in bestimmter Form, mitteilen würden. Sie tut das in dem Glauben, solcherweise dem allgemeinen Besten zu dienen, indem sie alle unterrichtet, wie es „wirklich" ist, damit nun alle klüger, gerechter und informierter miteinander umgehen. Vorurteile, Benachteiligungen, Ungerechtigkeiten sollen dadurch im Medium der vollständigen Information abgeschafft werden, so daß die eigenen Interessen freigesetzt und ausgehandelt werden können.

Welch Schauspiel – aber ach, ein Schauspiel nur! Denn der Traum schließt von der unbestrittenen Möglichkeit, daß einzelne Untersuchungen solche wohltätigen Wirkungen im besonderen Fall haben können, auf die Illusion, daß die Sozialforschung, wenn sie alle gesellschaftlichen Tatsachen ans Licht höbe, eben diese Wirkungen rundum erzielen werde. Es ist dies ja ein üblicher Fehlschluß, der aus den Möglichkeiten, die sich mit einer Erfindung öffnen, eine ganze Zukunft voraussagt, wobei nur übersehen wird, daß die Sache spätestens dann ganz andere Züge annimmt, wenn die Erfindung massenhaft benutzt wird. Auch die Sozialforschung hat reineweg darauf spekuliert, daß alle ihre Untersuchungen eine bestimmte Wirkung haben müßten, weil eine einzelne sie haben kann. Die Frage nach Sinn und Nutzen der Sozialforschung darf deshalb nicht länger an Überlegungen festmachen, welche Vorteile durch einzelne Untersuchungen erreicht werden könnten oder in bestimmten Fällen auch erreicht werden. Zur Rede steht die Sozialforschung als Betrieb und Programm im ganzen, die völlig andere Folgen hat, als eine einzelne Untersuchung sie im bestimmten Fall haben kann.

Dies zuerst einmal deshalb, weil jeder vorgelegte Befund, selbst wenn die „Tatsachen" rundum widerspruchslos anerkannt würden, die verschiedensten Beurteilungen, Bewertungen und Stellungnahmen herausfordert und nun seinerseits im weitertreibenden Spiel des sozialen Handelns als ein Datum eingestellt wird, das aus individuellen Perspektiven wahrgenommen wird und zu individuellem Handeln führt. Im günstigsten Fall ist eine gesellschaftliche Tatsache ermittelt worden, die ihrerseits Anlaß zur Entstehung neuer, nun wiederum unbekannter gesellschaftlicher Tatsachen wird. Der Befund, der das soziale Wissen vervollständigen und vereinheitlichen sollte, erzeugt neue, wiederum unbekannte Tatsachen. Hier liegt natürlich ein Grund dafür, daß jede Untersuchung in dem Ruf nach neuen, weiteren, besseren, genaueren Untersuchungen endet – und so immer weiter. Je mehr Sozialforschung es gibt, desto mehr Sozialforschung wird benötigt – darauf läuft es im Grunde genommen hinaus. Es genüge, hieraus kurzerhand die Folgerung zu ziehen, daß nur eine besondere Art von Tatsachen und nur spezifische soziale Probleme Anlaß zu einer sinnvollen Untersuchung geben dürfen, hingegen die Absicht der Sozialforschung, „die gesellschaftlichen Tatsachen" festzustellen, sinnlos, die Erwartung grundsätzlich wohltätiger Wirkungen eine Illusion ist.

Soviel darüber, daß die Sozialforschung ihr radikales Unternehmen auf Spekulationen gegründet hat, deren abenteuerliche Seite wir bereits kennenlernten (vgl. Weltgeschichte der Soziologie). Ist sie inzwischen kleinlauter in ihrem Versprechen geworden, so doch auch zu einer gewohnten Einrichtung, der niemand mehr eine ernsthafte Rechtfertigung abverlangt – am wenigsten sie selbst. Es gibt zwar mancherlei, auch scharfe und bissige Kritik an Praktiken, Methoden und Auftragswesen. Aber die entscheidende Frage ist noch nicht einmal gestellt worden, weil nur über Verfahren gesprochen wurde, anstatt die Sozialforschung mit ihrem Betrieb und Programm als diejenige gesellschaftliche Einrichtung ins Auge zu fassen, die sie längst geworden ist. Wohin führt es denn am Ende, wenn die Sozialforschung alle laufend mit sozialem Wissen versorgt? Wohin führt es denn insbesondere, wenn sie – und damit kommen wir auf unser eigentliches Problem zurück – das private zum öffentlichen Wissen machen will? Welche objektive Ideologie steckt in ihrem Publizitätswunsch?

Die Soziologie will die Gesellschaft in Merkmalsgrößen auflösen. Die Sozialforschung aber macht daraus ein Instrument zur laufenden Darstellung und Deutung der alltäglichen Wirklichkeit. Sie schaltet sich damit der individuellen Erfahrung und Stellungnahme vor und schaltet dadurch beide aus. Während nämlich sonst das soziale Wissen wesentlich auf eigenen Erfahrungen der einzelnen aufbaut, die im Austausch miteinander abgestimmt und gegeneinander abgegrenzt werden, bietet die Sozialforschung ein sachlich unpersönliches Wissen an, für das sie eine Zuverlässigkeit beansprucht, die alle eigene Erfahrung und Stellungnahme erdrückt. Die Orientierung wird nun weniger aus konkreten Situationen gewonnen, die, eben weil das eigene Wissen begrenzt und unsicher ist, zur eigenen Stellungnahme herausfordern, als vielmehr aus und an den Tatsachen, die die Sozialforschung als Autorität eingibt. Die Meinungsbildung erfolgt kaum noch im Netz sozialer Beziehungen, in dem sich Werte und Einstellungen durch viele individuelle Abstimmungen und Abgrenzungen langsam artikulieren; sie entzündet sich an der veröffentlichten und festgestellten öffentlichen Meinung. Auf diese Weise können Fragen oder Gruppen zu Themen und Problemen erhoben werden; so hat die Sozialforschung entscheidend dazu beigetragen, aus den Jugendfragen, die ja zuerst einmal Fragen zwischen bestimmten Eltern, Kindern, Lehrern, Schülern waren, ein Problem „der Jugend" zu machen, die sich, nun im öffentlichen Wissen zu einer Gruppe erhoben, selbst so zu verstehen begann und mit diesem Wechsel der Orientierung aus bisherigen Beziehungen herauslöste. Weniger konkrete Situationen bestimmen nun die Erfahrung und Stellungnahme als vielmehr die allgemeinen Darstellungen der Sozialforschung, die nun, in die öffentliche Meinung eingegeben, zwischen die handelnden Personen treten. In der unübersehbaren Vielfalt der Beziehungen sind die Folgen, welche die Sozialforschung hier wie sonst auslöst, selbstverständlich durchaus verschieden. Hier Abstumpfung und Eingewöhnung in die nun als übermächtig erkannten Tatsachen, dort Anpassung und berechnende Ausnutzung derselben, bald Unterwerfung unter die normative Kraft des Faktischen der nun dokumentierten Verhaltensweisen und bald Kopierung fremder Vorlagen. Aber stets laufen die Wirkungen in die Richtung der Umorientierung von konkreten Beziehungen, Personen und Situationen und hin zu unpersönlichen, fernen und allgemeinen Tatsachen, über die man nur noch (sehr erregt) diskutieren, die man aber nicht mehr in konkreten Lebenssituationen bewältigen kann.

Mit ihrem Grundsatz der Publizität aller gesellschaftlichen

Tatsachen vertritt die Sozialforschung objektiv eine Ideologie, die alle persönlichen Beziehungen aufzuheben trachtet, welche durch und durch auf dem Respekt vor Informationsschranken beruhen. Freundschaft, Liebe, Ehe und Familie leben von einem Privatraum, in den anderen der Einblick verborgen ist und sein muß. Dabei können Schambedürfnisse und Geheimhaltungswünsche eine Rolle spielen; doch generell geht es um den elementaren Tatbestand, daß Beziehungen, je mehr sie durch die Individualität der Personen gefärbt sind, sich ohne Abgrenzung gegen die Öffentlichkeit gar nicht entwickeln könnten. Freunde verbindet all das, was sie besonders miteinander teilen; dies kann erst in einer privaten Beziehung wachsen, in die andere nicht hineingehören. In dem Maße nämlich, wie die Öffentlichkeit zum Mitwisser würde, müßten die Freunde sich an ihr statt aneinander orientieren. Nur die Vertraulichkeit des Verhältnisses erzwingt und ermöglicht das persönliche Aufeinandergestelltsein, das alle persönlichen Beziehungen trägt. Die Publizität der Gemeinsamkeiten müßte die Freundschaft aus mehreren Gründen zerstören, beruht diese doch auf Schätzung, Vertrauen, Verlaß, Verständnis und Kenntnis, die durchaus an das Verhältnis dieser bestimmten Personen geknüpft sind, weshalb sich Dritte bekanntlich sträuben, in Interna eingeweiht zu werden, die sie, weil sie nicht dazugehören, gar nicht verstehen und beurteilen können. Wer Privates als „Tatsachen" nach außen trägt, hebt damit persönliche Beziehungen auf, die sich nur in einem Privatraum unter Ausschluß der Öffentlichkeit entwickeln können. Voraussetzung ist deshalb die öffentliche Duldung, ja Anerkennung von Privaträumen. Demgegenüber hat die Sozialforschung praktisch die Macht und das Recht erworben, in diese Räume einzudringen, um das Private publik zu machen.

Die Bedeutung dieser Tatsache läßt sich nur würdigen, wenn man sich die fundamentale Rolle klarmacht, die solche Beziehungen spielen. Menschlich schon deshalb, weil sie naturgemäß der Boden sind, auf dem sich die meisten Eigenschaften ausbilden und kultivieren, die über das bloß Rohe unserer Natur hinausgehen – und dies gilt nicht nur für die Stufe der kindlichen Entwicklung; entsprechend suchen wir Lebenserfüllung weitgehend in ihnen, auf denen sich auch die Gesellschaft erhebt. Denn nirgends läßt sich das gesellschaftliche Handeln durch Gewohnheit oder Regelung so ordnen, daß alles übrige der freien Willkür überlassen bleiben könnte. Stets bilden die persönlichen Beziehungen die Mitte, wo gesellschaftliche Regelungen und individuelle Willkür vermittelt und getragen werden, weil beide für sich sinnlos ins Leere greifen. Bei allen Unterschieden ist der öffentliche Respekt vor dem Privatraum gesellschaftliches Gemeingut, ohne daß man an andere Zeiten die emphatischen Vorstellungen anlegen dürfte, die sich erst später herausgebildet haben. Es liegen denn auch persönliche Beziehungen im hier gemeinten Sinn wohlgemerkt nicht erst dort vor, wo die Partner frei durch individuelle Wahl zusammenfinden. Es sind vielmehr alle Beziehungen in dem Grad persönlich, wie sie allein durch einen individuellen Bezug aufeinander – im Guten wie im Bösen – ermöglicht werden. Selbst wo die Partner früher durch Heirats- oder Verwandtschaftsordnungen oder, wie heute noch, durch natürliche Kindschaftsumstände „zugeschrieben" sind, werden die Beziehungen durch die unvermeidliche Individualität der „Partner" gefärbt und können nur durch die persönliche Einstellung aufeinander erhalten werden. Und das gilt für die verschiedensten familialen, religiösen oder sonstigen Gruppierungen, ob sie nun durch freiwilligen Zusammenschluß zustande gekommen sind oder (wie beispielsweise Schulklassen) behördlichen Regelungen ihr Dasein verdanken. So verzichten die gesellschaftlichen Regelungen für Ehe, Familie oder Verwandtschaft bei näherem Zusehen überall auf totale Öffentlichkeit. Selbst einfachste Gesellschaften, wo keine räumliche Absonderung möglich ist, schaffen Privatraum durch Meidungsregeln, Geheimhaltungsvorschriften, Kenntnisnahmetabus, Schweigepflichten, Würdemaßstäbe oder Pietätsgefühle. In diesem Sinn ist der öffentliche Respekt vor Privaträumen ein konstitutives Prinzip des Zusammenlebens. Jede Veränderung dieser Räume hat geschichtliche Wirkungen ausgelöst, ob sie nun, wie im Christentum, auf einer religiösen Vorstellung von der Person basierte oder wie im Mittelalter mit der Entstehung der Stadt im wörtlichen Sinn zum freien Bürgertum führte, oder ob sich in der Neuzeit noch andere Bedürfnisse nach Privatraum Bahn brachen.

Ein Blick in die Zeit lehrt, daß das Verhältnis von Privatem und Öffentlichem durchwegs in verwirrende und widersprüchliche Bewegungen geraten ist. Dazu gehört auch die Tatsache, daß in dem kaum ausmeßbaren Privatraum, über den jeder verfügt, das Öffentliche ständig präsent ist, vor allem natürlich durch die Massenmedien, insbesondere das Fernsehen. Die für die persönlichen Beziehungen entscheidenden Botschaften erweisen sich aber bei näherem Hinsehen meist als Derivate und Variationen derjenigen Ideologie und Praxis, die eigentlich von der Sozialforschung durchgesetzt worden ist, zuerst einmal mit dem Grundatz der totalen Publizität der „gesellschaftlichen" Tatsachen, der die öffentliche Darstellung des Privaten zum öffentlichen Anspruch erhebt. Hier sind die Massenmedien nachweislich den Sozialwissenschaften gefolgt, die mittels der Sozialforschung zuerst die Auskunft über Privates zu einer öffentlichen Norm gemacht haben. Der Privatraum ist öffentliches Gut geworden – solange nur die Anonymität gesichert ist. Pflichtschuldigst sind alle bereit, ihre Privatissima zum Gegenstand öffentlichen Wissens zu machen, solange nur – aber wie lange denn bei den Wechselfällen der Geschichte? – die Meinungsforschungsinstitute Anonymität zusichern. Doch selbstverständlich wird unser Handeln von dem anonymen Wissen, wie „man" handelt, beeinflußt, während das Wissen über namentliche Einzelpersonen bloß unser Verhalten für den exzeptionellen Einzelfall informiert. Eben dieses Wissen ist radikal verändert worden durch eine Sozialforschung, die jedermann laufend mittels angeblicher Tatsachen darüber zu unterrichten unternimmt, wie jedermann handelt und dabei vor dem Privatraum nicht haltmacht. Denn indem sie das tut, sorgt sie für die ständige Öffentlichkeit des Privaten, welche die persönlichen Beziehungen mit vorgeschlüsselten Bildern umstellt, die, wenn sie nicht gar die normative Kraft des Faktischen entfalten, jedenfalls als ständige Außenorientierung jenes individuelle Aufeinandereingestelltsein beeinträchtigen, aus dem persönliche Beziehungen allein wachsen. Die Publizität des Privaten erweist sich als Feind persönlicher Beziehungen und bildet den Kern der bekannten und beklagten Beziehungslosigkeit.

Doch ist das nur der Anfang, weil diese Publizität ihre Note erst durch die Verfremdung der Tatsachen gewinnt. Vorweg natürlich durch das Belieben des Forschers hinsichtlich der Auswahl der „Daten", der „Operationalisierung" der Begriffe, der Prozesse der „Datenverarbeitung", wozu die Verfahren der Sozialforschung geradezu einladen, weil sie es bequem machen, hinter einer Fassade von Formalitäten die Frage zu umgehen, auf die es in den Sozialwissenschaften besonders ankommt: welche Tatsachen erheblich sind, worüber logisch nur im Hinblick auf jene Ziele oder Werte entschieden werden kann, die uns diese Tatsachen erst wissenswert erscheinen lassen. Ungeheuer groß ist in der Sozialforschung die Verlockung, objektiv beliebige „Tatsachen" herauszugreifen, aber schlicht als das Wesentliche der Sache vorzuführen. So lag ja dem Kinsey-Report die Wertentscheidung voraus, daß die registrierbaren körperlichen Vorgänge das Wesentliche an der Sexualität seien. Der Anspruch, endlich den „Tatsachen" Gehör zu verschaffen, entpuppte sich als die Willkür eines Naturalismus, der alle sonstigen mit den körperlichen Vorgängen untrennbar verflochtenen Erlebnisse und Bedeutungen schlicht beiseite setzt in dem Glauben, daß es nur auf die Physiologica ankomme, also ankommen solle. Fast überall taucht hinter der Präsentation einer vorgeblich harten Empirie die Willkür in der Auswahl der angeblich „objektiven Tatsachen" auf, die generell schon darin begründet liegt, daß mit den Methoden der Sozialforschung nur gewisse Arten von Tatsachen erfaßt werden können. Und insofern ist schon der Grundsatz der Publizität aller gesellschaftlichen Tatsachen eine Täuschung, weil in Wahrheit nur jene Art von Tatsachen gemeint sein kann, die sich durch die Mittel der Sozialforschung erfassen lassen.

Vielleicht noch unheilvoller, weil noch unvermerkter ist jedoch der nächste Schritt der Verfremdung, durch den die

Sozialforschung das Konzept der Soziologie zu einer Alltagswirklichkeit radikalisiert. Denn fast durchwegs untersucht sie keine sozialen Beziehungen, die sie vielmehr in Merkmalgruppen und Merkmalträger auflöst. Anstatt Ehen, Schulklassen, Familien oder andere Beziehungen als konkrete Wechselbeziehungen von Menschen zu studieren, erhebt sie typischerweise Aussagen von einzelnen, die dann zu (wie immer unterteilten) Charakteristiken von Männern, Frauen, Kindern, Lehrern, Schülern usw. aufbereitet werden, aus denen alsdann die Ehe, die Schule, die Familie usw. rekonstruiert werden – eine offensichtliche Umfälschung der Wirklichkeit. Die ständige Darstellung des menschlichen Handelns durch solche künstlich errechneten Größen und die unablässige Verbreitung dieser Darstellungen als öffentlich gültige Information über die Wirklichkeit haben die Menschen daran gewöhnt, sich selbst nicht mehr als Glieder von irgendwelchen Beziehungen, sondern als Mitglieder, Vertreter und Interessenten jener künstlichen Gruppen zu verstehen, welche die Sozialforschung als die gesellschaftliche Wirklichkeit vorführt. Die Umdeutung der Menschen in Merkmalsträger, die Umfälschung der Wirklichkeit in Merkmalsgruppen konstituiert heute das Gesellschaftsverständnis, und vorzüglich bei den Generationen, die mit der Autorität der Sozialwissenschaften und der Sozialforschung groß geworden sind. Die persönlichen Beziehungen werden alsdann zu einer vagen Sehnsucht, für die in der Wirklichkeit, wie sie begriffen wird, kein Platz ist. Nun werden individuelle Handlungen als Gruppenverhalten begriffen, Schwierigkeiten zu Gruppenkonflikten erklärt, Beziehungen in Gruppenvertretungen aufgelöst. Als Träger sozialer Rollen, Inhaber sozialer Positionen, Exemplare von Merkmalsgruppen und Vertreter ihrer Interessen nehmen die Menschen einander und am Ende gar sich selbst wahr und verbinden und organisieren sich dann gemäß solcher Merkmale als Schüler, Jugendliche, Homosexuelle, Frauen usw. zu Gruppen in der trügerischen Erwartung, daß Fragen persönlicher Beziehungen durch Gruppenkonflikte und Gruppenzugeständnisse gelöst werden könnten. Alle menschlichen Eigenschaften, Bedeutungen und Fähigkeiten, die allein auf dem Boden individueller Beziehungen wachsen, werden überflüssig und unbegreiflich.

Auf diese hier auf ihren Kern verdichtete Weise ist die Sozialforschung jene Kraft gewesen, die das Weltbild der Sozialwissenschaften teils radikalisiert, teils zur alltäglichen Lebenswirklichkeit gemacht hat. Ihrer Arbeit liegt eine Ideologie zugrunde, die ungeachtet persönlicher Absichten und offizieller Ziele auf die Abschaffung des Menschen zielt, dem durch die Publizität des Privaten, durch die reduktive Einseitigkeit der Datenauswahl und durch die Konstruktion einer Welt von Merkmalen seine eigene Wirklichkeit auseinanderbricht. Nun treten ihm „die gesellschaftlichen Tatsachen" wie eine fremde und besinnungslose Faktizität entgegen. Jene Erfindung der „Gesellschaft" ist von der Sozialforschung effektiv in eine alltägliche Wirklichkeit verwandelt worden, die man nun, wie man sie eben versteht, bloß noch durch Maßnahmen einrichten kann, ohne daß sie, wie immer man es anfängt, einer aus eigener Erfahrung in persönlichen Beziehungen erwachsenen und verantworteten Lebensführung Raum böte. Die gesellschaftliche Wirklichkeit, überall von persönlichen Beziehungen direkt oder indirekt durchwirkt, ihrer nun aber entkleidet, wird auf einen sinnlosen Systemmechanismus oder blinden Gruppeninteressenkampf reduziert, an dem die eigene Lebensführung keinen Halt finden kann, weil der Mensch, wenn er sich bloß als Rollenträger, Gruppenvertreter oder Systemanhängsel verstehen darf, aus den entsprechenden „Tatsachen", wie die Sozialforschung sie vorstellt, keine Orientierung gewinnen kann. Alsdann wuchern seine Wünsche und Erlebnisse als die reine Willkür des einzelnen Beliebens. Die Realität der persönlichen Beziehungen, in denen der Mensch im Guten wie im Bösen in seiner Individualität gefordert und gefördert ist, ist ausgeschaltet. Die Mitte des Lebens, wo die „gesellschaftlichen Tatsachen" und das „individuelle Belieben" vermittelt und verbunden werden, ist durch die Sozialforschung beiseite geschoben worden. Übrig bleibt der zum Sozialwesen sozialisierte einzelne.

Bei der Bedeutung, die nach alldem der Sozialforschung zukommt, dürfen wir zum Schluß nicht die Frage vermeiden, welche praktischen Konsequenzen denn aus den vorstehenden Erkenntnissen zu ziehen sind, die sich zu diesem Zweck folgendermaßen verallgemeinern lassen: Gewiß ist es nicht so, als ob jede einzelne Untersuchung nutzlos, sinnlos und verderblich sei; doch nichts hilft an der Einsicht vorbei, daß die Sozialforschung, als Programm und Betrieb, im ganzen zwecklos, unsinnig und gefährlich ist, und zwar auch dann, wenn einzelne Untersuchungen das nicht sind. Sie bleibt ein wissenschaftlich dubioses, menschlich anrüchiges und gesellschaftlich verderbliches Unterfangen, solange sie im Sinn des Publizitätsgrundsatzes als allgegenwärtige gesellschaftliche Einrichtung eine Praxis ausübt, deren Wirkung im ganzen von der Qualität ihrer einzelnen Untersuchungen so unabhängig ist, daß sie rein mit der Quantität zu- und abnehmen muß.

Anstatt über die Verbesserung ihrer Verfahren, Ergebnisse und Untersuchungen nachzudenken, muß die Sozialforschung ihren Grundsatz und ihren Betrieb im ganzen anhand der Frage revidieren, welche besondere Art von gesellschaftlichen Problemen unter welchen spezifischen Voraussetzungen überhaupt eine Untersuchung in welcher angebbaren Hinsicht als sinnvoll rechtfertigt, wobei man voraussehen kann, daß das zu einer drastischen Beschränkung der Fälle wie zu einer Rehabilitation des deskriptiven Wissens führen würde. Um es anders zu formulieren, muß die Sozialforschung sich endlich die Frage stellen, wohin sie denn als umfassender Dauerbetrieb führen kann, wird und soll. Sie schuldet uns Rechenschaft über ihr radikales Vorhaben zur Veränderung von Mensch und Gesellschaft, das, wie sich nun herausstellt, aus schierer Spekulation, Neugier und Naivität geboren wurde (dazu grundsätzlich in Kap. 5 „Anatomie der Wissenschaft"). Entsprechend wird die Soziologie ihren Traum revidieren müssen, durch die Sozialforschung zu einer verläßlichen Wissenschaft von den Gesetzmäßigkeiten der Gesellschaft zu werden, um wieder zu der Aufgabe zurückzufinden, die Wirklichkeit, in die wir hineingestellt sind, in jenen besonderen Zügen zu erfassen, die uns interessieren, weil sie uns in dieser oder jener Weise etwas bedeuten – und was sie uns bedeuten, ist eben die Frage, welche eine sinnvolle

Soziologie nicht durch die Suche nach „Gesetzmäßigkeiten" umgehen darf, welche bloß Mittel, aber nicht Ziel einer Erkenntnis der Wirklichkeit sein können und dürfen. Und die verschiedenen Auftraggeber und Geldgeber wären gut beraten, wenn sie zu überlegen begännen, unter welchen besonderen Umständen und in welchen spezifischen Fällen denn der Vorteil, den sie sich ja alle von jeder Untersuchung erhoffen, nicht früher oder später, nimmt man alles zusammen, doch nur zur Vermehrung ihrer eigenen Schwierigkeiten führen wird, weil alle Konkurrenten mit den gleichen Mitteln ihren Vorteil suchen.

Wir alle schließlich haben vielfachen Grund, der Sozialforschung mit einem grundsätzlichen Mißtrauen gegenüberzutreten, das uns davor schützt, uns von ihren Ergebnissen verblüffen oder gar einschüchtern zu lassen, ohne unser eigenes Urteil und unsere eigene Erfahrung zu Rate zu ziehen. Eingedenk der künstlichen Operationen, mit denen sie ihre unvermeidlich einseitigen Ergebnisse konstruiert, brauchen wir vor ihrer Berufung auf „Tatsachen" nicht zu weichen, wo gesammelte, geprüfte und erwogene Erfahrung uns anders lehrt.

So werden wir denn auch unsere Bereitwilligkeit, für Untersuchungen der Sozialforschung zur Verfügung zu stehen, revidieren müssen, die einst aus dem Glauben entsprang, daß wohlgetan sei, was im Namen oder mit Verfahren der Wissenschaft getan werde. Gegen tiefes Mißtrauen ist vormals den Bürgern eine Art neuer Pflicht auferlegt worden, sich im Interesse der Wissenschaft für alle möglichen Befragungen, Experimente und Untersuchungen zur Verfügung zu stellen und diese Bereitschaft im öffentlichen Interesse gleichfalls den kommerziellen Instituten zu erweisen. Aus guten und dringenden Gründen ist es an der Zeit, die Beweislast endlich umzukehren: Bürger sollten es grundsätzlich ablehnen, sich der Sozialforschung für Umfragen, Erhebungen, Experimente und dergleichen zur Verfügung zu stellen, solange ihnen nicht jeweils überzeugend verdeutlicht werden kann, wieso dies im Einzelfall wirklich der Wissenschaft oder der Praxis dient – und der Umstand, daß eine Untersuchung streng nach Regeln der Sozialforschung geführt oder auch mit dem Gütesiegel irgendeines Markt- oder Meinungsforschungsinstituts versehen ist, erfüllt diese Bedingung noch nicht. Wenn sich die Sozialforschung auf solche Aufgaben beschränkte, die sie sinnvoll erfüllen kann und soll, könnten wir hoffen, daß die menschlichen und gesellschaftlichen Probleme, anstatt von den Sozialwissenschaften erzeugt, befördert und erhalten zu werden, auf ihr eigentliches Maß zurückgingen. Alsbald wären wir auch von der verhängnisvollen Mißweisung befreit, mit der die Sozialforschung sich in Arbeit und Brot wie uns in Verwirrung setzt: daß sie fortlaufend nach den „gesellschaftlichen" Ursachen derjenigen Probleme sucht, die sie eben dadurch teils erst in die Welt gebracht hat, teils am Leben erhält.

Über die Abschaffung des Menschen

Von Anfang an war der Mensch als Person in der Soziologie durch die Erfindung der „Gesellschaft" ausgeschaltet, die für sein Handeln so wenig Raum ließ, daß er sich selbst nur noch als eine technische Aufgabe verstehen konnte, die durch die Einrichtung der „Gesellschaft" zu lösen war. Je mehr das Konzept elaboriert und mit den Sozialwissenschaften zur allgemeinen Autorität wurde, desto mehr wurden die Menschen schrittweise dahin gebracht, sich selbst nach diesem Konzept zu verstehen und die Wirklichkeit entsprechend auszulegen. Der „Rollenträger" ist nur ein markantes Beispiel für die Selbstabdankung, die die Sozialwissenschaften durch alles, was sie sagten und taten, den Menschen in verschiedener Weise anerzogen haben. Indem sie das Reich der Ideen revolutionierten, verwandelten sie im Maße ihrer Anerkennung und Verbreitung auch die Wirklichkeit. Denn sie bilden jenen einschlägigen Strang der modernen Verwissenschaftlichung, der die stets entscheidenden Grundvorstellungen von Selbst und Wirklichkeit liefert und deshalb ein Weltbild darstellt, das alle Erfahrung vorschlüsselt und formt. Wie der Marxismus, wo er die Menschen ergreift, ihre Wahrnehmung der Wirklichkeit bestimmt und dadurch Individuen verwandelt, Familien entzweit,

Gruppen und Bewegungen schafft und mit alldem Geschichte macht, so üben auch die Sozialwissenschaften solche Wirkungen aus, weil auch sie den Menschen ihre Erfahrung vorschlüsseln. Treffend exemplifiziert Schelsky, an die Stelle des erfahrbaren Elends sei das vorgedeutete Elend getreten. Alle diese Vorschlüsselungen aber versammeln sich zu dem Zwang, sich nicht mehr als Person zu verstehen. Und es ist die Sozialforschung gewesen, die daraus eine alltägliche Wirklichkeit gemacht hat, indem sie die ständig produzierte Erfindung des durchschauten Menschen als eines Merkmalsträgers mit veröffentlichtem Privatraum zur Selbstverständlichkeit erhob.

Hierin – in der Abschaffung des Menschen als Person – offenbart die Soziologie – was immer ihre Vertreter persönlich wollen – objektiv ihren Geist. Schelsky hat das vor allem in seiner „Anti-Soziologie" (in: Die Arbeit tun die anderen, 1975) ebenso ausführlich wie lebendig dargetan. Auch deshalb dürfen wir uns hier darauf beschränken, die grundsätzliche Erkenntnis nur in den gewissen Punkten zu vervollständigen, die für unseren Zweck wichtig sind.

Zuerst gilt es einzuschärfen, daß die Abschaffung des Menschen prinzipiell im Konzept der Soziologie, die sich die „Gesellschaft" als Gegenstand einer allgemeinen Theorie erfand, angelegt war und Schritt für Schritt verwirklicht wurde. Mit dem Ergebnis verbindet sich natürlich die Bewußtseinsherrschaft der einschlägigen intellektuellen Kreise, die jedoch eigentlich die Folge und nicht die Ursache des Ergebnisses ist. Die Soziologie hat jedenfalls von Anfang an objektiv nur mit dem auf den Konsum seiner Daseinsbedingungen reduzierten Menschen gerechnet und deshalb ja auch die Wirklichkeitswissenschaft von der Gesellschaft, wie sie von Max Weber und Georg Simmel entwickelt wurde, wirksam vergessen, verdrängt und ausgeschaltet. Mit aller Deutlichkeit muß man feststellen, daß die Ausschaltung des Menschen als Person nicht als überraschende Entwicklung, momentaner Trend, bedenklicher Auswuchs oder besondere Richtung der Soziologie anzusehen ist. Ungeachtet der Tatsache, daß sich die Soziologen nicht über einen Kamm scheren lassen, vertreten sie mit allen ihren

Äußerungen, soweit diese an einer Theorie der „Gesellschaft" orientiert bleiben, objektiv diesen Geist. Es gibt freilich zuhauf Aussagen, in denen die Ausschaltung der Person mehr oder weniger deutlich zutage liegt. So wenn R. Dahrendorf „das weitverbreitete Zögern" überwinden will, „die vage und für unsere Zwecke allzu unbestimmte Kategorie des Menschen... aufzugeben", und die Rollentheorie als Überwindung einer Philosophie des Menschen verkündet. Bedenklich ist auch, wenn R. König schreibt, die Person sei „durch und durch Produkt eines weiterreichenden Prozesses", in dem stets nur „Verhaltensmuster" entwickelt werden, und feststellt, daß das Individuelle „in der modernen Soziologie überhaupt keinen Sinn mehr hat". Aber es gilt den Blick dafür zu schulen, daß solche und ähnliche Aussagen bereits verdeckt in den Grundvorstellungen von der „Gesellschaft" angelegt waren. Der Glaube, zu einer Theorie allgemeiner Kausalgesetze, entsprechenden Funktionszuordnungen, Systemnotwendigkeiten oder ähnlichem zu kommen, führt unvermeidlich auf diese Konsequenzen, die schon in den generellen Absichtserklärungen stecken: „The task of sociology, as of the other social sciences, I consider to be strictly scientific – the attainment of systematic theoretical understanding of empirical fact" (Parsons); oder: „Finally, the advancement of the social sciences will cost the abandonment... of individual concepts carried with us from prescientific times" (Lundberg). Und die Konsequenzen liegen ebenfalls bereits in den praktischen Zielen: Die Soziologie sei „an attempt by men of the Western world to find practical solutions to their social problems" (Douglas); oder: „Scientific knowledge operates as a sort of mental hygiene in the fields where it is applied" (Lundberg). So verschieden die Aussagen, Gesichtspunkte und Richtungen in diesen beliebigen Proben auch sind, sie laufen alle auf das gleiche hinaus, das sich bis in die Anfänge der Soziologie zurückverfolgen läßt. Für diese versteckten Zusammenhänge des Weltbildes der Soziologie hat dieses Buch den Blick geschärft. Und es ist damit klar, daß es nicht darum gehen kann, gewisse Aussagen aus der Soziologie zu streichen und andere zu mildern. Die Bewältigung der

Sozialwissenschaften verlangt den Verzicht auf ihr Weltbild, das in all seinen Facetten auf die Abschaffung des Menschen hinausläuft, der, wie immer das durch die Individualität des Soziologen im Einzelfall temperiert werden mag, in Daten, Faktoren, Merkmale, Indikatoren, Kategorien, Funktionen, Rollen, Verhaltensmuster vor unseren Augen aufgelöst wird, bis nur ein sozial determinierter Verhaltensmechanismus übrigbleibt und übrigbleiben soll.

Weil das so ist, hat der Aufstieg der Soziologie, durch welche Kräfte und Umstände auch immer gefördert, die umfassendsten und weittragendsten Folgen gehabt. Denn indem dieses Weltbild mit jeder soziologischen Aussage unmerklich in die Köpfe eindrang, begann es, die Menschen zu verwandeln, ihr Zusammenleben zu verändern und ihre Geschichte zu lenken. Es hätten kaum alle Soziologen der radikalen Forderung Lundbergs zugestimmt, der bekanntlich nicht als einziger alle vorwissenschaftlichen Begriffe auch im Leben abgeschafft wissen wollte – eine unausrottbare Rationalitätsphantasie des Intellektuellen-Szientismus. Aber alle haben sie in dem Maße, wie sie sich zu einer Wissenschaft von der „Gesellschaft" bekannten, objektiv daran mitgewirkt, daß der Mensch als Person außer Kurs gesetzt wurde. Schneller und folgerichtiger als manche Lehrmeister merkten ihre Schüler, daß in der Wirklichkeit, wie die Sozialwissenschaften sie zeichneten, für die Person kein Raum blieb. Wie und wo konnten denn Gewissen, Verantwortung, Verfehlung, Verbindlichkeit, Schuld, Pflicht oder Gebot, wie und wo denn Freiheit, Wille, Lebenssinnentscheidungen und Wertgeltungsmaßstäbe als personale Begriffe in der „Gesellschaft" festgemacht werden? Offensichtlich konnten davon allenfalls soziale Mechanismen übrigbleiben, die als Ergebnisse gesellschaftlicher Determinationen gerade das desavouieren, was Personalität meint.

Niemand braucht mehr darüber belehrt zu werden, daß all unser Tun in gesellschaftliche Zusammenhänge eingebettet ist, ohne die es weitgehend unverständlich bliebe. Doch der Mensch als Person verschwindet, wenn Handeln zur Ausführung von Rollen, Erziehung zur Sozialisation, Sozialisation zur Einübung von Verhaltensmustern, Verbindlichkeiten zu sozialen Normen, Gewissen und Verantwortung zu gesellschaftlichen Verkehrsregeln, Verfehlungen zu abweichendem Verhalten herabsinken. Denn nun fehlt das, wodurch der Mensch solchen gesellschaftlichen Zusammenhängen immer voraus ist: sein eigenes Wollen. Das gewinnt man nicht dadurch zurück, daß man irgendwo seine Interessen ins Spiel bringt, die ihn als Knecht seines jeweiligen Beliebens oder Bedürfnisses belassen. Sondern dies doch macht den Menschen zur Person, daß er sich, wie unsicher und dunkel auch immer, Ziele jenseits seiner wechselnden Lagen und Interessen stecken will und muß. Er steht im Zwang, sein Leben selbst zu führen, und das geht nicht ohne Vorstellungen von letzten Werten und richtigen Ordnungen, die dem Leben einen Sinn verleihen. Im Zwang, das Leben selbst zu führen, liegt das unaufhebbare Bedürfnis, das Handeln in eine richtige Ordnung zu bringen, unter die man sich jedenfalls selbst stellen will. Der Mensch als Person ist keine Erfindung religiöser oder philosophischer Präzepte, die vielmehr selbst auf einen anthropologischen Tatbestand zurückgehen. Denn in der Eigenart des Menschen liegt der praktische Zwang, durch die Konstanz der eigenen Motive Charakter und durch den Zusammenhang der eigenen Lebensziele Person zu werden. Eben deshalb drängen sich uns solche Werte und Ordnungen, über deren Richtigkeit sich wissenschaftlich nicht entscheiden läßt, jeweils mit dem unvermeidlichen Anspruch objektiver Geltung auf: als Lebensziele und Wertentscheidungen, die sich nicht unseren privaten Belieben und Interessen verdanken und uns deshalb Maßstäbe für gut und böse, richtig und falsch liefern, die uns selbst binden. Hierauf auch beruhen die Würde und Unantastbarkeit, die wir dem Menschen als Person zusprechen, nicht weil er, wie die Tiere auch, Lust und Schmerz kennt, und auch nicht, weil er intelligente Mittel zur Ausführung seiner Zwecke ersinnen kann, sondern weil er mit seiner schwer faßlichen, aber deshalb nicht weniger gewissen Fähigkeit, seinem Dasein Ziel und Sinn zu setzen, über die Ordnung der Natur hinausreicht. Im Einverständnis über eine richtige geltende Ordnung, die den Respekt vor jedermanns personaler Eigenart mit einem gemeinsamen Grundverständnis über diejenigen Ziele und Werte verbindet, welche dem Handeln Sinn und Bedeutung verleihen, will der Mensch aber auch mit seinesgleichen leben. Alle soziale Ordnung ist auf das vorsoziale Bedürfnis gebaut, in einer richtigen und legitimen Ordnung zusammenzuleben und nicht nur an dem stets nötigen Versuch teilzunehmen, die unvermeidlich mächtigen und strittigen Interessen auszugleichen.

Von alledem ist in den Sozialwissenschaften keine Rede; sie schließen es sogar offensichtlich als unmöglich aus. Alle jene Vorstellungen, in denen durch die Zeiten hindurch der Mensch seine Eigenart auf zwar verschiedene, aber doch verwandte Weise festzumachen versucht hat, sind in den Sozialwissenschaften nicht vorgesehen und können deshalb, wo diese Wissenschaften herrschen, auch gar nicht mehr gedacht werden. Wer sich anstatt als Person als Merkmalsvertreter, anstatt als Handelnder als Rollenträger, anstatt als Glied einer Gemeinschaft oder Bürger eines Staates als Positionsinhaber in einer „Gesellschaft", anstatt als Teil einer geschichtlich geprägten Nation als Teilnehmer an einem Differenzierungsprozeß, anstatt als persönliches Glied in dieser bestimmten Familie oder Schulklasse als Funktionsstelle in einem sozialen System versteht, der kann offenbar kaum noch die Selbstvorstellungen bilden, die trotz aller Variationen menschlicher Gemeinbesitz gewesen sind. Gehen wir kurz einige durch.

Es entfallen alle Eigenschaften, die es mit der Fähigkeit, der Bereitschaft und dem Bedürfnis zum Dienst an einer Sache, Person oder Gemeinschaft, zur Sorge für andere, zur Hingabe und Verantwortung zu tun haben, der Anspruch, menschlich zu fordern und gefordert zu werden. Gesichtslose Rollenträger sind aber auch Menschen ohne individuelle Eigenschaften, die sich nicht mehr sinnvoll durch persönliche Attribute (als mutig, feige, treu, berechnend, zuverlässig oder sonstwie) als Charakter erkennen und Persönlichkeit im Sinne der Konstanz der Motive bilden können. Es läßt sich in diesem Sinn nicht mehr „Ich bin" und „Du bist" sagen, wozu die entsprechende Verarmung und Dehumanisierung der Sprache und der Gefühle den Kommentar liefert. In der Sprach- und Gefühllosigkeit bleiben die elementaren Impulse ein unbewältigtes und ungestaltbares Gemenge, und das Innen wird zur bloßen Szene von Erlebnissen, die sich durch Sublimation oder Analyse, wo nicht durch veranstaltete Animation, auspressen, aber nicht ordnen und beherrschen lassen.

In einer Wirklichkeit, die nur aus „gesellschaftlichen Tatsachen" besteht, lassen sich auch keine sittlichen Qualitäten festmachen, die, wo sie unübersehbar auftreten, als Interessenverschleierung oder Gruppenkonformitäten, jedenfalls als gesellschaftliche Derivate gedeutet werden müssen. Die löbliche Absicht der Sozialwissenschaften, sich der eigenen moralischen Wertung, weil darin jedermann frei sein muß, zu enthalten, verdeckt nur die Blindheit dafür, daß aus der Aufgabe der Lebensführung allemalen sittliche Fragen aufsteigen, also zur Natur des Menschen gehören und nicht bloß gesellschaftliche Vorschriften sind. Für die diesbezüglichen Auffassungen und Wirkungen der Sozialwissenschaften bleibt es bezeichnend, daß sie jeden Neuling mit drastischen Ausführungen über die endlose Verschiedenheit der moralischen Normen der Völker in der Absicht unterweisen, ihn grundsätzlich das sittliche Achselzucken zu lehren. Wenn damit heute kein Überraschungseffekt mehr zu erzielen ist, so genau deshalb, weil die Soziologie, wie jeder Kenner weiß, auf ihrem Siegeszug um die Welt stets mit dieser Grundlektion begonnen, ihr immer ihre erste große Wirkung verdankt und sie global durchgesetzt hat. Fragen nach dem gemeinmenschlichen Grundbestand in und hinter den Verschiedenheiten oder nach dem humanen Sinn von Tugenden sind ihr so wenig gekommen, daß sie es, wie wir früher gesehen haben, von Anfang an darauf angelegt hat, sittliche Fragen in Angelegenheiten des konformen oder abweichenden Verhaltens umzudeuten. Angesichts dessen zu behaupten, die Sozialwissenschaften hätten die Welt nicht fundamental verändert, als sie ihr das Bedürfnis nach einem sittlichen Maßstab der Lebensführung mittels des „abweichenden Verhaltens" ausredeten, ist eben nur dann möglich, wenn man glaubt, die Welt sei dadurch nur von einer unsinnigen und schädlichen Einbildung befreit und somit zur besseren Wahrheit gebracht worden. Die Prophetie von der Abschaffung der Sünde – und nicht etwa nur als Hoffnung auf eine erotische Emanzipation – hat ja auch bei der Geburt der Soziologie Pate gestanden; man kann es bei Saint-Simon, seinem Kreis, bei Comte, Marx und Durkheim nachlesen oder bei ihrem Gefolge studieren (so etwa farbenreich Dolf Sternberger: Heinrich Heine oder die Abschaffung der Sünde. 1972). So verschieden die näheren Ziele, überall will man eine Welt verkünden, in der wir der sittlichen Herausforderung enthoben sind, zwischen Gut und Böse in eigener Verantwortung zu unterscheiden, weil sich nun wissenschaftlich berechnen lassen soll, was dem Menschen dienlich ist, der ansonsten nur seine „Präferenzen" kennt.

Das mag für hier genügen, um klarzustellen, wie mit unerbittlicher Konsequenz aus dem Konzept einer auf die gesellschaftlichen Gesetzmäßigkeiten fixierten Soziologie die Abschaffung des Menschen folgt, der, in dieses Weltbild eingeschult, sich nicht mehr als Person, ja gar nicht als handelndes Wesen verstehen und verfassen kann. Das Ausmaß der Folgen tritt allerdings erst dann hervor, wenn man bedenkt, daß die Personalität des Menschen nicht rein seine Innenseite meint. Die Person vielmehr ist die spezifische Art und Weise, in der wir die innere und äußere Wirklichkeit bewältigen, und Person werden wir, indem wir die Wirklichkeit nach unseren Werten und Zielen gestalten, ihr eine Bedeutung verleihen wollen. Person also können wir auch nur dann sein, wenn wir in der Wirklichkeit auf jene Züge achten, die für ihre Gestaltbarkeit, in der wir uns als Personen verwirklichen, bedeutsam sind. Das aber sind jene Bestandteile, die für uns eine „Innenseite" derart haben, daß darin Sinn und Bedeutung unseres Handelns anstehen. Doch gerade diese Bestandteile der Wirklichkeit werden im Weltbild der Sozialwissenschaften systematisch ausgeblendet. Die szientistische Vorstellung von „gesellschaftlichen Tatsachen" reduziert alles auf das äußerlich Tatsächliche. Das war schon bei Comte so und ist trotz Verfeinerungen nicht anders geworden. Die Soziologie sucht „(1) factual knowledge about society, (2) valid explanations of the relations among facts, and (3) predictions of future events" (Douglas); das ist das allgemeine Credo, das zur Eliminierung aller Bestandteile der Wirklichkeit führt, an denen sich ein sinnvolles Handeln festmachen könnte. Gehen wir auch hier die wesentlichen Punkte durch.

Da fallen zuerst einmal die Ideen einer Wissenschaft zum Opfer, die „Soziales" aus „Sozialem" zu erklären als eine axiomatische Voraussetzung ihrer selbst ansehen muß. Ideen – also die Summe aller Bedeutungen, die Menschen gemeinsam in ihrem Handeln so vorausleuchten wie den einzelnen ihre Werte und Ziele – dürfen in der Geschichte keinerlei Rolle spielen; sie müssen entweder ganz übergangen oder als gesellschaftlicher Überbau und soziale Verschleierung entlarvt werden. Und entsprechend eliminiert werden natürlich auch alle sonstigen Bestandteile der Wirklichkeit, die wir summarisch als Kultur klassifizieren. Religion, Ethos, Moral, Literatur, Kunst, Überlieferung, Feste, Staatsidee und dergleichen werden entweder nicht beachtet oder – was noch schlimmer ist – im soziologischen Zugriff auf ihre „gesellschaftlichen" Bestandteile als ihr eigentliches Wesen reduziert. In der soziologischen Auslegung der Wirklichkeit werden die Tatsachenkreise, die als Kultur bezeichnet werden, so unverständlich wie das, was zur Person gehört. Person und Kultur werden durch die Sozialwissenschaften – so muß man es prägnant ausdrücken – vernichtet. Eines bedingt hier das andere. Wird die Wirklichkeit der Ideen und der Kultur entkleidet, dann findet der Mensch nichts mehr in ihr, an dem er sich als Person gefordert finden und entfalten könnte.

Kommen wir schließlich auf die Geschichte, die einige Erinnerungen und Erweiterungen verlangt. Im Bann ihres eigenen Konzeptes von gesetzmäßigen Zusammenhängen und Entwicklungen stehen die Sozialwissenschaften unter dem Zwang, die Geschichte in anonyme Gesellschaftsprozesse umzudeuten. Ob diese nun als selbständige Systemvorgänge oder als Resultat von Interessenkonstellationen verstanden werden, es bleibt kein Raum für handelnde Personen. Nicht zufällig hat die Soziologie ihren erbitterten Kampf gegen die Geschichtswissenschaft mit der Polemik, gegen die geschichtliche Rolle von Staat und Politik, insbesondere gegen die Vorstellung von großen Individuen geführt, die die Geschichte bewegen. Die Geschichte sei die Geschichte des kleinen Mannes, das war um die Jahrhundertwende die griffige Formel, um Staat und Politik als Anhängsel der Gesellschaft, große Männer als Vollstrecker ihrer Gesetzmäßigkeiten auszugeben. Man verbarg sich allerdings die Kehrseite. Denn um aus der Geschichte einen gesetzmäßigen Gesellschaftsprozeß zu machen, mußte ja auch „der kleine Mann" in einen gesichtslosen Klassenvertreter, Rollenträger oder ähnliches umgedacht werden. Und hier wie dort mußte die geschichtliche Situation ihrer konkreten und individuellen Mannigfaltigkeit entkleidet und, künstlich und gewaltsam, auf „gesellschaftliche Verhältnisse" reduziert werden. Die Herrschafts- oder Klassenverhältnisse, die ihre jeweilige Bedeutung doch erst im Zusammenhang mit der sonstigen Wirklichkeit – durch ihre Konstellation etwa zu religiösen, moralischen, kulturellen Ideen, Inhalten und Zielen – gewinnen, werden zu absoluten Gegebenheiten erhoben, die als Ursache oder Ziel das menschliche Verhalten bestimmen. Ob groß oder klein, die Menschen stehen nicht mehr der Wirklichkeit in ihrer jeweils konkreten Einzigartigkeit und Mannigfaltigkeit gegenüber, zu der sie Stellung nehmen müssen; sie richten sich bloß nach den ihrer konkreten Bedeutung entkleideten, „gesellschaftlichen Verhältnissen", die die Soziologie als künstliche Größe verabsolutiert hat. Eben deshalb kommen handelnde Personen in der Geschichte nicht vor; sie werden durch „gesellschaftliche Verhältnisse" vertreten. Eben deshalb verschwindet die Geschichte in anonymen Gesellschaftsprozessen.

Radikaler als der Marxismus hat die Soziologie die Entpersönlichung der Geschichte vollzogen, jedenfalls in der westlichen Welt als gültiges Geschichtsbild durchgesetzt mit entsprechend revolutionären und globalen Konsequenzen, die sich im kleinen schon in der Verdrängung der Geschichte durch die Sozialkunde im Bildungswesen anzeigen. Als bedenklich und bedrohlich ist der Verlust der Geschichte auch gelegentlich beklagt worden. Nicht ohne Grund ist neuerdings ausgeführt worden, die Ausschaltung der Personen aus der Geschichte sei folgenreicher gewesen als der ganze Marxismus (J. Himmelfarb). Und in der Tat kann man sich die Wirkungen dieser Umdeutung der Geschichte in den Vollzug gesellschaftlicher Notwendigkeiten gar nicht groß genug vorstellen.

Man kann nun nämlich der Zukunft nicht mehr mit dem Wollen eigener Ziele gegenübertreten. An nichts als der Entwicklung der „gesellschaftlichen Verhältnisse", denen man sich klug anpassen oder die man geschickt einrichten muß, können sich Politik und Meinung orientieren; das Bewußtsein schrumpft zu dem zusammen, was für die gegenwärtigen Daseinsverhältnisse relevant ist. Leitbilder für Politik und Geschichte werden die Ziele der Sozialwissenschaften, „die das Zusammenleben der Menschen in der Gesellschaft und im Staat angenehmer und reibungsloser, gerechter und wirkungsvoller gestalten möchten" (S. Lambrecht: Die Soziologie. Aufstieg einer Wissenschaft. 1958). Und so durchschlagend ist ihre Wirkung gewesen, daß das vorstehende Zitat niemanden mehr ob seiner geschichtlichen Ahnungslosigkeit erschrecken läßt.

In dieser Wirklichkeit kann sich auch niemand mehr geschichtlich verorten, weil die Lage nur nach allgemeinen Größen und Merkmalen, wie sie auf alle anderen Gesellschaften passen, beschrieben werden kann. Herkünfte und Zugehörigkeiten kennt der Mensch, der sich nur noch als Mitglied einer „Gesellschaft" versteht, nicht mehr. Wie die Bande der menschlichen Beziehungen, so wurden auch die Bande geschichtlicher Verbundenheiten von den Sozialwissenschaften aufgelöst. Wer von ihnen erzogen wurde, ist überall und nirgends zu Hause.

In dieser Weise ist die Wirklichkeit aller Züge entkleidet worden, an denen sich der Mensch als Person gefordert, durch die er sich gefördert fühlt. Die Selbst- und Weltvorstellungen, an denen sich unser Dasein als Person entfalten könnte, sind verschwunden. Die menschlichen, gesellschaftlichen und geschichtlichen Folgen sind entsprechend umfassend und außerordentlich.

Der zum Gesellschaftswesen degradierte Mensch muß nun auf die Veränderung der Gesellschaft setzen, die ihm die

„Selbstverwirklichung" ermöglichen soll. Darunter aber läßt sich nun nichts mehr verstehen als die Erfüllung des jeweiligen Beliebens; denn wo man das Leben nicht als Person führen will, in keinen Bindungen steht und nur noch „gesellschaftliche Tatsachen" kennt, da bleibt vom Ich einzig die Aktualität des Beliebens. Und schließlich tritt das abgewöhnte Bedürfnis, Person zu sein, in soziologischer Verfremdung als der hoffnungslose Ruf nach „Identität" auf, der folgerichtig nur wieder zu neuen soziologischen Theorien Anlaß gibt, die gesellschaftlich erklären sollen, was nur durch personale Entschiedenheit zustande kommen kann. Der Verlust des Zutrauens zur eigenverantwortlichen Lebensführung ist die unvermeidliche Folge der soziologischen Botschaft.

Aber auch die Gesellschaft organisiert sich nun anders. Als Sozialisationsagenturen, Rollensysteme und Gesellschaftsdiktate ausgelegt, werden Ehe, Familie und Erziehung brüchig, die Institutionen fraglich; als Merkmalsträger gliedern Menschen sich aus Beziehungen aus, vergesellschaften sich als Gruppenvertreter und verlieren den Halt ihrer geschichtlichen und kulturellen Zugehörigkeiten.

Einige Länder haben diese Folgen mittels nationaler, regionaler und sozialer Überlieferungsreserven eingrenzen können, ansonsten entstanden Ersatzreservate und Restabilisierungen. Dennoch liegen die geschichtlichen Wirkungen zutage, die das neue Weltbild überall auslöste, wo die Sozialwissenschaften sich durchsetzten, also im Umkreis der westlichen Welt. Intellektuelle und Jugendliche, weil sie außerhalb praktischer Erfahrung und Verantwortung stehen, mußten die radikalen Konsequenzen der Lehren ziehen, denen sie voll ausgesetzt waren. Ganz in ihren Bann geriet die Kulturintelligenz, die in der Soziologie eine neue Legitimation suchte, nachdem die Kulturaufgabe als Verschleierung abgeschafft war. Ähnlich mußte die neue Schlüsselwissenschaft auf die Jugend wirken, die als erste Generation einheitlich in allen westlichen Ländern in dem durch die Weltgeschichte der Soziologie verbreiteten Weltbild erzogen worden war und darauf einheitlich mit der Kulturrevolution reagierte. Diese nämlich zog – was immer an sonstigen Hoffnungen, Lagen und Motiven einschoß – die Konsequenzen aus dem neuen Weltbild. Überall stellten die Sozialwissenschaften die Argumente, die Sozialwissenschaftler die Führer; überall verlangte man die Einlösung von Daseinsmöglichkeiten, die aus dem Gesellschaftskonzept herausgelesen waren. So war die weltweite Kulturrevolution das Werk der Sozialwissenschaften, die damit beim Wort genommen wurden, auch wenn viele Sozialwissenschaftler klüger waren.

Unbestritten haben die Sozialwissenschaften durch die Kulturrevolution die Welt radikal verändert. Es steht auf einem anderen Blatt, ob die Welt, wie sie vorher war, in Ordnung war; aber die Richtung und Verfassung, in die sie gebracht wurde, ist durch die Sozialwissenschaften bestimmt worden. Das bestätigt sich in der meist übersehenen Einzigartigkeit des Vorgangs, der sich wesentlich gleichzeitig und gleichartig in allen Ländern der westlichen Welt, und nur in dieser, und genauer in allen Ländern ereignete, die (oder soweit sie) eine westlich erzogene und orientierte Kulturintelligenz besaßen. Selbst die europäischen Altländer haben synchrone Kulturvorgänge dieser Art nicht gekannt, man wolle denn an die Ausbreitung der Ideen der Reformation, der Aufklärung oder der Französischen Revolution denken. Sogar in Frankreich, England und Deutschland ist die Kulturintelligenz je eigene Wege gegangen, und vollends eine gemeinsame Jugendkultur hat es nie gegeben. Die Kulturrevolution hat erstmals das Schauspiel einer wesentlich gleichzeitigen und gleichartigen und primär doch akademischen Bewegung von globalem Zuschnitt geboten. Darin manifestiert sich eine völlig neue Verfassung der Welt, in der die eigenständigen Nationalkulturen durch die globalen Weltbilder der Gesellschaftswissenschaft mediatisiert worden sind. Welche Umstände immer sonst dazu beigetragen haben – die Kulturrevolution als globales Ereignis der westlichen Welt war nur deshalb möglich, weil die Weltgeschichte der Soziologie mit ihrem neuen Weltbild für die Gemeinsamkeit des Daseinsverständnisses gesorgt hatte.

Wo ein neues Weltbild siegt, müssen sich alle fügen. Die spektakuläre Kulturrevolution verdankte ihren einschneidenden Erfolg denn auch dem Umstand, daß die Sozialwissenschaften bereits durchgängig zur Autorität geworden waren und durch ihre Schlüsselstellung in Wissenschaft und Bildung auch durchgängig Denken und Handeln formten. In dem verständlichen Wunsch, sich ihrer zu bedienen, sind Politiker, Parteien, Gewerkschaften, Verbände, Bürokratien und Kirchen – zu schweigen von der öffentlichen Meinung – ihnen pflichtig geworden. Kein Schritt kann mehr getan werden ohne Meinungsforschung, Gutachten, Expertisen und Berater, ohne die hauseigenen sozialwissenschaftlichen Stäbe und Institute. Auch hier sind die Tatsachen, um die es geht, bereits soziologisch vorgeschlüsselt und konstruiert, die zulässigen Argumente dementsprechend definiert, die möglichen Probleme, Aufgaben und Ziele gleichermaßen selektiert. Über das ganze Spektrum hinweg orientieren sich Politik und öffentliche Meinung praktisch an der soziologisch vorgedeuteten „Gesellschaft".

So verfängt sich das Bewußtsein in der ständigen Gegenwart jener Tatsachen, die die Sozialwissenschaften für die Wirklichkeit ausgeben. An ihnen klebt die Aufmerksamkeit, an ihnen der Wille. Faktisch wird mit dem Menschen als Gesellschaftswesen gerechnet, das als Produkt seiner Verhältnisse durch die Einrichtung dieser Verhältnisse ebenso zu beglücken wie zu lenken ist. Damit hat sich der Kreis geschlossen. Praktisch folgt man dem Grundsatz der Sozialwissenschaften, daß alles aus gesellschaftlichen Ursachen zu erklären und mit gesellschaftlichen Verschreibungen zu kurieren sei. Die Mißweisung, die im Weltbild der Sozialwissenschaften steckt, bestimmt das öffentliche Bewußtsein. Der Mensch, der sich selbst die Frage ist, wie er sein will, hat abgedankt.

Exkurs über Immunisierungsstrategien

Die Sozialwissenschaften verstehen sich als die reinen Beobachter, die nur objektiv registrieren, was vor sich geht. Obschon sie missionarisch die Verbreitung ihrer eigenen Ideen betreiben und entsprechende Kreuzzüge gegen Konkurrenzkonzepte führen, stellen sie sich auf den Standpunkt, daß Ideen, und schon gar ihre eigenen, keinen erwähnenswerten Einfluß auf

„die Gesellschaft" ausüben. So verfuhr der Marxismus, so verfährt, gelegentlich etwas verlegen, die Soziologie nebst ihren phänomenologischen Spielarten. So leben die Sozialwissenschaften guten Gewissens in dem Glauben, daß sie – weil doch Soziales nur aus Sozialem erklärt werden darf – an der Welt, wie sie ist, keinen anderen Anteil haben als den, daß es nicht noch schlimmer ist. In der Überzeugung, daß alles „gesellschaftlich" verursacht und erklärbar ist, können sie den Gedanken, daß Ideen die Gesellschaft verändern und Selbstvorstellungen dem Menschen nicht ernsthaft Raum geben, und die Möglichkeit, daß sie die Gesellschaft so verändert haben, nicht einmal in Betracht ziehen.

Hier nun entsteht die dringende Veranlassung, deutlichst darauf hinzuweisen, daß die Sozialwissenschaften, weniger vorsätzlich, aber doch umfassend und effektiv, ihre Herrschaft mit Immunisierungsstrategien behaupten. Fragen nach ihrer Leistung unterlaufen sie durch programmatische Erklärungen. Der Absicht, die Gesellschaft zu entschlüsseln, um eine vernünftige Politik zu ermöglichen, entnehmen sie die Gewißheit, daß mehr Förderung sie diesem Ziel näher bringt. Eingeräumte Fehler erscheinen dann als zufällige Irrtümer, deren Entdeckung die Sozialwissenschaften nur ihrem Ziel näher bringt. Ungelöste gesellschaftliche Schwierigkeiten werden der mangelnden Förderung der Sozialwissenschaften angelastet. Umgekehrt zieht man sich bei großzügiger Förderung darauf zurück, daß die gegebenen Empfehlungen nicht befolgt oder nicht richtig ausgeführt worden seien, oder im Sonderfall unvorhersehbare Umstände den Erfolg vereitelt hätten. Stets verhüllt das Ziel, die präzise Entschlüsselung der gesellschaftlichen Wirklichkeit, jene Selbstverständlichkeit, daß die Wirklichkeit nur durch unvorhersehbare Umstände wirklich wird. Stets läuft es auf den Refrain hinaus, daß solche Fehler bei mehr Förderung nicht hätten passieren können und nicht wieder passieren würden.

Zur programmatischen Immunisierung gehört es ferner, mangelnden Erfolg der Uneinsichtigkeit anderer Richtungen in die Schuhe zu schieben, als ob alles schon zur Zufriedenheit stünde, wenn nur die werten Kollegen endlich ein Einsehen hätten, um das sie demnächst auch nicht mehr herumkämen. Mag solche Hoffnung Philosophen lächelnd verziehen werden, so wird sie bei Wissenschaften, die praktischen Einfluß beanspruchen, zur Verantwortungslosigkeit. Denn da darf nicht zählen, was sie sein oder wirken wollen, sondern nur, wie sie tatsächlich wirken.

Die völlige Immunisierung erreichen die Sozialwissenschaften aber durch ihr Weltbild, in dem sie als Beobachter außerhalb des Geschehens stehen. Sie wollen nur über die Wirklichkeit aufklären, um deren Bewältigung zu erleichtern. Dabei verfahren sie nach dem Grundsatz, daß alles, was in der Gesellschaft geschieht, auch aus der Gesellschaft zu erklären ist, welche sie nur betrachten. Deshalb ist es von vornherein ausgeschlossen, daß gesellschaftliche Vorgänge zum Anlaß für die Frage nach der gesellschaftlichen Wirkung der Sozialwissenschaften werden, die den Ereignissen immer so fein voraus sind wie der Igel dem Hasen. Was immer sie tun und was immer geschieht, stets wird daraus die Suche nach den gesellschaftlichen Ursachen, die nur mit mehr Sozialwissenschaften erfolgreich sein kann. Daß sie selbst eine gesellschaftliche Macht erster Ordnung sind, kommt ihnen nicht in den Sinn. Ihr Selbstverständnis läuft auf eine ständige und vollständige Selbstbestätigung hinaus.

Man muß das am Werk sehen, um die reale Gefahr zu ermessen, daß eine Kultur, wenn sie auf diese Wissenschaften blind hört, sich wie ein Lemmingezug selbst in den Abgrund stürzt. Im Geist der Sozialwissenschaften sind Jahrgang nach Jahrgang der Jugend geistiger Konformismus und politische Abstinenz vorgeworfen und durch eine Bildung im Geist der Sozialwissenschaften bekämpft worden, die sich für ihre Fähigkeit, den gewünschten mündigen Bürger der Demokratie herzustellen, verbürgt hatten. Sozialwissenschaftler haben den Aufbruch der unruhigen Jugend bejubelt oder geführt. Als das Ergebnis nachdenklich machte, hieß es, die jungen Menschen litten leider an einem bedauerlichen Sinngebungszwang, so daß sie die Lehren der Sozialwissenschaften immer mißverstünden. Das gab Anlaß, nun die gesellschaftlichen Ursachen dieser bedauerlichen Verirrungen zu erforschen. Von der Tatsache, daß die Sozialwissenschaften die Bildung dieser Jugend in die Hand genommen hatten, war keine Rede mehr. Ebensowenig konnte die von ihnen nicht vorhergesehene Kulturrevolution, in deren Spektrum sie doch überall führend vertreten waren, sie zur nötigen Frage nach ihrer eigenen Rolle veranlassen.

Ähnlich aber ist es überall gegangen. Jahrzehntelang wurde die Gesellschaft als Stätte rational auszutragender Konflikte dargestellt, jede Art von Überlieferung oder Gemeinschaftsbedürfnis ridikulisiert, wurden alle Institutionen auf bloße Herrschaft reduziert, Werte in Zumutungen umgedeutet. Wenn dann die Konflikttheorie erprobt, die Institutionen als unwürdiges Ansinnen abgelehnt werden, wenn daraus anarchische Träume hervordrängen und wenn man schließlich, der rationalen Gesellschaft müde, neue Götter sucht, dann bleibt den Sozialwissenschaften stets die dringende Aufgabe, die gesellschaftlichen Ursachen dieser unvorhergesehenen Entwicklungen zu erforschen, um mit neuen Verschreibungen aufzuwarten, deren unerwartete Folgen sie weiter in Arbeit, Brot und Macht erhalten. Nach sozialwissenschaftlichen Theorien hat man ein Netz professioneller Sozialarbeit gezogen, in dem nun Ratlosigkeit herrscht, der man nur mit mehr Forschung, mehr Ausbildung und mehr Betreuung begegnen kann. Einschneidende Reformen hat man unter Berufung auf die Human- und Sozialwissenschaften Wählern und Parlamenten eingeredet. Jeder weiß, daß es meist Fehlschläge wurden; jeder weiß, daß die Theorien und Befunde heute fraglich sind; jeder weiß, daß nachträgliche Einsicht die Folgen nicht aus der Welt schaffen kann. Doch Krisengerede und Katzenjammer münden wiederum in die Forderung nach mehr Sozialwissenschaften. Kann das trotz Hin und Her irgendwo anders enden als bei der Gesellschaft, die sozialwissenschaftlich völlig durchgeregelt und humanwissenschaftlich völlig betreut werden muß, weil der Mensch als Person, der selbst sein Leben zu führen gedenkt, abgeschafft worden ist? Daß die äußeren Daseinsumstände, so wie sie sind, eben dies mächtig befördern, läßt sich allerdings nicht übersehen. Doch es stellt sich die Frage, inwieweit denn nicht diese Verhältnisse wesentlich durch die Sozialwissenschaften mitgeschaffen worden sind. Und es stellt sich auch die weitere Frage, ob wir jene Rollenträger und Merkmalsvertreter sind, die sich den Verhältnissen willenlos durch den Verzicht unterwerfen müssen, ihr Leben als Person zu führen, um alles, was geschieht, auf gesellschaftliche Ursachen zurückführen zu können. Dies aber ist die Botschaft der Soziologie, durch die sie den Menschen als handelndes Wesen abschafft.

Die Hüter des Gewissens

Obwohl sie sich rühmen, werturteilsfrei Tatsachen festzustellen, werden die Sozialwissenschaften, wo sie herrschen, unvermeidlich und unverkennbar zu den Hütern des Gewissens, das von ihnen umgedeutet wird. Unverkennbar, weil jeder mit den einschlägigen Phänomenen vertraut ist, die hier gar nicht „bewiesen" werden sollen, als allgemeine Erfahrung auch nicht bewiesen zu werden brauchen (wie in „Die Sozialforschung als Ideologie" dargelegt). Unvermeidlich, weil die Sozialwissenschaften, wie jedes Weltbild im Besitz des Wissens, worauf es ankommt, den Gang der Entwicklung, vor allem das Ziel, worauf alles am Ende und in Wahrheit hinauswill (also hin soll), kennen und deshalb sagen können und müssen, was in Anbetracht dieser Entwicklung angemessen und richtig ist.

Die Obhut über die Gewissen beginnt hier wie sonst mit der Begriffsautorität, die die Sozialwissenschaften in einer früheren Weltbildern unerreichten Mischung von radikaler Wirksamkeit und praktischer Unauffälligkeit erreicht haben, kraft der Verborgenheit ihrer Dogmen in einem reduktiven Weltbild, kraft der Eigenart des Glaubens an die Wissenschaft, kraft der ubiquitären Präsenz ihrer Verbreitungsmedien, kraft der Schlüsselstellung unter den Wissenschaften und deshalb auch kraft der Ausbildungsherrschaft über die Kulturintelligenz einer verwissenschaftlichten Zivilisation. Wo ständig öffentliche Meinung gemacht und veröffentlichte Meinung verbreitet wird, da sind der Herrschaft über und durch die Sprache ganz außerordentliche Möglichkeiten der Manipulation eröffnet,

Schlagwörter in Umlauf zu setzen und Begriffe umzufunktionieren, ob nun vorsätzlich oder nicht. In diese Lage sind natürlich mehr oder weniger alle Seiten verstrickt, so auch die Wissenschaft, die durch die Verwissenschaftlichung des Daseins omnipräsent geworden ist.

Nun haben sich jüngst Sprache und Begriffe vielschichtig, aber radikal gewandelt, jedoch in einer deutlichen Drift; die Kulturrevolution hat ihre Wirkungen jedenfalls wesentlich durch Sprachrevolution erzielt. Man braucht nur Lieblingswörter wie „Verändern", „Umfunktionieren" oder „Verunsichern", „Herrschende" und „System", „Gewalt" und „Gegengewalt" durchzugehen oder die Umdeutung politischer Grundbegriffe wie Demokratie, Verfassung, Sozialstaat oder Grundrechte in Kampfbegriffe und Heilsversprechen zu notieren, um die gemeinsame Figur zu erkennen, die, so vielschichtig sonst natürlich die Ursachen, ihren Umriß einem an Lehren der Sozialwissenschaft orientierten Gesellschaftsverständnis verdankt. „Wohl die bedeutsamste, früh einsetzende Verschiebung im politischen Wortgebrauch", schreibt Hans Maier, „war die Ausdehnung des Begriffs Gesellschaft auf die gesamte Breite des politischen Lebens und der progressive Ausfall des Begriffs Staat... Im übrigen ist der Siegeszug des total gewordenen Gesellschaftsbegriffs längst nicht mehr auf die Sprache der Publizistik oder der politischen Bildung beschränkt. Er zieht in den siebziger Jahren bereits Spuren in Gesetzestexten" (Sprache und Politik. 1977).

Daran kann jedenfalls kein Zweifel bestehen, daß unsere Vorstellungs-, Sprach- und Begriffswelt durch den Aufstieg der Sozialwissenschaften fundamental verändert worden ist, woran Medien, Parteien, Politiker, Kirchen ebenso teilnahmen wie die einzelnen, die die Wirklichkeit mittels der Begriffe erfassen, über welche die Sozialwissenschaften herrschen. Daran kann heute die Soziologie selbst nicht mehr vorbeisehen: „Und ist es nicht so, daß wir oft genug in unserer eigenen Forschung mit Erstaunen wahrnehmen, daß unsere Informanten und Probanden die Antworten auf unsere Fragen immer schon in jener Sprache der Indikatoren darbieten, die wir für uns ersonnen haben, um nach unserem Erkenntnisziel aufzuarbeiten, was sie uns eigentlich zu sagen haben? Und finden wir nicht bis in die Leitartikel der Provinzpresse hinein die Darstellung der Ereignisse, auf die unser Interesse gelenkt werden soll, in eben jene Indikatorensprache gefaßt? Und vergeht uns auch nicht, in unserem eigenen Alltagsleben, gelegentlich das anfängliche Lächeln, wenn wir unsere Studenten ebenso wie unsere Söhne und Töchter über ihre persönlichen Erfahrungen und Probleme reden hören in eben jener indikatorischen Sprache unserer professionellen Lebenswelt – so als wäre sie ihre eigene?" (J. Matthes: Soziologie – Schlüsselwissenschaft des 20. Jahrhunderts? Verhandlungen des 20. Deutschen Soziologentages. 1980).

Die Sozialwissenschaften üben ihre Begriffsherrschaft dabei oft mehr durch Umdeutung bekannter als durch die Einführung fachlicher Begriffe aus, obschon auch diese eine Schlüsselstellung gewinnen können. Faßlich und schlagend kommt das in der unglaublichen Karriere des Rollenbegriffs (und entsprechender Denk- und Argumentationsfiguren vom Menschen als Rollenträger) zum Ausdruck, der binnen kürzester Zeit mit der Soziologie um die Welt wanderte, um alsbald überall über die Kulturberufe in die Schulen, Medien, Politik, Sprache und öffentliche Meinung einzudringen und als das entschlüsselte Rätsel der Existenz die Vorstellungswelt der Jugend ebenso wie die der (von einer zur Erziehungswissenschaft soziologisierten Pädagogik ausgebildeten) Lehrer zu beherrschen, wodurch er zu einem Schlüsselbegriff der Kulturrevolution aufstieg.

Doch ob nun unspezifische Begriffe aufgeladen oder fachliche Begriffe durchgesetzt werden, gewinnen die Sozialwissenschaften damit Macht über das Gewissen. Indem sie alte Begriffe – wie Person, Sittlichkeit, Gemeinschaft, Nation, Kultur, Geschichte, Delinquenz – außer Kurs setzen oder neue Vorstellungen – wie Selbstverwirklichung, Identität, Rolle, Systemprozeß, Devianz – durch Umdeutung oder Erfindung in Umlauf setzen, schaffen sie Standards, wie öffentlich geredet und gedacht werden darf, die alsbald zu inneren Maßstäben für gut und böse werden müssen und äußerlich zuerst an den

Sprachregelungen der progressiven Intelligenz sich ablesen lassen.

Die Folgen dieser unbestreitbaren Begriffsautorität und Sprachherrschaft lassen sich nicht als unbeabsichtigtes und unerwünschtes Ergebnis der Popularisierung abtun, die die Laien zu groben Mißverständnissen und falschen Schlüssen geführt habe. Mag das in Einzelheiten so sein, so hat die (übrigens doch mit aller Macht erstrebte) Popularisierung im ganzen nur verbreitet und sichtbar gemacht, was zu dieser Soziologie gehört. Und ebensowenig kann man die Folgen einfach einer besonderen Richtung der Soziologie anlasten, die, anstatt sich an die Grundsätze einer objektiven Tatsachenwissenschaft zu halten, ihr Publikum mit ideologischen Wertungen verführt hat. Was immer dazu sonst zu sagen wäre, braucht uns diese Auseinandersetzung hier deshalb nicht weiter zu kümmern, weil eben auch die „wertfreien" Sozialwissenschaften auf ihre Weise die Rolle der Hüter des Gewissens spielen.

Hier müssen wir nun in der nötigen Kürze auf die alten Streitfragen nach der Objektivität der sozialwissenschaftlichen Erkenntnis eingehen. Ihre Gegenstände veranlassen uns fast automatisch zu Wertungen, die meistens den Blick für die Tatsachen zu trüben pflegen oder gar den Wissenschaftler veranlassen, mehr oder weniger versteckt, der Welt seine persönlichen Wertungen im Namen objektiver Wissenschaft vorzuschreiben. Das eigentliche Problem liegt aber erst dahinter in der Frage, ob und wie die Sozialwissenschaften überhaupt objektive Begriffe bilden und Aussagen treffen, also auch: objektive Tatsachen feststellen können. Das nämlich setzt stets eine Auswahl aus der Wirklichkeit in der unendlichen Zahl ihrer Bestandteile und Zusammenhänge voraus. Diese Auswahl aber kann nicht objektiv getroffen werden; sie richtet sich nach dem, was wir an der Wirklichkeit für wichtig und bedeutend halten (in Kap. 5 „Anatomie der Wissenschaft"). Voraussetzung für jene Art Objektivität, die die Soziologie erreichen kann, ist also gerade die deutliche Erklärung darüber, auf welche Bestandteile der Wirklichkeit sie sich begrenzen will und in welcher Absicht sie das tut.

Vor diesem Hintergrund läßt sich nun erklären, warum trotz aller gegenteiligen Ansprüche und Erklärungen die Soziologie von Anfang an eine moralische Autorität ausgeübt und mehr oder weniger deutlich ja auch beansprucht hat. Wo immer nämlich der Gedanke auftritt, es sei das Ziel dieser Wissenschaft, „die Gesellschaft" in ihrer tatsächlichen (also irgendwie gesetzmäßigen und zeitlosen) Ordnung zu erkennen, da wird jede Erkenntnis zur Offenbarung der wahren Ordnung. Die Tatsachen, welche die Naturwissenschaften ermitteln, bleiben uns ein äußeres Wissen. Die Tatsachen, welche die Soziologie ermittelt, zeigen uns hingegen die Ordnung, der wir selbst angehören. Indem die Soziologie die „Gesellschaft" erfand, erklärte sie sich zu einer Wissenschaft, die mit jedem Schritt ihrer Erkenntnis die wahre, bislang nur unbekannte Ordnung, die jedenfalls unser irdisches Dasein umfängt, entbergen werde. Sie erhielt dadurch die Möglichkeit, nach ihrer Willkür Bestandteile der Wirklichkeit als die wahre, weil unveränderliche Ordnung unseres Daseins auszugeben, andere als unwahre, weil beeinflußbare zu entlarven und ansonsten völlig außer acht zu lassen, was nicht ins Konzept paßt. Jede Soziologie, die „die Gesellschaft" erfassen will, beansprucht mit der Autorität, über die wahre Ordnung des Daseins (und nicht bloß über einzelne Zusammenhänge der Wirklichkeit) zu belehren, auch die moralische Autorität, über die richtige Lebensführung zu unterrichten. Die Art, wie sie diese Autorität ausfüllt, wird ihr von den Zwängen vorgeschrieben, die ihr durch die Ausführung ihrer Idee gesetzt sind. Die Idee selbst aber beruht auf dem verschleierten Menschenbild, das, wie wir immer wieder gesehen haben, jeder Soziologie zugrunde liegt, die sich als Wissenschaft von den Gesetzmäßigkeiten der „Gesellschaft" begreift.

Nicht nur in ihren Religionsstiftern und Propheten hat die Soziologie denn auch von Anfang an Macht über die Gewissen beansprucht und ausgeübt. Neu ist nur, daß die Sozialwissenschaften je näher sie der menschlichen Lebenswelt kamen, eine desto umfassendere und direktere Gewissenskontrolle auszuüben begannen. Je zahlreicher ihre „Tatsachen", desto eher verwandeln diese sich in normative Forderungen. Beliebige

Hinweise genügen zur Verdeutlichung. In der Auffassung, daß die Kriminalität die Folge der Unvollkommenheit der Gesellschaft sei und der Täter erst durch gesellschaftliche Stigmatisierung zum Verbrecher befördert werde, liegt natürlich die neue moralische Aufforderung, sich jeder moralischen Beurteilung zu enthalten. Und hier wie sonst darf man den Druck zur Überwachung und Reinigung des eigenen Gewissens, der von solcher Aufforderung ausgeht, nicht unterschätzen. Aus der Darstellung von Ehe und Familie als besinnungslosen Rollensystemen ist vielfach eine ungeliebte Gewissenspflicht zum Nonkonformismus geworden, ganz zu schweigen von dem Modell der anti-autoritären Erziehung, das von Vorschriften befreien sollte und selbst zur ängstlich beachteten Vorschrift werden mußte, an deren ständiger Erfüllung alsbald die Reinheit der eigenen Gesinnung kontrolliert werden mußte. Die Vorurteilsforschung, die über Jahrzehnte hinweg ein Lieblingsthema der Soziologie war, zeigt beispielhaft, wie man durch das Deutungsprivileg für einen vereinnahmten Begriff die Gewissen beherrschen konnte und eben wollte. Denn der Kampf gegen die Vorurteile geriet überwiegend zu einem öffentlichen Verbot, nach der Wahrheitsfähigkeit gewisser Urteile zu fragen. Und die Prägung der öffentlichen Meinung durch diese Vorurteilsforschung verlangte als Beweis der Rechtgläubigkeit ebenfalls die stetige Gewissenskontrolle der eigenen Gesinnung. Besondere Züge nahm das im Umkreis der „Frankfurter Schule" an, die mit der Untersuchung von Th. W. Adorno, E. Frenkel-Brunswik, P. J. Levinson: The Authoritarian Personality. 1950 (deutsch 1976), die Vorurteilsforschung zu einer internationalen Bewegung gemacht hatte. Der Einfluß, den Horkheimer und Adorno auf Generationen ausgeübt haben, war lange darauf gegründet, daß sie deutschen Studenten Absolution von den Vorwürfen und Gewissensqualen, sie seien „autoritäre Persönlichkeiten", erteilen konnten.

Das Bedenkliche dieser Lage wird erst voll sichtbar, wenn man sich über die Sonderstellung der Sozialwissenschaften Rechnung legt. Denn ihre Verbreitung und Nutzung folgen nicht dem geläufigen Vorgang der Naturwissenschaften, deren

Verwendung sich auf dem öffentlichen Markt der Bedürfnisse durchgesetzt hat, die also erst dann praktisch werden können, wenn sie eine Sache beherrschen. Die Philosophie appellierte nur durch Ideen an jedermann; die Sozialwissenschaften appellieren an den Staat, um Praxis zu werden. Denn sie werden insoweit praktisch, wie sie eingeführt werden – wie etwa die Theologie praktisch wird, wenn sie Pfarrer ausbildet. Niemand wird mit Produkten rechnen, welche die Technik nicht zustande bringt. Aber jeder muß mit Psychologen und Soziologen rechnen, die in der Schule, vor Gericht, in der Politik, im Sozial- und Gesundheitswesen rechtens Platz finden. Wenn die Naturwissenschaft irrt, entstehen Ruinen. Aber die Human- und Sozialwissenschaften schaffen Wirklichkeit, auch wenn sie irren. Dem entspricht die Beobachtung, daß die von ihnen eingerichtete Praxis nie zurückgenommen und sogenannte Experimente meist Bestand werden. Und falls einmal die Leistungen nicht befriedigen, versucht man dem durch mehr Forschung und Praxis beizukommen.

Zufolge dieser Umstände sind die Dinge weitergetrieben. Wenn früher allein der Seelsorger ein Amt als Hüter des Gewissens hatte, die Wissenschaften nur im Streit der Ideen wirken konnten, so haben inzwischen die Human- und Sozialwissenschaften die entsprechenden Ämter für sich vom Staat einrichten lassen oder als freie Berufe geschaffen und beanspruchen durch ihre Ideologien und Berufsverbände ganz offen die Rolle der „Beichtväter des 20. Jahrhunderts" (so der bezeichnende Titel des Buches von P. Halmos, deutsch 1972). Es genügt, an den stetigen Aufbau und Ausbau der Sozialarbeit, der Betreuungsdienste und des Beraterwesens zu erinnern, die durch ihre Professionalisierung von den Human- und Sozialwissenschaften beherrscht werden, um zu erkennen, in welchem Ausmaß bereits die Lebensführung institutionell dirigiert wird und bei bester Absicht natürlich nach den Vorstellungen dirigiert werden muß, welche jene Wissenschaften über das „richtige" Verhalten und die „richtigen" Lebensziele offen oder verdeckt festgelegt haben. Offener zutage tritt das in den zahlreichen Bewegungen, die im Namen dieser Wissenschaften ausdrückliche Konzepte und Verfahren der richtigen Lebensführung entwickeln und in entsprechenden Instituten, Institutionen und Organisationen weltweit praktisch umsetzen. Schon fast klassisch sind das „Mental Health Movement" und die „Gruppendynamik", die in beschleunigtem Tempo von immer neuen Bewegungen der Selbstverwirklichung, der Selbsterfahrung und des Gruppenerlebnisses überholt werden, zu schweigen von all den psychoanalytischen, psychotherapeutischen und sonstigen Formen, in deren professionellem Angebot der Lebenshilfe ja unvermeidlich der professionelle Anspruch der Gewissensführung steckt.

Dem entspricht der offenbare Rückzug der Kirchen vom Gewissensamt. Mag man darin ein überfälliges *Aggiornamento* der unter veränderten Umständen neu auszulegenden sittlichen Gebote begrüßen oder sogar aufklärerisch den alsbaldigen Verzicht der Kirchen auf alle sittlichen Präzepte erhoffen, so kann doch niemandem damit gedient sein, daß nun die Kirchen ihr Wächteramt über das Gewissen an die Wissenschaft abtreten. So laufen jedoch im Trend die Dinge, wenn Lebensgebote, die von der Kanzel kaum noch zu hören sind, nun von Wissenschaftlern verkündet werden, die in kirchlichen Akademien oder Veranstaltungen darüber belehren, wie die Probleme der Jugend, des Alters, der Geschlechtlichkeit, der Ehe und Familie liegen und was zu tun folglich richtig und falsch, gut und böse ist. Denn überall und unvermeidlich werden da aus den „Tatsachen" Lebensanweisungen hervorgezaubert, die zwar bewußt nur als pragmatische Selbstverständlichkeiten, nicht als sittliche Gebote auftreten, aber dennoch und deswegen die Gewissen unter Zwang und Druck setzen, und vollends sichtbar wird die Professionalisierung der moralischen Autorität dort, wo das Experten-, Beratungs- und Betreuungswesen zur laufenden Sozialarbeit institutionalisiert ist.

Wie immer man diese Erscheinungen erklären und beurteilen will, lag der Anspruch auf die moralische Autorität über die Lebensführung von Anfang an im Konzept und Geist einer Soziologie, die hinter den handelnden Menschen eine „Gesellschaft" erfand, deren Ordnung zu entdecken sie sich vorbehielt.

Die Bewältigung der Sozialwissenschaften entscheidet sich also nicht zuletzt an der Frage: Wie muß eine Soziologie aussehen, die den Menschen in der Freiheit seiner eigenen Lebensführung und seines eigenen Gewissens beläßt?

Vom Geist der Zeit

Wir stehen am Ende der Betrachtungen, die sich mit dem von der Soziologie entwickelten und von den Sozialwissenschaften mitgetragenen Weltbild der Moderne – seiner Entstehung, Durchsetzung, Herrschaft, Eigenart und Wirkung – befaßt haben. Dem bleibt nichts mehr hinzuzufügen. In dieser Sache irgendeine Vollständigkeit anzustreben wäre sowieso sinnlos gewesen und war ausdrücklich nicht beabsichtigt. So lang die Ausführungen auch waren, konnten sie doch nur auswählen, was wesentlich oder charakteristisch ist. Es sei denn auch der Illusion widerstanden, es könnten in dieser Sache Mißverständnisse durch die Schließung der gröbsten Lücken, durch die Präzisierung der zentralen Thesen, durch die Kommentierung ihrer niemals vermeidbaren Mehrdeutigkeit oder durch sonstige Nachbesserungen ausgeschaltet werden.

Der Befund liegt vor und muß auf das eigene Verständnis und Urteil des Lesers trauen. Es stehen jedoch noch aus die Verdeutlichung und Beantwortung der Fragen, die Tatsachenbefunde aufwerfen, aber nicht lösen: Wie stellen wir uns zu diesem Befund, wie schätzen wir seine Bedeutung ab, wie ordnen wir diese Lage in unser Handeln ein? Es ist diese Art von ganz neuen Fragen, die uns nun beschäftigen muß.

Denn in der Tat kann man sich zu dem Befund ganz verschieden stellen. Einerseits können (und werden) die Sozialwissenschaften argumentieren, daß sie, da es ja keine voraussetzungslose Erkenntnis der Wirklichkeit gebe, nur von ihrem Recht Gebrauch machten, nach gesellschaftlichen Gesetzmäßigkeiten zu suchen. Die Verschlüsselung durch Begriffe und die Verfremdung durch Verfahren seien in jeder Wissenschaft, wenn nicht sogar in aller Erkenntnis, unvermeidlich, die niemals die Wirklichkeit abbilden oder unsere Primärerfahrung wiedergeben könne. Verändert worden sei der Mensch auch durch andere Wissenschaften, zu schweigen von der Technik. Soweit die geschilderten Folgen zuträfen, seien sie als das gewollte oder ungewollte Nebenprodukt einer auf die gesellschaftlichen Gesetzmäßigkeiten gerichteten wissenschaftlichen Erkenntnis hinzunehmen. Weit davon entfernt, den Menschen abzuschaffen, hätten die Sozialwissenschaften ihn nur von gefährlichen Illusionen und Prätentionen befreit, die bislang seine wissenschaftlich unaufgeklärte Geschichte beherrscht hätten. Von einer Abschaffung des Menschen zu sprechen sei nur eine neue Form der alten Mystifikation, die insgeheim eine metaphysische – also: willkürlich wertende – Annahme über die angeblich „wahre" Natur des Menschen einschmuggele. Damit aber könne es schon deshalb nichts auf sich haben, weil ja die beklagte Veränderung dieser Natur durch die Sozialwissenschaften beweise, daß der Mensch an seine vorgebliche Natur gar nicht gebunden sei. Eben das Faktum dieser neuerlichen Mutation des Menschen bezeuge die Sinnlosigkeit der Rede von seiner Abschaffung und die Willkür der Unterstellung seiner eigentlichen Natur.

Hier geht es in der Tat an den Nerv der Fragen. Zuerst sei deshalb noch einmal klargestellt, daß die Suche nach Gesetzmäßigkeiten prinzipiell ein legitimes Erkenntnisziel ist, so zweifelhaft einzelne Verfahren und so dürftig die Ergebnisse auch geblieben sind. Nicht erlaubt hingegen kann einer Wissenschaft der Anspruch sein, als zuständige Autorität über die gesellschaftliche Wirklichkeit zu unterrichten, obschon sie nur nach Gesetzmäßigkeiten sucht. Denn eben hierdurch entkleidet sie ja die Wirklichkeit stets ihrer jeweiligen Eigenart und Bedeutung, um von ihr nur jene allgemeinen Größen und Regelmäßigkeiten übrigzulassen, die sie mit anderen teilt. Anstelle der Erkenntnis der Wirklichkeit, in die wir in ihrer jeweiligen Eigenart hineingestellt sind und für deren jeweilige Eigenart wir uns interessieren, setzt die Soziologie ihre Erfindung der „Gesellschaft", deren vermeintliche „Größen" und „Gesetzmäßigkeiten" dadurch zu der „eigentlichen" und „wesentlichen" Wirklichkeit erhoben werden, auf die es uns ankommen solle. Auf dieser verdeckten Wertentscheidung beruht und an ihr krankt die Soziologie; durch Täuschung entmündigt sie somit unser freies Erkenntnisinteresse, das ganz andere Bestandteile der Wirklichkeit für wichtig und wesentlich halten mag. Sie nimmt uns die Freiheit, aus eigener Entscheidung und nach eigenen Werten zur Wirklichkeit Stellung zu nehmen und ihr Bedeutung zu geben. Um ehrlich zu werden, müßte sie sich offen zu ihrer (versteckten oder vergessenen) Wertvoraussetzung bekennen, also erklären, daß Menschen sich zwar für ganz andere Seiten und Bestandteile der gesellschaftlichen Wirklichkeit interessieren könnten, in ihrem eigenen Interesse aber am besten nur um das kümmern sollten, was die Soziologie heraushebe. Dann wäre endlich wieder klar, daß allen soziologischen Auseinandersetzungen ein kaschierter Streit um das „Menschenbild" zugrunde liegt. Denn jede Soziologie beruht logisch auf einer Wertentscheidung darüber, was uns an der gesellschaftlichen Wirklichkeit bedeutsam sein soll, und folglich auf einem Entschluß, wie wir selbst sein wollen.

Und damit kommen wir zur Natur des Menschen, wo es nur der ebenso einfachen wie wichtigen Erinnerung bedarf, daß wir nun einmal ein Wesen sind, das sich in sehr verschiedenen Möglichkeiten verwirklichen kann, wie Biographie und Geschichte belegen. Und wie sehr wir denn auch darin ein unfreies Geschöpf von Anlagen und Umständen sein mögen, gehört es zu unserer Eigenart, daß wir zu jeder Unfreiheit Stellung nehmen können und müssen und uns hierdurch, wie dunkel und unbestimmt auch immer, selbst ein Ziel setzen, wie wir sein wollen, weil wir nicht einfach „da sind" wie ein Objekt, sondern als Subjekt unser Leben selbst führen wollen und müssen. Als das nicht festgestellte und offene Wesen, das durch diese Eigenart aus der festen Ordnung der Natur herausragt, kann der Mensch nicht leben, ohne sich ein Bild davon zu machen, wie er sein kann, sein will und sein soll: wie er sein Leben richtig führen muß. Alle Religion, Kultur, Erziehung, Sittlichkeit, Gemeinschaft und Politik sind durch dieses anthropologische Erfordernis inspiriert oder gefärbt, jeder Lebenslauf ist praktisch damit befaßt. Es bedarf keiner weiteren Erklärung, daß vor allem Religionen, aber auch andere Mächte früher für die meist verbindlichen, vielfach aber doch auch strittigen Selbstbilder gesorgt haben, die einen gemeinsamen Rahmen der richtigen Lebensführung setzten, in dem aber die Wahl der individuellen Werte und Ziele stets möglich und nötig blieb; denn in der sozialen Wahrnehmung und Austauschung der individuellen Stellungnahmen liegt ja der Grund für das, was die Soziologie heute „Wertwandel" nennt. Heute sieht sich der Mensch einer pluralistischen Vielheit von Menschenbildern ausgesetzt, die ausdrücklich von Religionen, in mehr unbestimmter Form von verschiedenen Parteien und Weltanschauungsgruppen, ja diffus sogar von schwer faßbaren sozialen oder beruflichen Gruppierungen angeboten oder angesonnen werden. Dies ist, kurz gesagt, das Ergebnis der neuzeitlichen Säkularisierung, in der die Wissenschaft zur öffentlichen Autorität avancierte, um jedem die Freiheit zu belassen, selbst über jene Werte zu entscheiden, die dem Leben Sinn und Bedeutung geben können und sollen. Es kann, es darf demnach nicht Aufgabe der Wissenschaft sein, unter dem Mantel der Autorität insgeheim ein Weltbild durchzusetzen, das den Menschen entmündigt, indem es ihn dieser Freiheit beraubt, wie es die Sozialwissenschaften tun.

Gegen diesen Vorwurf hört man die Verteidigung, die Sozialwissenschaften ließen doch jeden in der Wahl seiner eigenen Werte frei, und die Demokratie eröffne sogar die Möglichkeit, solchen Werten zu politischem Einfluß zu verhelfen. Doch dies heißt das Problem mißverstehen. Wenn die Wissenschaft als die öffentliche Macht, die sie ist, die Aufgabe hat, die Wirklichkeit zu erkennen, so ist sie in Verantwortung verpflichtet, Wirklichkeit nicht zu verkürzen. Das gilt vor allem für die gesellschaftliche Wirklichkeit, an der sich unsere Stellungnahmen und Wertungen entzünden wie ordnen. Aufgabe einer verantwortlichen Soziologie muß es sein, dem Menschen die Spanne seiner Daseinsmöglichkeiten individuell wie geschichtlich offenzuhalten. Sie muß deshalb die Wirklichkeit in der Vielheit ihrer Bedeutungen aufschließen, die sie für unsere Stellungnahme zu ihr und unser Schicksal in ihr haben kann. Und es versteht sich von selbst, daß es dabei nicht bloß um die äußeren Befindlichkeiten gehen darf, sondern um diejenigen höchsten Werte, die dem Leben Sinn und Bedeutung geben sollen und die einzelne wie Kulturen im Strom der Zeit zu erneuern Veranlassung finden. Eine Wissenschaft, die mit der Autorität der öffentlichen Wirklichkeitsauslegung betraut ist, kann sich nicht mit der Bemerkung herausreden, es sei jedermann die Wahl seiner privaten Werte unbenommen, wenn sie diese Wirklichkeit so reduziert, daß jene Bestandteile fehlen, an denen sich gewisse Werte und Daseinsmöglichkeiten, sei es erst entzünden, sei es als sinnvoll erweisen können. Und sie hat auch dafür zu sorgen, daß im öffentlichen Gespräch Klarheit darüber besteht, welche Art von Fragen sich stellt und welche Bedeutung den verschiedenen möglichen Stellungnahmen zukommt. Der vergebliche Schrei nach „Sinn" und „Identität" ist ja nur die Folge jener Reduktion der Wirklichkeit auf „gesellschaftliche Tatsachen", an denen die einzelnen allerhöchstens politische Ideologien, aber keinerlei sinnhafte Werte und Bedeutungen festmachen können.

Die Abschaffung des Menschen besteht also darin, daß man ihm durch Reduktion der Wirklichkeit seine eigenen Möglichkeiten auf – grob gesprochen – das verkürzt, was für eine möglichst angenehme, schmerzfreie und reibungslose Daseinsführung sorgt. Will man das – und vielfach wird es mehr oder weniger klar gewollt und ist von Anfang an so gewollt worden –, so soll man es offen sagen, anstatt sich hinter der Objektivität der präparierten Tatsachen zu verstecken. Alsdann liegt die Frage dort, wo sie hingehört: Wie wollen wir *sein*? Oder wollen wir uns nur *befinden*? Darüber vermag keine Wissenschaft zu entscheiden, doch muß sie uns diese Entscheidung vorstellen und in ihrer Bedeutung erläutern. Den Menschen abzuschaffen ist gerade deshalb möglich, weil er ein Wesen von Möglichkeiten ist, das sich auf die allerverschiedensten Weisen verwirklichen kann. Eine Möglichkeit ist eben die Reduktion seiner Möglichkeiten auf äußere Befindlichkeiten, was – wir kommen darauf zurück – gewiß nicht völlig beispiellos in der

Geschichte ist. Die Frage aber ist, ob wir das wollen. Und die Wissenschaft darf uns diese Frage nicht verheimlichen, um uns versteckt zu einer Entscheidung zu nötigen, mit der dann auch noch geschichtliche Weichen gestellt werden.

Nehmen wir nun Kenntnis von einer ganz anderen Stellungnahme, die den Befund dieser Arbeit für eigentlich unnötig erachtet. Der Zauber der Sozialwissenschaften beginne ja bereits zu verblassen und sei mit neuen Durchbruchsmeldungen nicht wieder auf den alten Glanz zu bringen; Ernüchterung und Enttäuschung machten sich in der Politik merkbar, während die Menschen offenbar bereits anderwärts nach Orientierung suchten; das Weltbild der Sozialwissenschaften sei eine bloße Episode, wo nicht gar Mode gewesen und mußte es wohl auch bleiben, weil die menschliche Natur sich nicht dauernd unterdrücken ließe. So weitgehend richtig diese Beobachtungen auch sein mögen, verfehlen sie doch das Problem. Zuerst einmal deshalb, weil Weltbilder auch früher der Veralltäglichung ausgesetzt waren oder aus anderen Gründen ihren Einfluß auf das Handeln durch andere Mächte beschränkt fanden, mit diesen auch Kompromisse eingingen, ohne deshalb aufzuhören, den entscheidenden Bezugspunkt von öffentlicher Gültigkeit zu markieren. Trotz magischen Volksglaubens, sektiererischer Eigenwilligkeit, Sonderorientierung der Standesfrömmigkeit, Eigenständigkeit sonstiger Weisheitslehren, Verlaß auf astrologische Künste und natürlich, sowieso, unverhülltes Bekenntnis zur Pragmatik der Lebensinteressen blieb die christliche Religion (wie immer auslegbar) der entscheidende Rahmen des Daseins, und ähnlich bei anderen Religionen und Weltbildern. So wird auch die Suche nach neuen Orientierungsquellen nichts am institutionalisierten Auslegungsmonopol der Sozialwissenschaften ändern; sie produziert kulturelle Aussteiger, Enklaven, Sondergruppen, Privatwelten. Wissenschaft und Leben treten an der gefährlichsten Stelle auseinander: über dem Verständnis der gesellschaftlichen Wirklichkeit, an der sich nun einmal unsere wichtigsten Stellungnahmen zu entzünden oder zu reiben pflegen. Seit sie zur öffentlichen Autorität geworden ist, spielt die Wissenschaft, soweit sie von der Welt des Menschen handelt, eine entscheidende Rolle im geistigen Haushalt des Gemeinwesens. Ohne eine Wissenschaft von der Gesellschaft, und sei es denn auch eine Staatsreligion wie der Marxismus, kann ein säkulares Gemeinwesen nicht bestehen. Niemandem kann aber damit gedient sein, daß Wissenschaft und Leben auseinanderfallen, entstehen doch nun Kräfte, die infolge dieser Situation als blinde und irrationale Mächte angesehen werden und deshalb auch so wirken müssen. Falsch ist die Hoffnung, man könne der Abschaffung des Menschen durch die Absage an die Sozialwissenschaften entgehen. Es kann nicht das Ziel sein, die Sozialwissenschaften abzuschaffen; es geht darum, sie zu bewältigen.

Machen wir uns also auch eine Vorstellung von der Bedeutung und Schwierigkeit dieser Aufgabe. Denn alle Zeichen und Mächte sprechen ja für die Dauerherrschaft der Sozialwissenschaften, so daß man die Sache des Menschen für verloren geben möchte. Hoffnungen und Möglichkeiten, wie sie sonst immer zur Geschichte gehörten, sind durch die Einzigartigkeit der modernen Lage überholt. Bislang bot die Vielheit eigenständiger Kulturen die Chance, ja fast eine Gewähr dafür, daß die Geschichte sozusagen ein Experimentierfeld der Daseinsmöglichkeiten blieb und die Menschheit nicht insgesamt auf einen Irrweg geriet. Eine globale Zivilisation ist in einer anderen Lage und teilt, wie ihr äußeres auch ihr inneres Schicksal, solange sie nicht wieder in kleinere und selbständigere Einheiten auseinanderfällt. Wir leben in einer Weltzivilisation, in der auch die Sozialwissenschaften eine globale Institution sind. Global einmal, weil sie in ihren beiden Varianten, der westlichen und der östlichen, die überragende Autorität der Wissenschaft von der Gesellschaft in der modernen Welt bezeugen und so auch die entscheidenden Trennlinien über den Globus ziehen. Global zum anderen, weil innerhalb dieser Herrschaftsbereiche praktisch kein Staat – die Gründe mögen verschieden sein – aus jener Lehre von der Gesellschaft ausscheren kann, die jeweils als gültige Wissenschaft besteht. Als solche ist sie fest institutionalisiert, wie alle Weltbilder durch Immunisierungsverfahren in ihrem Fortbestand gesichert und schließlich durchgängig praktisch in die Gesellschaft eingebaut und somit auch von mächtigen praktischen Interessen getragen.

Hier ist nun über einen anderen Umstand zu reden, den wir für den Zweck dieser Arbeit, von einigen Hinweisen (vgl. „Träger, Interessen, Umstände") abgesehen, bewußt beiseite gelassen haben, obschon er von fundamentaler Bedeutung ist. Man kann nämlich nicht daran vorbeisehen, daß die Sozialwissenschaften in ihren beiden Varianten jeweils auf die Art zugeschnitten sind, wie die gesellschaftlichen Kräfte formiert und organisiert sind. Für die kommunistischen Staaten mit ihrem politischen, wirtschaftlichen und geistigen Zentralismus liegt das offen zutage. Andererseits hat sich die Soziologie in Amerika als der moderne Garant der Demokratie dargestellt – eine für alteuropäische Demokratien wie die Schweiz doch eher unsinnige Aussage. Geht man diesem Anspruch realistisch nach, so stößt man auf die Tatsache, daß die herrschenden Sozialwissenschaften jene Art Wissen liefern, das vorzüglich alle jene benötigen, die sich einen Beruf daraus machen, die Interessen anderer zu vertreten oder denn durch entsprechende Maßnahmen zu verwirklichen, also alle Politiker und Verbandsführer im weitesten Sinn nebst den entsprechenden bürokratischen Apparaten und Organisationen des Staates, der Parteien und Verbände. Je mehr eine Gesellschaft sich so organisiert, daß die Menschen sich nur noch durch solche Vertreter vertreten finden und zu Wort melden können, je weniger die Menschen sich in anderen Eigenschaften, Zusammengehörigkeiten und Belangen im öffentlichen Gespräch vertreten wissen, desto ausschließlicher werden nun jene Arten von Größen und Tatsachen benötigt und gesucht, welche typischerweise die Sozialwissenschaften liefern. Nur sie bilden gültiges öffentliches Bewußtsein, alles andere sind private Meinungen und individuelle Präferenzen. Alsdann kann niemandem mehr etwas anderes einfallen, als „die Gesellschaft einzurichten", und wer öffentlich anderes erwartet, begeht politischen Selbstmord. Im Takt mit der Massendemokratie, die die berufsmäßig organisierten (und entsprechend: produzierten) Interessen für die einzig legitime Formierung der gesellschaftlichen Kräfte hält, haben sich diese

Sozialwissenschaften entwickelt, ohne daß ausgemacht wäre, wer hier wem den Weg geebnet hat. Diese Sozialwissenschaften also sind die spezifische Wissensform jener Art Massendemokratie, die, weil sie praktisch nur die Organisation durch berufsmäßige Interessenvertretung kennt, selbst ahnungslos an der Abschaffung des Menschen beteiligt ist, weil ihr andere Gesichtspunkte fehlen.

All das macht freilich die Bewältigung der Sozialwissenschaften desto dringlicher. Denn mit der grundsätzlichen Mißweisung (Kap. 1), die sie in das persönliche wie in das öffentliche Dasein hineintragen, wird es auf die Dauer nicht gehen.

5. Das Dilemma
   der Sozialwissenschaften

Mit den Sozialwissenschaften, so wie sie tatsächlich sind und geworden sind, haben wir es bisher zu tun gehabt. Durchgängig trat dabei ein Mißverhältnis von Anspruch und Leistung, von Begriffskonstrukten und Wirklichkeit zutage, das sich als eine ebenso stetige wie folgenschwere Fehlorientierung über die menschlichen, gesellschaftlichen und geschichtlichen Daseinsfragen auswirkt und deshalb eine Bewältigung der Sozialwissenschaften verlangt. Wir müssen uns nunmehr schließlich der anderen Frage zuwenden, welche Korrekturen denn nötig sind, damit die Sozialwissenschaften uns korrekt über die Wirklichkeit, in der wir leben, unterrichten. In der Absicht, uns dieser neuen Seite des Problems zuzuwenden, rufen wir uns vorerst den Gang der bisherigen Untersuchung ins Gedächtnis.

Wir haben die Untersuchung bis zu dem Punkte vorgetrieben, wo die ungewöhnliche Forderung nach einer Bewältigung der Sozialwissenschaften, mit der wir begonnen haben, nunmehr als eine dringliche Aufgabe vor Augen steht. Schritt für Schritt haben wir entdeckt, daß alle jene Erwartungen, die wir zwangsläufig mit der Wissenschaft zu verbinden pflegen und so bislang auch mit den Sozialwissenschaften verbunden haben, auf diese in Wahrheit gar nicht zutreffen. Exemplarisch haben wir am Fall der Soziologie gezeigt, wie die Geschichte der Sozialwissenschaften nicht dem Zwang des objektiven Erkenntnisfortschrittes genügt, der bei anderen Fächern die Annahme sichert, daß ihre gegenwärtigen Theorien jeweils allen früheren überlegen sind. Wie wir weiters gesehen haben, sind die Erkenntnisse der Sozialwissenschaften so wenig objektive Darstellungen aus der Distanz des Beobachters, daß sie ihren Gegenstand vielmehr beeinflussen und herstellen. Und schließlich lassen sich ihre Theorien nicht aus den Tatsachen begründen, ohne werthafte und weltbildhafte Vorannahmen zu machen. Indem wir die Schleier der Täuschung von den Sozialwissenschaften weggezogen haben, verwandelten diese sich aus reinen Wissenschaften zu gesellschaftlichen und geschichtlichen Kulturmächten, deren undurchschaute Herrschaft über uns selbst der Bewältigung bedarf.

Es handelt sich bei der Bewältigung der Sozialwissenschaften nicht primär um einen Kampf gegen irgendwelche besonderen Theorien oder Richtungen als vielmehr um die fällige Erkenntnis, daß ihnen allen ein jeweils nur abgewandeltes und im Grunde eben gemeinsames Konzept zugrunde liegt. Dieses beruht letzlich auf zwei sich wechselseitig bedingenden Annahmen. Es wird einmal unterstellt, daß die menschlich-gesellschaftlich-geschichtliche Wirklichkeit, in der wir leben, eine bestimmte Seinsverfassung derart besitzt, daß alles jeweils Teil einer „Gesellschaft" ist, die sich wie ein Naturding oder System nach eigenen Gesetzen formiert, verhält und entwickelt. Offenbar zwingt diese ontologische Annahme ebenso dazu, die Soziologie als die Wissenschaft von den Gesetzmäßigkeiten der „Gesellschaft" zu definieren, wie umgekehrt diese Definition der Soziologie dazu zwingt, der Wirklichkeit die objektive Seinsverfaßtheit einer „Gesellschaft" zu unterstellen. Immer wieder wird eben übersehen, daß die Soziologie hinter ihrem Begriff der „Gesellschaft" einen massiven Vorgriff auf die objektive Ordnung der Wirklichkeit versteckt, wie das ähnlich für alle Weltbilder typisch ist. So bedingen hier Wissenschaftskonzept und Wirklichkeitsannahmen einander.

Aus diesem Doppelkonzept nun entwickelt sich unvermeidlich eine Logik, die den Menschen als handelndes Wesen ausschaltet. Wo dieses Konzept sich als Wirklichkeitsverständnis durchsetzt, kann der Mensch die Probleme seines Handelns nicht mehr adäquat vor sich bringen. So führt die Soziologie im privaten und im öffentlichen Dasein schließlich zu einer grundsätzlichen Mißweisung (Kap. 1), die sich des näheren in einer Desorientierung von Mensch und Gesellschaft (Kap. 4) durch die Sozialwissenschaften niederschlägt. In einer langen und bewegten Geschichte (Kap. 2 und 3) hat sich dieses Konzept im wissenschaftlichen, geistigen und praktischen Leben wie eine alternativlose Selbstverständlichkeit eingebürgert, von der niemand mehr lassen kann. Geistig nicht, weil jede Vorstellung einer anderen Möglichkeit fehlt; praktisch nicht, weil öffentlich gültige Belehrung über gesellschaftliche Fragen nur von der zuständigen Autorität, den Sozialwissenschaften, zu erhalten ist. Deshalb gedeiht alle Kritik an den Sozialwissenschaften, ob sie von innen oder außen kommt, nur bis zur Ablehnung bestimmter Richtungen, aber nicht bis zur Kritik des Konzeptes.

Angesichts dieser Tatsache gilt es nun zu zeigen, daß eine wissenschaftliche Betrachtung unserer sozialen Daseinswirklichkeit ganz andere Wege einschlagen kann – und eigentlich einschlagen muß –, als jenes Konzept vorschreibt, dem die Sozialwissenschaften gefolgt sind. Der historischen soll nun also noch die systematische Analyse folgen. Denn es bleibt aktuelle Tatsache, daß die Soziologie ihr Konzept unhistorisch mit dem Anspruch präsentiert, ihr Vorhaben direkt aus der Sache selbst zu legitimieren. Wir wollen diesem Anspruch einer methodologischen Selbstbegründung so wenig ausweichen, daß wir zum Schluß unsererseits zeigen wollen, wie die scheinbare Geschlossenheit der methodologischen Begründungsfigur, mit der sich die Soziologie vorführt, darauf beruht, daß sie die außerwissenschaftlichen Vorannahmen und Entscheidungen, die ihrem Konzept zugrunde liegen, ihrem Publikum wie sich selbst unterschlägt und deshalb unterschlagen kann, weil diese Voraussetzungen durch Einübung zur unbefragten Selbstverständlichkeit eines Hintergrundwissens geworden sind. Auf diese Weise gewinnen wir einen systematischen Einblick in jene außerwissenschaftlichen Voraussetzungen, die in der historischen Perspektive zwar figurierten, jedoch nicht systematisch vorgeführt und sachlich analysiert werden konnten. Indem wir es nun unternehmen, die vergessenen oder verschwiegenen Vorannahmen und Wertentscheidungen aufzudecken, auf denen die Soziologie fußt, machen wir deutlich, daß der Vorsatz, die Wirklichkeit, in die wir hineingestellt sind, wissenschaftlich zu erkennen, keineswegs auf eine Theorie der Gesetzmäßigkeiten einer fingierten „Gesellschaft" hinauslaufen muß und auch darauf nicht hinauslaufen darf. Auf diese Weise bereiten wir der fälligen Bewältigung der Sozialwissenschaften den Weg.

Anatomie der Wissenschaft

Die Darlegungen haben bisher keines anderen methodologischen Argumentes bedurft als der einfachen Einsicht, die anfangs (Kap. 1) entwickelt und gelegentlich (Kap. 4) verdeutlicht wurde: daß alle empirische Erkenntnis, wie im Alltag, so in der Wissenschaft, auf der Heraushebung gewisser Bestandteile aus der unendlichen Mannigfaltigkeit beruht, die die Wirklichkeit unseren Sinnen jederzeit darbietet. Diese Einsicht ist keineswegs neu, wurde sie doch – und darauf kommt es an – in ihren Grundzügen und mit ihren Konsequenzen bereits um die Jahrhundertwende als Lösung des großen Methodenstreits entwickelt und von Max Weber für die Sozialwissenschaften zubereitet, allerdings nur in der unsystematischen Form seiner „Gesammelten Aufsätze zur Wissenschaftslehre". Es gehört zum Schicksal der Soziologie, daß diese Einsicht nie ernsthaft zur Kenntnis genommen und von der Wissenschaftstheorie vollends verdrängt wurde, so daß es nunmehr nötig ist auszuführen, was längst bekannt sein sollte. Das erfordert bei gebotener Kürze und besonderem Zweck umso mehr eine neue Form der Argumentation, als sich seither auch die Sachfragen in den Sozialwissenschaften verschoben haben.

Machen wir uns vorab die weitreichenden Implikationen klar, die sich aus der Einsicht ergeben, daß alle empirische Erkenntnis gewisse Bestandteile aus der unendlichen Mannigfaltigkeit herauslöst, die uns die Wirklichkeit jederzeit darbietet. Alsdann wird nämlich jede Wissenschaft durch ein (wie immer geartetes oder begründetes) Interesse an eben diesem ausgewählten Ausschnitt aus der Wirklichkeit konstituiert. Folglich gliedern sich die Wissenschaften nicht, wie man immer wieder meint, nach einer natürlichen Ordnung der Dinge, vielmehr nach der Art der Fragen, die wir an die Dinge stellen, weshalb es denn auch von jedem Gegenstand mehrere Wissenschaften geben kann, je nachdem, was uns daran jeweils interessiert. Welche Fragen wir nun aber an die Dinge richten und was uns an diesen interessiert, darüber kann uns offenbar gar keine Wissenschaft belehren. Insofern liegen jeder Wissenschaft außerwissenschaftliche Vorannahmen und Vorentscheidungen zugrunde, durch die sich erst jenes Interesse konstituiert, das die Aufmerksamkeit auf einen bestimmten Ausschnitt aus der Wirklichkeit richtet und dadurch das Objekt einer Wissenschaft bezeichnet. Es handelt sich dabei, wie wir noch näher zeigen werden, um sachliche, weltanschauliche und anthropologische Vorannahmen, die wohlgemerkt nicht bewußt getroffen und auch nur zu einem kleinen Teil bewußt gemacht werden können.

Diese früher geläufige Tatsache ist durch die gängige Wissenschaftstheorie in ihrem Bestreben verdrängt worden, die Wissenschaft als ein System darzustellen, das in lückenloser Begründung und vollständiger Rationalität seiner eigenen Voraussetzungen mächtig ist. Nur deshalb konnte die Wiederentdeckung dieser Tatsache in Thomas Kuhns „The Structure of Scientific Revolutions" (deutsche Übersetzung 1967) die heutige Wissenschaft wie ein Schock treffen, schien doch nun deren rationale Begründbarkeit durch den Nachweis erschüttert zu sein, daß ausgerechnet in der Geschichte der strengen Naturwissenschaft die entscheidenden Revolutionen durch einen „Paradigma-Wechsel" zustande gekommen waren, der aller bewußten Prüfung von Tatsachen und Hypothesen vorauslag, so daß man nun eiligst nach gesellschaftlichen Einflüssen zu suchen begann, die erklären sollten, warum die Geschichte der Wissenschaft nicht jenem Modell entsprach, das die Wissenschaftstheorie von ihr entworfen hatte. Schock und Eifer wären unnötig gewesen, wenn die Wissenschaftstheorie nicht vorher den Glauben verbreitet hätte, daß ihre rein logischen Verfahrensvorschriften dem komplizierten wissenschaftsgeschichtlichen Prozeß der Erkenntnis gerecht werden könnten, in dem die

Prüfung von Hypothesen doch jeweils nur ein Aufmerksamkeitsfeld aus einem Kreis von unbegrenzbar weiteren Zusammenhängen bildet. Zwar blickt der Wissenschaftler auf seine Sachen, und die Wissenschaft zeigt ihre Erkenntnisse über Sachen vor. Aber stets blickt man auf die Sachen durch Gläser, in welche die gewachsenen Annahmen von Jahrhunderten eingeschliffen sind.

Wenn uns diese vorwissenschaftlichen Voraussetzungen jeder empirischen Wissenschaft – ja schon die Tatsache ihres Bestehens – gewöhnlich verborgen bleiben, so beruht das darauf (und hier hat die Hermeneutik, wie sie H. G. Gadamer in „Wahrheit und Methode" vertritt, ihr volles Recht), daß unsere Erkenntnis, wo immer sie einsetzt, bereits vorstrukturiert ist durch ihre eigene (individuelle und kulturelle) Geschichte. So wie das Kind, wenn es seine Umwelt erobert, jederzeit auf seiner bisherigen Erfahrung aufbaut, so fußt alle Erkenntnis auf früherer Erkenntnis, und nur das Neugeborene beginnt im Stand der Unschuld. Aus den verschiedensten und für sich ganz subjektiven Wahrnehmungen und Eindrücken hat sich in verwickelten Prozessen, deren wir uns nur ausnahmsweise und punktuell bewußt sind, jederzeit schon eine Wirklichkeit aufgebaut, die wir als objektiv erleben, ohne uns über ihre Konstitution voll Rechenschaft geben zu können. Erfahrung und Erkenntnis, die in diese Wirklichkeit eingegangen sind, vermögen wir an einzelnen Punkten zu korrigieren, aber nicht im ganzen zu löschen, andernfalls sich die Wirklichkeit wieder in ein Chaos von Sinneseindrücken auflösen müßte. Alle neue Erfahrung geht von einer bereits durch frühere Erfahrung konstituierten Wirklichkeit aus.

Wo immer wir die uns ursprünglich nur durch irgendwelche Sinne merkliche Wirklichkeit erfassen wollen, stellen sich Fragen, wie wir von der Mannigfaltigkeit der erstmals doch nur subjektiven Sinneseindrücke zu der Erkenntnis von Objekten in einer außer uns befindlichen Welt kommen. Mit diesen Fragen ist – davon bald mehr – praktisch jeder befaßt. In ihrem grundsätzlichen Ernst tauchen sie dann unvermeidlich in der philosophischen Reflexion als das Problem auf, ob unsere

Begriffe nur ein Name für empirische Verallgemeinerungen oder nicht vielmehr eine unserem Erkenntnisvermögen vorgegebene Bedingung für solche Verallgemeinerungen sind. Von Platon bis Kant haben diese Fragen zwischen Idealismus und Empirismus, zwischen Realismus und Nominalismus ihre tiefsten Antworten gefunden, während die moderne Wissenschaftstheorie eher auf pragmatische Anweisungen für die Forschungslogik abzielt, die Soziologie sich gar auf technische Verfahrensregeln beschränkt.

Wir brauchen auf diese nach wie vor strittigen Probleme der Erkenntnistheorie nicht einzugehen, weil es unbestritten bleibt, daß alle Wirklichkeitserkenntnis vor der Aufgabe steht, Sinneseindrücke zu vergleichen, um das Vielerlei auf Begriffe zu bringen und zu ordnen, um Regelmäßigkeiten zu entdecken, ohne deren Kenntnis wir uns ja in einer chaotischen Wirklichkeit gar nicht zurechtfinden könnten. Für diese praktische Lebensaufgabe gibt die Wirklichkeit uns Komplexe zusammengehöriger Eindrücke vor, am faßlichsten bei Gegenständen, die wir durch ihre klare Begrenzung nach außen und ihren festen Aufbau nach innen als gesonderte Objekte erfassen. Daneben drängen sich uns gewisse Erscheinungen durch die Stetigkeit ihrer Formen oder Bewegungen auf, und dahinter staffeln sich Eindrücke, die immer weniger den Charakter natürlicher Gegenstände besitzen, weil Stoffe oder Formen unbestimmt ineinander übergehen, weil gewisse Erscheinungen nur flüchtig und unregelmäßig auftreten oder weil Tätigkeiten und Vorgänge von qualitativer Färbung nicht eindeutig verglichen und bezeichnet werden können. Wie schwierig es denn auch ist, eine praktische Erfahrung von der nächsten Umwelt zu gewinnen, zeigt sich an den langen Jahren, die jedes Kind benötigt, um die einfachsten Sinneseindrücke zum Behuf des Umgangs mit den Dingen zu koordinieren. Und wie schwierig gar der Weg der Begriffsbildung vom mythischen zum logischen Denken ist, kann man in eindringlicher Weise in der klassischen Arbeit von Bruno Snell nachlesen (Die Entstehung des Geistes. Studien zur Entstehung des europäischen Denkens bei den Griechen. 1955).

Zweifellos formiert sich nun unsere Erfahrung aufgrund

von (wie immer gearteten) Interessen, die aus der Unendlichkeit der ja überall gleich wirklichen Wirklichkeit erst jene Bestandteile herausheben, die uns aus irgendeinem Grunde als wichtig und deshalb wissenswert erscheinen. Nirgends wird die Wirklichkeit, so klein wir auch den Ausschnitt wählen, durch Erfahrung einfach abgebildet, sondern aufgrund unserer Interessen selektiert, um jene Züge betrachten zu können, denen wir irgendeinen Wert beilegen. Das gilt natürlich auch für alle vorwissenschaftliche Erfahrung, die auf ganz eigene Weise als möglichst umfassende Kunde von irgend etwas organisiert ist. Überall hat es Personen gegeben, die unter dem Gesichtspunkt der eingespielten Interessen ein außerordentliches Wissen über „wichtige" Gegenstände oder Erscheinungen angesammelt haben. Im Sinne der Aristotelischen Definition der Empirie als eines Geübtseins und Vertrautseins im Umgang mit etwas ist der Kundige derjenige, der über irgendeine Sache, Erscheinung oder Tätigkeit alles mögliche weiß und damit im ganzen umgehen kann. Das entsprach der vormodernen Daseinsorganisation, die auf der Erfahrung im praktischen Umgang mit der Wirklichkeit basierte und folglich auf ein praktisches Handlungswissen abstellte, das solchen Umgang ermöglichte. Handlungswissen ist eine besondere Art des Wissens, die uns schon so fremd geworden ist, daß wir sie unterschätzen. Denn uns ist mit der Wissenschaft das Erklärungswissen so sehr zum einzigen Typ des gültigen Wissens geworden, daß unser durch Fachwissen geprägtes Leben eine persönlich wie gesellschaftlich gefährliche Erfahrungsarmut erzeugt.

Aber selbst die auf ein Totalwissen von etwas zielende Kunde hält nur diejenigen Momente der Sache fest, die daran interessieren. Und vollends die Wissenschaft macht durch ihre fachliche Organisation deutlich, daß sie sich nicht nach der natürlichen Ordnung der Dinge, sondern nach dem Interesse unserer Fragen richtet. Jeder Gegenstand kann zum Objekt vieler Wissenschaften, keiner von einer einzigen beschlagnahmt werden. Das Tier kann vom Standpunkt der Zoologie, Morphologie, Evolution, Ökologie oder Verhaltensforschung betrachtet und unter immer neuen Gesichtspunkten erforscht werden, wobei jedes Fach sich nur für spezifische Züge interessiert, so wie die Physik von allem absieht, was nicht durch Zeit, Ort, Bewegung und dergleichen bestimmt ist. Und wir notieren hier auch eine Selbstverständlichkeit, die bereits vergessen zu sein scheint, daß sich doch mit der gesellschaftlichen Wirklichkeit nicht einmal bloß die Sozialwissenschaften, sondern sehr viele andere Fächer beschäftigen, die „Gesellschaft" der Soziologie also ein Kunstprodukt ist.

Nach diesen Vorbemerkungen lassen sich nun die Voraussetzungen aufführen, die aller wissenschaftlichen Arbeit zugrunde liegen, ohne doch in ihre jeweiligen Problemstellungen, Theorien oder Methoden einzugehen. Es handelt sich um folgende Punkte, die wir hier nur so weit ausführen, wie das für unseren Zweck nötig ist.

1. Wissenschaft bildet die Wirklichkeit nicht ab. Sie liefert eine besondere Art des Wissens und beruht deshalb auf einem irgendwie gearteten Interesse an dieser Art von Wissen. Logisch geht also eine aktuell verdeckte Wertentscheidung voraus, die diese Art von Wissen für wissenswert erklärt. Ob es das ist oder nicht, darüber läßt sich jedenfalls wissenschaftlich nicht mehr bündig entscheiden.

Nur ein fortschrittsgläubiger Optimismus, der die menschlichen Interessen restlos mit der Wissenschaft identifizierte, konnte mit dieser Tatsache auch die grundsätzliche Problematik übersehen, die vielfältig in dem Unternehmen der Wissenschaft angelegt ist: existentiell, weil es keine Gewähr dafür gibt, daß die wissenschaftliche Erkenntnis nicht mit anderen höchsten Lebenszielen in Konflikt gerät, die sich der Mensch machen kann: mit dem Heil der Seele oder der Wahrheit der Lebensführung; kulturell, weil mit der Verwissenschaftlichung subjektive und objektive Folgeprobleme entstehen, wie sie sich heute in der Fortschrittskrise und im Erfahrungsverlust darstellen. Hier wird aktuell deutlich, daß alle Wissenschaft auf der Erwartung aufbaut, ihr Wissen sei auch wissenswert, und ihre Legitimation verliert, wenn diese Erwartung enttäuscht wird.

Jede Wissenschaft kommt denn auch an ihr Ende, wenn ihre Erkenntnisse nur noch richtig, aber nicht mehr wissenswert sind. Denn das heißt ja: Sie interessieren niemanden mehr. Weil Wissenschaft Suche nach Erkenntnis ist, ist ihre Triebkraft denn auch nicht, wie man heute meint, die schiere *curiositas*, die bekanntlich erlahmt und springt, weil ihr mangels der Idee von etwas Wissenswertem Richtung und Ausdauer fehlen. Es gehört deshalb zu den frommen Legenden wissenschaftlicher Hagiographie, daß die moderne Wissenschaft entstanden sei, als die *curiositas* ihre mittelalterlichen Fesseln abstreifte, um vorurteilslos die Tatsachen zu mustern. Die unermüdliche Suche nach neuen Erkenntnissen, für welche Francis Bacon so viele begeistert hatte, führte eben nicht zur Naturwissenschaft, weil nicht alles und jedes wissenswert sein kann.

2. Jede Wissenschaft behandelt einen Ausschnitt von Erscheinungen, die in irgendeiner Weise unser Wissensbedürfnis erregen, uns also als wissenswert gelten. Anlaß und Gelegenheit, um unser Interesse auf einen solchen Ausschnitt zu lenken, bieten normalerweise zuerst die auffälligen Zusammenhänge und Regelmäßigkeiten, welche uns die Erfahrung anbietet. So sind die Naturwissenschaften an den gesammelten Beständen augenfälliger Regelmäßigkeiten, insbesondere an den Bewegungen der Himmelskörper, in Gang gekommen, für die eine Erklärung gesucht wurde, während die Sozialwissenschaften – wir werden darauf zurückkommen – eben deshalb so spät in Gang gekommen sind, weil sich dem Blick auf die soziale Wirklichkeit keine massiven Bestände eindeutiger Regelmäßigkeiten anbieten.

Die Naturwissenschaften heben mittels ihrer Begriffe aus der Wirklichkeit gewisse Ausschnitte heraus und beschränken sich dabei auf jene verallgemeinerbaren und möglichst quantifizierbaren Bestandteile der Wirklichkeit, die gesetzmäßige Zusammenhänge und Regelmäßigkeiten enthalten; und sie tun das, weil alle an diesen Zügen der Wirklichkeit ein verständliches Interesse nehmen können. Denn hierdurch eröffnet sich die Chance der technischen Nutzung der Natur, auf die wir stets angewiesen sind, auch wenn uns die Grenzen unserer Herrschaft nun endlich bewußt zu werden beginnen.

Mit der Soziologie betrachten es auch die Sozialwissenschaften als ihr Ziel, an ihrem Gegenstand nach Art der Naturwissenschaften die verallgemeinerbaren Bestandteile der Gesellschaft zu erfassen, die gesetzmäßige Zusammenhänge enthalten. Und sie tun das in der Hoffnung, die gesellschaftlichen Verhältnisse aufgrund solcher Erkenntnis einrichten zu können.

3. Jede Wissenschaft – weil ihr die Idee von etwas Wissenswertem vorausleuchtet – existiert als Vorgriff auf die Struktur ihres Gegenstands, der früher oder später scheitern kann, weil sich gar nicht voraussehen läßt, wann die als wissenswert geltenden Züge des Gegenstands erschöpft sein werden – ja, ob sie auch nur zu finden sind. Die frühe Naturwissenschaft zeigt dramatisch diesen Vorgriff, verdankte sie sich doch der lange enttäuschten, aber hartnäckig durchgehaltenen Überzeugung, die Natur müsse eine einfache, mathematisch faßbare Ordnung besitzen. Uns selbstverständlich, war diese Idee nicht nur im Mittelalter revolutionär, hatte man doch überall mit dem Wirken magischer oder göttlicher Mächte in der Natur gerechnet.

Mit Kepler, Galilei, Huygens, Newton begann sich dieser Vorgriff in unvorstellbarer Weise zu bewahrheiten, so daß wir ihn für selbstverständlich und unbegrenzt fortsetzbar halten, wofür es aber keine Gewähr gibt. Niemand weiß, ob die Natur in allen ihren Räumen, in welche die Wissenschaft vordringt, mathematisierbar ist.

Der Vorgriff auf das Wissenswerte am Objekt bleibt immer prekär. Umgekehrt kann die Idee, daß etwas am Gegenstand wissenswert sei, so mächtig wirken, daß die Suche trotz enttäuschender Ergebnisse hartnäckig fortgesetzt wird. Die Psychologie, die seit hundert Jahren nach Gesetzen des Handelns sucht, und wohlgemerkt: diesbezüglich ohne ein nennenswertes Ergebnis, darf als Beispiel ebenso genannt werden wie die Soziologie.

4. Wissenswert kann Erkenntnis nur auf zwei Weisen sein, indem sie entweder nützlich zu etwas oder bedeutend in sich ist: technisches Wissen zur Herstellung von Daseinsumständen oder Bedeutungswissen zur Selbstvergewisserung. Doch ob so oder so, stets liegt darin eine Annahme über die Natur des Menschen. Mit der Idee, daß am Gegenstand gewisse Züge

wissenswert sein sollen, greift die Wissenschaft auf den Gegenstand vor, an dem diese Züge entdeckt werden sollen, zugleich aber auf die Natur des Menschen, für den diese Entdeckungen ja wissenswert – also nützlich oder bedeutend – sein sollen. Alle Wissenschaft basiert – wie verdeckt auch immer – auf Annahmen darüber, was dem Menschen nutzt und frommt. Was immer ihr Objekt ist, stets dient es zuletzt der Vergewisserung des Menschen – sei es über seine äußeren Daseinsumstände, sei es über sich selbst. Und stets bleibt auch dieser Vorgriff prekär, kann doch keine Zeit vorausnehmen, was späteren Generationen als wissenswert gelten wird.

So griff die frühe Wissenschaft mit der Idee, daß die Natur nach Maß, Zahl und Gewicht zu entschlüsseln sei, auch auf den Menschen vor, genauer auf dessen Bedürfnis nach religiöser Selbstvergewisserung mittels rationaler Erkenntnis der Schöpfungsordnung. Man glaubte, daß Gott sich im „Buch der Natur" eindeutig geoffenbart habe – nachdem das Buch der Bibel sich als mehrdeutig erwiesen hatte. Niemand hat das so knapp und treffend beschrieben wie Max Weber: „Aber man erwartete von der Wissenschaft im Zeitalter der Entstehung der exakten Naturwissenschaften noch mehr. Wenn Sie sich an den Ausspruch Swammerdams erinnern: ‚Ich bringe Ihnen hier den Nachweis der Vorsehung Gottes in der Anatomie einer Laus', so sehen Sie, was die (indirekt) protestantisch und puritanisch beeinflußte wissenschaftliche Arbeit damals sich als ihre eigene Aufgabe dachte: den Weg zu Gott. Den fand man damals nicht mehr bei den Philosophen und ihren Begriffen und Deduktionen: – daß Gott auf diesem Weg nicht zu finden sei, auf dem ihn das Mittelalter gesucht hatte, das wußte die ganze pietistische Theologie der damaligen Zeit, Spener vor allem. Gott ist verborgen, seine Wege sind nicht unsere Wege, seine Gedanken nicht unsere Gedanken. In den exakten Naturwissenschaften aber, wo man seine Werke physisch greifen konnte, da hoffte man, seinen Absichten mit der Welt auf die Spur zu kommen."

5. Orientiert an der Idee von etwas Wissenswertem, ist jede Wissenschaft stets mit der Einschätzung der Bedeutung ihrer Erkenntnisse beschäftigt, die sich nicht schon in der Frage nach

der Richtigkeit ihrer Theorien erschöpft, vielmehr die verschiedensten Arten von Vorgriffen einschließt.

Als Pythagoras erstaunliche Eigenschaften der Zahlen entdeckte, da ließ er sich, wie wir sagen, zu einer spekulativen Zahlenmystik über die Natur hinreißen. Wohl wahr; aber jedenfalls stand er vor der Frage, was denn seine Entdeckung bedeutete. Vor der gleichen Frage stand Galilei, als er, sagen wir, die Jupitermonde entdeckte; und wenn er sie nicht gestellt hätte, wäre er nicht zu einem neuen Weltbild gekommen. Galileis Vorgriff erwies sich am Ende – strenggenommen erst nach Jahrhunderten – als richtig.

Eine „Erkenntnis" ist eben durch das, was sie als „richtig" vorbringt, nur unvollständig bestimmt. „Verläßlich" wird sie erst, „Genaues" sagt sie erst in dem Maß, wie sie „in das Ganze" der Erkenntnis – oder der Wirklichkeit – eingeordnet werden kann. Alle „Richtigkeit" verlangt nach Erlösung aus der Isolation, in der sie sich – sozusagen – nur selbst wiederholen kann. Keine Erkenntnis ist durch ihre „Richtigkeit" hinreichend bestimmt. Es gibt „Grade" der „Kapazität" einer Erkenntnis, welche von ihrer „Bedeutung" abhängen.

Mit welcher Unvermeidlichkeit die Frage nach der „Kapazität" der Erkenntnis sich stellt, zeigt die Naturwissenschaft des 19. Jahrhunderts. Virchow, Helmholtz, Lyell oder Huxley, alle waren davon überzeugt, daß die Natur von ausnahmslos gültigen strengen Gesetzen beherrscht werde. Alle haben das in zahllosen Schriften vorgetragen, doch nirgends wurde diese Auffassung expliziter Bestandteil der naturwissenschaftlichen Theorie. Und man kann gerade an diesem Beispiel sehen, welche außerordentliche Bedeutung solche sachlich unvermeidlichen Voraussetzungen haben. Denn eben die völlig deterministische Auffassung hat überall der Idee der technischen Herrschaft über die Natur den Weg bereitet. Der technokratische Wahn war nicht bloß eine Zeitmarotte des Publikums; er war Teil der Wissenschaft, auch wenn er nur in den Vorworten und Reden stand und nicht offizieller Bestandteil der Theorie war. In ihm kam zum Ausdruck, welchen Status und welche Bedeutung die Naturwissenschaft ihren Erkenntnissen beimaß.

Er war Teil jener unvermeidlichen Annahmen und Vorgriffe, über welche die Wissenschaft, abgeschieden von aller Philosophie, aufgehört hat, sich Rechenschaft abzulegen.

6. Jede Wissenschaft orientiert sich an der Idee von etwas Wissenswertem. Ob etwas wissenswert ist oder nicht, läßt sich jedoch wissenschaftlich nicht beweisen; es ist eine Wertfrage. Man kann und muß darüber argumentieren, damit nicht bloßes Belieben triumphiert. Doch Vernunft kann im Gewebe dieser Fragen nur klären und orientieren, nicht zwingen. So hängt alle Wissenschaft von Voraussetzungen ab, über die sie selbst nicht gebieten kann, und über die sie sich selbst meist auch nicht klar ist, weil ihr als selbstverständlich erscheint, daß, was sie sucht, ein für allemal das Wissenswerte ist, weshalb ihre eigenen mächtigen Vorgriffe auf die Natur von Mensch und Gegenstand verdeckt und unfaßbar bleiben.

Mit ihren Vorgriffen macht alle Wissenschaft Annahmen über die Zukunft, bis eines Tages die Farbe wechselt, weil entweder der Gegenstand die gesuchten Erkenntnisse nicht länger hergibt oder die Menschen sie nicht mehr wissenswert finden. Das ist die Zeit, wo man nach einer anderen Wissenschaft ruft oder nach einem anderen Wissen sucht, als die Wissenschaft zu geben vermag.

Aus alldem folgt, daß die Vernunft und Logik der Wissenschaft in ihrer Entwicklung größer ist als die bloße Logik ihrer Erkenntnis. In der Wissenschaftsgeschichte kommt die eigene Logik ihrer Annahmen und Vorgriffe zum Zug. Wo die Wissenschaft diese Annahmen, unter deren Zwang sie selbst operiert, prinzipiell ausblendet, wird sie selbst blind. Sie schiebt dann die Probleme, die sie selbst erzeugt und deshalb: lösen müßte, in andere Zuständigkeiten ab. Die Vernunft der Wissenschaft kann nicht allein darin bestehen, Erkenntnisse zu sammeln. Sie muß die Voraussetzungen, welche ihrer Arbeit unterliegen, ans Licht holen.

Nach alldem fällt nun endgültig Licht auf die Grundprobleme der Sozialwissenschaften.

Ganz im Gegensatz zu den Naturwissenschaften ist die Soziologie eben nicht als ein Versuch in Gang gekommen, gesicherte Bestände eindeutiger Regelmäßigkeiten zu erklären, als solche angesichts der Verschiedenartigkeit und Wechselhaftigkeit beobachtbarer Regelmäßigkeiten erst zu finden. Um ihren an den Naturwissenschaften orientierten Vorgriff auf die Struktur des Gegenstandes einzulösen, hat die Soziologie versucht, die an jedem Punkt qualitativ gefärbte, also vieldeutige, unabgrenzbare und besondere Wirklichkeit durch Reduktion auf allgemeine Merkmals- oder Zustandsgrößen in der Hoffnung vergleichbar zu machen, daß sich alsdann Gesetzmäßigkeiten ergeben würden. Sie hat sich dabei zuerst der Strategie der evolutionären Erklärung bedient, welche die merkliche Vielfalt beobachtbarer Regelmäßigkeiten in die Merkmalkomplexe von gesellschaftlichen Entwicklungsstufen aufzulösen trachtete, um schließlich frei mit solchen Merkmals- und Zustandsgrößen (wie Klassenlagen, soziale Struktur, Rollen, soziale Differenzierung) zu operieren. Aber so oder so schuf sie sich diese Konstrukte nicht, um vorliegende Regelmäßigkeiten der unmittelbaren Anschauung zu erklären, sondern um sie allererst zu finden und als solche erkennbar zu machen. Anstatt von den Beständen zur Theorie, versuchte sie durch Theorie zu Beständen zu kommen.

Allerdings haben Sozialwissenschaftler immer wieder zuversichtlich das Gegenteil behauptet: „To listen to some people, one would imagine that the actions of society (sic! so muß man kommentieren) were haphazard and as unpredictable as the throws of dice ... Nevertheless, I do surely predict the receipt of my mail, salary check, dividend check, income-tax blank, and the rest of these occurences (sic! so muß man wiederum kommentieren) with as much confidence as I predict most of the occurences of my environment" (Civilization, University of California Press, 1959). Der Autor, S. C. Pepper, der hier menschliche Handlungen als Handlungen der Gesellschaft wie Naturvorgänge betrachtet, unterschlägt leider das sozialwissenschaftliche Problem, welches doch darin besteht, daß solche einfachen Regelmäßigkeiten zwar überall zu beobachten, nur leider auch überall verschieden und weitgehend uninteressant (nicht wissenschaftswert) sind. Niemals wäre die Forderung nach einer Wissenschaft von der Geschichte erhoben worden, wenn diese nur jene alltäglichen Regelmäßigkeiten hätte erklären sollen, deren Gründe sowieso jedermann verständlich zu sein pflegen. Anlaß der Bemühungen um eine Soziologie war ja umgekehrt die Tatsache, daß die gesellschaftlichen Vorgänge, wo sie unser Interesse erregen, die aus der Geschichte bekannten Merkmale der Unregelmäßigkeit und Unvorhersehbarkeit aufweisen. Insofern ist eben auch das angeführte Argument Peppers typisch für die Geburt der Soziologie aus dem Bedürfnis nach einer Auskunft über die Regelmäßigkeit der Geschichte. Der Hinweis auf die nirgends fehlenden Regelmäßigkeiten des Alltags dient der Erwartung, daß auch der geschichtliche Weg der Gesellschaften berechenbare Regelmäßigkeiten aufweisen müsse. Wir werden bald sehen, wie naiv dieser Schluß von den nirgends fehlenden alltäglichen Regelmäßigkeiten auf geschichtliche Gesetzmäßigkeiten ist.

Jedenfalls vollziehen sich die Sozialwissenschaften in Ausführung eines vergessenen Vorgriffs, der die Suche nach – und die Operation mit – Merkmalgrößen in der Erwartung zur Pflicht machte, daß hierdurch „die gesellschaftlichen Gesetzmäßigkeiten" gefunden werden könnten. Alle die auf Merkmalgrößen zugeschnittenen Begriffe der Soziologie sind, so wie sie gebraucht werden, Konstrukte, die aus diesem Vorgriff entstanden sind, ihn einüben und fortpflanzen, so daß die Konstrukte hierdurch nachgerade den Charakter dinglicher Realitäten anzunehmen pflegen, die eben das zu tun vorspiegeln, was keine Wissenschaft tun kann: die Wirklichkeit abbilden.

Die Naturwissenschaften heben mittels ihrer Begriffe aus der Wirklichkeit gewisse Ausschnitte heraus und beschränken sich dabei auf jene verallgemeinerbaren und möglichst quantifizierbaren Bestandteile der Wirklichkeit, die gesetzmäßige Zusammenhänge und Regelmäßigkeiten enthalten. Indem sich die Soziologie, um Gesetzeswissenschaft zu sein, den Vorgriff der Naturwissenschaften technisch ihrerseits zu eigen machte, setzte sie voraus, daß auch im Bereich des menschlichen Handelns nur das allgemein Gesetzmäßige wissenswert sei, weil es uns, wie man meint, sowohl intellektuell über die Ordnung der gesellschaftlichen Verhältnisse versichere als auch deren technische Einrichtung gestatte. Selbst wo der einzelne Forscher diese Auffassung nicht bewußt teilt, kommt sie durch die eingespielten Regeln des wissenschaftlichen Betriebes wirksam zum Zuge, ohne daß die verborgene Vorannahme noch offenbar wäre und bezweifelt und bestritten werden könnte. Faktisch bleibt deshalb auch jene Alternative verborgen, die am menschlichen Handeln etwas anderes für wissenswert hält: das Wissen darüber, was dieses Handeln bedeutet. Dieses Wissensinteresse jedoch kann nicht durch die Suche nach irgendwelchen Regelmäßigkeiten befriedigt werden; es verlangt ein ganz anderes Prinzip der Stoffauswahl.

So zeigt eine Besinnung auf die Anatomie der Wissenschaft, daß das, was die Sozialwissenschaften als Gegenstand bearbeiten, eben nicht die gesellschaftliche Wirklichkeit ist, sondern ein besonders konstruierter Ausschnitt; und die Art ihrer Begriffsbildung ist so wenig die Methode der Wissenschaft schlechthin, daß sie sich in Wahrheit als eine Möglichkeit unter anderen den kritischen Vergleich mit anderen gefallen lassen muß. Den Ausschlag gibt da zuletzt das Erkenntnisziel: Denn selbst die Fruchtbarkeit der Ergebnisse hängt von der Antwort auf die Frage ab, was wir wissen wollen. Sucht die Soziologie Gesetzmäßigkeiten, so treibt sie denn auch in ein grundsätzliches Dilemma: Je mehr es den Sozialwissenschaften punktuell gelingen würde, zuverlässige Erkenntnisse über Regelmäßigkeiten des Verhaltens, dargestellt in quantifizierbaren Merkmalgrößen, zu gewinnen, desto mehr begäbe sie sich aus dem Bereich heraus, an dem die handelnden Menschen Interesse und Anteil nehmen, in dem sie die Konflikte ihrer materiellen und geistigen Interessen austragen, ja überhaupt als Kulturmenschen ihr Leben in Hinblick auf die Verwirklichung von Werten führen, und geriete statt dessen in die Regionen des ohnehin wie selbstverständlich ablaufenden Hintergrundgeschehens, das niemanden interessiert und deshalb so regelhaft abläuft, als ob es Natur wäre.

Die unabsehbaren Folgen einer auf diesen Vorgriff gegründeten Sozialwissenschaft haben wir kennengelernt. Es gilt nun, die Anatomie der Wissenschaft durch die logischen Sonderprobleme zu ergänzen, die sich den Wissenschaften vom menschlichen Handeln stellen. An diesen wird sich zeigen, daß eine Sozialwissenschaft, die die Existenz solcher Sonderprobleme beharrlich leugnet, mit innerer Konsequenz eine Reihe von Paradoxien erzeugen mußte und so in immer neue Verstrickungen führte. Die Aufdeckung dieser Paradoxien macht erst die irritierenden Befunde der bisher gezeigten Geschichte der Sozialwissenschaften wirklich verständlich.

Die Paradoxien der Soziologie

Zweifellos wirft die Erkennbarkeit der empirischen Wirklichkeit Probleme auf, die alle ihre Objekte in gleicher Weise betreffen. Mit der Verselbständigung der Naturwissenschaften trat aber die Frage auf, ob nicht methodologische Probleme eigener Art dort entstehen, wo der Mensch als handelndes Wesen (und nicht bloß, wie in Medizin oder Biologie, als Naturwesen) ins Spiel kommt, also, fließende Übergänge beiseite gesetzt, bei den Fächern, die herkömmlich zu den Geistes- oder Kulturwissenschaften zählen.

Im Sinn und Gefolge des Positivismus wurde nun den Geisteswissenschaften der Prozeß gemacht, in dem ihnen ein methodologisches Eigenrecht abgesprochen und als einheitliches Ziel aller Wirklichkeitserkenntnis die neue Aufgabe zugeschrieben wurde, durch die Sammlung äußerer Regelmäßigkeiten eine Theorie der Gesetzmäßigkeit der einschlägigen Erscheinungen zu entwickeln. Erst im Namen dieses Programms sind dann die modernen Human- und Sozialwissenschaften mit ihrem Anspruch entstanden, gegenüber der bloßen Gelehrsamkeit der Geisteswissenschaften eine wissenschaftliche Erkenntnis der Wirklichkeit, in der der Mensch lebt, zu bieten. Dabei hat die Soziologie den Vorreiter gemacht, indem sie zuerst darauf bestand, anstatt den Menschen als handelndes Wesen zu verstehen, die Gesetzmäßigkeiten beobachtbarer Vorgänge und Größen zu erfassen, um die „Gesellschaft" als eine natürliche Ordnung anonymer Abläufe und Kräfte in einer zur Prognose und Planung befähigten Theorie darzustellen.

Nach mehr als hundert Jahren der angestrengtesten und inzwischen weltweiten Bemühungen ist das Ergebnis so dürftig, daß es jedenfalls in keiner Weise den Anspruch der Soziologie erfüllt, eine mit einer verläßlichen Theorie ausgerüstete Einzelwissenschaft zu sein. Wie eh und je in Schulen und Richtungen gespalten, die auch je für sich durch kaum mehr als eine gemeinsame Sprache zusammengehalten werden, bar eines wie immer bescheidenen Schatzes kumulativer Erkenntnisse, jedenfalls nicht im Besitz irgendeiner konkret unbestreitbaren Gesetzmäßigkeit, unfähig denn auch zu einer fachlich eindeutigen Prognose und Planung, sollte die Soziologie in ihrer offensichtlichen Krise ihr eigenes Konzept überdenken, um den Gründen ihres offenbaren Mißerfolgs auf die Spur zu kommen. Sie muß sich wieder klarmachen, daß das Handeln, anstatt bloß am Menschen wie ein Naturvorgang abzulaufen, aufgrund sinnhafter Bedeutungen zustande kommt und über Vorstellungen geführt wird, weshalb es durch seine beobachtbaren Regelmäßigkeiten nicht angemessen erfaßt – nämlich auch: verstanden – werden kann, weil gleiche äußere Abläufe durch verschiedene Sinngehalte verursacht sein und folglich – und das ist entscheidend – verschiedene Wirkungen haben können. Sie wird also wieder davon Notiz nehmen müssen, daß die Erkenntnis derjenigen Wirklichkeit, die erst durch menschliches Handeln zustande kommt, sich ganz eigentümlichen Problemen des Verstehens gegenübersieht, die von einer Theorie beobachtbarer Gesetzmäßigkeiten so wenig gelöst werden können, daß sie ein ganz anderes Konzept und damit auch eine eigene Methodologie erfordern.

Nun ist es hier weder möglich noch nötig, die Fülle der Fragen – sie werden in Max Webers „Wissenschaftslehre" vorgeführt – nach der den Wissenschaften vom Menschen angemessenen Methode zu entfalten, die ja sowieso nur den Fachmann interessieren können. Ziemlich gleichgültig könnte dem Laien auch das wissenschaftliche Fiasko der Sozialwissenschaften bleiben, wenn diese nicht trotzdem Macht über sein

Leben gewonnen hätten. Indem sie nämlich die gesellschaftlichen Tatsachen so lange mit ihren wuchernden Begriffssystemen umspannten, bis sich der Mensch nur noch an diesen Geweben orientieren konnte, machten sie ihn zum Gefangenen ihrer Kunstwelt, deren Gespinste nun als die Wirklichkeit gelten. Nicht die diffizile Frage nach der methodologischen Eigenart der Sozialwissenschaften, über die endlos und mit wechselndem Erfolg gestritten werden kann, interessiert uns als Menschen und Bürger, wohl aber die menschliche, gesellschaftliche und geschichtliche Kulturbedeutung dieser Fächer, die sich in der Tatsache meldet, daß die Sozialwissenschaften durch ihre Begriffe und Erkenntnisse Mensch, Gesellschaft, Kultur und Geschichte schicksalhaft zu beeinflussen und zu verändern vermögen und so auch verändert haben.

Als vor 150 Jahren der neue Gedanke einer „positiven" Wissenschaft von der „Gesellschaft" auftauchte, verdankte er den stetig wachsenden Beifall nicht den eher dürftigen methodologischen und theoretischen Argumenten, die er vorschob, als vielmehr dem faszinierenden Ausblick auf eine vorgebliche Kulturbedeutung dieser neuen Wissenschaft, der alle Ausführungen umso wirksamer durchzog, als sie wie eine Selbstverständlichkeit gar nicht zur Diskussion gestellt wurde. Im Zeitalter der neuen Wissenschaftsreligion, die das Erbe der Aufklärung antrat, fiel es niemandem ein, an der vorgeblichen Kulturbedeutung der empirischen Wissenschaft zu zweifeln, die da kurzum postuliert wurde. Ob Saint-Simon, Comte, Quetelet, Marx, Spencer oder Durkheim, sie alle warben mit der vorgeblichen Leistung ihrer neuen Wissenschaft, die intellektuelle Gewißheit über den Lauf der Welt, sichere Maßstäbe für das politische Handeln und verläßliches Wissen zur Herrschaft über die Daseinsumstände in Aussicht stellte. Stets aber ist die Diskussion unter methodologischen und theoretischen Perspektiven entlang der Frage geführt worden, ob und wie diese neue und abschließende Wissenschaft, in der die Menschheit zu sich selbst käme, möglich sei. So leidenschaftlich dabei auch die Meinungen aufeinanderprallten, konnten die einen deshalb unverwandt mit der Verheißung werben, daß eine solche

Soziologie (oder, wie die Wissenschaftstheorie verallgemeinerte, ein solcher Typus von Wissenschaft) die Menschen in allen vernünftigen Fragen praktisch und intellektuell zufriedenstellen werde, weil die anderen sich auf den Nachweis beschränkten, daß eine solche Positivierung der Wissenschaften vom Menschen sachlich unmöglich und jedenfalls keine Erkenntnis der Wirklichkeit sei, in der wir leben. Auf diese Weise blieb die Frage nach der Kulturbedeutung einer solchen Sozialwissenschaft wenn nicht ganz außerhalb des Gesichtskreises, so doch außerhalb der Diskussion und deshalb auch dort stumm, wo sie – wie bei Dilthey, Simmel und Weber – zum Antrieb der eigenen Anstrengungen gehörte.

Indem wir umgekehrt am anderen Ende angesetzt und entschlossen die übersehene Frage nach der Kulturbedeutung der Sozialwissenschaften nicht nur ausdrücklich gestellt, sondern auch auf den Boden der Tatsachen gezogen haben, ist rundum völlig neues Licht auf die Einzigartigkeit, Bedeutung und Problematik dieser Wissenschaften gefallen, über die die methodologischen und theoretischen Erörterungen den Schleier des Vergessens breiten. Hinter der prätendierten Geschichte der Soziologie mit ihren hagiographischen Präparaten eines stetigen Erkenntnisfortschritts zur einst abgeschlossenen Theorie tauchte der Kampf der säkularen Weltbilder mit den Zufällen seiner historischen Kräfte und Umstände auf. Hinter der Erfindung einer verdinglichten „Gesellschaft" stand das Bedürfnis der Intellektuellen nach Versicherung über eine „natürliche Ordnung". Hinter der Konstruktion der Theorien regierte die Einseitigkeit in der Auswahl der Tatsachen kraft einer versteckten Weltanschauung. Hinter der Distanz objektiver Erkenntnis der Wirklichkeit wurde die Macht eines wirklichkeitsschaffenden Weltbildes sichtbar.

Solche Befunde bestätigen, was bei dem offenbaren Widerspruch zwischen Anspruch und Wirklichkeit sowieso klar ist: daß die Soziologie nicht jene theoriefähige „positive" Einzelwissenschaft ist, für die sie sich selbst hält und ausgibt. Ganz ungewöhnlich bleibt es jedoch, daß die Soziologie mit dem Ernst ihrer begrifflichen, theoretischen, methodischen und empirischen Anstrengungen ahnungslos an der Konstruktion eines Weltbildes arbeitet; einzigartig bleibt es, daß die Durchsetzung dieses Weltbildes, obschon sie auf den Zufällen und Umständen der sich aus Machtfragen, Soziallagen und Ideenströmen zusammenwebenden Geschichte beruht, überall für ein reines Resultat des Erkenntnisfortschrittes gehalten wird; und völlig verwirrend ist die Erkenntnis, daß die aus diesem Weltbild entsprungenen Sozialwissenschaften, trotz ihres wissenschaftlichen Fiaskos, im Westen nicht weniger als im Osten zu gesellschaftsverändernden und geschichtsgestaltenden Kulturmächten geworden sind.

Diese Tatsachen belegen unmißverständlich die unvergleichliche Sonderstellung der Sozialwissenschaften. Sie sprengen alle unsere Vorstellungen von Wissenschaft und finden weder in den Naturwissenschaften noch in den Geisteswissenschaften eine Parallele. Auch die „Anatomie der Wissenschaft" erklärt nur einen Teil des Befundes, der deshalb zu der Frage drängt: Worauf beruht denn diese Sonderstellung der Sozialwissenschaften? Aus welcher gemeinsamen Wurzel entspringen denn alle jene für unser modernes Wissenschaftsverständnis so befremdenden Tatsachen, die diese Untersuchung im Zusammenhang aufzudecken unternommen hat? Was eigentlich macht denn aus den Sozialwissenschaften jenen Sonderfall von Wissenschaften, die zu bewältigen sind?

Mit der Entdeckung, daß alle Aussagen der Sozialwissenschaften – vor ihrer technischen Umsetzung und unabhängig von ihrer Wahrheit – gesellschaftlich und geschichtlich wirksam werden, ist eine neue Diskussionslage entstanden, führen doch die Befunde zu dem befremdenden Ergebnis, daß die Sozialwissenschaften kein von ihnen unabhängiges Objekt besitzen – eine blanke Paradoxie nach herkömmlichem Wissenschaftsverständnis. Ihre Aufgabe ist denn auch in sich schon paradox: Sie sollen Tatsachen feststellen, die sie eben dadurch beeinflussen und mitschaffen, und dieser paradoxe Auftrag erzeugt, wenn man ihn nicht durchschaut, in der Ausführung immer neue Paradoxien, die sich vermehren und vergrößern, je eifriger man die Tatsachen festzustellen versucht. Wo also liegt der Grund für alle diese paradoxen Verhältnisse, die die einzigartige Sonderstellung der Sozialwissenschaften charakterisieren und sie zu unbewältigten Wissenschaften machen?

Beginnen wir mit der Selbstverständlichkeit, daß alles Wissen einen Einfluß auf unser Handeln ausübt, das sich ja an der Kenntnis des erwartbaren äußeren oder inneren Verhaltens seiner „Objekte", an ihrer „Beschaffenheit" und „Ordnung" informiert. Eine so schicksalhafte Erscheinung wie die Technik ist durch neues Wissen über die Natur inspiriert worden. Neues Wissen über die Dinge ändert unser Verhalten zu den Dingen – aber nicht die Dinge selbst, und der Erfolg (wie auch der Mißerfolg) unseres technischen Umgangs mit der Natur beruht ja ganz und gar darauf, daß sich die Natur in ihren eigenen Regelmäßigkeiten nicht ändert.

Auch die Wissenschaften vom Menschen, deren Objekte das Ergebnis des Handelns von Subjekten sind, können unser Handeln durch ihre Erkenntnisse in mannigfacher Weise beeinflussen und verändern. Teils liefern sie uns wie die Naturwissenschaften Kenntnisse über Regelmäßigkeiten, die wir als bloß äußere Gegebenheiten in unserem Handeln berücksichtigen, teils aber schließen sie uns innere Daseinsmöglichkeiten und Daseinsdeutungen auf. Es kann jedoch – und darauf kommt es hier an – der Fall eintreten, daß die Erkenntnisse dieser Wissenschaften über ihre Objekte selbst zum Bestandteil der Objekte werden. Und das kann nun zur Folge haben, daß die betrachteten Subjekte (das Objekt der Wissenschaft), über ihr Handeln belehrt, eben dieses Handeln ändern und damit eine richtige Aussage der Wissenschaft über dieses Handeln nachträglich *ad absurdum* führen oder sogar eine unrichtige nachträglich „bewahrheiten" können. Dann aber haben wir es mit Wissenschaften zu tun, die sich in der zwielichtigen Lage befinden, das Verhalten ihrer Objekte zu verändern, indem sie es ermitteln. Unbeirrt zogen die Gestirne weiter ihre Bahn, als Kepler, Galilei und Newton die Gesetze ihrer Bewegungen entdeckten, während der Mensch sein Handeln, wenn er neu darüber belehrt wird, vielfach ändern kann und auch ändern wird, wenn es sich nicht um ganz reaktive oder habituelle

Gewohnheiten handelt. Offensichtlich gründet der fundamentale Unterschied darin, daß die Vorgänge dort mechanisch, jedenfalls bewußtlos verlaufen, während sie hier sinnhaft über Vorstellungen geführt werden und deshalb mit diesen Vorstellungen selbst wechseln. Damit erweisen sich die Wissenschaften vom handelnden Menschen als reflexiv. Subjekt (der Mensch als Betrachter) und Objekt (der handelnde Mensch) sind nicht voneinander trennbar, so daß Wissenschaft und Wirklichkeit in eine Interferenz geraten. Damit entfällt die für die Naturwissenschaften konstitutive und von der gängigen Wissenschaftstheorie gedankenlos allen Wissenschaften untergeschobene Voraussetzung: daß die Wissenschaft es mit objektiven, von ihr unabhängigen Sachverhalten zu tun hat, an denen sie die Objektivität ihrer Erkenntnisse wiederholbar zu prüfen vermag.

Allerdings liegen diese Probleme in den einzelnen Wissenschaften vom Menschen doch so verschieden, daß wir aus der endlosen Kasuistik jedenfalls zwei Fälle herausheben wollen, indem wir einmal darauf aufmerksam machen, daß Wissenschaften, die es mit historischen Objekten zu tun haben, vor abgeschlossenen Tatsachen stehen, die sie durch ihre Erkenntnisse besser verstehen, aber nicht mehr beeinflussen können. So wie die Gestirne auch nach Kepler, Galilei und Newton unbeirrt ihre Bahn zogen, so unverändert blieben die Tatsachen der römischen Geschichte, wie unterschiedlich diese auch von Mommsen, Niebuhr oder Burckhardt ausgelegt oder auch erst entdeckt wurden. Sowohl die Natur- wie die Geschichtswissenschaften besitzen ein von ihrer Erkenntnis unabhängiges Objekt, an dem sie ihre Aussagen immer wieder überprüfen können – dort, weil das Objekt unverändert und reproduzierbar fortbesteht, hier, weil es vergangen und abgeschlossen vorliegt.

Dennoch bleibt hier ein grundsätzlicher Unterschied bestehen. Historische Erkenntnisse gehen sowenig wie naturwissenschaftliche in ihr unmittelbares Objekt, wohl hingegen in unser Handeln ein. Sie verändern damit in dem einen Fall nur unseren Umgang mit der Natur, nicht diese selbst, während sie im anderen Fall in den Fortgang der Sache einzugehen pflegen. So entfaltet bekanntlich die Entschlüsselung der Vergangenheit eine die Gegenwart und Zukunft beeinflussende Kraft, die zukünftige Historiker ebenso in Rechnung stellen müssen, wie wir für die Vergangenheit damit zu rechnen haben, daß beispielsweise damalige Betrachtungen über die Literatur, literarische, pädagogische Lehren, pädagogische oder politische Theorien politische Wirkungen ausgeübt haben. Das braucht diese Wissenschaften, solange sie sich dessen bewußt sind und sosehr es die Dinge kompliziert, grundsätzlich ebensowenig zu beunruhigen wie die andere Tatsache, daß ihr Blick in die Vergangenheit, der durch die Brille der Gegenwart getrübt sein mag, etwas daran zu ändern vermag, daß sie in der Abgeschlossenheit der geschichtlichen Tatsachen ein unabhängiges Objekt besitzen, an dem sie ihre Aussagen immer wieder überprüfen können.

Anders aber stellen sich die Probleme, wenn oder soweit die Wissenschaften vom Menschen ihre jeweilig gegenwärtige Wirklichkeit zu durchdringen versuchen, weil ihre Erkenntnisse nun im Maß ihrer direkten und indirekten Verbreitung selbst zum Bestandteil dieser Wirklichkeit werden. Dabei ist es keineswegs so, daß diejenigen Fächer am nachhaltigsten wirken, die sich rein auf die Gegenwart beschränken; es können Theorien gerade auch deshalb durchschlagen, weil sie die Gegenwart in eine Gesamtauslegung der Geschichte oder Gesellschaft hineinstellen. Auch sonst kommt hier eine reiche Kasuistik in den Blick, die nach Fächern, Gegenständen, Methoden und natürlich vor allem danach differenziert, wie häufig die jeweiligen Erkenntnisse erhoben und angewandt, wie schnell und umfassend sie denn auch verbreitet werden. Den gemeinsamen Ort für alle diese Anstrengungen zur Erfassung der Gegenwart bietet offensichtlich die Soziologie, ob sie nun einzelne Wissenschaften inspiriert oder sich ihrer bedient. Im Kleinen wie im Großen ist sie Vorbild und Medium für die Daseinsauslegung der Gegenwart. Hier also drohen Subjekt und Objekt unmittelbar zusammenzufallen, weil den handelnden Menschen ihr Tun laufend gedeutet wird. Je mehr die Soziologie auf die eine oder andere Weise in die Gegenwart hineingreift, je genauer oder umfassender sie sie feststellen will, je häufiger sie ihre Befunde erhebt und je lauter sie sie ankündigt oder verbreiten läßt, desto akuter muß ihr Einfluß auf die Wirklichkeit werden, desto mehr wird sie selbst zu einem Bestandteil der Wirklichkeit, desto nachhaltiger verliert sie die Unschuld des Beobachters an die Rolle des Gestalters der Wirklichkeit. Dann aber ist, wie wir gleich sehen werden, der Punkt erreicht, wo ihr Objekt – das Handeln der Subjekte – seine Unabhängigkeit verliert, weil es zum Produkt ihrer eigenen Tätigkeit geworden ist. Während die Naturwissenschaften wie die Geschichtswissenschaften, beide auf ihre Weise, ein unabhängiges Objekt (und mit diesem auch Maßstäbe objektiver Erkenntnis) reklamieren können, weil sie an dessen abgeschlossenen oder immer wieder reproduzierbaren Tatsachen ihre Aussagen überprüfen können, gerät die Soziologie in die Gefahr, ihr Objekt durch ihre Aussagen zu beeinflussen und zu produzieren, bis sie an ihm keinen Halt mehr für objektive Aussagen findet. Diese Gefahr liegt in der Natur dieser Wissenschaft begründet, weil sie als Daseinsauslegungsmacht auch Daseinsbestimmungsmacht ist. Aber erst die Entwicklung der Soziologie, die ständige Ausbreitung ihrer Aktivitäten und Verbreitung ihrer Erkenntnisse, hat aus dieser Gefahr eine kaum noch entwirrbare Kalamität gemacht. Und dazu konnte es nur deshalb kommen, weil die Sozialwissenschaften im Gegensatz zu den Geschichtswissenschaften mit ihrem eigenen Einfluß auf die Wirklichkeit nicht zu rechnen wissen und grundsätzlich ja nach ihrem Selbstverständnis auch nicht rechnen dürfen. Die wirklichkeitsfremde Annahme, daß die gesellschaftlichen Vorgänge sich zwangsläufig aus gesellschaftlichen Verhältnissen ergäben und nicht durch das (vermeintliche) Wissen über diese Vorgänge beeinflußt seien, hat sie in diese unhaltbare Lage gebracht.

Die Sozialwissenschaften haben in ihrem Konzept nicht wahrhaben wollen, daß die Fragen der Objektivität der Erkenntnis bei ihnen radikal anders liegen als in den Naturwissenschaften. Sie haben sich insbesondere gegen die Einsicht in die Identität von Subjekt und Objekt gesperrt und sind deshalb blind und ahnungslos gegenüber den fundamentalen Paradoxien geblieben, die sich aus dieser Interferenz von Wissenschaft und Wirklichkeit ergeben. In ihrem verwegenen Unterfangen, nach dem Modell der Naturwissenschaften eine Fachwissenschaft zu entwickeln, deren Experten die gesellschaftlichen Vorgänge objektiv festzustellen, zuverlässig vorherzusagen und sicher einzurichten vermögen, mußte ihnen die sich doch geradezu aufdrängende Entdeckung der Identität von Subjekt und Objekt als tödliche Gefahr erscheinen, weil damit ihr Konzept widerlegt und sie selbst als weltbildbegründende Geschichtsmächte entdeckt worden wären.

Aus mehreren Gründen nämlich würde das Konzept der Soziologie vollständig zusammenbrechen, wenn man sich eingestehen müßte, daß das menschliche Handeln bereits durch die Vorstellungen von der gesellschaftlichen und geschichtlichen Wirklichkeit beeinflußt würde, welche die Sozialwissenschaften durch ihre Begriffe und Theorien verbreiten. Zum ersten wäre damit der Grundsatz der Soziologie, das gesellschaftliche Handeln sei aus gesellschaftlichen Tatsachen zu erklären, widerlegt. Zum anderen tauschte die Soziologie den Status des unbeteiligten Beobachters mit der Rolle einer Gesellschaftsmacht von geschichtlicher Kulturbedeutung. Zum dritten verlöre die Soziologie ihre reklamierte „Objektivität", weil sie sich mit ihren Aussagen sozusagen selbst den Puls fühlen würde. Und schließlich wären damit jene Größen in die Soziologie eingeführt, die ihr Konzept nicht von ungefähr beharrlich draußen zu halten versucht hat: Vorstellungen, Ideen, Weltbilder. So kann die Soziologie ohne die Bereitschaft zur Preisgabe ihres bisherigen Selbstverständnisses eine grundsätzliche Interferenz von Wissenschaft und Wirklichkeit, eine Identität von Subjekt und Objekt nicht einmal als Möglichkeit erwägen. Eben davon, daß sich Subjekt und Objekt in den Sozialwissenschaften grundsätzlich nicht trennen lassen – und von den Paradoxien, die dann entstehen, wenn man diese Tatsache leugnet – ist aber hier die Rede.

Stellen wir uns denn auch sogleich dem Einwand, daß die Interferenz zwischen Subjekt und Objekt in der anspruchsvolleren Soziologie längst bekannt, ja gerade hier erst entdeckt und gewürdigt worden sei. In der Tat ist nicht zu leugnen, daß R. K.

Merton unter dem Stichwort der „self-fulfilling prophecy" (in: Social Theory and Social Structure. 1949) den vorher ja keineswegs unbekannten Gedanken, daß Prognosen den Lauf der Dinge beeinflussen können, auch in die soziologische Diskussion eingeführt hat. Eine „falsche" Prophetie kann sich bewahrheiten, weil man ihr dennoch Glauben schenkt, wie umgekehrt eine „richtige" Voraussage aus verschiedenen Gründen an den Folgen scheitern kann, die durch ihr Bekanntwerden eintreten. Diese allerdings keineswegs neuen Gedanken sind dann in die soziologische Reflexion aufgenommen worden, so daß etwa Hans Albert ausdrücklich von einer „Eigendynamik der Prognosen" spricht: „Aussagen, die sich auf die soziale Realität beziehen, können nämlich, wenn sie die Orientierung und Motivation bestimmter Personen beeinflussen, etwa weil sie von ihnen mehr oder weniger geglaubt werden, deren Entscheidungen und Handlungen mitbestimmen und dadurch selbst für das soziale Geschehen kausalrelevant werden" (Theorie und Realität. 1964).

Von der späten Entdeckung der „self-fulfilling (oder auch: self-negating) prophecy" ist jedoch keinerlei Anstoß zu einer grundsätzlichen Selbstbesinnung des Faches ausgegangen, so sehr sich diese Überlegung hätte aufdrängen müssen. Im Gegenteil hat man die Interferenz von Subjekt und Objekt im Topos der Prophetie sorgfältig auf einen interessanten, aber wenig erheblichen Sonderfall eingegrenzt, bei dem von allen Leistungen und Tätigkeiten der Soziologie nur Prognosen, und nur in besonderen Arten und Fällen, als kausalrelevante Faktoren in Betracht gezogen wurden. So erweist sich die späte Bereitwilligkeit, auf die Problematik der „Prophetie" einzugehen, als ein Versuch, diese gefährliche Einbruchstelle einer Selbstbesinnung abzudichten, die andernfalls den so sorgfältig kultivierten Schutzdeich der soziologischen Objektivität unterwaschen und damit auch die Legende vom reinen Beobachterstatus der Sozialwissenschaften weggespült hätte. Indem man die Prophetie erörterte, lenkte man von der grundsätzlichen Frage ab, ob diese Wissenschaften nicht schon durch alle ihre Aussagen, Begriffe, Theorien und Konzepte, ja durch alle ihre

Tätigkeiten – und zwar vor jeder technischen Anwendung durch politische Maßnahmen – gesellschaftsverändernd wirken, weil alle ihre Vorstellungen in die Köpfe jener Subjekte wandern, deren Handeln das Objekt der Sozialwissenschaften konstituiert.

Verkennt die Soziologie den paradoxalen Charakter ihrer Aufgabe, so verstrickt sie sich mit jedem Schritt, den sie tut, in neue Ungereimtheiten. Unschwer ist auszumachen, daß die Soziologie, als eine Wissenschaft von der „Gesellschaft" im Sinne einer Theorie von den Gesetzmäßigkeiten ihrer „natürlichen Ordnung", schon an dem Widerspruch krankt, daß einerseits diese Gesetzmäßigkeiten mit dem Zwang ihrer eigenen Notwendigkeit ablaufen sollen, andererseits aber offenbar erst dann zum Zuge kommen, wenn sie durch die Soziologie entdeckt worden sind. Schon bei Comte stößt sich der Gedanke einer gesetzmäßigen Entwicklung der Gesellschaft mit der Forderung, die Gesellschaft nun aufgrund der Erkenntnis ihrer Entwicklung planend einzurichten. Bei Marx stößt man auf die gleiche Paradoxie, setzt er doch einerseits seinen Stolz auf die Entdeckung des unabänderlichen Laufs der Geschichte, die durch das Gesetz der unerbittlich zur Diktatur des Proletariats vortreibenden und rein durch objektive Klassenlagen bestimmten Kämpfe bestimmt sei, verwendet aber andererseits seine ganze Kraft auf die politische Agitation und Aufklärung, die jenes Ergebnis der Geschichte bewirken soll. In beiden Fällen wird mit der Geschichte ein Doppelspiel getrieben, indem diese einmal zwangsläufig abläuft, zum anderen jedoch erst zu sich selbst kommt, wenn sie durch die Soziologie erkannt worden ist, so daß nun auch die Soziologie in eine totale Doppelrolle gerät, indem sie hier Beobachter und dort Geburtshelfer der Geschichte ist. Marx meinte später, er habe mit seiner Theorie und Praxis der Geschichte nur ihren vorgeschriebenen Gang etwas verkürzt und erleichtert, schob damit aber nur das grundsätzliche Problem beiseite. Denn der Marxismus ist so unverkennbar eine Geschichtsmacht erster Ordnung geworden, daß die Vorstellung absurd ist, die Geschichte wäre auch ohne ihn so verlaufen, wie sie gelaufen ist. Es drückt sich darin ja auch nur die alte Selbstverständlichkeit aus, daß Menschen ihr soziales Handeln über Vorstellungen von der (ihrer) Gesellschaft führen, die durch solche Vorstellungen mit bedingt ist und sich deshalb mit ihnen ändert. Nur kann die Soziologie ebensowenig wie der Marxismus dieser Tatsache ins Gesicht schauen, weil sie sich sonst als eigene gesellschaftsverändernde und geschichtsbestimmende Mächte verstehen müßten, während ihr Glaube an die gesetzmäßige Entwicklung der Gesellschaft als einer natürlichen Ordnung ihnen strikt die Rolle des reinen Beobachters vorschreibt. Damit geraten sie in die zwielichtige Doppelrolle, wo sie den bewußtlosen Gang der Gesellschaft vorhersagen und ihm doch zum Bewußtsein verhelfen wollen. Die Paradoxie ist im naturalistischen Konzept einer Soziologie begründet und findet sich bei Durkheim und Parsons nicht anders als bei Comte und Marx; überall brauchen die angeblichen Gesetzmäßigkeiten noch die soziologische Erkenntnis, um wirklich zum Zuge zu kommen.

Kein Wunder also, daß die zwielichtige Doppelrolle dieser Soziologie zum persönlichen Lebensmuster ihrer Vertreter zu werden pflegt. Keine andere Disziplin hat so früh, so unbedingt und so sendungsbewußt aufgrund eines bloßen Programms die Führungsrolle in Bildung, Erziehung und öffentlicher Meinung, in Wissenschaft, Kultur und Politik beansprucht. Saint-Simon mit seiner Wissenschaftsreligion, Comte mit seiner positivistischen Kirche der Menschheitsreligion, Spencer mit seinem triumphalen Kreuzzug für die Evolutionsreligion, Marx mit seiner kommunistischen Internationale, Durkheim mit seinem planmäßig angestrebten Monopol der Soziologie über die nationalrepublikanische Lehrerbildung, Parsons als soziologischer Garant der amerikanischen Wissenschafts- und Bildungs-, ja doch Besatzungs- und Weltpolitik als Erfüllung der Berufung Amerikas, Marcuse als ein *spiritus rector* der Studentenrevolution – das sind nur die spektakulären Fälle einer Entschlossenheit zur rücksichtslosen Eroberung der öffentlichen Meinung und ihrer Bildungseinrichtungen, die sich bis in die unteren Ränge und farblosen Figuren wenn nicht als persönlicher Drang an die Schaltstellen der Macht, so doch als unvermeidliche

Forderung nach Verbreitung und Einfluß der Soziologie fortsetzt.

Man verharmlost diese Erscheinungen, wenn man sie aus Person und Biographie zu erklären versucht. Das Sendungsbewußtsein ist allen Richtungen dieser Art Soziologie so selbstverständlich und gemeinsam, daß der Glaube an die Berufung zur Herrschaft über die Geister allen Erwägungen über die Zuverlässigkeit der Erkenntnisse vorhergeht und von der grauen Masse der Zunft ebenso vertreten wird wie von den charismatischen Schulhäuptern. Die Geschichte der (dieser!) Soziologie ist ein einziger Kampf, in dem die akademische Anerkennung nur die Station auf dem Wege zur herrschenden Geistes- und Bildungsmacht war. So wie sich die Sozialwissenschaften in Amerika – wir sahen es in der „Weltgeschichte der Soziologie" – als Retter der Nation und der Demokratie anpriesen, so haben sie sich etwas später auch der Bundesrepublik als Garanten der Demokratie und Modernität angeboten mit den entsprechenden Forderungen auf die Brechung des Juristenmonopols im öffentlichen Dienst, Rückstufung der Geschichtswissenschaften in der Bildung, Anspruch auf Politikberatung, Hegemonie über die Geisteswissenschaften, Kompetenz über die Bildungsplanung und Erziehung, Einfluß auf die öffentliche Meinung und dergleichen mehr. Und wie im einzelnen so im ganzen. Denn so selbstverständlich der Marxismus, wo immer er politisch zur Herrschaft kam, zur verpflichtenden Doktrin in allen Stätten und Organen der Bildung und Meinung gemacht wurde, so selbstverständlich wurde auch überall die Soziologie, wo sie das Feld behauptete, zur geistigen Schlüsselwissenschaft erhoben. Und so wie die Moskauer Zentrale für die Durchsetzung des Marxismus in den Ländern der Bruderparteien sorgte, so nicht allein die UNESCO für die Verbreitung der Soziologie bis in die fernsten Winkel der Erde.

So war es denn überall die Paradoxie des Konzepts, die ihre Opfer forderte und in Lehre und Leben der großen Schulgründer nur deutlicher in Erscheinung trat als in der Masse ihres Gefolges. Offiziell zwar sollte die Geschichte nach ihrem eigenen Gesetz ablaufen, aber inoffiziell tat sie das erst dann, wenn ihr Gesetz durch die Soziologie erkannt und verkündet wurde. Kaum irgendwo legte man sich Rechenschaft ab über diese fundamentale Paradoxie, die doch das ganze Konzept fraglich erscheinen ließ. Nirgends gestand man sich ein, daß der übermächtige Drang zur geistigen Herrschaft auf das praktische Eingeständnis hinauslief, daß die gesellschaftlichen und geschichtlichen Vorgänge von den Vorstellungen abhängig seien, die sich die Menschen davon machten. Nirgends machte man sich ein Gewissen daraus, daß der Griff nach der geistigen Herrschaft einen Glauben an die Macht der Ideen belegte, der die Theorie einer durch Ideen unbeeinflußten Gesellschaftsgeschichte Lügen strafte.

Lag die Paradoxie ursprünglich im Konzept, so mußte sie sich in dem Maße aktualisieren, wie dieses Konzept die Studierstuben der Intellektuellen verließ und zum gesellschaftlichen Gemeingut wurde. Denn mit jedem Schritt, den die Soziologie vorwärts tat, mußte sie sich in immer neue Widersprüche und Ungereimtheiten verstricken, die – das liegt in der Natur der Sache – in dem Maße zunehmen mußten, wie die Soziologie einerseits immer entschiedener mit ihren Begriffen, Aussagen, Theorien und Untersuchungen auf die Tatsachen zugriff und andererseits durch ihre Verbreitung zum Bestandteil des öffentlichen Wissens wie durch ihre Anwendung zur Vorlage gesellschaftlicher Eingriffe wurde. Denn mit dieser Intensivierung mußten aus der konzeptuellen Paradoxie jene praktischen Kalamitäten werden, in die sich zuerst die unter sozialwissenschaftliche Kuratel gestellten Menschen und inzwischen auch die Sozialwissenschaften immer mehr verstrickt finden.

Wir sind im vorherigen Kapitel immer wieder auf die akuten Paradoxien der Soziologie gestoßen, die, wie wir nun erkennen, nur die Konsequenzen der Tatsache sind, daß die Soziologie ein Versuch gewesen ist, sich über die Eigenart jener Wissenschaften hinwegzusetzen, die, weil ihre Objekte Subjekte sind, mit einer Interferenz von Wissenschaft und Wirklichkeit rechnen müssen und deshalb nicht auf ein unabhängiges Objekt rechnen können. Die Mißachtung dieser objektiven Paradoxie erzeugt die dauernden Ungereimtheiten, denen wir auf Schritt und Tritt begegnet sind. Im großen: eine Wissenschaft, hinter der sich ein Weltbild verbirgt. Im einzelnen: eine Sozialforschung, die sich selbst den Puls fühlt; Untersuchungen der „Intimsphäre", die eben diese Sphäre aufheben; eine Meinungsforschung, die nur durch Verhüllung ihrer Absichten ihr Ziel, den Menschen zu durchschauen, erreicht; Erzeugung von „Tatsachen" durch künstliche Operationen. Eine Soziologie, die sich „die Gesellschaft" erfindet, die sie nur beobachten will, aber stets mitschafft; eine Wissenschaft, die es mit handelnden Menschen zu tun hat, aus denen sie die Marionetten ihrer Rollen machen muß, von denen diese sich alsdann befreien sollen; die geheimnisvolle Art, wie Normen zu Tatsachen und Tatsachen zu Normen werden; die Lehre von der Wirkungslosigkeit der Ideen, aber der erbitterte Kampf für die Herrschaft der eigenen Ideen; das große Versprechen, den Menschen von falschen Autoritäten zu befreien, um ihn alsdann einer neuen Autorität zu unterwerfen; der Kampf gegen die hinterweltlichen Schemen, mit denen Theologie und Metaphysik den Lauf der Dinge erklärten, aber die prompte Erfindung einer neuen Metaphysik, in der „die Gesellschaft" zu handeln beginnt und anonyme Strukturabläufe, Systemprozesse, Differenzierungsgesetze die Regie übernommen haben und nun als geheimnisvolle Wesenheiten in den Tatsachen stecken.

Angesichts dieser Paradoxien erweist sich die Idee der Soziologie als einer „Theorie der Gesellschaft" als unhaltbar. Man stellte sich nicht der Problematik, die in der Tatsache liegt, daß die Objekte dieser Wissenschaft selbst Subjekte sind; deshalb wurde aus der Soziologie ein Weltbild, das sich in immer akutere Ungereimtheiten und Widersprüche verstrickte. So erhebt sich die Frage, wie angesichts der grundsätzlich unaufhebbaren Identität von Objekt und Subjekt eine verantwortbare Sozialwissenschaft aussehen müßte, die uns die Wirklichkeit erklärt, anstatt uns zu beherrschen. Dieser Frage wollen wir uns im Schlußkapitel zuwenden.

Exkurs zur Dogmatik säkulärer Weltbilder

Durch den Gewaltstreich, den Menschen zu einem bloß zu beobachtenden Objekt zu machen, verstrickt sich die Soziologie in ihre unlösbaren Paradoxien. Sie war aber auch ein Versuch, eine einheitliche Verschreibung für die Daseinsprobleme zu finden, deren technische Lösbarkeit mittels einer „Theorie der Gesellschaft" in Aussicht gestellt wurde. Und mit diesem Anspruch verstrickt sich die Soziologie in jene Antinomien, mit denen alle Weltbilder eben deshalb zu tun haben, weil sie eine einheitliche Lösung der Daseinsprobleme suchen, also eine Auskunft über den Sinn des Daseins erteilen.

Um hierzu in Kürze das Nötige zu sagen, sei vorweg daran erinnert, daß Weltbilder nicht das Ergebnis müßiger Spekulationen sind. Sie entwickeln sich vielmehr aus der Lage, daß dem Menschen sein eigenes Handeln fraglich, sein eigenes Dasein undurchschaubar bleibt, wenn er die Wirklichkeit nur in ihrer äußeren Tatsächlichkeit kennt. So findet er sich in einer Welt, die ihm nicht erst rätselhaft wird, wenn er über sie nachzudenken beginnt. Die Anstrengung des Geistes, ob sie uns als Mythos, Religion oder Philosophie entgegentritt, bringt mit ihren Antworten nur die Fragen ans Licht, die sich dem Menschen aufgrund seiner Eigenart aus dem Leben selbst heraus praktisch stellen. Er kann gar nicht handeln, ohne die Wirklichkeit außer sich und in sich nach Dauer und Wandel zu ordnen: Was hat Bestand im Fluß der Erscheinungen? Das verlangt aber auch, das Rätsel von Freiheit und Notwendigkeit zu lösen: Was sind unaufhebbare Mächte und Gegebenheiten? Schließlich fällt über alles der Schatten des Übels und des Bösen, der über alles die Fragen nach der Rechtfertigung von Glück und Leid zeichnet, die eine Auskunft über den Sinn und die Ordnung der Welt verlangen – das Problem der Theodizee, das aller Religion zugrunde liegt.

Als praktische Rätsel begleiten diese Fragen noch heute dunkel unser alltägliches Handeln, stecken im Einzelfall als konkrete Unsicherheiten und Bedrängnisse: Ohne Antwort auf diese Fragen bleibt unser Handeln unsicher, unser Dasein dumpf. Mythos und Religion müssen deshalb als rationale Leistungen allerersten Ranges gelten, weil sie durch eine einheitliche Erklärung der Welt Antworten boten, aus denen der Mensch die nötige einheitliche Orientierung seines Handelns gewinnen konnte. Es ist also grundsätzlich eine völlige Verkennung der Tatsachen, in der Religion das Werk unsinniger Spekulationen zu sehen, die den Menschen von der Wirklichkeit, welche es zu bestehen galt, wegführten; richtig ist vielmehr, daß die Religion eine ungeheuer realistische Leistung war, durch die der Mensch sich allererst in der Wirklichkeit zurechtfinden und orientieren konnte und aus der Dumpfheit heraustrat. Warum dem modernen Menschen die Religion ins „Irreale" und „Irrationale" gerückt ist – das zu verstehen, ist eine offenbar immer dringlicher werdende Frage, mit der wir uns hier allerdings nicht einlassen können.

Alle Weltbilder haben mit der Rätselhaftigkeit einer in ihrer schieren Tatsächlichkeit nicht einheitlich begreifbaren Welt – also mit den genannten Antinomien – kämpfen müssen. Eine Antwort konnte nur gefunden werden, wenn man hinter den Tatsachen die eigentliche Ordnung der Dinge entdeckte, welche über Dauer und Wandel, über Freiheit und Notwendigkeit, über den Sinn der Übel unterrichtete. Wie immer diese Antworten ausfielen – niemals ging die Rechnung rational glatt auf. Stets blieben gewisse Reste, Ungereimtheiten und Widersprüche, wie sie sich ja auch in jeder Religion melden, dort allerdings stehen gelassen werden können, weil die Welt dem Menschen nicht durchaus begreiflich sein muß. Gottes Wille ist unerforschlich.

Auch die säkularen Weltbilder sind ein Versuch, über die wirkliche Ordnung der Welt zu unterrichten, nun freilich unter den Einschränkungen der strikten Innerweltlichkeit. Auch sie haben es deshalb mit Dauer und Wandel, mit Freiheit und Notwendigkeit wie mit dem Übel und dem Bösen der Welt zu tun. Ihre Macht über uns beruht denn auch wesentlich darauf, daß sie auf diese Fragen Antwort geben, obschon sie meist beides nicht beim Namen nennen. Die Verlegenheit und Hilflosigkeit der Menschen gegenüber diesen säkularen Weltbildern resultiert weitgehend daraus, daß man sie nicht mehr als

Antworten auf die uralten Fragen erkennen und bei ihrem Namen rufen kann.

Auch die Soziologie will die wirkliche Ordnung der Welt entbergen, die hinter dem Schein liegt, den wir sehen und hören. Auch sie muß deshalb Antwort geben auf die alten Fragen, freilich unter besonderen Einschränkungen, indem zuerst einmal die entzauberte (und vermeintlich beherrschbare) Natur wie eigentlich in allen säkularen Weltbildern als irrelevant ausgeschieden, zum anderen kurzweg unterstellt wird, daß eine sinnvolle Ordnung nur in der Deutung der Entwicklung der Gesellschaft gefunden werden könne. Anders gesprochen: Die innerweltliche Entwicklung der gesellschaftlichen Daseinsverhältnisse entscheidet über den Sinn der Welt; an die Stelle der individuellen Erlösungsreligion ist die Botschaft der kollektiven Menschheitserlösung durch den gesellschaftlichen Fortschritt getreten. Unter diesen Vorannahmen liefert die Soziologie ihre charakteristischen Antworten auf die besagten Antinomien, die eine innerweltliche Aufhebung der Widersprüche liefern müssen, die die Religion außerweltlich aufgehoben hatte. Nun aber treten die alten theologischen Probleme in veränderter Form wieder auf, und die Soziologie verstrickt sich in ihre eigenen Antinomien.

Denn ihre Theorie der Gesellschaft liefert ja mit ihren festen Gesetzmäßigkeiten und universalen Bestandsgrößen die Garantie einer im Grunde geregelten und verläßlichen, freilich doch auch wieder jeweils gefährdeten Ordnung mit einer notwendigen Entwicklung, die jedem klarmacht, auf welche Dinge es im Wandel ankommen soll. Noch faßlicher tritt die Antinomie von Freiheit und Notwendigkeit entgegen in der Tatsache, daß die Geschichte einesteils das Ergebnis eines zwangsläufigen Prozesses ist, aber andererseits doch der Mitwirkung des Menschen bedarf, der, durch die Soziologie eingeweiht in das Geheimnis der Dinge, deren Lauf zu steuern vermag. Der Kenner wird angesichts theologischer Parallelen diese Antinomien unschwer weiter entfalten können, und wir haben in den „Paradoxien" (in Kap. 5) schon gesehen, wie unaufhaltsame Systemprozesse, Komplexitätsreduktionen, Differenzierungsvorgänge wie blinde Mächte über die Menschen gesetzt sind, aber zugleich über die Beständigkeit einer Ordnung versichern, die klüger ist als der Mensch.

Allerdings radikalisieren sich die Antinomien nun, weil sie, ganz ins Innerweltliche verlegt, in aller Schärfe vom Menschen selbst ausgehalten werden müssen. Die Fragen von Freiheit und Notwendigkeit bleiben nicht mehr, wie in der Religion, ein zuletzt vom Menschen nicht mehr auflösbares Mysterium, sie treten nun in die Fassung des dauernden Gespaltenseins in den Rollenträger, in dem die Gesellschaft handelt, und in den Menschen, der sich des Zwangs, selbst zu handeln, nicht entschlagen kann. Und man kann das an allen anderen Paradoxien ähnlich durchspielen und detaillieren.

Vor allem aber gerät nun der Mensch in die Lage, daß er an der richtigen Ordnung der Welt gar nicht anders als durch das Warten auf die besseren Lebensverhältnisse teilnehmen kann. Denn indem das Weltbild der Soziologie den Sinn der Ordnung in die gesellschaftliche Entwicklung legt, nimmt es dem Menschen letztlich die Möglichkeit, für sich und zu seiner Zeit sinnvoll zu leben, wird doch das wahre Leben erst in der Fülle der Zeit, am Ende der Geschichte erreichbar sein. Jede Zeit vorher empfängt ja ihren Sinn nur dadurch, daß sie Durchgang und Vorstufe ist. Der Sinn des Lebens besteht darin, für diese Vollendung der Geschichte zu wirken – das ist der mächtige Auftrag, der die Kämpfer für die Verbreitung der säkularen Weltbilder motiviert, aber dem Rest verschlossen bleibt, der angesichts des ehernen Entwicklungsgesetzes zur Erfüllung der Zeit nichts beitragen kann. Wer fühlt sich da nicht an die Nöte erinnert, die die Erlösungsreligionen mit der Frage hatten, an welchem Habitus sich denn nicht in der Welt schon das einstige Erwähltsein erweisen müsse.

Diese Bemerkungen – wir können sie hier nicht weiter ausführen – machen klar, in welche Tiefen man geführt wird, wenn man die Fragen und Antworten, mit denen die Sozialwissenschaften aufwarten, nicht in der planen Oberflächlichkeit nimmt, mit der sie präsentiert werden. Verborgen unter ihnen stecken die alten Probleme, welche stillzulegen und zu umgehen die Soziologie versucht hat.

6. Welche Wissenschaft von der Gesellschaft?

Die Bewältigung der Sozialwissenschaften ist – das hat die Untersuchung nachdrücklich gezeigt – zu einer schicksalhaften Aufgabe geworden. Es gibt keine Wissenschaft von der Gesellschaft als einer objektiven Gegebenheit, die nur festgestellt werden müßte. Deshalb sind die Versuche, eine solche Wissenschaft zu entwickeln, wie im Marxismus, so in der Soziologie gescheitert. Das Ergebnis sind in beiden Fällen Weltbilder, die ihre Daseinsanweisungen hinter Tatsachen verstecken.

Die Befreiung von dieser Täuschung ist jedoch mehr als eine Forderung geistiger Redlichkeit, die die Wissenschaft mit sich ausmachen muß. Indem sie zwischen die Menschen und die Wirklichkeit (und folglich: zwischen die Menschen) traten, haben die Sozialwissenschaften weltweit Macht über das Denken und Handeln gewonnen, so daß sie die Entwicklung mitbestimmt haben und Weichen der Zukunft stellen. Die soziologische Konstruktion der Wirklichkeit setzt sich selbst in Wirklichkeit um. Die Wahrnehmung des Alltags, der Gesellschaft und der Geschichte formt sich heute an einer bereits soziologisch vorgeschlüsselten Wirklichkeit, an der sich die privaten und die öffentlichen Verhaltensweisen, Einstellungen, Meinungen, Erwartungen und Ziele orientieren. Unerkannt stecken in allen Tatsachen, Schwierigkeiten und Meinungen schon die Sozialwissenschaften, ob es um Ehe, Familie, Erziehung, Jugend und Freizeit oder um Politik, Staat, Nation, Kultur und Geschichte geht. Ihre Bewältigung ist zur Angelegenheit von jedermann geworden, weil sie uns nicht bloß als wissenschaftliche Lehren begegnen, sondern als Lebensmacht in unser privates und öffentliches Dasein eingebaut sind. Unvermeidlich und unvermerkt formt die Soziologie, wo sie zur Herrschaft gelangt, den Menschen nach ihrem Bilde; ihr reduktives Weltbild übersetzt sich unversehens in die Reduktion des Menschen, seiner persönlichen, gesellschaftlichen und geschichtlichen Daseinsmöglichkeiten.

Die Macht der Soziologie beruht zwar auf ihrem Monopol zur Auslegung der Gesellschaft als der wahren Wirklichkeit, wird aber weniger direkt durch Lehre und Anweisung als vielmehr indirekt ausgeübt. Kraft ihres Monopols stellt die Soziologie alle übrigen Wissenschaften, die ebenfalls von der Wirklichkeit des Menschen handeln, in ihre Dienste; als Schlüsselwissenschaft soziologisiert sie die überlieferten Wissens- und Kulturbestände und bestimmt das Bildungswesen mit der Folge, daß ihre in Tatsachen versteckte Daseinsdeutung, von der Kulturintelligenz verbreitet, zur Matrix des alltäglichen Handelns wie der öffentlichen Meinung wird, derweil sie gleichzeitig, von beruflichen Experten angewandt, in die Praxis der Institutionen einrückt. In dieser Weise treten die verschiedensten gesellschaftlichen Mächte mit oder ohne Vorsatz in den Dienst der Sozialwissenschaft, deren Daseinsverständnis sie verbreiten, befestigen und ausführen.

Die Wirkungen der Sozialwissenschaften werden also großenteils indirekt erzielt, durch andere Agenturen, mit denen wir als Zeitmächten zu rechnen pflegen. So fragen wir nach dem Einfluß des Fernsehens, der Massenmedien oder des Freizeitbetriebs auf die Menschen und suchen dort die Ursachen vieler Daseinsschwierigkeiten, ohne weiter zu fragen, ob nicht diese Einrichtungen ihrerseits bereits wesentlich durch den Geist der Sozialwissenschaften mitgeformt worden sind. Die Veröffentlichung des Privaten und die De-Intimisierung des Lebens werden allerdings in Film, Fernsehen, Illustrierten, Magazinen, Video-Markt oder Massenpresse am wirksamsten vorgeführt. Allein die Schranken sind doch ursprünglich von einer Sozialforschung eingerissen worden, die die Publizität des Privaten zum aufklärerischen Grundsatz erhoben hatte. Der Kinsey-Report bleibt beispielhaft dafür, wie die Sozialforschung im Namen der Wissenschaft den Schutz des Privaten abgeschafft hat. Und ähnlich steckt fast überall hinter den nächsten Usachen, an die wir denken, bereits der Einfluß der Sozialwissenschaften, durch den Massenmedien, Vergnügungsindustrie und Freizeitvermarktung erst das werden konnten, was sie geworden sind.

In solcher Weise sind die gesellschaftlichen Tatsachen, welche die Soziologie ermitteln will, von ihr allermeist bereits mitgeschaffen worden. Je mehr die Sozialwissenschaften sich ausbreiteten und mit der Sozialforschung in den Alltag eindrangen, je mehr sie in die Gesellschaft eingebaut und von deren Institutionen aufgenommen, angewandt und verbreitet wurden, desto mehr wurden die gesellschaftlichen Tatsachen soziologisch perspektiviert, konditioniert und produziert. Spätestens durch ihre wachsende Realpräsenz haben die Sozialwissenschaften ihren eigenen Grundsatz, daß Soziales aus Sozialem erklärt werden müsse, zu einer Absurdität gemacht; denn wo immer sie heute hinfassen, da stoßen sie bereits auf ihre eigenen Wirkungen. So sind die Sozialwissenschaften weltweit zu einer Macht geworden, die die gesellschaftlichen Tatsachen, die sie nur erheben wollen, selbst schaffen, formen oder dirigieren und, indem sie das laufend tun, die Gesellschaft beharrlich in die Richtung ihres reduktiven Weltbildes lenken.

Denn jede Wissenschaft von der Gesellschaft, die eine universalistische Theorie ihrer Gesetzmäßigkeiten liefern will, muß eben deshalb die Wirklichkcit überall auf die immer gleichen Figuren und Probleme reduzieren. In dieser Hinsicht hat die Soziologie dem Marxismus auch nur die etwas breitere Palette voraus, indem sie ihre Grundfigur nicht allein auf Klassenlagen beschränkt. Aber auch sie ebnet Länder und Zeiten auf die ewig gleichen Fragen nach der sozialen Struktur der äußeren Daseinsverhältnisse ein, so daß zuletzt nur die künstlich isolierten Tatsachen der sozialen Organisation der Schichtung, Herrschaft und Arbeitsteilung als die eigentliche Wirklichkeit übrigbleiben. Darin aber liegt natürlich die Anweisung, nur die dafür relevanten Tatsachen als öffentliche Angelegenheiten zu betrachten, also denn alles übrige als Schein und Täuschung in den Bereich des Irrationalen zu schieben. So dienen die Sozialwissenschaften letztlich dem Ideal einer Einheitsgesellschaft, die sich nur um das reibungslose Funktionieren der äußeren Daseinsverhältnisse und die Optimierung der äußeren Daseinschancen mittels Interessenausgleichs kümmert. Sie haben einem reduktiven Weltbild zum Siege verholfen, das, weil es objektiv im Dienste einer bestimmten Daseinsauffassung steht, die Wirklichkeit auf jene Züge verkürzt, auf die es im Sinne dieser Daseinsauffassung ankommen soll, so daß gewisse Problemlagen gar nicht mehr wahrgenommen und gewisse Fragen gar nicht mehr gestellt werden können.

Das sind, verkürzt in Erinnerung gebracht, diejenigen Gründe, die eine Bewältigung der Sozialwissenschaften zu einer dringenden Aufgabe für alle und jedermann machen. Dabei ist nach allem klar, daß die Sozialwissenschaften bewältigt und nicht etwa abgeschafft werden sollen, weil ein modernes Gemeinwesen ohne wissenschaftliche Instanzen für die Feststellung und Deutung der sozialen Wirklichkeit nicht existieren kann. Die Sozialwissenschaften bewältigen aber heißt, sie von denjenigen untergründigen Vorannahmen und Zielsetzungen befreien, welche sie zum Träger eines Weltbildes machen, das ihnen eine undurchschaute Macht über Mensch, Gesellschaft und Geschichte verleiht. Unangemessen wäre es dabei, die Mängel und Fehler der Sozialwissenschaften kurzweg den Sozialwissenschaftlern anzulasten, deren Leistungen und Absichten vielfach nicht im Konzept der Sozialwissenschaften aufgehen, ja teils daran selbst Kritik üben. Es sind weniger die Absichten der einzelnen Forscher, die die Soziologie zu einem Weltbild machen, als die in ihrer Tradition und ihrem Konzept verborgenen und vergessenen Voraussetzungen, Vorannahmen und Zielbestimmungen, die sich über die Absichten und Leistungen der einzelnen hinweg zur geschichtlichen Gestalt und gesellschaftlichen Wirkung summieren. Eben weil das so ist, darf man auf die Bereitschaft der Sozialwissenschaftler hoffen, die, weil sie der Wissenschaft und nicht einem Weltbild dienen wollen, selbst auf die Bewältigung der Sozialwissenschaften setzen.

Die Sozialwissenschaften – soviel ist längst klargeworden –

werden nicht bewältigt durch irgendein neues soziologisches System, durch irgendeine neue Theorie von der Gesellschaft, die nun als die „richtige" die bisherige „falsche" ersetzt. Der Grundfehler der Soziologie bestand in der unerfüllbaren Aufgabe, die sie sich stellte, nämlich eine gültige „Theorie der Gesellschaft" zu entwickeln. Denn jede solche Theorie muß mit einem festen Bestand von universalen Merkmalgrößen operieren, die, weil sie die gesellschaftlichen Vorgänge aller Zeiten und Völker erklären sollen, die Wirklichkeit, wie sie uns angeht, gar nicht zu erfassen vermögen. So aktualisieren sich in den Paradoxien nur die inneren Widersprüche einer Wissenschaft von der Gesellschaft, die eine endgültige Theorie sucht, um alles Geschehen aus Sätzen (Gesetzen) ableiten (erklären und vorhersagen) zu können. Solange die Soziologie an dieser Idee festhält, bleibt sie blind für die Eigenart der Probleme, die sich denjenigen Wissenschaften stellen, die, weil ihre Objekte Subjekte sind, damit rechnen müssen, daß ihre Erkenntnisse handlungswirksame Bestandteile einer dadurch beharrlich veränderten und am Ende produzierten Wirklichkeit werden. Unentdeckt bleiben deshalb auch die radikalen Vorgriffe auf die Natur von Mensch und Gesellschaft, mit denen sich die Soziologie ahnungslos nur immer nachhaltiger in Ungereimtheiten und Widersprüche verstrickt. Daraus drängt sich gebieterisch die Lehre auf, daß nicht irgendwelche Verbesserungen aus dieser wissenschaftlich unhaltbaren und existentiell gefährlichen Lage hinausführen. Wenn die Sozialwissenschaften mit allen ihren Anstrengungen und trotz vieler Leistungen im einzelnen im ganzen in eine Sackgasse geraten sind, so deshalb, weil die Idee, die alles leitet, falsch war. Nur der Verzicht auf eine endgültige Theorie „der Gesellschaft" kann uns die nötige Bewältigung der Sozialwissenschaften bringen.

Damit wird nicht dem Verzicht auf die wissenschaftliche Erhellung der Wirklichkeit das Wort geredet – wie jene Intellektuellen meinen, die (zumeist aufgrund subjektiver Versicherungsbedürfnisse) die Suche nach Gesetzmäßigkeiten für die einzig legitime Form der Wissenschaft halten. Für die Gesetzmäßigkeiten der Natur interessieren wir uns aus naheliegenden

Gründen, die entscheidend damit zusammenhängen, daß uns diese Vorgänge in ihren äußeren Tatsächlichkeiten wichtig sind. Wo es jedoch um die Welt des Menschen geht, da interessieren uns über solche Regelmäßigkeiten hinaus die Bedeutungen, die sich aus keinen Regelmäßigkeiten entnehmen lassen. Hier muß uns die Wissenschaft ganz andere Dienste leisten als die Ermittlung von Gesetzmäßigkeiten; hier soll sie uns die konkrete Wirklichkeit, in die wir uns hineingestellt finden, in den möglichen Bedeutungen aufschließen, die sie für uns haben kann und jedenfalls dann haben muß, wenn wir in ihr einen Sinn finden wollen. Machen wir uns diese fundamentale Tatsache ohne viel theoretische Umschweife auf einfache Weise klar.

Keine Wissenschaft bildet ab, jede wählt aus. Aber in einem ganz anderen Sinn als in den Naturwissenschaften ist die Auswahl, wo es sich um den Menschen handelt, stets Deutung. Ob er Familien, Klassen, Banden oder Asylanten studiert, immer sieht sich der Forscher einem unendlichen Gewebe von inneren und äußeren Gegebenheiten gegenüber. Der Glaube, man könne nur „die Tatsachen" sprechen lassen, bleibt eine Illusion; stets muß, um in dem uferlosen Fluß des Lebens irgend etwas zu erkennen, ausgewählt werden, und das kann nur nach den Gesichtspunkten geschehen, die dem Forscher das (positiv oder negativ) Bedeutende vom Gleichgültigen trennen. Aller sozialwissenschaftlichen Arbeit liegen deshalb – Max Weber wurde nicht müde, es immer zu wiederholen – Wertgesichtspunkte zugrunde, die aus dem Material erst einen Gegenstand formen. Und eben deshalb ist es auch sinnlos, „daß als idealer Zweck der wissenschaftlichen Arbeit die Reduktion des Empirischen auf ‚Gesetze' zu gelten hätte". Was nun freilich an der Wirklichkeit „bedeutend" ist, das vermag uns keine empirische Wissenschaft zu sagen. Und eben deshalb ist jede „Theorie der Gesellschaft" mit ihrem Anspruch, „die Tatsachen" darzustellen, nur eine Verschleierung der Wertgesichtspunkte, die ihren Konstruktionen versteckt zugrunde liegen und ihrer Klientel insgeheim anerzogen werden.

Die Absage an das Trugbild einer „Theorie der Gesellschaft" ist eine Befreiung von der geheimen Bevormundung durch die Wissenschaft. Unsere Kritik zielt denn auch nicht bloß auf jene spezifische Einseitigkeit, mit der diese Sozialwissenschaften die Wirklichkeit auf gewisse äußere Lagen reduzieren. Sie wendet sich gegen jeden Versuch, die Auslegung der Wirklichkeit in einer Theorie festzuschreiben, die gesetzmäßige Beziehungen zwischen irgendwelchen Größen sucht. Denn das läuft stets darauf hinaus, die (Art der) Fragen und Antworten zu beschränken und vorzuschlüsseln, um uns zu einer Lebenseinstellung abzurichten, in der es uns nur auf die uns bezeichneten Momente der Wirklichkeit ankommen darf – und soll.

Wer Illustrationen wünscht, braucht nur sozialwissenschaftliche Arbeiten anhand der Frage durchzugehen, welche Art von Tatsachen denn dort vorgeführt und vor allem nicht vorgeführt werden und nicht vorgeführt werden können, weil in der „Theorie" die entsprechenden Bedeutungsgesichtspunkte völlig fehlen. Untersuchungen über Ehen, Jugendliche, Gastarbeiter, Asylanten usw. zeigen, wie weit wir es schon darin gebracht haben, eine gewisse Art unmittelbarer Befindlichkeiten für die Wirklichkeit zu halten, über die uns die Wissenschaft unterrichten soll. Es ist kein Zufall, daß durchwegs jene Tatsachen zu fehlen pflegen, welche hier kurzweg mit Stichworten wie Kultur, Persönlichkeit, Geschichte, Nation, Tugenden, Glaubensfragen nur beispielsweise angedeutet seien. Selbstverständlich ließen sich bei anderen Fragestellungen auch die einschlägigen Tatsachen finden, welche uns, direkt oder indirekt, die diesbezüglichen Bedeutungen des Geschehens aufschlössen. Nur sind in der Kunstlandschaft der „Gesellschaft" alle Bedeutungen ausgeschieden, die sich nicht auf jene einfachen Befindlichkeiten beziehen, die die Soziologie kurzweg als „gesellschaftliche" definiert. Nation, Sittlichkeit, Geschichte, Kultur haben in dem universellen Raster der „Gesellschaft", auf den die Soziologie alles reduziert, keinen Platz. So werden uns bestimmte Fragen an die Wirklichkeit – und damit die Einsicht in die (wie immer sonst zu bewertende) Bedeutung des Geschehens – abgewöhnt, und dies weltweit. Denn überall wird ja nun von den Sozialwissenschaften der immer gleiche Raster über die Wirklichkeit gelegt, in dessen universellen Allgemeinheiten sich die konkreten Lagen der verschiedenen Erdteile, Regionen, Länder, Staaten, Kulturen gar nicht fassen lassen. Es sind denn auch nicht zuletzt diese Sozialwissenschaften, die weltweit zur Entfremdung von den Kulturen und Gemeinwesen beigetragen haben, die sie nur als Fälle ihres Modells darzustellen wissen. Und überall wird die Wirklichkeit auf jene Befindlichkeiten heruntergeschleust, die niemandem mehr auf die Frage, was sie bedeuten, eine Antwort geben. Wen soll es da wundern, daß die Sozialwissenschaften, im Raster ihrer Theorie befangen, lieber die Trivia breittreten, als die epochalen gesellschaftlichen Veränderungen zu entdecken, deren – eben deshalb: bloß verwirrte – Zeitgenossen wir doch sind. Spätere Historiker werden den Lärm dieses Betriebs an dem Ernst der Geschichte zu messen wissen, die auf dem Spiele stand.

Kommen wir zum Grundsätzlichen zurück: Das Ziel einer wissenschaftlichen Erhellung unserer gesellschaftlichen Wirklichkeit darf nicht eine Theorie ihrer (angeblichen) Gesetzmäßigkeiten sein, die sich alsdann in entsprechenden „Tatsachen" zu verankern sucht. Jede Sozialwissenschaft, die empirisch nur Momentaufnahmen der platten Alltäglichkeiten liefert, verfehlt sich, und zwar auch dann, wenn sie diese Aufnahmen theoretisch einrahmt. Das mag dem „Geist der Zeit" (Kap. 4) einer Gesellschaft entsprechen, die sich durch Bürokratie und Interessenvertretung formiert; nur ist es nicht die Aufgabe der Wissenschaft, dem Zeitgeist als Verstärker zu dienen. Sie soll uns die Wirklichkeit erhellen und muß sie deshalb auch nach ihren möglichen Bedeutungen befragen, durch die sie erst zur Wirklichkeit für uns wird.

Alle Wissenschaften vom Menschen – und darin liegt ihre Eigenart – stehen insofern zuerst vor der Frage, was in dem unendlichen Meer der Tatsachen bedeutend ist, so daß ihre Qualität ganz an der Fähigkeit hängt, Wichtiges von Unwichtigem zu unterscheiden. Was bedeutend ist, vermag keine empirische Wissenschaft objektiv zu entscheiden, insofern hier eben Wertideen ins Spiel kommen. Ihre Aufgabe ist es deshalb, die Wirklichkeit so zu durchdringen, daß deren mögliche Bedeutungen ans Licht kommen. Denn den Verlaß eigener

Orientierung gewinnen wir nicht schon aus Tatsachen, auf die wir nur blind mit subjektivem Belieben reagieren, sondern erst aus der Aufschlüsselung ihrer möglichen Bedeutungen. Diese aber ergeben sich so wenig aus den Tatsachen selbst wie aus Theorien. Alle Bedeutungen sind bezogen auf die Vorstellung qualitativ verschiedener Möglichkeiten des Menschseins, also auf die Tatsache, daß der Mensch als nicht durch die Natur determiniertes Kulturwesen sich in verschiedenen Möglichkeiten verwirklichen kann. Der Blick für die möglichen Bedeutungen von Tatsachen verlangt also eine Kenntnis der Spanne dieser Möglichkeiten, wie sie am ehesten aus der Vertrautheit mit den sozialen und kulturellen Lebensformen, in denen sich der Mensch verwirklichte, zu erwerben ist. Wo die Tatsachen der Gegenwart nicht im geschichtlichen und kulturellen Horizont dieser Möglichkeiten erwogen und aufgeschlossen werden, da eben bleiben sie platte Tatsächlichkeiten. Wo die Tiefe und die Maßstäbe der Betrachtung fehlen, da stößt man die Menschen mit den „Tatsachen" nur in die Plattheit und Dumpfheit jener Wirklichkeit, die, weil sie sie nicht zu deuten vermögen, ihnen stumpf und sinnlos bleibt. Es ist vielleicht auch das verhängnisvollste Mißverständnis unserer Zeit, wenn man der Wissenschaft die Beschränkung auf „Tatsachen" anrühmt, die demokratisch jedermann Meinung und Wertung freistellen. So eben liegen die Dinge ja nicht. Denn werten kann man nur, wenn man die möglichen Bedeutungen versteht, die sich an den unmittelbaren Tatsächlichkeiten nicht ablesen lassen. Diese Bedeutungen aufzuschließen, um den Menschen Halt für ihre eigenen Wertungen zu geben, eben das ist ja der eigentliche Beruf einer Wissenschaft von der Gesellschaft, inmitten einer entzauberten Welt, deren Tatsächlichkeiten den Menschen solche Wertentscheidungen nicht mehr abfordern. Wo sie auf diese Aufgabe, die die Menschen erst zum Ernst ihrer letzten Werthaltung fordert und befreit, verzichtet, um zur Theorie von Gesetzmäßigkeiten zu werden, da gerade steuert sie die Menschen selbstherrlich in ein Kulturschicksal, weil sie ihnen im Namen der Wissenschaft versteckt ein „bedeutungsfreies" Weltbild aufzwingt, in dem kein Raum mehr bleibt für das, was uns zu Menschen macht: das Vermögen, zur Wirklichkeit in Kenntnis ihrer Bedeutung aus eigener Verantwortung Stellung zu nehmen.

So ist der Verzicht auf die zugleich unausführbare wie wirksame und eben deshalb verhängnisvolle Idee einer „Theorie von der Gesellschaft" eben nicht ein Verzicht auf die wissenschaftliche Erhellung der gesellschaftlichen Wirklichkeit. Allerdings kann die Soziologie kein Monopol für die Erkenntnis „der Gesellschaft" beanspruchen, in deren Durchleuchtung sie sich mit ganz anderen Wissenschaften teilen muß, über die sie deshalb auch keine Oberhoheit besitzt. Erst durch den Verzicht auf jenen falschen Anspruch wird die Soziologie frei zu ihren eigentlichen Aufgaben. Denn die Ermittlung von Regelmäßigkeiten darf nicht das Ziel, sie kann nur ein Mittel unter anderen sein für die Aufgabe, die im Umkreis einer „Theorie der Gesellschaft" gar nicht vorkommen kann: die Wirklichkeit in ihrer je besonderen Eigenart und Bedeutung zu erfassen. Sie muß jeweils die Fragen unserer Zeit, unserer Gesellschaft und unserer Kultur ans Licht bringen, anstatt, wie jede „Theorie der Gesellschaft", sich zwangsläufig an jenen Allgemeinheiten und Gesetzmäßigkeiten zu orientieren, die, weil sie überall genauso gelten, die Erhellung unserer Wirklichkeit nicht leisten können und auch nicht leisten wollen.

Damit ist die Bewältigung der Sozialwissenschaften in Gang gekommen. Denn diese beginnt mit der Einsicht, daß keine Soziologie jemals beanspruchen kann, „die Gesellschaft" als eine gegebene Wirklichkeit zu erfassen. Stets bleibt sie der Frage unterworfen, welche Bestandteile und Zusammenhänge sie aus der Wirklichkeit zu welchem Zwecke herausheben will. Soweit sie Tatsachenzusammenhänge einwandfrei ans Licht bringt, wird niemand diese abstreiten wollen. Ob dies aber wichtige und wesentliche Tatsachen sind, vermag sie niemandem zu beweisen. Denn welche Bestandteile und Zusammenhänge der Wirklichkeit erforscht werden, entscheidet sich zuletzt an der Bedeutung, die ihnen beigemessen wird.

Über jeder Soziologie steht also die Frage: Welche Wissenschaft von der Gesellschaft? Aufgabe dieser Wissenschaft darf es

denn auch nicht sein, uns – soweit das überhaupt möglich wäre – die technischen Mittel zur Einrichtung bestimmter Momente der sozialen Wirklichkeit nach jeweiligen Präferenzen zu liefern, wenn sie uns nicht auch zu verdeutlichen weiß, welche menschlichen (und somit auch: gemeinschaftlichen, kulturellen und geschichtlichen) Daseinsmöglichkeiten auf dem Spiele stehen. Janusköpfig hat die Soziologie zwischen den Versprechen geschwankt, das erwünschte technische Herrschaftswissen und das ersehnte weltliche Erlösungswissen anzubieten. Der Sinn der Wissenschaften von der Gesellschaft darf sich nicht darin erschöpfen, das sowieso höchst unsichere technische Wissen zur Einrichtung gewisser äußerer Daseinsverhältnisse bereitzustellen. Ihre wichtigere Aufgabe muß darin bestehen, über jene nicht mehr unmittelbar einsichtigen Daseinsgehalte zu unterrichten, die sich mit solchen Verhältnissen verbinden: welche menschlichen, kulturellen, geschichtlichen Daseinsmöglichkeiten dadurch im Spiel gehalten und welche ausgeschlossen werden. Aufgabe der Soziologie ist es nicht, dem Menschen die Entscheidung darüber, worauf es im gesellschaftlichen Dasein ankommen soll, durch ein verstecktes Weltbild abzunehmen, das ihn noch dazu zum Konsumenten seiner äußeren Daseinslagen verkürzt. Objektiv ist eine Soziologie nicht schon deshalb, weil sie auf irgendwelche Tatsachen pochen kann; objektiv wird sie erst dann, wenn sie uns die Wirklichkeit so vorführt, daß wir selbst dadurch die Bedeutung dieser Tatsachen für die Verwirklichung menschlicher Daseinsmöglichkeiten verstehen und deshalb in freier Verantwortung Stellung nehmen können; denn erst dadurch wachsen die heute so geschätzten Meinungen und Präferenzen über das haltlose Belieben hinaus zu einer geistig und sittlich verantworteten Stellungnahme, die einen Haltepunkt im Wechsel der Lagen gibt, denen man sonst nur nachlaufen und sich anpassen kann. Und deshalb kann nur eine Soziologie objektiv sein, die den Menschen in der Breite und Tiefe seiner Daseinsmöglichkeiten kennt; denn nur sie kann ihm die Wirklichkeit so vorführen, daß sie ihm auf diese Möglichkeiten antwortet und dadurch zur eigenen Stellungnahme verhilft.
Allein das berührt bereits Fragen, die über den Kreis dieser

Schlußbetrachtung hinausführen. Für die Bewältigung der Sozialwissenschaften bleibt die Einsicht entscheidend, daß die Soziologie kein Monopol auf die Erkenntnis der gesellschaftlichen Wirklichkeit besitzt, sich dieses auch nicht mit ihrem sozialwissenschaftlichen Anhang teilen kann. Ganz andere Fächer, die Geistes- und Kulturwissenschaften und vorzüglich die historischen Disziplinen unterrichten ebenfalls und oft besser über gesellschaftliche Tatsachen. Die Soziologie wird sich fragen lassen müssen, wieso es eigentlich auf die großen religiösen und geistigen Bewegungen nicht ankomme und was denn von der Wirklichkeit übrigbleibt, wenn man Kultur und Geschichte ausklammert, so daß man nur noch die soziale Struktur als künstliches Präparat zurückbehält. Klar ist dann auch, daß die „Gesellschaft", wie die Soziologie sie versteht, ebenso ihre eigene Erfindung ist, wie die Größen und Begriffe, mit denen die „Gesellschaft" konstruiert wird – das soziale System, die Rollen, die Differenzierungsprozesse usw. –, jedenfalls nicht einfach die Wirklichkeit wiedergeben, sondern höchst künstliche Konstruktionen sind, deren Wirklichkeitsgehalt fraglich ist. Insbesondere gilt das gerade für die Befunde der Sozialforschung, die eine künstliche Wirklichkeit an die Stelle der Realität setzen, noch dazu mit der Anmaßung, den Privatraum durch Publizität abzuschaffen. Nicht zu vergessen die allgemeine Frage, wie uns denn Wissenschaften, die mit den immer gleichen Größen und Schemata arbeiten – und weil sie Gesetzeswissenschaften sein wollen, auch arbeiten wollen –, denn unsere Situation in ihrer historischen Eigenart aufschließen wollen, wenn sie sich nur an dem allgemeinen Modell einer Einheitsgesellschaft orientieren und von dorther ihre Maßstäbe für normale und richtige Entwicklungen beziehen.

Und dahinter staffeln sich tief die weiteren Fragen, die wir nur noch summarisch andeuten wollen: Wie kommt es denn, daß eine Wissenschaft, die über die Wirklichkeit unterrichten will, über Sinn und Aufgabe von Tradition nichts zu sagen weiß? Daß Fragen der Nation ihr unverständlich sind? Daß die menschlichen Tugenden des Dienstes, der Teilnahme, der Sorge und des Opfers ihr ganz unbekannt sind? Daß von den geschichtlichen

Aufgaben der Staaten, von den kulturellen der Nationen kein Wort verlautet? Daß die Gemeinschaftsbedürfnisse und Solidaritätsleistungen nur als Randvermerk vorkommen? Daß alles aus der inneren Sozialgeschichte erklärt wird ohne Verständnis für die äußeren Machtlagen? Daß sittliche Fragen nur als Probleme des abweichenden Verhaltens auftauchen? Was bedeuten denn die ungeheuren Internationalisierungsprozesse, die neuen sozialen Verschränkungen, die sich über die bisherigen Sozialformen der Staaten und Nationalkulturen schieben, unentdeckt von einer Soziologie, die in ihrem Modell des Binnengeschehens einzelner Staaten anhand eines generellen Modernisierungsprozesses befangen bleibt? Doch dies sind nur Hinweise darauf, daß sich die spezifischen und brennenden Fragen stets aus der Besonderheit der geschichtlichen Situationen stellen, die sich aus keiner Theorie ergeben. Eben diese Fragen zu entdecken bleibt die eigentliche Aufgabe der Sozialwissenschaften.

Die Bewältigung der Sozialwissenschaften wirft freilich auch politische und institutionelle Fragen auf, die hier nur als solche erwähnt seien. Bekannt ist sowieso die Frage, welchen Platz diese Wissenschaften in den Bildungsinstitutionen einnehmen sollen. Wichtig ist auch die Frage, inwieweit die soziologische Großforschung institutionelle Förderung verdient. Und entscheidend für die Zukunft der Sozialwissenschaften ist natürlich die Frage der Professionalisierung. Denn soviel jedenfalls muß klar sein: daß derjenige, der die Soziologie betreibt, aber auch nur die Soziologie studiert hat, jene Art Fragen im Durchschnitt gar nicht stellen kann, die zu stellen eben die Aufgabe der Sozialwissenschaften wäre.

Dennoch wird die Bewältigung dieser Wissenschaften in Gang kommen, sobald man erkennt, daß die Idee einer „Theorie der Gesellschaft" unhaltbar ist. Dann nämlich wird der Bürger wieder auf dem Recht seiner eigenen Erfahrung und seiner eigenen Fragen zu bestehen wissen. Dann werden andere Wissenschaften ihren Anteil an der Erhellung unserer gesellschaftlichen Wirklichkeit behaupten. Dann auch wird das Potential der Kenntnisse, Fertigkeiten und Bereitschaften, das in den Sozialwissenschaften steckt, sich seine Aufgaben suchen.

Machen wir es zum Schluß noch einmal deutlich, daß die Sozialwissenschaften es mit den möglichen Bedeutungen zu tun haben, die in den Verhältnissen liegen. Welche das sind, darüber allerdings wird sich insofern wissenschaftlich keine Einigung erzielen lassen, als es dabei am Ende darum geht, an welchen Zielen und Möglichkeiten das Leben letztlich orientiert werden soll. Die Sozialwissenschaften können nur aufzeigen, was hier an verschiedenen Möglichkeiten auf dem Spiel steht. Hierdurch fördern sie jenen geistigen Austausch, ohne den wohl keine säkulare Gesellschaft Bestand haben wird. Zu den großen Problemen gehört es heute ja, daß die Kulturintelligenz von der Beteiligung an diesem Austausch in dem Maße ausgeschlossen wurde, wie man meinte, alle Fragen seien durch Experten und Informationen zur bloß noch politischen Entscheidung vorzubereiten. Dafür hat sich die Kulturintelligenz durch einige, eben im Grunde von den Sozialwissenschaften inspirierte Politisierung gerächt. Erst eine Soziologie, die von ihrem Anspruch, eine „Theorie der Gesellschaft" zu liefern, zurücktritt, kann der Kulturintelligenz wieder ihren geistigen Anteil am gesellschaftlichen Geschehen belassen. Insofern wird die Zukunft der Sozialwissenschaften nicht zuletzt von dieser Kulturintelligenz abhängen.

Bibliographischer Schlüssel

Die Beschränkung auf bibliographische Hinweise entspricht der Eigenart des Themas, das sich in keine der bekannten Disziplinen fügt, wie sie aus der fachlichen Spezialisierung hervorgegangen sind. Die Fragestellung berührt durchgängig Tatsachen und Probleme aus verschiedensten Wissensgebieten, die, sonst gegeneinander isoliert gehalten, eben deshalb in dieser Arbeit in einen neuartigen Zusammenhang gebracht werden mußten. So haben es die historischen Partien (Kap. 2 und 3) ja nicht nur mit der Geschichte der Soziologie, der Sozialwissenschaften, Geisteswissenschaften und Naturwissenschaften, sondern ebensowohl mit der Religions- und Geistesgeschichte, insbesondere auch mit den politischen Ideen und Ideologien zu tun; dies alles im Hinblick auf die gesellschaftlichen, politischen und staatlichen Mächte, die hierdurch formiert wurden oder auch umgekehrt darauf formend gewirkt haben. Und ähnlich steht es mit den sachlichen Partien (Kap. 4 und 5), wo einerseits die Disziplinen tangiert werden, die es mit den Grundfragen der Erkenntnis zu tun haben, andererseits jene Fächer, die allgemeine Auskunft über Mensch, Gesellschaft und Geschichte zu besitzen beanspruchen, ins Spiel kommen.

Angesichts dieser Lage wäre es nur prätentiös, quer durch die verschiedenen Wissensgebiete einen Grundbestand der relevanten Literatur anzuführen, die sich überall unübersehbar verzweigt und wegen ihrer heterogenen Gesichtspunkte eher vom Thema wegstrebt. Die nachstehenden Angaben sollen also nur dem interessierten Leser helfen, selbst Zugang zu den Tatsachen und Problemen zu finden, die im Zentrum dieser Arbeit stehen, wobei es vor allem um einen bibliographischen

Schlüssel für das Verständnis der geschichtlichen Zusammenhänge geht, aus denen sich Entstehung und Aufstieg des Weltbildes der Sozialwissenschaften verstehen lassen.

Die *Krise der Soziologie* spiegelt sich in unterschiedlicher Weise in folgenden Arbeiten: S. Andreski: Die Hexenmeister der Sozialwissenschaften, 1974 (engl. 1972); M. Bock: Soziologie als Grundlage des Wirklichkeitsverständnisses. Zur Entstehung des modernen Weltbildes, 1980; R. W. Friedrichs: A Sociology of Sociology, 1970; A. Giddens: Central Problems in Social Theory, 1979; J. Goudsblom: Soziologie auf der Waagschale, 1979 (ndl. 1974); A. W. Gouldner: Die westliche Soziologie in der Krise, 1974 (engl. 1970); ders.: Die Intelligenz als neue Klasse, 1980 (engl. 1979); P. Halmos: Die Beichtväter des 20. Jahrhunderts, 1972 (engl. 1965); ders.: The Personal Service Society, 1970; H.-H. Hoppe: Kritik der kausalwissenschaftlichen Sozialforschung, 1983; S. Lyman: The Seven Deadly Sins. Society and Evil, 1978; J. Matthes: Das schlechte Gewissen der Soziologie. Die Schlüsselwissenschaft unserer Zeit und ihre künstliche Wirklichkeit, in: Verhandlungen des 20. Deutschen Soziologentages 1980, 1981; H. Schelsky: Die Arbeit tun die andern, 1975; ders.: Rückblicke eines „Anti-Soziologen", 1981; M. Stein and A. J. Vidich (eds.): Sociology on Trial, 1963; A. J. Vidich, S. Lyman, J. C. Goldfarb: "Sociology and Society: Disciplinary Tensions and Professional Compromises", in: Social Research, vol. 48, 1981; D. Wrong: Sceptical Sociology, 1976.

Wer sich mit der *Geschichte der soziologischen Lehren* vertraut machen will, findet in H. Schoeck: Geschichte der Soziologie, 1964, und F. Jonas: Geschichte der Soziologie, 4 Bde., 1968, Darstellungen, die auch charakteristische Texte aus soziologischen Werken enthalten, und in H. Klages: Geschichte der Soziologie, 1969, einen knappen Abriß.

Für diese Arbeit ist es allerdings nötig, die Lehren der Soziologie in ihrem Zusammenhang mit der und ihrer Bedeutung für die Geistes- und Sozialgeschichte zu begreifen. Den allgemeinen Hintergrund dafür bildet der Vorgang, den man als den *Aufbruch der modernen Wissenschaft* bezeichnen kann, wozu man sich für den Zweck dieser Arbeit einen Zugang anhand von folgenden Arbeiten verschaffen kann: über die mittelalterlichen Ursprünge B. Nelson: Der Ursprung der Moderne, 1977; über charakteristische Brennpunkte F. E. Manuel: The Religion of Isaac Newton, 1974; F. Wagner: Isaac Newton, 1976; M. Schramm, Natur ohne Sinn?, 1984; R. S. Westfall: Science and Religion in 17th-Century England, 1958. Ansonsten sei hier kurzweg auf die Literatur zur *Geschichte der Aufklärung* (besser: der national verschiedenen Aufklärungen) verwiesen. Allgemein über die Rolle der Wissenschaft in der *Glaubensgeschichte der Moderne* unterrichten meine nachgenannten einschlägigen Aufsätze.

Einen Überblick über die *Weltanschauungen und Ideologien,* die als *Erben der Aufklärung* im 19. Jahrhundert, teils in Verbindung mit der Soziologie und teils in Konkurrenz zu ihr, emporschossen, findet man bei J. L. Talmon: Politischer Messianismus, 2. Bd., 1963. Wichtig für die theologischen Voraussetzungen der Geschichtsphilosophie bleibt K. Löwith: Weltgeschichte und Heilsgeschehen, 1953. Einschlägig aus anderer Perspektive ist W. E. Mühlmann: Chiliasmus und Nativismus, 1961.

Über die großen *Ideensysteme, die als Gesellschaftsbilder die Entwicklung der Sozialwissenschaften bestimmt haben,* informiert die Literatur sehr unterschiedlich, hält sich aber meist an die Geistesgeschichte, ohne weiter der Frage nach den Trägern, Wegen und Mitteln ihrer Verbreitung nachzugehen, geschweige denn diese Frage wie längst nötig im Weltmaßstab zu stellen.

Vorausgestellt seien deshalb einige Arbeiten, die beispielhaft über die *Verbreitung der großen Ideen, deren Träger und Formen,* unterrichten; das führt vor allem auf die *Geheimbünde, Gesellschaften, Bewegungen, Vereine und Parteien* als die charakteristischen Gebilde der modernen Gesellschaft, in denen sich die Menschen zu sozialen Kräften organisierten, überwiegend im Namen von Ideen von der wahren Ordnung der Gesellschaft, ohne die sich auch Interessen nicht mehr formieren und vertreten ließen: O. Dann und T. Schieder (Hrsg.):

Nationale Bewegung und soziale Organisation, 1978; F. Della Peruta: Mazzini e i rivoluzionari italiani, 1974; C. Francovich: Storia della massoneria in Italia. Dalle origini alla rivoluzione francese, 1974; E. Lennhoff: Politische Geheimbünde, 1931; H. G. Keller: Das junge Europa, 1938; H. Lübbe: Die politische Philosophie in Deutschland, 1963; C. P. Ludz: Geheime Gesellschaften, 1979; T. Nipperdey: „Verein als soziale Struktur im späten 18. und frühen 19. Jahrhundert"; in: H. Boockmann u. a.: Geschichtswissenschaft und Vereinswesen im 19. Jahrhundert, 1972; N. Rosselli: Mazzini e Bakunin, 1967; W. Schieder: Die Anfänge der deutschen Arbeiterbewegung, 1963; F. Valjavec: Die Entstehung der politischen Strömungen in Deutschland, 1951.

Fast überreichlich, aber nur zu oft parteiisch fließen die Informationen über die *Lehren der beiden radikalen Grundkonzepte einer universalistischen Wissenschaft von den vermeintlichen Gesetzmäßigkeiten der Gesellschaft,* die den Aufstieg der Soziologie bestimmt haben. Schwierig hingegen bleibt es, sich über diese beiden *Weltbilder als prophetische Stiftungen und missionarische Bewegungen* zu informieren, wozu die folgende Literatur anleiten kann:

Über die Entstehung des *Positivismus* unterrichten P. Bénichou: Le temps des prophètes, 1977; F. v. Hayek: The Counter-Revolution of Science, dt. Übersetzung 1959; F. E. Manuel: The Prophets of Paris, 1962; F. E. Manuel und F. P. Manuel: Utopian Thought in the Western World, 1979; Th. Petermann: Claude-Henri de Saint-Simon. Die Gesellschaft als Werkstatt, 1979; R. Spaemann: Der Ursprung der Soziologie aus dem Geist der Restauration, 1959. Die positivistische Missionierung Brasiliens findet man dargestellt in G. M. Regozini: August Comtes „Religion der Menschheit" und ihre Ausprägung in Brasilien, 1977, und detailliert vom Standpunkt der Positivistischen Kirche von I. Lins: História do Positivismo no Brasil, 1967. Und für Deutschland: E. M. Butler: The Saint-Simonian Religion in Germany, 1926, sowie D. Sternberger: Heinrich Heine und die Abschaffung der Sünde, 1972.

Zugang zu der entsprechenden Literatur über den *Marxis-*

mus (und Sozialismus) findet man bei: R. Aron: L'opium des intellectuels, 1955; G. M. Bravo: Marx e la Prima Internazionale, 1979; J.-Y. Calvez: Karl Marx, 1964; D. H. Cole: A History of Socialist Thought, 1953 ff; J. Droz: Geschichte des Sozialismus, 2 Bde., 1974 (frz. 1972); H. Grote: Sozialdemokratie und Religion, 1968; E. Halévy: Histoire du socialisme européenne, 1948; G. Haupt: Programm und Wirklichkeit. Die internationale Sozialdemokratie vor 1914, 1970; A. Künzli: Karl Marx, 1966; E. Kux: Karl Marx – Die revolutionäre Konfession, 1967; W. Sombart: Der Proletarische Sozialismus, 2 Bde., 1924; W. Theimer: Der Marxismus. Lehre, Wirkung, Kritik, 1950; E. Topitsch: Gottwerdung und Revolution, 1973. Reiche Literatur bei R. Michels: Psychologie der antikapitalistischen Massenbewegungen, in: Grundriß der Sozialökonomik, IX, 1926.

Einer Erwähnung bedarf der *Utilitarismus,* jene von J. Bentham begründete, schwer faßbare Intellektuellenbewegung, die dennoch Geist und Geschichte der modernen Entwicklung und zumal Englands nachhaltig beeinflußt und die korporative Ethik der Demokratie als Interessenvertretungsgesellschaft formiert hat. Als Gesellschaftslehre vom größten Glück der größten Zahl hat der Utilitarismus einerseits versteckte anthropologische Prämissen zur Entwicklung der Soziologie beigesteuert und hat andererseits, wo er die progressive Intelligenz beherrschte, zum Verlaß auf Nationalökonomie und Sozialstatistik geführt, weshalb England, wie bei P. Abrams: The Origins of British Sociology, 1968, nachzulesen, bis allerjüngst keine Soziologie besessen und benötigt hat. Der Utilitarismus hat auch dazu beigetragen, daß Marxismus und Sozialismus in England nicht Fuß faßten und die Labour Party spät mit Hilfe jener intellektuellen Reformer gegründet wurde, die in der Society of the Fabians aus dem Utilitarismus einen englischen Sozialismus entwickelt hatten. Dazu neuerdings P. Wittig: Der englische Weg zum Sozialismus. Die Fabier und ihre Bedeutung für die Labour Party und die englische Politik, 1982. Über die utilitaristische Bewegung selbst L. Stephen: The English Utilitarians, 3 vol., 1900; E. Halévy: La formation du radicalisme philosophique, 3 vol., 1901 ff; J. Plamenatz: The English Utilitarians, 1958. Zur heutigen Diskussion O. Höffe (Hrsg.): Einführung in die utilitaristische Ethik, 1975.

Wie England sind viele andere Länder bis vor kurzem ohne Soziologie ausgekommen, die keine zielstrebige Entwicklung kennt. Ihre Geschichte vollzog sich als Ausbau konkurrierender Soziologien, die als Versuche entstanden, in einer säkularen Gesellschaft anhand von Tatsachen einen gültigen Rahmen öffentlicher Orientierung abzustecken, der folglich auch im Horizont der Traditionen, Aspirationen, Probleme und Gefüge der jeweiligen Gesellschaft liegen mußte. *Deshalb hat sich die Soziologie wesentlich kulturbedingt in nationalen Mustern entwickelt,* falls sie nicht wie der Marxismus die revolutionäre Gefolgschaft ihrer neuen Gesellschaft selbst schaffen wollte.

In diesem Sinne wurde in *Frankreich* der Positivismus Auguste Comtes von Emile Durkheim als beherrschender Figur zur nationalen Soziologie verwissenschaftlicht, modernisiert und systematisiert, wozu man das Wesentliche bei T. N. Clark: Prophets and Patrons, 1973; S. M. Lukes: Emile Durkheim, 1973, und J.-C. Filloux: Durkheim et le socialisme, 1977, findet.

Das einzige andere Land, das produktiv eine eigene Tradition der Soziologie schuf, war *Deutschland*. Der Marxismus hat dazu zwar als Herausforderung erheblich beigetragen, ist jedoch trotz seiner völligen Eigenständigkeit dem Typus der positivistischen Soziologie zuzurechnen, die das Heil von der Erkenntnis gesellschaftlicher Gesetzmäßigkeiten erwartet. Demgegenüber entwickelte sich in *Deutschland* eine grundsätzliche Kritik an der Gesetzeswissenschaft als einer gefährlichen Verfälschung der Wirklichkeit mit schwerwiegenden Kulturfolgen. Daraus entstand das vor allem von Georg Simmel und Max Weber repräsentierte Programm einer *Wirklichkeitswissenschaft,* das aufgrund geschichtlicher Umstände nicht in die internationale Diskussion gelangte, so daß nur der Positivismus und der Marxismus im Spiel blieben. Eine gültige Darstellung dieser folgenschweren Entwicklung steht mit der Frage aus, wie und warum die deutsche Soziologie in diesem entscheidenden Punkt in der internationalen Diskussion übergangen, verdrängt, verkehrt und ausgeschaltet wurde.

Damit kommt der entscheidende Vorgang in Sicht, durch den jene beiden Ideen einer Soziologie erst zu gültigen Weltbildern aufstiegen, die sich heute die geistige Herrschaft des Globus so gut wie teilen. Denn beide Bewegungen, gleicherweise missionarisch ausgerichtet und verbreitet, waren Regionalerscheinungen, akademisches Außenseitertum, wissenschaftlicher Dilettantismus oder politische Weltanschauung geblieben, von innen und außen durch Konkurrenz bedroht. Zu Weltbildern von globaler Geltung sind die Soziologie hier, wie der Marxismus dort, erst dadurch geworden, daß sie von den beiden Weltmächten, obzwar in ganz verschiedener Weise, zu den gültigen Autoritäten der Daseinsauslegung erhoben und dann entsprechend als feste Lehre missionarisch global verbreitet wurden. Obschon die Tatsachen feststehen, fehlt auch hier, jedenfalls für die schlagartige Globalisierung der amerikanischen Soziologie als gültiges Gesellschaftsverständnis der freien Welt, eine dem beispiellosen Vorgang angemessene Darstellung.

Erst an den fernen Rändern Europas – von Ländern, die an der Aufklärung höchstens flüchtig teilgenommen hatten und von dem Kampf ihrer Erben, der Ideologien des 19. Jahrhunderts, lange so gut wie abgeschirmt geblieben waren – sind der Positivismus und der Marxismus, die bislang Bekenntnisse privater Gesinnungsgemeinschaften oder politischer Bewegungen gewesen waren, zu gültigen Autoritäten mit dem Monopol der öffentlichen Gesellschaftsdeutung erhoben worden. Zwischen Schüben von religiösen Erweckungsbewegungen und Wellen von säkularen Modernisierungserwartungen formierte sich eine progressive Intelligenz, die die Anweisung für die Erfüllung der menschlichen Geschichte von einer Wissenschaft von der Gesellschaft erwartete. Und ob in Rußland der Marxismus zur Staatsreligion erklärt oder in Amerika die Soziologie samt ihrem Anhang der Sozialwissenschaften zum akademischen Monopolisten erhoben wurde – stets standen dahinter Entscheidungen der politischen Mächte, die die Institutionalisierung und Privilegierung bestimmter Gesellschaftslehren betrieben, und dies nicht zuletzt mit dem Versprechen, sich selbst an diese Lehren zu halten. So avancierten die beiden Soziologien an den Rändern Europas zu öffentlichen Autoritäten und wurden alsbald von den Weltmächten als die wahre Wissenschaft von der Gesellschaft über den Erdkreis verbreitet, mit dem fundamentalen Unterschied, daß das Monopol der soziologischen Daseinsauslegung in der freien Welt durch die Wissenschaft auch wieder in Frage gestellt werden kann. Dennoch gilt es zuerst einmal zu erkennen, daß der Aufstieg der Soziologie zur gültigen Autorität auch in der freien Welt nicht das Ergebnis eines zwingenden Erkenntnisfortschrittes, sondern geschichtlicher Umstände und Mächte gewesen ist.

Erst in Amerika erhielt der mehrdeutige Positivismus, erst in Rußland der mehrdeutige Marxismus jene Normalform, in der beide dann als gültige Systeme verbreitet und an der sie fortan gemessen wurden. In einer späten Säkularisierung, abrupten Verwissenschaftlichung und plötzlichen Modernisierung schnitten sich Randländer auf dem Wege zur Weltmacht säkulare Ideologien für ihre Zwecke zur wahren Wissenschaft von der Gesellschaft zurecht. In beiden Fällen erwuchs diese Wissenschaft aus den gesellschaftlichen und kulturellen Traditionen, Aspirationen und Lagen dieser Länder, nicht zuletzt auch aus ihren besonderen religiösen Fundamenten.

Die Entstehung der heutigen Soziologie in *Amerika* findet man in Kürze dargestellt bei R. Hinkle und G. Hinkle: Die Entwicklung der amerikanischen Soziologie, 1960 (engl. 1954), und E. Shils: Tradition, Ecology and Institution in the History of Sociology, in: Daedalus, Journal of the American Academy of Arts and Sciences, 1970. Im Geist hagiographischen Selbstbewußtseins angelegt, aber reich an aufschlußreichen Einzelheiten, ist A. Oberschall (ed.): The Establishment of Empirical Sociology, 1972, der die für die amerikanische Soziologie entscheidende Formierung der Sozialforschung beschreibt. Amerikas Glaube und Kultur lernt man kennen aus C. L. Becker: The Declaration of Independence, 1922; D. Boorstin: The Americans, 3 Bde., insbesondere aus Bd. 1: The Colonial Experience, 1958; H. N. Smith: Virgin Land, 1950; V. L. Parrington: Main Currents in American Thought, 3 vol.,

1927 ff; Merle Curti: Das amerikanische Geistesleben, 1947 (engl. 1943); M. Lerner: America as a Civilization, 1957; J. Gebhardt: Die Krise des Amerikanismus, 1976. Über die religiösen, nationalen und aufklärerischen Wurzeln dieser Soziologie, insbesondere über die Zusammenhänge mit den Erweckungsbewegungen und dem *Social Gospel Movement,* J. W. Draper: History of the Conflict between Religion and Science, 1874; R. H. Gabriel: The Course of American Democratic Thought, 1940; R. Hofstadter: Social Darwinism in American Thought, 1944; ders.: The Age of Reform, 1955; W. A. Visser t'Hooft: The Background of the Social Gospel in America, 1928; E. L. Tuveson: Redeemer Nation. The Idea of America's Millennial Role, 1968; V. K. Dibble: The Legacy of A. W. Small, 1975; R. C. White und C. H. Hopkins: The Social Gospel, 1976.

Entsprechend eigenartig verlief die Glaubensgeschichte der Moderne auch in *Rußland,* weil sie ebenfalls geprägt wurde, teils durch die Eigenart ihrer religiösen Herkunft, teils durch die spezifische Konstellation der verspäteten Aufklärung, teils durch die Plötzlichkeit der Modernitätserwartungen, die zusammen auf den Messianismus der bolschewistischen Revolution zuliefen. Den Zugang zu den für diesen Vorgang wesentlichen Tatsachen findet man bei F. Venturi: Il populismo russo, 1952; H. Kohn: Pan-Slavism. Its History and Ideology, 1953; E. Sarkysianz: Rußland und der Messianismus des Ostens, 1955; H. H. Schaeder: Moskau. Das Dritte Rom, 1957; I. Berlin: Russian Thinkers, 1978.

Alle in diesem bibliographischen Schlüssel genannten Arbeiten bieten Proben und Ausschnitte aus der *Geschichte der Entstehung und Verbreitung der säkularen Weltbilder,* die als Weltanschauungen und Ideologien im Namen der Wissenschaft Gehör forderten und im Kampf gegeneinander Gefolgschaft suchten. Sie haben Weltgeschichte gemacht, indem sie die Menschen in Bewegungen, Vereinigungen und Parteien zu jenen neuen sozialen Kräften organisierten, die die alten Mächte und Ordnungen – Kirche, Stand, Korporation, Staat, Nation – depossedierten. Ihr Kampf um die Macht, mit geistigen, politischen und notfalls auch militärischen Mitteln geführt, weitete sich vom Schauplatz Europas zum Weltgeschehen aus. Die großen Mächte und Grenzen der geschichtlichen Ordnung waren einst aus der Mission der Weltreligionen hervorgegangen, über die wir genau unterrichtet sind, jedenfalls für die einzelnen Religionen (für das Christentum bis hin zur Gegenwart eine Gesamtdarstellung bei K. S. Latourette: A History of the Expansion of Christianity, 7 vol., 1937 ff, deutscher Abriß in 1 Bd., 1956). Heute hingegen sind in der Einen Welt die wesentlichen Grenzen und Mächte durch säkulare Ideologien abgesteckt, die ihre Herrschaft der missionarischen Verbreitung ihrer Weltbilder verdanken, deren irdische Heilsordnungen im Namen der Wissenschaft verkündet wurden und jeweils von der zuständigen Intelligenz verwaltet werden. Obschon die Tatsachen feststehen, ist die Missionsgeschichte der säkularen Weltbilder, die mit der Aufklärung begann, noch nicht einmal als diejenige Aufgabe entdeckt worden, die uns erst zum Bewußtsein unserer Lagen und Fragen verhelfen könnte.

Es sei schließlich noch eine *Auswahl eigener Vorarbeiten* angeführt, die nicht nur die Entstehung dieses Buches beleuchten, sondern auch deshalb dienlich sein können, weil sie teils ausführlicher auf Probleme eingehen, teils ausführlichere Anmerkungen enthalten:

„Zur deutschen Rezeption der Rollentheorie", in: Kölner Zeitschrift für Soziologie und Sozialpsychologie 1961, S. 1–40; „Über Kultur im Zeitalter der Sozialwissenschaften", in: Saeculum, Bd. 14, 1963, S. 25–40; „Der Fortschritt der Wissenschaften als Trivialisierungsprozeß", in: Kölner Zeitschrift für Soziologie und Sozialpsychologie 1975 (Sonderheft 18), S. 19–47; „Die Glaubensgeschichte der Moderne", in: Zeitschrift für Politik 1976, S. 1–15; „Wahrheit und Mission", in: H. Baier (Hrsg.): Freiheit und Sachzwang. Beiträge zu Ehren Helmut Schelskys, 1977, S. 49–86; „Zur Anthropologie des Handelns", in: H. Lenk (Hrsg.): Handlungstheorien – interdisziplinär. Bd. II, 1978, S. 89–138; „Die Aufgaben der Kultursoziologie", in: Kölner Zeitschrift für Soziologie und Sozialpsychologie 1979, S. 399–421; „Deutsche Soziologie im internationalen Kontext.

Ihre Ideengeschichte und ihr Gesellschaftsbezug", in: Kölner Zeitschrift für Soziologie und Sozialpsychologie 1979 (Sonderheft 21), S. 71–107; „Die unbewältigten Sozialwissenschaften I", in: M. Zöller (Hrsg.): Aufklärung heute. Bedingungen unserer Freiheit, 1980, S. 28–49; „Die unbewältigten Sozialwissenschaften II", in: H. v. Alemann / H. P. Thurn (Hrsg.): Soziologie in weltbürgerlicher Absicht. Festschrift für René König, 1981, S. 359–374; „Emile Durkheim oder die Geburt der Gesellschaft aus dem Geist der Soziologie", in: Zeitschrift für Soziologie 1981, S. 333–374; „Anatomie der Wissenschaft. Zur Frage einer anderen Wissenschaft", in: O. Schatz (Hrsg.): Brauchen wir eine andere Wissenschaft? X. Salzburger Humanismusgespräch, 1981, S. 89–99; zusammen mit Wilhelm A. Ruopp: „Modernisierung – Vergesellschaftung – Gruppenbildung – Vereinswesen", in: Kölner Zeitschrift für Soziologie und Sozialpsychologie 1983 (Sonderheft 25).

Namensregister

Abrams Ph., 119, 319
Adorno Th., 118, 208, 252
Albert H., 291
Alemann H. von, 325
Andreski S., 316
Aron R., 319
Bacon F., 273
Baier H., 324
Barber B., 158
Becker C. L. 164, 322
Ben David J., 104
Bénichou P., 318
Bentham J., 88, 117, 128
Bell D., 156, 166
Berlin I., 146, 323
Berkun, 214
Bookmann H., 318
Boorstin D., 164, 322
Booth Ch., 208
Bourgin H., 130
Bock M., 133, 208, 316
Bravo G. M., 69, 319
Brunner O., 196
Buckle Th., 95
Butler E. M., 318
Burckhardt J., 86, 287
Calvez J. Y., 151, 319
Clark T. N., 125, 320
Coe, 214
Comte A., 14, 15, 42, 58, 60, 66, 81, 85, 88, 89, 91, 111, 115, 116, 117, 121, 122, 124, 125, 127, 128, 131, 134, 136, 145, 146, 151, 165, 173, 184, 185, 199, 200, 202, 237, 283, 292, 293, 318

Condorcet A. M. de, 81, 115, 124, 145, 200
Conze W., 196
Curti M., 322
Dahrendorf R., 232
Dann O., 317
Darwin Ch., 117
Davy G., 130
Della Peruta F., 69, 318
Descartes R., 82, 117, 123
Dibble V. K., 323
Dilthey W., 84, 133, 284
Douglas, J. D., 42, 232
Draper W., 323
Droysen J. G., 95
Droz J., 319
Durkheim E., 114, 117, 118, 121, 122, 124, 125, 130, 131, 134, 136, 173, 184, 199, 200, 237, 283, 293, 320, 325
Ferguson A., 115
Feuerbach L., 85
Filloux J. C., 130, 131, 320
Fourier Ch., 88, 128, 145
Francis E. K., 103
Francovich C., 318
Freud S., 111
Frenkel-Brunswik E., 252
Friedrichs R. W., 316
Gadamer H. G., 269
Galilei G., 123, 274, 286, 287
Gabriel R. H., 323
Gebhardt J., 164, 323
Geiger Th., 197
Giddens A., 316

Gillespie Ch., C., 82
Goldfarb J. G., 316
Gouldner A. W., 167, 316
Goudsblom J., 316
Grote H., 128, 319
Habermas J., 131
Halévy E., 319
Halmos P., 253, 316
Haupt G., 319
Hayek F. v., 83, 126, 318
Hegel G. W. F., 58, 111, 112, 145, 173
Heine H., 237
Henrich D., 133
Helmholtz H. L., 276
Hennis W., 206
Herder J. G., 70, 81, 145
Hinkle G., 322
Hinkle R., 322
Hinrichs C., 85
Höffe O., 320
Hofstädter R., 323
Hopkins C. H., 323
Hoppe H. H., 316
Horkheimer M., 118, 208, 209
Hume D., 145
Huygens Ch., 123, 274
Jonas F., 316
Kant I., 145
Keller H. G., 318
Kepler J., 123, 274, 286, 287
Klages H., 316
Kohn H., 323
König R., 232, 325
Kopernikus N., 123
Kosellek R., 196
Kuhn Th., 268
Künzli A., 319
Kux E., 319
La Rochefoucald F. de, 123
Latourette K. S., 324
Lambrecht S., 240
Lasswell H. D., 166
Lazarsfeld P. F., 208
Le Play F., 208
Lennhoff E., 318
Lente H., 214, 324

Lerner D., 160, 163, 166, 168, 215, 323
Levinson P. J., 252
Lins J., 145, 318
Locke J., 145
Löwith K., 81, 317
Lübbe H., 318
Ludz Ch. P., 151, 318
Luhmann N., 131, 191, 202
Lukes St. M., 130, 320
Lundberg G., 208, 232
Lyell Ch., 276
Lymann S., 316
Manuel E. P., 318
Manuel F. E., 125, 317, 318
Marx K., 14, 15, 44, 58, 60, 69, 81, 85, 97, 103, 111, 114, 125, 128, 131, 134, 136, 151, 173, 283, 292, 293
Maier H., 248
Marcuse H., 293
Matthes J., 205, 249, 316
Merton R. K., 291
Michels R., 319
Milgram S., 214
Mill J. St., 83, 88, 117
Mill J., 88
Millar J., 115
Mohl R. von, 198
Mommsen Th., 287
Montesquieu de, 115
Mühlmann W. E., 317
Nelson B., 317
Newton J., 64, 88, 123, 126, 128, 274, 286, 287
Niebuhr R., 287
Nipperdey T., 318
Oberschall A., 322
Pareto V., 120, 131
Parrington V. L., 322
Parsons T., 119, 131, 134, 158, 160, 168, 173, 176, 232, 293
Pepper S. C., 278, 279
Petermann Th., 318
Plamenatz J., 319
Quetelet A., 208, 283
Ranke L. v., 85

Regozini G. M., 318
Reinalter H., 151
Ricardo D., 88
Riedel M., 196
Riesman D., 163
Rosselli N., 318
Ruopp W. A., 325
Rousseau J. J., 145
Rümelin G., 197
Saint-Simon C. H., 88, 89, 116, 121, 125, 126, 127, 128, 131, 145, 151, 199, 200, 237, 283, 318
Sarkysianz E., 141, 323
Schaeder H. H., 141, 323
Schatz O., 325
Schelsky H., 18, 25, 231, 316, 324
Schelting A. von, 133
Schieder Th., 317, 318
Schoeck H., 316
Schramm M., 65, 317
Shils E., 132, 163, 174, 215, 322
Sieyès E. J., 200
Simmel G., 114, 116, 118, 130, 133, 217, 231, 284, 320
Small A. W., 124, 323
Smith A., 115, 117, 145
Smith H. N., 322
Snell B., 270
Solla Price, D. J. de, 104
Sombart W., 319
Spaemann R., 318
Spencer H., 14, 60, 66, 116, 117, 119, 121, 124, 128, 131, 134, 136, 173, 191, 283, 293

Stein M., 316
Stephen L., 319
Sternberger D., 237, 318
Süßmilch J. P., 208
Talmon J. L., 81, 317
Theimer W., 319
Thurn H. P., 325
Timasheff N. S., 103
Tocqueville, A. de, 164
Tönnies F., 114, 118, 133
Topitsch E., 128, 319
Turgot R., 81, 115, 200
Tuveson E. L., 323
Valjavec F., 151, 318
Vaux, C. de, 127
Venturi F., 323
Vierkandt A., 197
Virchow R., 276
Visser t' Hooft W. A., 323
Vidich A. J., 316
Voltaire C., 115, 145
Wagner F., 317
Weber M., 91, 95, 98, 109, 114, 116, 118, 130, 131, 133, 134, 140, 175, 176, 180, 192, 203, 231, 267, 282, 284, 300, 320
Weitling W., 88, 128
Westfall R. S., 317
White R. C., 323
Wiese, L. v., 118
Wittig P., 319
Wrong D., 316
Zöller M., 325